权威 · 前沿 · 原创

皮书系列为
“十二五”“十三五”国家重点图书出版规划项目

文化遗产蓝皮书

BLUE BOOK OF CULTURAL HERITAGE

中国文化遗产事业发展报告（2015~2016）

ANNUAL REPORT ON THE DEVELOPMENT OF CHINA'S CULTURAL HERITAGE MANAGEMENT SYSTEM (2015-2016)

主　编／苏　杨　张颖岚　王宇飞

副主编／卓　杰　王　蕾　陈　晨

社会科学文献出版社
SOCIAL SCIENCES ACADEMIC PRESS (CHINA)

图书在版编目(CIP)数据

中国文化遗产事业发展报告. 2015－2016／苏杨，张颖岚，王宇飞主编. －－北京：社会科学文献出版社，2016. 8

（文化遗产蓝皮书）

ISBN 978－7－5097－9652－8

Ⅰ. ①中… Ⅱ. ①苏… ②张… ③王… Ⅲ. ①文化遗产－研究报告－中国－2015－2016 Ⅳ. ①G122

中国版本图书馆 CIP 数据核字（2016）第 205462 号

文化遗产蓝皮书
中国文化遗产事业发展报告（2015～2016）

主　　编／苏　杨　张颖岚　王宇飞
副 主 编／卓　杰　王　蕾　陈　晨

出 版 人／谢寿光
项目统筹／宋月华　韩莹莹
责任编辑／韩莹莹

出　　版／社会科学文献出版社·人文分社（010）59367215
　　　　　地址：北京市北三环中路甲 29 号院华龙大厦　邮编：100029
　　　　　网址：www. ssap. com. cn
发　　行／市场营销中心（010）59367081　59367018
印　　装／北京季蜂印刷有限公司

规　　格／开 本：787mm × 1092mm　1/16
　　　　　印 张：26. 75　字 数：409 千字
版　　次／2016 年 8 月第 1 版　2016 年 8 月第 1 次印刷
书　　号／ISBN 978－7－5097－9652－8
定　　价／98. 00 元

皮书序列号／B－2008－097

本书如有印装质量问题，请与读者服务中心（010－59367028）联系

编　　撰　国务院发展研究中心文化遗产蓝皮书课题组

主　　编　苏　杨　张颖岚　王宇飞

副 主 编　卓　杰　王　蕾　陈　晨

编写人员　魏　钰　胡艺馨　陈　曦　张佑嘉　李　芸
李　红　马有明　谢　芳　汤　澄　白海峰

合作单位专家

北京林业大学园林学院	张玉钧
北京联合大学旅游学院	石金莲
湖北经济学院	邓　毅
住房和城乡建设部世界自然遗产保护研究中心	李振鹏
上海师范大学	高　峻
中国文化遗产研究院	于　冰

数据支持　国家文物局数据中心

摘要

2015～2016年，中国进入了一个新阶段："十二五"谢幕，"十三五"登场。《国民经济和社会发展第十三个五年规划纲要》（以下简称《"十三五"规划纲要》），成为这个阶段的国家动员令和指挥棒，各行各业自然要按照这个指挥棒的导引，结合自身的特点总结过去、前瞻未来。这个跨年度的时间段对文化遗产事业殊为重要，还因为这期间发生了诸多对文化遗产事业发展具有战略意义的大事：《国务院关于进一步加强文物工作的指导意见》（以下简称《指导意见》）发布，全国文物工作会议召开，习近平同志对文物事业发展进行全面指示，中央巡视组对国家文物局进行巡视。对文化遗产事业来说，过去五年干得怎么样？未来五年路径怎么选？2015～2016年度跨五年计划的《中国文化遗产事业发展报告》（以下简称"蓝皮书"），以这些大事为背景和方向，以**"展望'十三五'：文化遗产事业平台的做大做强"为年度主题**，以解读中国梦和展望"十三五"为线索，以让文物保护在新常态发展中成为各级政府的常态为要求，阶段性地找出文物工作存在的差距，前瞻性地判断文化遗产事业发展的态势，操作性地给出重要领域改革方案和落地措施。而且，这本蓝皮书对事业管理的分析不仅紧贴最新宏观政策，也突出了主题、突出了领域。

首先是对文化遗产事业发展态势的分析：从第三方评估角度看，相对其他行业，"十一五"和"十二五"期间已经发展"超速"的文化遗产事业，**发展的客观态势是：又大又强**。

回顾"十二五"，文化遗产事业的四"大"是首要特征，包括范围大、平台大、财大、参与面大。与"大"伴随的还有"强"——文化遗产强国的"强"。这种强主要表现在家底清、开放活、制度新三个方面。

范围大、平台大、参与面大，来自“十二五”期间的“家底清、开放活、制度新”。第三次全国文物普查、第一次全国可移动文物普查等工作基本完成，全国文物资源库和“文物身份证”体系基本建成，2005 年《国务院关于加强文化遗产保护的通知》中的任务基本完成。我们在 2012 年蓝皮书中指出的短板，在“十二五”期间显然得到有效的弥补。而且，文博单位的开放范围、开放程度和开放水平都进一步扩大和提高，像故宫这五年就初步实现了“让收藏在禁宫里的文物活起来”。制度新则是指这个平台在更大范围内得到国家相关制度平台的支撑。如作为生态文明八项基本制度之一的自然资源资产产权制度，也是在“十二五”期间，相关制度建设初露端倪。而中央四部委《关于推动文化文物单位文化创意产品开发的若干意见》中，就明确提出了收入分配、人员激励、馆藏文物资源使用等方面的制度创新，给“文物活起来”提供了全面的制度支持。

又大又强，堪称文化遗产大国的大美。但美中也有不足：中国文化遗产事业的发展水平与经济社会发展水平、世界文明古国应有地位、党和人民对文物工作的新期待，还不相称，这主要体现在两个方面。首先是**管理能力跟不上越来越大的局面**。管理能力不足体现在部门权责、队伍规模、管制力度和制度建设等方面。其次是**改革不够全面深化，难以通过改革解决发展问题、获得发展动力**。

在 2016 年上半年这样有利的背景下，对于美中不足，必须以《“十三五”规划纲要》和《指导意见》为指导，遵循文物工作的规律，加快制度创新和融入地方发展大局。例如，文化遗产融入城市发展主要体现在促进城市更新和实现新城特色发展两个方面。对城市更新来说，主要包括大遗址上的棚户区改造、小规模特色再开发和以文化为内核的城市品质提升改造，在更新中“要从保护建筑走向保护风貌，传承好城市历史文脉”；对新城特色发展来说，西安等资源密集的地方就可以表现为以国家公园体制、城市副中心和特色产业发展为代表的分区发展模式。

展望“十三五”，只要转变理念、优化利用并做好改革、练好内功，影响全局的文化遗产事业平台就能更大、承载更多。

Abstract

From 2015 to 2016, China entered a new stage: it is the end of the "12th Five – Year Plan (FYP) (2011 – 2015)" and the beginning of the "13th FYP" (2016 – 2020). "The Outline of the 13th FYP for National Economy and Social Development" (13th FYP Outline for short), has become the baton of the country, which conducts its future development. Different sectors should follow the Outline to do a review based on previous experiences and forecast their future, combining their own characteristics. Especially, this period is important for the cultural heritage management system as there are several strategic events happened which have far-reaching influence. They are the publish of "the Guidance on Further Strengthening Cultural Relics Management Work Announced by the State Council", "the National Conference of the Cultural Heritage Management", Xi Jinping's comprehensive guidance to the cultural relics management, and the inspection of the Teams of Disciplinary Inspectors to the State Administration of Cultural Heritage. We are wondering how to evaluate the work done by the cultural heritage management system in the last five years and what will they do in the next five years? This year the "Annual Report on the Development of China's Cultural Heritage Management System (2015 – 2016)" has the theme of "Outlook of the 13th FYP: Making the culture heritage platform bigger and stronger". We conclude that the culture heritage protection work can be listed as the routine work of governments at different levels in "the New Normal Economy Development Stage", after the interpretation of the "China Dream" and projection of culture heritage management in China in the "13th Five Year Plan (FYP) (2016 – 2020)". The "Blue Book 2015 – 2016" finds out the interim disadvantages of the culture heritage management, analyzes its future development trend and finally provides suggestions on its actions, plans and implementation measures in key reform areas. The "Blue Book 2015 – 2016" analyses the management work based on the newest Marco policies of the country and highlights the theme and area of cultural heritage protection.

Firstly, we analyze the future development trend of culture heritage management work, in the perspective of the third-party assessment, it has a high development ratio compared with other sectors both in the "11st FYP" (2006 – 2010) and "12th FYP" (2011 – 2015). Objectively speaking, the management is becoming bigger and stronger.

Reviewed the "12th FYP", on the one hand, the culture heritage management work has four obvious features, namely wide scope, large platform, enough money and intense participation (in Chinese we describe them into "four big"). On the other hand, the work is feathered with "becoming stronger", which is to utilize the culture heritage for making the country increasingly prosperous. It is demonstrated from three sides, which are clear inventory of culture heritage, flexible management mechanisms and new policy system.

Current situation of "wide scope, large platform, enough money and intense participation" is caused by the "clear inventory of culture heritage, flexible management mechanisms and new policy system" in the "12thFYP". Until now, the work such as "the third National Culture Relics Survey" and "the first National Movable Culture Relics" etc. has been basically completed, and "the National Culture Relic Database" and "the Culture Relic ID system" have almost been established. The targets announced in the "Notice of the Culture Relic's Protection published by the State Council in 2005" have been reached. The management defects we pointed out in "the Blue Book 2012" have been greatly overcoming. The culture museums have made great process in terms of their opening scopes, degree and levels. A good example is the utilization of the Forbidden Palace Heritage, "making the collection of the Forbidden Palace Heritage alive". In addition, the new policy system means that the platform has gained the supports from national policy in a larger scale. As one of the eight policies in the "Institutional framework for promoting ecological progress", the property rights system for natural resource assets has been started to be discussed in the "12th FYP". The policy named "Suggestions on Promoting the Development of Creative Products based on the Cultural and Cultural Relics" announced by the four ministries of the State Council (the Ministry of Culture, the National Development Reform Commission, the Ministry of Finance, the State Administration of Cultural Heritage), has pointed out that there can be policy system innovation in the area of income distribution, motivation of staff and the use of cultural relics of the museum etc.. It provides comprehensive system supports for "making the relics alive".

We call the "being bigger and stronger" "Great Beauty" of the cultural heritage management in China. However, there are still some shortcomings. Its management is not fully fit for current economic and social development level, the China's ancient civilization status in the world, and the expectations of the Communist Party of China (CPC) and its people to the cultural heritage management work. Firstly, the management level should be improved as the management contents are increasing, reflecting in the perspective of department's rights and responsibilities, working staff numbers, management ability and policy institution construction etc.. Secondly, the reform is not radical enough, and it is still difficult to solve the problems and obtain drivers to develop after it.

Considering the good start of 2016, regarding to the shortcoming mentioned above, policy institution/system reform should be carried out innovatively and integrated into the local economy and society development, linking with the "13th FYP" and "the Guidance on Further Strengthening Cultural Relics Management Work Announced by the State Council" etc., following the cultural relic working principle. For example, the integration of cultural heritage into the urban development is mainly reflected from two sides: promotion of urban renewal and new towns developed with features. For the urban renewal, it mainly includes to rebuild shantytowns based on the Great ruins, to redevelop with features in a small scope, and to improve living quality with the culture as core spirits of the city. In this process, for better protection of the city's history and culture, the focus should be changed from building protection to urban feature protection, and pay increasing attention to its culture and history. There are several examples of the new town developed with features. In Xi'an and other culture resource-intensive cities, their features can be the national park system, sub-city center or featured industry sectors developed based on zoning.

In the future 13th FYP, as long as we change the development concept, optimize and utilize the culture relics, start reforms and make increasing efforts gradually, the cultural heritage management platform can be much better and have more substantial contents.

目　录

Ⅱ 技术报告

Ⅲ 评估报告

皮书数据库阅读**使用指南**

CONTENTS

Ⅱ Technology Reports

Ⅲ Assessment Reports

前言：文化遗产事业平台的做大做强

相对以往，第七本《中国文化遗产事业发展报告》（在本书中简称“蓝皮书”）推迟了出版时间，主要是为了在“十二五”结束、“十三五”开幕这个时间点上，更全面、准确地将中央领导的最新指示（2016 年全国文物工作会议之前，习近平总书记对文物工作做出全面系统的指示①，李克强总理做出重要批示②）、全国文物工作会议精神、相关最新中央文件③及中央巡视组对国家文物局的巡视意见反映进蓝皮书，并在《国民经济和社会发展第十三个五年规划纲要》（以下简称《“十三五”规划纲要》出台后更好地“瞻前顾后”，回顾“十二五”，描绘“十三五”期间文化遗产事业平台做

① 这是 2016 年全国文物工作会议上，由国务院副总理刘延东传达的习近平同志的指示：“文物承载灿烂文明，传承历史文化，维系民族精神，是老祖宗留给我们的宝贵遗产，是加强社会主义精神文明建设的深厚滋养。保护文物功在当代、利在千秋……近年来，我国文物事业取得很大发展，文物保护、管理和利用水平不断提高。但也要清醒看到，我国是世界文物大国，又处在城镇化快速发展的历史进程中，文物保护工作依然任重道远……各级党委和政府要增强对历史文物的敬畏之心，树立保护文物也是政绩的科学理念，统筹好文物保护与经济社会发展，全面贯彻“保护为主、抢救第一、合理利用、加强管理”的工作方针，切实加大文物保护力度，推进文物合理适度利用，使文物保护成果更多惠及人民群众。各级文物部门要不辱使命，守土尽责，提高素质能力和依法管理水平，广泛动员社会力量参与，努力走出一条符合国情的文物保护利用之路，为实现“两个一百年”奋斗目标、实现中华民族伟大复兴的中国梦作出更大贡献。”

② 加强文物保护，是要让优秀传统文化融入当代社会，厚植道德沃土，用文明的力量助推发展进步。各地区、各有关部门要本着无愧历史、无愧未来的责任心，依法履行管理和监督职责，进一步加强新形势下的文物保护工作。要坚持统筹规划、保护为主、保用结合，在严格保护文物的基础上，有效挖掘文物蕴含的历史、文化和科学等价值，充分发挥文物的公共文化服务和社会教育功能。要积极动员各方力量，努力形成全社会参与文物保护的新格局，让宝贵遗产世代传承、焕发新的光彩，为繁荣文化事业、促进经济发展和社会进步作出新的贡献。

③ 例如，《国务院关于进一步加强文物工作的指导意见》，以及国务院办公厅转发文化部、国家发展改革委、财政部、国家文物局《关于推动文化文物单位文化创意产品开发的若干意见》。

大做强的蓝图。

国家的发展大背景和这些最新的指示，使这本跨年度的蓝皮书有了这样的认识：必须在这个承前启后的重要时间节点，既把握住中央对2016年这个节点的判断——“全面建成小康社会决胜阶段的开局之年，也是推进结构性改革的攻坚之年”；也把握住文物系统对新时期的判断——“正处于历史上最好的发展时期”。以下从三方面来分享文化遗产蓝皮书课题组对事业发展“继往”并“开来”的这种“把握”。

一 又大又强

回顾“十二五”，文化遗产事业的四“大”是首要特征，包括**范围大、平台大、财大、参与面大**。

首先是范围大，这既指文物和博物馆的数量，也指保护和利用的范围及方式，还指文物系统的权责范围：①由第三次全国不可移动文物普查（以下简称“三普”）、第一次全国可移动文物普查（以下简称“一普”）和第七批全国重点文物保护单位数据可知，文物保护的范围和数量都显著增大。另外，到“十二五”末期，中国的博物馆已达4165个，10年间增长一倍，馆藏文物数量已达2318万件（套）。②保护和利用的方式也在明显增多，历史文化名城保护区[①]和国家文化公园[②]都是“十二五”到“十三五”之间出现的新生事物，还有一些文物被列入国家公园体制试点区范围，被中央文件鼓励大力发展的文博创意产品还使文物多了一种利用形式——只用文物中

① 2012年，首个国家历史文化名城保护区在江苏苏州设立。苏州国家历史文化名城保护区与姑苏区实行“区政合一”的管理模式，姑苏区整体纳入保护区范围，实行统一规划管理。保护区党工委、管委会作为省委、省政府的派出机构，与姑苏区区委、区政府实行“两块牌子一套班子”，在机构设置上将把切实加强对国家历史文化名城保护区建设的组织领导工作放在突出位置。保护区管委会对古城保护和规划、历史街区景区管理、文化商旅发展等，都设置相应的工作机构，全面履行历史文化名城保护的综合管理职责，以真正构建统一的历史文化名城保护体系。

② 这是《“十三五”规划纲要》中提出的新概念，具体参见主题报告第二章1.1。

的文化信息而非实体。③文物系统在简政放权的同时，实际的权责范围却在扩大：需要管理的文物数量增多，需要参与的行政事务增多[①]，需要承担的国家使命增多[②]。这种范围的扩大，“让文化遗产融入现代生活”[③] 有了坚实的物质基础。

比范围大更重要的是**平台大**。这个大主要彰显在多功能上。文化遗产事业平台有两方面的含义：**①是事业发展依托的物质载体**。即各类文物共同构成了一个物质平台[④]，这个平台可全面体现文化遗产的教育、科研、经济三大功能[⑤]。**②可能成为多种活动的承载平台，即可能实现“文物搭台、多方唱戏”**。例如，可成为“一带一路”战略的历史凭据和未来线索，可成为体现新型城镇化“山水乡愁”要素的平台，被习近平同志作为中国梦的讲台等[⑥]。仅文化遗产中的博物馆，在经济社会发展中的作用就已越来越全面、越来越趋向于成为城市文化平台，甚至成为城市客厅[⑦]和形成城市特色发展

---

① 例如，许多城市在发展中更加看重文化遗产的作用，2013 年中央城镇化工作会议、2015 年中央城市工作会议分别提出了“要传承文化，发展有历史记忆、地域特色、民族特点的美丽城镇”“留住城市特有的地域环境、文化特色、建筑风格等‘基因’”，这使得文物不仅能通过多种方式“活起来”，还能通过多种方式影响城市的发展方式。为此，本书的主题报告第三章和技术报告第三章专门探讨文化遗产背景下的城市发展。

② 例如，“一带一路”相关项目中，有许多是通过文物系统的工作牵头甚至拓荒的。丝绸之路联合申遗就使中国利用文化遗产这个平台与沿线诸多国家在没有国别敏感的领域达成了合作。

③ 2016 年中国文化遗产日年度主题。

④ 包括不可移动文物及相关的大遗址、风景名胜区等；可移动文物，包括相关的博物馆、纪念馆等；也包括文化和自然遗产的集合体，这在中国“天下名山僧占多”的文化习惯下尤为普遍。而且，这样的平台承担了多种保护功能，如文化和自然遗产的互促式保护。有例为证，由于岭南四大名刹之一庆云寺的存在，中国第一个自然保护区——鼎湖山——的森林在近千年来一直受到较好保护，人为干扰甚少，具体可参见：张林艳、叶万辉、黄忠良《应用景观生态学原理评价鼎湖山自然保护区功能区划的实施与调整》，《生物多样性》2006 年第 2 期。

⑤ 参见 2008 年蓝皮书主题报告第一章的详细分析。

⑥ 参见本书技术报告第一章的详细分析。

⑦ 当然，这限于有条件的博物馆或文化遗产地，具体可参见本书主题报告第二章和技术报告第一章。2016 年 6 月，李克强总理与德国总理默克尔在颐和园的政治活动，也属于这种平台功能的体现。

的物质基础[①]。博物馆这方面的功能也得到相关政策法规的支持。例如，“十二五”期间开始施行的《博物馆条例》规定，“博物馆，是指以教育、研究和欣赏为目的，收藏、保护并向公众展示人类活动和自然环境的见证物，经登记管理机关依法登记的非营利组织”，将博物馆的教育功能列在了第一位。“十二五”期间，博物馆和大遗址的多功能不断彰显，尤其是博物馆的社会角色在不断拓展：从对“物”的守护，到对“人”的关注，再到致力于社会的可持续发展，融入和参与社会的变革和进步，“开民智而悦民心”。“十二五”期间，博物馆还承担了这样一个功能：中国梦的展现平台，这可从习近平同志在三个博物馆对中国梦的讲解中体现出来：“国博”（国家博物馆）阐释中国梦，“首博”（首都博物馆）激发中国梦，“西博”（西安博物院）承载中国梦[②]。只有这种平台的扩大，才可能真正“让收藏在禁宫里的文物、陈列在广阔大地上的遗产、书写在古籍里的文字都活起来”[③]。

“财大”也是一个显著特征。“十二五”期间，全国一般公共预算文物支出累计1404亿元，年均增长16.5%，其中中央财政文物支出累计607亿元，年均增长17.1%，并显著带动了地方财政投入的增长[④]。这不仅与“十五”“十一五”等时期纵向比显得财大，与其他部委比在增速方面也是绝对的财大。中央财政让文物系统“财大”，显然说明最高决策者认为：**离全面小康越近，文物就越重要。**文物系统也不辱使命，让这些财政投入产生了显著的社会效益和经济效益：在对文物系统财政投入已经大幅增长、基数已经很大的情况下，全国文物系统对国民经济的全部贡献仍然高达对文物系统财

① 例如，上海市委书记韩正在2016年上海市贯彻中央城市工作会议精神推进大会上提出“要从保护建筑走向保护风貌，传承好城市历史文脉”。

② 具体参见本书技术报告第一章。

③ 出自中共中央政治局2013年12月就提高国家文化软实力进行第十二次集体学习时习近平同志的讲话。

④ 在中央财政加大投入的引导下，各地文物保护投入也呈增长之势。以全国不可移动文物数量最多的山西省为例，“十二五”期间，中央财政累计投入山西文物保护专项资金22.2亿元，较“十一五”时期增长4.08倍；山西省本级文物保护专项资金由2011年的0.33亿元增加到2015年的1.3亿元，增长2.94倍。

政投入的2.8倍[①]。

如果财大只是反映决策者的认识，那么**参与面大**则说明了全社会对文物事业的认同。“十二五”期间，社会参与渠道不断拓宽。非国有博物馆达到982家，占全国博物馆总数的22%；文物也从起初只是文物旅游和鉴宝类节目获得公众关注发展到“文物无小事，一枝一叶总关情”。从故宫文物被刻字到诸多地方建设项目破坏文物首先被群众举报，这实际上也反映了文物保护志愿者队伍日益壮大，文物保护社会组织作用得以发挥，许多地方动员社会力量、积极探索多种形式的文物保护实践取得成效。

而且，与“大”伴随的还有“强”——文化遗产强国的“强”[②]。**这种强主要表现在家底清、开放活、制度新**三个方面。

“十二五”期间，**“家底清”**的工作有了四方面较大进展：①第三次全国文物普查（以下简称“三普”）结果显示，全国31个省（自治区、直辖市）共登记不可移动文物766722处，包括新发现文物536001处、复查文物230721处，。一些重点单位，如故宫，也全部摸清了家底[③]。②2013年，国务院公布第七批全国重点文物保护单位，共有1943处。目前，全国重点文物保护单位共有4296处。与前几批相比，第七批全国重点文物保护单位包含了较多的工业遗产、乡土建筑、文化景观等新型文化遗产。③历史文化名城名镇名村保护工作不断加强，文化遗产保护体系进一步健全。目前，国家历史文化名城已达125个，中国历史文化名镇252个，中国历史文化名村276个。2015年，住房和城乡建设部、国家文物局公布首批中国历史文化街区30个。④第一次全国可移动文物普查的文物认定工作基本完成。通过摸

① 具体参见本书主题报告第二章和技术报告第二章的详细测算和说明。

② 对文化遗产强国内涵、外延的阐释及相关指标，参见2013年蓝皮书主题报告第一章。

③ 故宫博物院完成了建院历史上的第五次藏品清理，首次彻底摸清了家底：截至2010年12月底，有文物藏品总计1807558件，分为绘画、法书、碑帖、铜器、金银器、漆器、珐琅器、玉石器、雕塑、陶瓷、织绣、雕刻工艺、其他工艺、文具、生活用具、钟表仪器、珍宝、宗教文物、武备仪仗、帝后玺册、铭刻、外国文物、其他文物、古籍文献、古建藏品共25类，其中珍贵文物达1684490件。目前，国家定级的珍贵文物有401万件，收藏在故宫博物院的珍贵文物有168万件，约占全国珍贵文物总量的42%。

底调查，收藏有文物的单位从博物馆、纪念馆、美术馆、图书馆，扩展至各个行业领域，从文物行业内的数千家扩展为1.5万余家；大量国有单位文物被认定、记录，“新发现”国有文物的数量快速增长①。全国文物资源库和“文物身份证”体系基本建成，2005年《国务院关于加强文化遗产保护的通知》（以下简称《通知》）中的任务基本完成。我们在2012年蓝皮书中指出的短板，在“十二五”期间显然得到有效的弥补。

开放活。这是指文博单位的开放范围、开放程度和开放水平都进一步扩大和提高。“十二五”期间，全国免费开放的博物馆增加到超过4000家，每年举办展览超过2万个，参观人数约7亿人次，且博物馆的开放面积和展陈文物数量也有显著增长。以故宫为例，这五年间，开放面积扩大了30%；宝蕴楼、慈宁宫区域、午门—雁翅楼区域、东华门区域正式对公众开放，开放面积增加至65%，文物数量将新增5000件（套）。从丰富展览、服务公众的角度看，故宫在这五年初步实现了“让收藏在禁宫里的文物活起来”。

制度新。这指的是这个平台在更大范围内得到国家相关制度平台的支撑。如作为生态文明八项基本制度之一的自然资源资产产权制度，也是在“十二五”期间，相关制度建设初露端倪。又如《不动产登记暂行条例》于2015年3月施行，全国土地、房屋、草原、林地、海域等不动产（其中包括文物本体和文物的承载体）统一登记，无疑将在相当程度上扫清文物资源统一管护的产权管理障碍，尤其是大遗址和产权、治权关系复杂的古建筑。连刚刚修编的《上海城市总体规划》也在4.4节中专门提出了文化保护红线的概念②，这使文物工作有了与中央相关改革紧密衔接的创新。另外，文物系统内部的一些制度创新也较好地配合了文物保护利用方式的创

① 例如，截至2015年12月底，北京市注册登记博物馆登记在藏品总账上的藏品信息，均需要按照普查规范要求采集录入全国可移动文物信息登录平台。

② Cultural Conservation Redline为保护文化资源，将文物与优秀历史建筑、风貌保护道路（街巷）与河流、历史文化风貌区与风貌保护街坊、历史文化名镇名村、自然保护区和风景区等各类保护要素的保护范围和建设控制范围划入文化保护红线内。严格按照历史文化名城保护体系及相关法律法规，保护历史遗存与环境的原真状态，限制建设活动。定期评估、增补保护对象，拓展红线范围。

新。例如，四部委《关于推动文化文物单位文化创意产品开发的若干意见》中，就明确提出了收入分配、人员激励、馆藏文物资源使用等方面的制度创新[①]，给“文物活起来”提供了全面的制度支持。

二　美中不足

又大又强，堪称文化遗产大国的大美。但美中也有不足：中国文化遗产事业的发展水平与经济社会发展水平、世界文明古国应有地位、党和人民对文物工作的新期待，还不相称，这主要体现在两个方面。

首先是**管理能力跟不上越来越大的局面**。管理能力可从部门权责、队伍规模、管制力度和制度建设等方面体现出来。文物部门的管理范围，理论上应该随着第七批全国重点文物保护单位的公布扩大了，但“三定”方案中反映出来的权责相对日益扩大的管理范围和日益增多的安全威胁[②]并无扩大。人才队伍也呈现供不应求的情况：目前国家文物局的编制仍是20世纪80年代初的水平，全国各级文物行政部门共有约7000人，管理着近77万处不可移动文物；全国3000多万件馆藏文物中，有病害的占近一半，而全国的专业修复人员仅有2000人；不可移动文物中彩绘、壁画和石质文物修复人员更为短缺。“三普”发现消失的4万处不可移动文物中，有一半以上第三次全国文物普查登记的不可移动文物，比第二次全国文物普查增长2倍多，大多是被各类建设行为毁掉的。50万元最高限额的行政处罚制止不了房地产开发的利益冲动。一些政府主导的开发项目与文物保护发生冲突时，

① 例如，文化创意产品开发取得的事业收入、经营收入和其他收入等按规定纳入本单位预算统一管理，可用于加强公益文化服务、藏品征集、继续投入文化创意产品开发、对符合规定的人员予以绩效奖励……国有文化文物单位应积极探索文化创意产品开发收益在相关权利人间的合理分配机制。促进国有和非国有文化文物单位之间在馆藏资源展览展示……的交流合作。

② 据国家文物局关于2015年度文物行政执法与安全监管工作情况的通报，文物执法与安全形势依然严峻，且在新时期又暴露出新问题，呈现新特点，包括法人违法案件多发，文物火灾事故呈上升趋势，盗窃、盗掘文物案件仍然频发，等等。

同级文物部门很无奈。面对文物工作领域不断扩大、工作任务日益繁重的新形势，文物部门的工作方式还不完全适应。这么大的事业盘子，这么大的经费规模，使文物部门批项目、审方案的传统工作方式显得很不适应，报项目、批经费耗费了业务部门诸多精力，项目安排也难以避免整体性不强、失之于散的问题。即前面所述的“范围大、平台大、财大”都没有相应的管理能力增强来匹配，“参与面大”更使文物部门在强化保护、优化利用方面常常左支右绌。尽管开展了多项合作①，但文物工作仍然没有形成统一、规范、高效的行业管理，仍然没有使某个地方政府形成主动、自觉的文物保护，甚至仍然没有以文物转变地方发展方式的案例（即使我国有多处高等级文物集中连片的地区）。

第二是**改革不够全面深化，难以通过改革解决发展问题、获得发展动力**。面对人民群众精神文化需求日益增长、对文物的社会关注度越来越高的新情况，文物工作管理理念和管理制度还难以满足与时俱进的要求。在管理理念上，对文物利用的重要性仍然认识不足，文物系统相当数量的工作人员在财政保障日益增强情况下没有充分认识到——没有利用就没有文物功能的全面发挥，就无法搭建起文物和广大人民群众之间的桥梁，中央领导的讲话②

① “十二五”期间，文物部门影响较大的主动合作可列举几例：与国家旅游局签署《旅游发展与文物保护战略合作框架协议》，共同开展文物保护与旅游发展、古村落保护与利用专题调研和联合检查；与公安部联合下发《关于进一步加强博物馆安全工作的通知》，部署开展全国范围的“博物馆安全专项整治”；与中国气象局共同组织开展“全国重点文物保护单位防雷安全专项检查”，督促整改防雷隐患；参与旅游局、宗教局等部门开展的全国宗教旅游场所文明燃香活动，参与制定相关标准，强化宗教旅游场所中文物保护单位燃香安全管理；与总政治部、总后勤部、空军政治部等单位共同召开“军队营区文物安全工作军地协调会”，建立军队营区文物安全军地协调机制。

② 例如，在 2016 年 2 月的国务院常务会议上，李克强总理强调，在发展社会主义市场经济的同时，提高国民素质，就需要传承和汲取文化根脉中的道德力量，而这很大程度上源于中华民族优秀的传统文化。文化支撑着中华民族几千年来生生不息，维系着我们这个国家，也深刻地蕴涵着对国家和民族的认同感和归属感。而文化的重要载体就是文物，这可以说是我们国家的“金色名片”，所以一定要护好擦亮。所谓“擦亮”，就包含着对文物的合理适度利用。李克强指出，文博产业的发展，绝不仅仅泛指市场化挣钱，实际上是在传播文化、弘扬传统，“文物都藏在地下室里，大家都不知道，也看不见，教育和滋养的功能当然也就发挥不了”。

在日常工作安排中还没有真正体现；在管理制度上，还未由管系统内部向全行业监管转变，许多制度竟告阙如，制度建设和制度创新都不够，“制度新”亟待向“制度齐”发展。很多地方受制于制度建设或创新不够，在相关部门、相关制度都在与时俱进的情况下，文物方面没有新区、特区这样的配套制度系统创新。像陕西汉长安城、西咸新区秦汉新城这样的区域，就屡屡出现发展新思路掣肘于老制度的局面。在中央推改革、地方要找发展新思路、利益相关者要求更全面的情况下，文物系统在文物系统外的配套制度建设上仍走得太慢，甚至有一些领域已经比多数行业慢了半拍。可以按这样的逻辑线索来整理这些领域：在新型城镇化中让文物活起来，意味着管理方式要创新，通过改善管理，可使文物更全面地参与城镇化进程，对经济社会发展做出更大的贡献；而在国家全面深化改革背景下，以往管理中的有空白、不配套和不精细等问题都需要得到制度层面的弥补；这些制度缺陷或制度建设不足，涉及文化遗产事业发展的许多方面①；体制改革和机制创新必须确定优先序、抓大放小，只有这样才能使改革的正能量及时体现出来。尤其是行业发展方方面面都要涉及的、影响核心资源使用方式的制度，包括管人的制度、管钱的制度、管权的制度②。如果大遗址保护项目没有虑及对区域居民的补偿，没有给予地方政府经营城市获利的空间，则可能像近十年来许多地方的国家级自然保护区设置一样，渐渐成为地方政府不欢迎、当地居民不支持的工作。而从文化遗产事业教育、科研、经济三方面功能来看③，这些利益诉求在多数地方是可以兼顾的，只要配套机制完善，即便土地本身的开发价值不大，也可以使原住民利益不受损④。有关这方面，尽管《2020 年文

① 在主题报告第二章中有如下总结：仅就增强文化遗产事业对经济社会发展的正面贡献和抑制负面影响而言，就有多方面的制度缺陷或不足。

② 从这三个方面的推理来看，文物系统的年度考核评价制度、文物系统的资金机制、文物保护单位的权属确定工作机制应作为研究对象，具体参见 2014 年蓝皮书技术报告第一章。

③ 具体参见 2008 年蓝皮书主题报告第二章的分析和本书主题报告第二章、技术报告第二章的定量计算。

④ 主要指文物相关补偿机制，具体参见本书主题报告第二章和技术报告第二章中的分析，以及以良渚为案例的测算。

物事业发展目标体系》中已经有了明确的提法[①]，但相关机制建设和改革在现实中仍然滞后。

另外，博物馆和社会文物与公众的关系日益密切后相关社会文物的管理措施，以文化遗产资源为主体的经营场所的管理创新和经营规范，文物系统在国家公园体制中的角色和发展思路……诸多问题，仍然待解且已经让公众费解。这些，都可称为美中不足。如果按高标准看的话，这些方面的不足，用中央巡视组的话来总结，就是"文物保护的被动局面没有扭转"[②]。

三　多方发力

小康全面不全面，文化遗产算一面。这十多年来，文化遗产已经在方方面面融入国民生活，甚至成为民生的一部分，文物系统的某些工作已经与基本公共服务直接挂钩[③]。仅以城镇化为例，不仅新型城镇化中提到了"记得住乡愁"，在城市建设和城市更新中"加强对城市的风貌整体性、文脉延续性等方面的规划和管控，留住城市特有的地域环境、文化特色、建筑风格等'基因'"[④]，也已成为不可或缺的标准。

在 2016 年上半年这样有利的背景下，对于美中不足，2016 年的全国文物工作会议提出：要切实加大文物保护力度，推进文物合理适度利用，使文物保护成果更多惠及人民群众。各级文物部门要广泛动员社会力量参与，努

① 在"五位一体"建设中发挥重要作用……文物、博物馆宣传教育功能得到充分发挥，成为公共文化服务体系的重要支撑……文物保护与城乡建设有机结合，成为建设美丽中国的积极力量……形成完整、配套的文物保护和利用财税、金融、土地、知识产权以及鼓励社会资金投入文物事业、鼓励个人收藏文物捐赠给博物馆的有关税收减免政策。

② 2016 年 6 月，中央第六巡视组向国家文物局党组反馈专项巡视情况："学习领会和贯彻落实中央文物工作决策部署存在差距，有关改革举措和文保法规落实不够到位，文物保护被动局面没有扭转，革命文物保护状况堪忧，文物市场监管和执法督察力度亟待加大"。

③ 例如，西安等多地大遗址保护直接关系到居民生活（大明宫遗址涉及数万人的拆迁），西安博物院等已经成为周边居民不可或缺的活动场所，有一些地方已经开始尝试将博物馆纳入国民教育体系。

④ 出自 2015 年中央城市工作会议文件。

力走出一条符合国情的文物保护利用之路。这条路怎样走呢？既要兼顾保护利用、让文物保护成果更多惠及人民，也要自觉、主动融入大局。可以新型城镇化中的文物保护来举例说明。新型城镇化是“文物活起来”的重要机遇和平台，文物工作和新型城镇化的结合为文物工作介入发展一线和城市实现特色发展都提供了历史机遇；但长期以来存在的一个普遍现象是：文物工作远离经济社会发展主战场，文物工作难以成为地方发展特色，文物部门在地方发展中只是一个“小局”，与地方发展的全局关系不大。“十二五”期间，城镇化成为国家发展的主要领域。2013 年的中央城镇化工作会议文件，最先提出在新型城镇化中要“提高历史文物保护水平”，并给出了“让居民望得见山、看得见水、记得住乡愁”的感性且人性化的目标；2014 年发布的《国家新型城镇化规划（2014—2020 年）》还明确指出了“乡愁”的体现方式之一：“发掘城市文化资源，强化文化传承创新，把城市建设成为历史底蕴厚重、时代特色鲜明的人文魅力空间。”这不仅是城市发展中让文物“活起来”的重要渠道，也为文物工作介入发展一线、彰显发展特色提供了历史机遇。尤其对于那些文化遗产资源条件较好的城市，通过“文物活起来”优化城市发展方式，是其走出独具特色的“新型”路的不二路径。为此，必须全面辨析城市发展与文化遗产事业发展的关系：在发挥正面贡献的同时，文化遗产保护事业也可能对城市发展造成暂时的、小范围的负面经济影响，必须通过补偿机制等特殊机制和土地政策等单独处理的特别政策来消除这样的影响，才可能使文化遗产在得到保护的同时全面助力城市特色发展。文化遗产融入城市发展主要体现在促进城市更新和实现新城特色发展两个方面。对城市更新来说，主要包括大遗址上的棚户区改造、小规模特色再开发和以文化为内核的城市品质提升改造，在更新中“要从保护建筑走向保护风貌，传承好城市历史文脉”；对新城特色发展来说，以陕西汉长安城遗址区和秦汉新城为案例，表现为以国家公园体制、城市副中心和特色产业发展为代表的分区发展模式。有了这样的关系认识（有利有弊所以必须兴利除弊）和这样的发展模式（秦汉新城的“三区”发展模式），才可能多方形成保护文化遗产人人受益、通过保护文化遗产形成城市特色发展的局面。

如果只是一味强调文物，文化遗产保护可能就还是像以往那样只是文物部门的事；如果只是一味强调文物的社会价值，文化遗产保护可能就还是嘴上重视，“汉城”还可能继续是“害城”。

另外，文物部门自身也需要改革，以提高办事效率（包括资金使用效率）和社会各界参与的方便程度。仅从分权和多主体参与来说，就有以下制度亟待创新：①进一步明确中央与地方的事权关系。在原有试点基础上，适当扩大地方审批项目的权限和范围，调动地方的积极性，同时明确各级地方政府的责任。②进一步开放市场。通过招投标的方式，引入第三方（包括市场主体、社会机构和专家团队）参与规划、技术方案、预算、评估的制定与审核，充分利用社会力量和市场资源提高项目工作的质量与效率。在这些基础工作基本到位后，要实行项目申报和审批的时限管理。③进一步健全文物博物馆行业标准体系，完善督查考评机制。引入第三方检查项目执行、经费使用情况。

这些方面的制度建设和创新，目的其实只有一个：做大、做强文化遗产事业平台，使文物局这样的“小局”真正影响大局甚至形成发展方式。其实，这种趋势已经初露端倪，回顾“十二五”期间文化遗产蓝皮书的年度主题，可以看见我们分析文化遗产事业重点的转移及其与国家大事越来越密切的结合：**展望“十二五”→建设文化遗产强国，使文化遗产事业更好地服务于全面建成小康社会→在新型城镇化中让文物说话、助国家强大→展望“十三五”：文化遗产事业平台的做大做强**。展望“十三五”，只要转变理念、优化利用并做好改革、练好内功，影响全局的文化遗产事业平台就能更大、承载更多。

四 编后备注

文化遗产蓝皮书，贯穿的主题、依托的理论、分析的角度、叙述的方式和主要的结论，都与文物系统的相关政策研究成果存在区别。几年来这种区别有日渐缩小之势，相关叙述在形式上注意了创新，而在内容上却有些方面不痛不痒[①]。这也许是蓝皮书的七年之痒：蓝皮书编撰到第七本，字数逾300万，需要对编撰的方式、结果和队伍都做个总结了，否则难免“忘记初心”。

直到本世纪初，文化遗产事业才获得“超常规”发展。2005年发布的《通知》不仅确定了文化遗产日，还明确了2015年的事业目标。从文物系统发展到文化遗产事业，这是一种更开放、更具包容性的思路创新，而国家在这个阶段的“给力”也有目共睹：文物系统获得的专项资金几乎呈几何级数增长，十几年间从不到1亿元增至近150亿元。文化遗产事业与国家和公众的关系变化也正像2008～2011年中国文化遗产日的主题一样——“文化遗产人人保护，保护成果人人共享”“保护文化遗产促进科学发展”“文化遗产在我身边”“文化遗产和美好生活”。文化遗产也是在这一段时期才真正全方位走入大众生活，不再是象牙塔里的精品和圈地封闭的领域。因此，需要用多种视角、更高标准来看待事业发展。

在大发展的态势下，文物系统的领导并没有沾沾自喜，而是希望有“第三只眼”来给文物系统多个政策导航工具。国务院发展研究中心文化遗产蓝皮书课题组就是在这样的背景下介入的。2008年蓝皮书选择的内容与文物系统关注的领域有明显差异，相关成果也因而在一定程度上有“石破天惊”之感。例如，对“十五”期间文物系统财政投入与其产生的经济效益（直接和间接经济效益，间接经济效益主要来自文物旅游）的测算表明，文物系统产生的经济效益是对文物系统财政投入的8.1倍，文化遗产事业绝对不是财政的包袱；又如，国家文物局和国家旅游局签订《文物保护与旅游发展战略合作框架协议》后，2013年蓝皮书全面地分析了文物旅游发展的状况，测算了文物旅游的产值，并提出了发展文物旅游既要遵循文物工作

① 在这本蓝皮书的成果评审会上，文物系统的若干专家（本身也是国家文物局下属单位的领导）客观又达观地指出了蓝皮书渐生的弱点：与文物系统的研究成果有同化倾向，这可能会失去第三只眼的作用……对文物系统的问题说得不痛不痒……。而中央巡视组对国家文物局的巡视结论中，既有对成果的肯定，也有像“文物保护的被动局面没有扭转”等切中肯綮之言。蓝皮书为此在成稿之际进行了调整，以不忘“第三只眼”的初心。

方针又要遵循产业发展规律的建议；再如，在 2013 年十八届三中全会文件提出“建立国家公园体制”后，2014 年蓝皮书及时把文物系统与国家公园体制的衔接进行了专章分析，在 2015 年由国家发改委等 13 个部委（也包括国家文物局）发布的《试点建立国家公园体制方案》中提出的“统一、规范、高效”的体制建设方向，完全是 2010 年蓝皮书技术报告第一章中的提法。“研以致用”，这些成果应用于决策，既反映了蓝皮书的价值，又反映了国家文物局和相关部委从善如流的执政态度。国务院发展研究中心文化遗产蓝皮书课题组不仅在这七本蓝皮书的编撰中逐渐对文物系统知晓表里，还先后和多个单位进行合作（包括中国文化遗产研究院、西安博物院、北京联合大学旅游学院等），既弥补了自身的短板，又在案例挖掘上更加深入。

总体说来，编者自评，这七本蓝皮书对文物系统的作用可以说大体实现了初衷，即便文物系统看过蓝皮书的读者有限，但这些“有限”还是发挥了作用并影响了决策。不过，这七本蓝皮书延续到今，课题组的成员自身难免在有些方面被文物系统同化，有些方面的分析缺少创新，有些方面的剖析隔靴搔痒。因此，第七本蓝皮书初稿形成后，课题组被大多数来自文物系统的蓝皮书评审专家提醒：文物工作与文物系统并非尽善尽美，蓝皮书不能失去“第三只眼”的视角。为此，蓝皮书进行了诸多修改，可举一例修改后的表述。对文物工作的现状，在大好形势前、在国人期待前，仍可以总结三个没有，即没有主要依托文物转变发展方式的县、没有以文物为主要考核因素的县、没有因文物事故而党政同责的县。这些，反映了在各级财政投入显著加大后、在事业规模显著扩大后、在社会各方面高度关注后，文物系统还没有在保护初见成效后将文物规范利用上升为工作重点，还没有及时全面地将工作范围与全局发展方式关联起来，习近平同志的期望“让文物说话……让文物活起来”还是愿景。总结一下，文物工作大有长进，但在文化遗产事业逐渐影响全局的情况下，文物系统在融入经济社会发展大局的“自觉”“主动”方面还是明显的短板。

蓝皮书课题组本身存在的这些不足乃至某些方面的“退化”，自然需要及时纠正。作为编者，既能换个视角分析贡献，又能置身事外找出问题，还能虚实结合提出对策，这才应是“第三只眼”应为文化遗产事业作出的贡献，这才是蓝皮书课题组的初心。“不忘初心，方得始终”。考虑这些方面，第八本蓝皮书拟将**“自觉融入经济社会发展大局，努力走出一条符合国情的文物保护利用之路”**作为年度主题，力求对习近平同志对文物工作的系列指示落实情况、《指导意见》指出的重点工作水平和文物系统“自觉”情况进行评估，并系统描述这条路、探索文物保护的“主动”方式并提供先进案例。评估的同时辅以解读，对国家综合性改革政策与文物行业的衔接和文物“十三五”规划进行第三方视角的“翻译”解读，以使文物相关工作者能明了在国家大目标下、文物相关工作如何与国家的“五个发展”① 互动，并体现到系统工作和文化遗产事业平台发展中。

在前七本蓝皮书编撰和第八本蓝皮书筹备中，文物系统的各位同志给予的支持，就像我们在2012 年蓝皮书前言中最后所慨叹的一样，“从事文化遗产事业的人也具有和文化遗产事业同样的魅力”。国家文物局的领导同志和机关各司（室）的同志不仅延续了对蓝皮书的指点，也延续了对“第三只眼”的厚爱和包容。他们包括：国家文物局分管政策法规司的前任领导董保华副局长和现任领导顾玉才副局长，政策法规司的朱晓东司长、陈培军副司长、岳志勇处长和彭跃辉副处长，办公室主任李游和副主任陈红、闫亚林和副处长彭馨，督察司司长刘铭威和处长邓超、刘大明，文物保护与考古司副司长陆琼和副处长张凌、王彬，博物馆与社会文物司司长段勇，人事司司长解冰和副司长王莉。还有诸多国家文物局下属单位的领导，作为蓝皮书评审专家，在本年度蓝皮书的开题、中期评审和最终成果评审中给予了精心的指导乃至超脱部门利益的劝导（以“第三只眼”的角度秉笔直书），他们包括：中国文化遗产研究院院长（现国家文物局副局长）刘曙光、中国文物报社社长李耀申、中国文物信息咨询中心（国家文物局数据中心）主任吴东风、国家水下文化遗产中心主任柴晓明、中国文物交流中心主任王军、文物出版社社长张自成。课题组的合作方，如中国文化遗产研究院于冰研究

① 《“十三五”规划纲要》中提出的“创新、协调、绿色、开放、共享”。

员、赵夏副研究员、刘爱河副研究员和余建立助理研究员，北京林业大学张玉钧教授，北京联合大学旅游学院石金莲教授，湖北经济学院旅游与酒店管理学院院长邓毅，上海师范大学旅游学院院长高峻，对本书从草稿到成稿之间的质量提高贡献不小。另外，国家文物局数据中心为本书提供了最可靠、最全面的数据，使本书言之有据。

最后，在这本蓝皮书付梓之际，特别要感谢国家文物局原副局长董保华与政策法规司的同志们。他们的建议、审稿使蓝皮书能在坚持“第三只眼”视角的同时兼具旁观者和斫轮手之利，使课题组在经过七年之痒后“不忘初心、继续前进”。

国务院发展研究中心文化遗产蓝皮书课题组

2016 年 7 月

主题报告

Theme Reports

B.1

第一章 文化遗产事业平台上的中国梦

本章要点：

1. 有了文化遗产事业平台，中国梦更易于理解和实现；有了中国梦，文化遗产事业平台的全局意义更大。

2. 文化遗产事业，要着力打造平台功能，必须从三个方面明确发展重点：多方面协同保护，法为先多种利用，多功能活动平台。

3. 只有让文化遗产事业真正成为发展的平台，融入公众生活，使文化遗产中的文化成为国民的文化生活，才可能使文物活起来乃至“火”起来。这需要保持保护成果，依法强化合理利用，丰富文物利用方式，丰富文物对城镇化转型的作用方式，丰富文物与人民群众的关联，使文物相关利用程度和水平成为生活质量的重要标志。这个过程必须确保公益性，以确保“大家都听得见文物说话”。

1 文化遗产事业平台的构成及其承载内容

2015～2016年，对国家来说，正是“十二五”向“十三五”的交替之年，承前启后、继往开来，所以在国家的相关规划和文件中，文化和文物的相关“说法”、项目有了集中呈现，反映了**文化遗产事业与国家发展全局之间的关系——国家越强，文化遗产越要“强”**；而2016年初，对文化遗产事业来说，还有一个标志性的事件：全国文物工作会议。这次会议明确了未来文化遗产事业发展的重点，这些重点诠释了一个共同的主题：**中华民族实现中国梦，文化遗产事业是支柱**。

在相当长的历史时期内，中国物质文明和精神文明建设可用中国梦来统称——中国梦的核心是国家强大、民族振兴和人民富裕。“文物承载灿烂文明，传承历史文化，维系民族精神，是老祖宗留给我们的宝贵遗产，是加强社会主义精神文明建设的深厚滋养。”① 习近平同志的指示说明了文化遗产中的文物与精神文明建设的关系。对国家、民族和人民这三个主体来说，文化遗产的功能是不同的：**对国家，是文化载体、软实力的硬支持；对民族，是文脉的体现、共同体的共同物；对人民，是生活组成、俗到雅的催化剂**。

这些功能，需要依托事业平台来体现。要全面理解事业平台，首先说平台。在汉典网中，平台是指“高于附近区域的平面”。随着社会的发展，平台的意义多元化，不同领域对平台的理解和认识有所不同。但总体来说，平台也是有共性的，通常的理解是指一种基础的可用于衍生其他产品的环境。这种环境有如下特征。①开放性。开放性是平台最核心的特征，平台通常拒绝环境的封闭和资源的垄断，而是向外界开放。②多主体参与。开放性极大地拓展了参与主体的类型和范围，政府、企业、市民等在平台中紧密地联系起来，沟通更加频繁和高效，形成了一个庞大的社会化网络。③多功能、高品质承载平台延伸性。平台延伸性通常不体现在物质空间范围，而是指产品

① 习近平同志在2016年全国文物工作会议前对文物工作的指示。

丰富性、影响力方面的拓展。在以上对“平台”的认识基础上，可认为文化遗产事业平台有两个方面的含义。**①是事业发展依托的物质载体**。即各类文物共同构成了一个物质平台①，在这个平台上可全面体现文化遗产的教育、科研、经济三大功能②。**②可能成为多种活动的承载平台，即可能实现“文物搭台、多方唱戏”**。例如，可成为“一带一路”战略的历史凭据和未来线索，可成为体现新型城镇化“山水乡愁”要素的平台，被习近平同志作为中国梦的讲台等③。仅文化遗产中的博物馆，在经济社会发展中的作用就已越来越全面，越来越趋向于成为城市文化平台，甚至成为城市客厅④和形成城市特色发展的物质基础⑤。这方面的功能也得到相关政策法规的支持。例如，“十二五”期间开始施行的《博物馆条例》规定：“博物馆，是指以教育、研究和欣赏为目的，收藏、保护并向公众展示人类活动和自然环境的见证物，经登记管理机关依法登记的非营利组织。”这将博物馆的教育功能列在了第一位。《博物馆条例》也对博物馆举办陈列展览、提供社会教育和服务、开展教育教学、支持科学研究等职能做出明确规定，凸显了博物馆在维护国家安全与民族团结、弘扬爱国主义、倡导科学精神、普及科学知识、传播优秀文化、培养良好风尚、促进社会和谐、推动社会文明进步方面的重要作用。《博物馆条例》的这些新内容，表明博物馆已经成为中国社会可持续发展的重

① 包括不可移动文物及相关的大遗址、风景名胜区等，可移动文物及相关的博物馆、纪念馆等，以及文化和自然遗产的集合体，这在中国“天下名山僧占多”的文化习惯下尤为普遍。而且，这样的平台承担了多种保护功能，如文化和自然遗产的互促式保护。有例为证，由于岭南四大名刹之一庆云寺的存在，中国第一个自然保护区——鼎湖山——的森林近千年来一直受到较好保护，人为干扰甚少，具体可参见：张林艳、叶万辉、黄忠良《应用景观生态学原理评价鼎湖山自然保护区功能区划的实施与调整》，《生物多样性》2006 年第 2 期。

② 参见 2008 年蓝皮书主题报告第一章的详细分析。

③ 参见本书技术报告第一章的详细分析。

④ 当然，这限于有条件的博物馆或文化遗产地，具体可参见本书主题报告第二章和技术报告第一章。2016 年 6 月，李克强总理与德国总理默克尔在颐和园的活动，也属于这种平台功能的体现。

⑤ 例如，上海市委书记韩正在 2016 年上海市贯彻中央城市工作会议精神推进大会上提出“要从保护建筑走向保护风貌，传承好城市历史文脉”。

要推动力量。在这方面，不唯中国这样认识，这已经成为国际共识①。

为打造好这样的平台，充分发挥其功能，文化遗产事业的工作重点需要在不同的方面、不同的历史时期，对应于国家的主要发展模式、渠道和目标而有所侧重。这样，才能**使事业之重契合国家之重，使事业平台成为国家发展的舞台**。从近些年国家的发展重点来看，国家之重和事业之重的契合在“十二五”期间前所未有，有些方面的国家之重直接“压”到文物系统上，使文化遗产事业成为国家大事平台不仅有了合理性也有了可行性。例如，习近平同志要求：“让文物说话，把历史智慧告诉人们，激发我们的民族自豪感和自信心，坚定全体人民振兴中华、实现中国梦的信心和决心。”这种要求在一些方面很具体，如 2013 年底的中央城镇化工作会议文件明文提出：“要传承文化，发展有历史记忆、地域特色、民族特点的美丽城镇。”2015 年底的中央城市工作会议文件更细化地要求“加强对城市的空间立体性、平面协调性、风貌整体性、文脉延续性等方面的规划和管控，留住城市特有的地域环境、文化特色、建筑风格等‘基因’”。这对城市发展与文化传承的关系尤其是与文化遗产事业发展的关系有了总体描述，将新型城镇化的“新”直接与文物保护、文化传承挂钩。在 2016 年的全国文物工作会议上，习近平同志将其上升到一个更高的层次，在相关指示中明确：“**各级党委和政府要增强对历史文物的敬畏之心，树立保护文物也是政绩的科学理念，统筹好文物保护与经济社会发展……为实现‘两个一百年’奋斗目标、实现中华民族伟大复兴的中国梦作出更大贡献**。”显然，习近平同志将文化遗产事业视作中国梦的重要平台之一②。

---

① 例如，国际博物馆协会对 2015 年国际博物馆日主题“博物馆致力于一个可持续发展社会”是这样阐释的：博物馆作为教育与文化机构，在界定和执行可持续发展战略中正扮演一个日益重要的角色。面对日趋不稳定的生态系统、不够稳定的政治环境可能带来的自然与人的挑战，博物馆必须确保自己有能力继续担当文化遗产守护者的重任。博物馆的相关工作，例如公众教育和展览策划，应当努力朝着“创建可持续发展社会”的方向开展探索和实践。作为博物馆工作者，我们必须全力以赴，确保博物馆成为维护社会可持续发展的重要文化推动力。

② 习近平同志甚至将博物馆作为完整阐释中国梦的讲台，具体参见技术报告第一章的分析。

而文化文物系统的工作部署，将这种平台功能初步体现在了具体事务中。如文化部部长雒树刚在 2016 年贯彻落实全国文物工作会议精神座谈会上，提出要加强文物工作在构建中华优秀传统文化传承体系中的支撑作用、发挥文物工作在促进文博创意产业发展中的积极作用，着力加强精准管理，着力动员社会力量，努力形成全社会参与文物保护的新格局①，无不显示出其对中国梦和文化遗产事业关系的深刻认识及其有关文化遗产事业应该发展成多方参与和多主体、多产业受益平台的指示。2016 年国际博物馆日的主题“博物馆与文化景观”和 2016 年中国文化遗产日的主题“让文化遗产融入现代生活”都说明，这方面的国际共识是：文化遗产事业中的实体应该成为多功能的、开放的、为区域发展服务的平台②。

这些认识，都是为了让文化遗产全面发挥功能尤其是平台功能，让文物“善于对人民说话”。这样，才能在实现中国梦的过程中，“让历史文化与自然生态永续利用、与现代化建设交相辉映”③。

2　文化遗产事业平台未来的发展重点

2.1　功能、短板和目标共同决定了发展重点

虽然文化遗产事业平台很重要、承载的内容很丰富、功能很全面，但功

① 该段讲话上下文全部内容为“加强文物工作在构建中华优秀传统文化传承体系中的支撑作用；着力提升文物保护水平，切实保护好文物的历史文化价值；着力拓展文物利用途径，多措并举让文物‘活’起来；发挥文物工作在促进文博创意产业发展中的积极作用；着力加强精准管理，强化文物执法督察；着力动员社会力量，努力形成全社会参与文物保护的新格局”。

② 国际博物馆协会对这个年度主题的阐释是：作为自然与历史的结合，文化景观指一个处于持续变化和演进中的特定区域，是某种特定的地理特性和时光与人类活动变迁的结果。无论是个人还是社区，都对保护和增强文化景观负有责任。上述任务同样落在博物馆的肩上，**无关区域规模的大小，博物馆拥有作为该区域物质和非物质遗存的实物和元素**。“博物馆与文化景观”这一主题促使博物馆对其文化景观承担起责任，要求博物馆为其文化景观的管理和维护贡献知识和专业技能，扮演积极的角色。博物馆的首要任务，是保管好博物馆馆区内和馆区之外的遗产。**博物馆的天然使命，是结合其周边开放状态的文化景观和遗产拓宽任务领域**，开展自身的活动，从而在不同程度上肩负起责任。

③ 这是 2014 年习近平同志在北京考察工作时的指示。

能只是可能，事业必须发展好才可能将功能全面体现出来，而事业要发展好必须从两个方面确定发展重点：从客观而言是短板，从主观而言是工作目标。如果安排的重点工作属于文化遗产事业的主要功能且在这个方面的短板与工作目标对应，事业就可能发展好并在近期体现成效。

从《国务院关于进一步加强文物工作的指导意见》、全国文物工作会议的相关领导讲话等来看，目前确定的工作目标，既与功能相联系，也大体能弥补短板。**有两个方面的短板比较明显：一体现在保护上，二体现在利用上。**

从保护而言，文物系统在保护上的相对薄弱主要不是自身原因，而是发展观和相关基础制度：长期的“以经济建设为中心”已经形成了配套的制度体系，几乎所有政府部门形成了搞大开发的合力，而搞保护的动力局限于为数有限、权力有限的几个部门，这显然是小保护①，以至于中央巡视组给出的结论是“文物保护被动局面没有扭转”②。要想加强保护，首先是各级政府尤其是守土有责的地方政府要转变政绩观——**“树立保护文物也是政绩的科学理念”**③，保护理念和保护方式也要升级。例如，在处理城市发展与文物保护的关系上，“要从保护建筑走向保护风貌，传承好城市历史文脉”；最重要的是，要建立与政绩观相适应的配套的制度体系——如中央2015年发布的《生态文明体制改革总体方案》中的生态文明制度（参见表主1-1，这些制度都与改善保护所需的“钱”“权”紧密相关，不仅对大遗址等保护地的保护和利用大体适用，对文化遗产事业同样适用）。

从利用而言，则会发现既有发展阶段、产业配套和人力资源方面的限

---

① 多半是直接获得保护专项资金和相关执法权，如林业、环保、文物等部门。

② 2016年6月，中央第六巡视组向国家文物局党组反馈专项巡视情况。此处完整的上下文是：“学习领会和贯彻落实中央文物工作决策部署存在差距，有关改革举措和文保法规落实不够到位，文物保护被动局面没有扭转，革命文物保护状况堪忧，文物市场监管和执法督察力度亟待加大。”

③ 习近平同志对2016年全国文物工作会议进行了这样的指示：“各级党委和政府要增强对历史文物的敬畏之心，树立保护文物也是政绩的科学理念，统筹好文物保护与经济社会发展。”

表主1-1　生态文明八项基础制度与文化遗产地管理“钱、权”制度设计的关系

生态文明八项基础制度	制度创新	制度影响和可解决的现实问题
归属清晰、权责明确、监管有效的自然资源产权制度	全部确权、责有攸归	权(解决土地和不动产等权属问题,确保山水林田湖和不可移动文物都实行统一管理)
以空间规划为基础、以用途管制为主要手段的国土空间开发保护制度	多规合一、规划落地	
以空间治理和空间结构优化为主要内容,全国统一、相互衔接、分级管理的空间规划体系		
覆盖全面、科学规范、管理严格的资源总量管理和全面节约制度	全程管理	钱、权兼有
反映市场供求和资源稀缺程度,体现自然价值和代际补偿的资源有偿使用和生态补偿制度	为生态服务付费,也适用于文化遗产地和文物补偿	钱(谁奉献、谁得利;谁受益、谁补偿)
以改善环境质量为导向,监管统一、执法严明、多方参与的环境治理体系	质量管理,齐抓共管,也利于大遗址	权(确保谁污染、谁付费甚至谁污染、谁遭罪)
更多运用经济杠杆进行环境治理和生态保护的市场体系	分清政府和市场的界限,引导市场力量	钱(谁治理、谁得利)
充分反映资源消耗、环境损害、生态效益的生态文明绩效评价考核和责任追究制度	终身责任到主官,也是有利于文物保护的制度环境	权(政府、相关机构和领导干部的权,确保指挥棒正确有力)

制，也有文物系统自身的发展观和相关制度建设的短板①。以博物馆工作为例，要让博物馆形成城市文化平台乃至文化景观，“让文化遗产融入现代生活”，就需要推进博物馆的社会化、公共化和平台化，让公众全方位享受博物馆资源、了解博物馆工作，进而主动地参与博物馆的活动和向博物馆提出诉求。这方面过去存在的短板甚至恶性循环是明显的②，甚至引发

① 2013年、2014年蓝皮书在主题报告第三章都有详细分析，2014年蓝皮书技术报告第一章还分析了产权、考核机制等方面的制度成因。

② 单从表象因素看，公众的参与广度和深度不够就是显然的，这直接影响了文物的吸引力。也就是说，**文物工作某些方面的不足，使公众对文物的兴趣不足，反过来又使社会各界对文物的魅力和文物工作的重要性认识不够，如是，就可能形成恶性循环**。例如，中国博物馆长期以保护文物为中心的工作模式，使其将“其貌不扬”甚至“残破不堪”的文物变为引人注目乃至动人心魄的文物的过程不为人知，公众缺少参与感，也难以深刻体会到文物承载的文化信息和文博工作的技术含量，这就使文博工作本身对公众缺乏吸引力。博物馆应以藏品为研究对象，运用多种研究手段，揭示藏品携带的信息。从文化遗产事业的功能而言，藏品也应该成为博物馆的“展示”内容，博物馆应借此与公众发生更全面、更深入的联系。

多起公共事件①。

2016 年全国文物工作会议及时给出明示："切实加大文物保护力度，推进文物合理适度利用，使文物保护成果更多惠及人民群众。"深刻理解这个指示中的关键词"加大保护、推进利用、更多惠及"，可以认为，文化遗产事业要在为公众服务中全面发挥功能，须着力打造平台功能，从三个方面明确发展重点：①多方面协同保护；②法为先多种利用；③多功能活动平台。

2.2 多方面协同保护

协同保护中的协同，有两方面含义：①从资源上，形成文化与自然遗产的协同保护；②从管理上，形成多部门、上下级政府之间的合力保护。

首先是资源上的协同保护。如 2013 年蓝皮书技术报告第一章表技 1－1 的分析，中国的文化与自然遗产资源的水乳交融程度世界罕见，而文化与自然遗产的保护需求高度一致，这就需要统筹考虑资源管理的相关制度，相关管理手段（包括规划）和相关机构的设置也要兼顾二者共同的需要并尽可能实现互促式保护。这方面，中国已有悠久的传统（"天下名山僧占多"），目前需要注意的是在新型城镇化中兼顾新城发展、城市更新和历史文化保护②。这方面已有些地方走在前面。例如，"十二五"期间完成修编的《上海城市总体规划》4.4 节专门提出文化保护红线（Cultural Conservation Redline）：为保护文化资源，将文物与优秀历史建筑、风貌保护

① 如故宫的"十重门"事件等，2012 年蓝皮书"特别关注二"对其制度成因有系统分析，而文物系统内部的工作人员也有从自身工作角度而言的反思。例如宋向光的《博物馆如何直面公众质疑》（《中国文物报》2011 年 9 月 7 日）谈道："从近来公众对博物馆的关注中，我们注意到其中蕴含着公众对博物馆事务的极大兴趣。长期以来，公众对博物馆的关注，就是一个明确的信号。它告诉博物馆人，公众开始关注博物馆事务了。博物馆是公共文化机构，公众有权利利用博物馆的公共品和公共服务设施，更有权利知道博物馆是否认真履行了公共责任，是否管理好了公共资源，是不是一个负责任的公共组织。应该说，近年来博物馆正在积极向这个方向努力着，但更多的是靠自身的力量。现在，公众以一个让博物馆感觉不太舒服的方式，强力介入了博物馆社会化、公共化进程，这应该是此次公众强势关注博物馆的深层次原因。博物馆应该借势而动，顺势而为，加快社会化、公共化改革创新进程。"

② 参见本书技术报告第三章的详细分析。

道路（街巷）与河流、历史文化风貌区与风貌保护街坊、历史文化名镇名村、自然保护区和风景区等各类保护要素的保护范围和建设控制范围划入文化保护红线内。严格按照历史文化名城保护体系及相关法律法规，保护历史遗存与环境的原真状态，限制建设活动。定期评估、增补保护对象，拓展红线范围。

其次是多部门、上下级政府之间的协同保护。由于文化与自然遗产资源水乳交融，多部门的协同保护不仅可能而且必须。以 2015 年 1 月启动的国家公园体制试点（国家文物局是十三个参与部委之一）为例，文化遗产在其中面积不大却意义重要，以至于在 2015 年 9 月颁布的《生态文明体制改革总体方案》关于“**建立国家公园体制**”的专节描述中，要点是“加强对重要生态系统的保护和永续利用，**改革各部门分头设置自然保护区、风景名胜区、文化自然遗产、地质公园、森林公园等的体制**，对上述保护地进行功能重组，合理界定国家公园范围。国家公园实行更严格保护，除不损害生态系统的原住民生活生产设施改造和自然观光科研教育旅游外，禁止其他开发建设，**保护自然生态和自然文化遗产原真性、完整性**”。显然，国家的目的在于破解部门障碍，力求对文化与自然遗产实现统一管理、完整保护，即**多部门协同保护的实现形式就是统一管理**。

目前需要加强的重点是上下级之间的合力保护。按照《文物保护法》，文物保护属于属地责任，即地方政府是文物保护和利用的责任主体，自然也是文化遗产相关公共服务主要的供方。2014 年，在全面深化改革的大背景下，这种责任从两个方面显示出新意：①管理制度的统筹和前置；②依法追究工作的落实和力度的加大。过去习惯以经济建设为中心的各级地方政府，也尝试性地将文物保护和利用与经济建设结合起来，尤其在推动城镇化的过程中，许多地方政府将文化搭台、经济唱戏的做法应用到文物相关领域。大遗址保护行动在许多地方如火如荼就是一例。近年来，大遗址保护行动的一个重要推动因素，是地方政府的主动参与和高度热情。大遗址保护行动真正摆脱文物系统的专业圈子而融入各地社会经济发展的大格局，离不开“政府主导”。这是因为大遗址保护涉及的征地拆迁和环境整治所需经费动辄数十亿元甚至上百亿元，地方政府在融资方式上的创新是大遗址保护工作得以在一些具备条件的地区声势浩大地展开的根本保障。正是在这样的大背景下，一些大遗址所在地政府投入数十亿元甚至上百亿元用于与大遗址相关的保护、展示、民生改善、环境整治、城市提升、文化旅游产业。这些资金大都属于城市建设资金，不在文物事业费统计范畴之内。地方政府的投入渠道也因地区不同而相差很大。尽管这种做法的初衷并非完全出于文物保护，但在国家专项资金的引导下、在凸显城镇化个性的诉求下，很多地方政府已经“体会”到：只要地理位置好、融资渠道好、周边项目好、群众工作好，文物工作也完全能实现文物本体保护好、周边环境整治好、经济社会发展好、人民生活改善好。大明宫、良渚等大遗址保护项目，都属于这样的案例。这使以政府行为统筹文物保护和利用工作在“十二五”期间蔚为风尚。以这种方式体现重视文化遗产事业的地方政府，只要遵守有关法规，从总体上就算有利于文化遗产事业发展且可使文化遗产事业发展与群众生活改善更紧密地关联起来。

2.3　法为先多种利用

“推进文物合理适度利用”是“十二五”期间文物系统做好文物工作的重点之一，也是2016年全国文物工作会议的重点之一。在过去十多年文化遗产事业的快速发展中，合理利用相对滞后，文化遗产事业平台从理念到制度建设已经难以满足经济社会发展需要，所以“十二五”期间习近平同志对文物工作的指示中有“让文物说话”“让文物活起来”这样的提法。

2014年蓝皮书已经分析过在相当程度上依托文化遗产资源的旅游系统[①]，比较充分地认识到：①使文化遗产更全面地进入国民生活，需要“加工”，以较好地完成“资源—产品—商品”的转化，这样才能使文化遗产中

① 对文化遗产资源在文物旅游吸引力因子中的贡献的学术化分析，可参见2009年和2012年蓝皮书技术报告第二章。

的文化成为国民的文化生活，使文物真正活起来；②这个过程中必须确保公益性，这样才能确保"大家都听得见文物说话"。但这个转化过程却举步维艰。尽管《文物保护法》中早就明确了在"加强管理"的基础上"合理利用"，但合理利用的"理"到底是什么？底线很清楚，就是《文物保护法》等相关法律，但上限和边界在哪儿？迄今没有一个系统的文件予以说明，文物系统出台的一些关于经营利用的文件甚至与其他文化与自然遗产的体制改革方向背道而驰[①]。考虑到工作的需要，借鉴其他系统的经验，并把握国家文物局的思路和三个方面有方向性作用的宏观背景，可以从三个方面总结文物系统应加强的工作。我们认为，只有做好这些工作，才能使文物"制度性地说出并说好中国梦"。

第一方面工作是**从文件层面明确文物在经济社会发展中如何依法转化为资源**，为新型城镇化服务。《国务院关于促进旅游业改革发展的若干意见》（国发〔2014〕31号文件）已经说明了产业部门是如何看待这种转化的，但文物部门还应该从三个方面来规范和促进这种转化：**①规范**。这个规范，既指要完善相关法规和标准、避免文物利用中的规定缺失，也指要规定产业发展的具体路径。文物旅游的发展既要符合产业发展规律，也要守法[②]，而产业部门在发展中可能会自觉不自觉地忽视《文物保护法》及相关法规的要求。这就要求文物部门给出资源转化的具体技术路径。例如，对于大遗址项目，哪些区域用何种方式在什么资金支持下开发？开发的收益如何处置？哪些业务可以由营利性社会力量开展？这都需要具体而微的规定。只有这样，才能保证文物相关产业开发在规模迅速做大、受益

---

① 如国家文物局相关规范性文件《国有文物保护单位经营性活动管理规定（试行）》（2011年发布）的提法，与实践证明较为科学的特许经营机制并不吻合。其第六条规定"国有文物保护单位的经营性活动，由文物保护单位管理机构为主体开展。未设置管理机构的国有文物保护单位，不得开展经营性活动"，与事业单位改革中鼓励相关单位开展与自身性质、任务相适应，面向公众的服务类经营性活动的方向不相一致。其第四条规定"国有文物保护单位的经营性活动，必须遵守有关法律法规，严格履行审批程序；经营性活动的收入实行'收支两条线'管理，用于文物事业发展，任何机构或者个人不得侵占、挪用"，显然缺少可操作性。

② 相关阐释可参见2013年蓝皮书技术报告第三章。

人群快速增多的同时不危及文物保护。②**推动开放**。诸多文物在完成修缮及科研任务后，理应尽快向公众开放，以彰显其教育功能。但许多文物管理机构缺少激励机制，使文物长期闲置，或者在文物利用上投入不够，致使文物的受益范围小、受益方式单一。这就需要既从文物管理机构的考核指标方面加强利用相关指标的设置[①]，也从吸引营利性社会力量参与文物经营方面放开空间，形成正确的管理导向和舆论导向[②]。③**提高利用水平**。文物利用涉及多方面，比较重要而工作基础薄弱的主要有三个方面：文物旅游、文物相关城乡建设、文物衍生文化产品。传统旅游文化含量不高且教育功能欠缺，坊间的戏言是“祖国山河美不美，全凭导游一张嘴”。而文物旅游及文物相关城乡建设既要以文物科研为基础，还需要从“修旧如旧、文化解读”等方面将资源打造为高端商品。这样的工作没有国家的统一部署并进行相应的制度安排是不可能完成的。令人欣喜的是，文物系统这方面的工作在2015～2016年比较给力：2016年5月，国务院办公厅转发文化部、国家文物局等部门《关于推动文化文物单位文化创意产品开发的若干意见》（以下简称《创意产品意见》）。这样的文件在依法保护的前提下，就如何加强以文物为依托的文化创意产品开发给出方向、路径和方式，也在博物馆等单位参与产业开发上既松了绑也定了规。

第二方面工作是**制度性地做好规划**。规划是兼顾全局性和前瞻性的工作宏观指南，其对工作的价值可用“规划科学是最大的效益，规划失误是最大的浪费”来概括。做好规划，包括两个方面：一是在文物工作以外的范围，尤其是城市总体规划、国民经济和社会发展五年规划等具有总规性质的规划中，使文物领域的重要工作目标成为约束性条件，且使相关重要位置和管制要求在城市总体规划中成为一个图层，从而使文物工作成为经济社会发展尤其是新型城镇化工作中统领全局并带有前置决策意义的工作；二是在文

① 具体参见技术报告第一章第1节。

② 如2014～2015年，关于北京智珠寺文物的利用，观点对立的双方在各种媒体上进行了争论，具有代表性的文章分别是《故宫旁寺庙变会所，可坐龙椅》和《智珠寺凭啥不能开高档餐厅》，后者力挺智珠寺的文物保护和开放利用方式，并对其建筑修缮给予极高评价。

物系统内部的总体规划和各类专项规划中，以“让文物说话”为行业创新方向，且在规划中设置发展目标并配套项目，从而将“让文物说话”前置性地、全局性地转变为具体工作。在这种规划中，两方面工作是需要加强的：**①在文物系统的相关规划中，要充分体现文物利用的要求**，相关发展目标和项目设置、工作程序等都要专门考虑“让文物活起来、多说话”的要求，并在已有的大遗址等项目的规划中修订资金使用方案[①]；**②从多规融合层面促使文物保护和利用的相关规划真正前置性地进入决策范围**、真正落地。也就是说，既要在各总规（如城市总体规划）中设置文物图层（类似重庆市的做法），也要在规划的发展指标、考核指标和规划配套项目中充分体现文物保护和利用的工作要求。

第三方面工作是**完善配套机制，确保利益相关者总体获益**，避免“上有政策，下有对策”。配套机制是协调利益相关者利益并使政策“接地气”的关键。许多改革就是因为只在“前进方向”着力而没有同步设计惠及大多数利益相关者的配套制度，而受到实际参与改革者的掣肘。例如，如果大遗址保护项目没有虑及对区域居民的补偿，没有给予地方政府经营城市获利的空间，则可能像近十年来许多地方的国家级自然保护区设置一样，渐渐成为地方政府不欢迎、当地居民不支持的工作[②]。而从文化遗产事业教育、科研、经济三方面功能来看[③]，这些利益诉求在多数地方是可以兼顾的，只要配套机制完善，即便土地本身的开发价值不大，也可以使原住民利益不受损[④]。

---

① 具体参见本书技术报告第一章第3节。

② 这种情况实际上在世界各国屡见不鲜。以文化遗产保护闻名的法国，其国家公园在建设过程中也曾罔顾周边社区的发展，以致国家公园几乎成为“全民公敌”。直到2006年启动国家公园体制改革后，法国的国家公园才重新焕发活力。这其中主要的成功经验就是从制度层面让周边社区的利益相关者在全民公益性的规定（CHARTER）下主导日常管理并使大多数利益相关者能在保护好后，有效益。

③ 具体参见2008年蓝皮书主题报告第二章的分析和本书主题报告第二章、技术报告第二章的定量计算。

④ 主要指文物相关补偿机制，具体参见本书主题报告第二章和技术报告第二章中的分析，以及以良渚为案例的测算。

这方面，尽管《2020 年文物事业发展目标体系》中已经有明确的提法[①]，但相关机制建设和改革在现实中仍然滞后。

可以欣喜地发现，“十二五”期间，文化文物系统已有诸多单位在这方面有了长足的进步。例如，在推进博物馆文化创意产品开发中，故宫博物院、南京博物院、湖南博物馆等的文创产品，引起社会广泛关注，初步实现了观众“把博物馆带回家”的愿望。为配合国家的大局中心工作，多地博物馆还开展了抗战文物专题展览推介、经济社会发展变迁物证征藏工作等。这些都使文物利用方式更加丰富、公众参与和享受文物利用的程度显著提高。

2.4　多功能活动平台

文化遗产事业平台，尽管依托于文化遗产，但其作为平台的功能，不限于依托文化遗产资源的活动：**①作为实体平台，只要适于在文化遗产地（包括博物馆）上进行的活动，都可以放到这个平台上；②作为虚拟平台，只要文物系统能主导或者只是参与，就可以体现文化遗产事业在输出价值观和彰显国家软实力上的独到功能。**

可以城市博物馆为例来理解作为实体平台的多功能活动平台。①作为“高大上”的活动空间，将市民的文化活动都包容进来，使文化遗产地成为城市的“窗口”和“客厅”乃至“广场”，既为客人和市民了解城市文化提供窗口，也为城市接待来客、展现城市形象担当客厅，还在塑造城市文化景观[②]、提升城市文化品位、增强城市吸引力等方面形成城市的软实力。②城市博物馆作为教育与文化机构，是促进社会可持续发展的重要文化推动力，是城市更新的支点。城市博物馆通过保护、保存和阐释其围墙内外的文

---

① 在“五位一体”建设中发挥重要作用……文物、博物馆宣传教育功能得到充分发挥，成为公共文化服务体系的重要支撑……文物保护与城乡建设有机结合，成为建设美丽中国的积极力量……形成完整、配套的文物保护和利用财税、金融、土地、知识产权以及鼓励社会资金投入文物事业、鼓励个人将所收藏文物捐赠给博物馆的有关税收减免政策。

② 2016 年国际博物馆日的主题是“博物馆与文化景观”。

化遗产，通过积极参与公共和城市政策制定，通过组织和承担各种大型文化活动，成为推动城市社会经济发展和文化进步的重要力量[①]。③城市博物馆是市民的文化生活平台。城市博物馆作为城市的公共文化空间和重要“文化景观”，应以开放的姿态面向市民、融入社区，让文化成果被更多的人分享。将有人文、生态资源优势的城市博物馆优先纳入“国家文化公园”建设[②]，与城市有机更新、人居环境改善相结合，将会显著提升市民的生活质量。有些资源组合度较高、空间较大的城市博物馆，已经在担当这样的多功能平台上初露端倪[③]。

除了活动平台，条件合适的地方，甚至可以依托较大规模的文化遗产资源将文化遗产地发展为有文化特色的城市中心。如国家级新区西咸新区的秦汉新城，其302平方公里的范围中有104平方公里是秦汉帝陵，品位很高，其周边不仅所谓“风水好”，且环境整治也已经具有区域级的顶级水平。在这样的区域建设城市副中心，既体现了“保护好了，要有效益”，也有利于文化遗产资源发挥全面的功能[④]。

另外，考虑到文化遗产无国界阻碍的沟通功能和文化传播功能，还可拓展虚拟平台的功能。例如，文化遗产是“一带一路”的历史凭据和未来线索。“一带一路”战略需要从沿线国家尤其是城市的发展中体现出来。这种发展主要是“一硬一软”：硬的是基础设施，但投入大、见效慢且干扰因素多；而软的旅游、文化活动交流和文化创意产品生产流通，易于形成合作平

① 2015年国际博物馆日的主题正是“博物馆致力于一个可持续发展社会”。

② 国家文化公园是《“十三五”规划纲要》中提出的，具体参见本书主题报告第二章和技术报告第一章。

③ 例如西安博物院，具体参见主题报告第二章和技术报告第一章的详细分析。而这方面举措的模范，可以从纽约大都会艺术博物馆与纽约市、纽约市民的关系中窥斑。大都会艺术博物馆坐落在纽约第五大道80到84街，其分馆每年举办“纽约大都会艺术博物馆慈善舞会”（Metropolitan Museum of Art's Costume Institute in New York City，简称Met Gala/Met Ball）。舞会是用来做募捐的，筹集的钱款全部捐献给大都会艺术博物馆的服装部门。据纽约媒体报道，2013年舞会晚宴的捐款额高达900万美元（约5500万元人民币），2014年更是达到1200万美元（约7500万元人民币）。其已经成为时尚界最隆重的晚会，每年的慈善晚会红毯部分都被誉为“时尚界奥斯卡”，入场券高达25000美元。

④ 具体情况参见技术报告第三章的专章分析。

台，易于输出价值观和彰显国家魅力。从这个角度而言，文物系统积极搭建平台，在文物旅游、展陈交流、文化创意产品生产销售中与“一带一路”国家进行文化和经济交流，在这个过程中输出价值观，对响应中央战略、发挥文化遗产独到功能的意义更大，且从这个角度看，中国文化遗产事业的经济社会效益超出城市范围、国界范围。

总之，只有让文化遗产事业真正成为发展的平台，融入公众生活，使文化遗产中的文化成为国民的文化生活，才可能使文物活起来乃至“火”起来。这需要创新思路、完善政策、加强制度建设，只有这样才能让文物更好地说出中国梦，才能在文化遗产事业平台上更好地理解和实现中国梦。中央在这方面的要求是：善于运用中国视角，立足中国国情和中国在世界经济中地位的变化，发出“中国声音”，讲好“中国故事”，提供“中国方案”。套用到文物系统上，就是保持保护成果，依法强化合理利用，丰富文物利用方式，丰富文物对城镇化转型的作用方式，丰富文物与人民群众的关联，使文物相关利用程度和水平成为生活质量的重要标志，使更多人的中国梦更有中国味。而且，这个过程必须确保公益性，以确保“大家都听得见文物说话”。

（本章主要执笔人：王宇飞、张颖岚、马有明）

B.2
第二章
文化遗产事业平台的做大做强

本章要点：

1. 文化遗产事业平台要全面发挥功能，受到遗产价值和规模、文化遗产与城市和市民的空间关系、与文化遗产利用相关的要素组合度三方面因素影响。

2. 事业平台的做大在于充分拓展事业平台的功能，让各种资源的多功能都发挥出来，让文物活起来，全面惠及民众；做强在于按照新型城镇化和生态文明的战略方向，解决文化遗产事业的制度障碍，完善促进文化遗产全面做出贡献的制度建设。这需要加强宏观制度建设（党政同责制度、重点区域的一票否决制等）、文物系统配套制度建设（信息统计和共享制度、不可移动文物的产权制度等）、文物系统自身制度建设（文物督察制度、文物部门垂直管理制度和特许经营机制等）。

3. 2014 年，全国文物系统对国民经济的全部贡献合计为 842.4 亿元，比 2001 年的 91.0 亿元名义上增长了 8.3 倍（按 2001 年可比价格计算，实际增长近 4.7 倍），年均名义增长率为 18.7%（实际增长率为 14.3%）。这个经济产出是对文物系统财政投入的 2.8 倍。而且，随着文物旅游、文化创意产业等相关产业的快速发展，文物系统的经济贡献从总量角度而言还处于“上升期”，文化遗产事业在经济建设战场上还是生力军。

2014年蓝皮书从宏观背景和行业背景两个层面探讨了增强文化遗产事业贡献的机遇和要求：宏观背景主要体现在中央推进全面深化改革、依法治国以及新型城镇化战略①，给文物工作带来“新”变化，国家公园体制建设也使文物系统加强保护和利用有了新的方式，文物系统要主动向国家公园借势发展。2015～2016年，随着全面深化改革和新型城镇化持续推进，城市发展在以人为本理念的指导下，越来越注重内涵式增长和精细化管理。在这种背景下，城市更新和国家级新区成为城市建设重点。本章从城市文化平台与新型城镇化的关系入手，在总结文化遗产和城市发展关系的各种类型基础上，以西安为可能发挥较大作用类型的案例点，全面探讨文化遗产在城市发展中可能的贡献以及面临的机遇和挑战。通过分析测算，说明文化遗产不是发展阻碍也不是“财政包袱”，而是经济社会发展的重要资源和转变城市发展方式、实现特色发展的依托。在文物系统完善自身制度建设基础上及相关系统改革配合下，文化遗产事业平台有条件且有机会对国民经济发展做出更大的贡献。

1 作为文化建设主力军的事业平台

文化建设作为五位一体的建设之一，对经济社会发展有全局作用。这种全局作用在“十二五”期间的发展主战场——新型城镇化——中体现得尤为明显。随着新型城镇化的推进，文化建设在城市发展中的地位日益凸显，2015年中央城市工作会议文件就直接指出文化是城市发展三大动力之一②。但城市文化建设是一个动态的、发展的过程，并非仅靠文化文物部门所能主导，需要调动各方面的积极性、主动性、创造性。在

① 分别是党的十八届三中全会、四中全会和2013年中央城镇化工作会议、2015年中央城市工作会议的主题。

② 原文是“统筹改革、科技、文化三大动力，提高城市发展持续性。城市发展需要依靠改革、科技、文化三轮驱动，增强城市持续发展能力……要保护弘扬中华优秀传统文化，延续城市历史文脉，保护好前人留下的文化遗产。要结合自己的历史传承、区域文化、时代要求，打造自己的城市精神，对外树立形象，对内凝聚人心”。

这种背景下，条块分割的文化建设格局不再适应需要，事业平台的价值得到凸显。

1.1　事业平台对文化建设的作用和体现方式

1.1.1　事业平台的特征和对文化建设的作用

如主题报告第一章所析，**文化遗产事业平台既是事业发展依托的物质载体，也可能成为国家大事和城市文化的物质承载平台；既是事业发展依托的物质载体，也可能成为多种活动的承载平台，即可实现“文物搭台、多方唱戏”**。目前，文化遗产已从三个方面初步具备平台的特征：①**文化遗产事业开放性提升**。平台要求文物部门脱离原有的部门局限，将文化遗产及相关空间真正视为城市公共资源。博物馆免费开放就是开放性的重要体现。②**多主体参与文化遗产保护和利用**。作为事业平台，围绕博物馆、大遗址等文化遗产，需要其他部门的共同参与，在规划、土地、生态、文化等各个领域互相协作，通过打破条块分割实现城市管理制度的创新。同时，在政府之外，企业、市民等各方主体深度参与遗产的保护和利用，彼此进行沟通和合作。③**文化产出的丰富和影响力的延伸**。借助于平台的打造，博物馆、大遗址等能够为市民提供更加丰富的、种类多样的文化产品，在文化影响力方面得到更大拓展。这样，不仅其中的文化遗产资源可以全面体现其各项功能，**而且博物馆还能作为开放空间，与周边居住区、工作区有机融合，为城市居民提供休闲、娱乐、游憩场所；博物馆还可作为高品质承载平台，举办多种高端文化活动，成为城市文化活动高地**。

这些年，中央的相关文件和文化文物系统的工作成果，使这个事业平台越来越成为某些城市文化建设的主力军。城市工作会议强调了文化遗产与城市精神息息相关，城市“要结合自己的历史传承、区域文化、时代要求，打造自己的城市精神，对外树立形象，对内凝聚人心”。但在文化建设领域，文化遗产事业平台的作用能够发挥得更加全面：大遗址和博物馆具有重要的**教育功能**，是学校教育的有益补充，同时公共教育有助于形成文化认同和国家认同；大遗址作为开敞空间与周边居住区、工作区有机融合，为城市居民提供了休闲、娱乐、游憩场所，博物馆则通过举办讲座、展览等文化项目吸引公众参与，使文化遗产成为城市居民从事文化活动的**重要空间**；高品质、标志性的文化遗产往往成为一个城市的**文化品牌**，如古根海姆博物馆之于西班牙毕尔巴鄂市、大都会艺术博物馆之于美国纽约市；以文化遗产交流与合作为载体，拓展城市的**国际文化交往**，能显著体现城市的国际影响力。纽约大都会艺术博物馆慈善舞会已经成为纽约乃至全球时尚文化的重要平台，且这种平台还能反哺于博物馆建设①。

2016年3月发布的《"十三五"规划纲要》，使文化遗产成为事业平台又多了一种方式：在"加强社会主义精神文明建设"章节中明确提出"建设国家文化公园，完善相关保护利用设施，实施国家记忆工程"（见图主2－1）。建立国家文化公园，可以使文化遗产相关工作与国家对重点文化保护单位、重大文化遗产地的工作结合，使这个事业平台更好地体现其承载的功能②。

国家文化公园是文化遗产、遗迹景观环境与文化的统一体，体现了一定历史时期的政治、文化、经济、艺术、科学等信息。作为城市内部或者城郊景观的重要元素，国家文化公园是贴近人民生活、展现城市特别是国家和民族精神的重要载体，具有传承历史文化、展示重大的人文景观等社会文化功能。中国作为一个历史文化大国，拥有悠久的历史文化和大量的文化遗产。有必要通过公园这种可以大范围接纳公众的形式，挖掘历史文化的内涵，使历史文化的传承延绵不断，通过对历史文化资源的整合、表达、创新等构建现代人的精神文化生活，使群众对历史文化有更深层面的认识，对国家有更强的归属感、认同感。这将对增强民族凝聚力起到不可替代的作用。

1.1.2 事业平台发挥作用的影响因素及体现方式

条件较好的事业平台应在城市群的范围内成为文化高地，让自身的作用体现到城市全面发展中。但文化遗产作用的发挥受到多种因素影响。以博物

① 具体参见技术报告第一章2.1的说明。

② 国务院发展研究中心管理世界杂志社咨询研究部：中宣部改革办委托课题——"国家文化公园体系建设思路研究"（2016年4月）。

中共中央十七届六中全会决定全文——《关于深化文化体制改革推动社会主义文化大发展大繁荣若干重大问题的决定》

2020年文化改革发展奋斗目标

1.**大力发展公益性文化事业，保障人民基本文化权益**

2.构建**公共文化服务体系**，加强**国家重大文化和自然遗产地、重点文物保护单位、历史文化名城名镇名村保护建设**，抓好非物质文化遗产保护传承

3.深入挖掘**民族传统节日文化内涵**，开展优秀传统文化教育普及活动

4.**加快发展文化产业**，推动文化产业成为国民经济支柱性产业

国家文化公园建设是文化改革发展政策落地的体现

形式和内容

1.以公园的形式在空间层面的文化改革落地

2.建设优秀传统文化传承体系：

加强国家重大文化遗产地、重点文物保护单位等的保护建设和非物质文化遗产保护传承。挖掘民族传统节日文化内涵，开展传统文化教育普及活动

3.培育新的文化产业：

加强文化产业基地规划和建设，加大对拥有自主知识产权、弘扬民族优秀文化产业的支持力度，打造知名品牌。发掘城市文化资源，发展特色文化产业。规划建设各具特色的文化创业创意园区

特征

1.**公益性**：构建公共文化服务体系，服务于群众

2. **商业性**：发展文化产业，促进经济发展，推动与之结合的文化、旅游等产业，延伸文化产业链，提高附加值

影响

1. 增强文化实力和世界影响力

2.扩大文化消费：

创新商业模式，拓展大众文化消费市场，开发特色文化消费，扩大文化服务消费，提供个性化、分众化的文化产品和服务，培育新的文化消费增长点。发展文化旅游，促进非物质文化遗产保护传承与旅游相结合

3.公有制为主体、多种所有制共同发展的文化产业格局

保障（政策和人才）

1.加快构建有利于文化繁荣发展的体制机制

①深化国有文化单位改革，培育合格市场主体

②健全现代文化市场体系，促进文化产品和要素在全国范围内合理流动

③创新文化管理体制：加快政府职能转变，强化政策调节、市场监管、社会管理、公共服务职能，完善国有文化资产管理体制，加快文化立法，提高管理效能

④完善政策保障机制。加大财政、税收、金融、用地等扶持力度，对文化内容创意生产、非物质文化遗产项目经营实行税收优惠

⑤对外合作宣传

2.建设宏大文化人才队伍，提供有力人才支撑

《“十三五”规划纲要》：第十六篇 加强社会主义精神文明建设

“丰富文化产品和服务，推进文化事业和文化产业双轮驱动，实施重大文化工程”

“加快发展现代文化产业，推进文化业态创新，大力发展创意文化产业，促进文化与科技、信息、旅游、体育、金融等产业融合发展。扩大和引导文化消费”

“构建现代公共文化服务体系，推进基本公共文化服务标准化、均等化”

“深化文化体制改革，健全党委领导、政府管理、行业自律、社会监督、企事业单位依法运营的文化管理体制。深化公益性文化单位改革。健全国有文化资产管理体制，降低社会资本进入门槛，鼓励非公有制文化企业发展”

文化重大工程25

传统文化和自然遗产保护传承：加强国家重大文化和自然遗产地、全国重点文物保护单位、中国历史文化名城名镇名村、国家级非物质文化遗产等遗产资源的保护和利用，**建设国家文化公园，完善相关保护利用设施。实施国家记忆工程，**推进山东曲阜优秀传统文化传承发展示范区、甘肃华夏文明传承创新区建设。加强考古工作，推进二里头夏朝遗址博物馆、景德镇御窑厂遗址等重要文化遗产保护项目。

图主2－1 国家文化公园和十七届六中全会《决定》《“十三五”规划纲要》对应的内容

馆为例，只有满足一定条件，才可能使博物馆超越靠藏品体现的传统功能。借用生产函数理论（因变量是产出，自变量是影响因素）可以描述其功能发挥与影响因素之间的关系。文化遗产对城市的贡献，主要受三个因素影响。

因素一：遗产价值和规模。遗产价值可粗略地分为文化价值和观赏价值。文化价值越高的遗产，越有潜力成为重要的城市文化平台，发挥文化教育的功能。观赏价值越高的遗产，越能够吸引更多居民参观，部分还能够成为热门的旅游景点。遗产规模决定了遗产是否有足够大的空间和体量承载较多的城市功能。遗产规模越大，其拥有的生态环境、基础设施、景观等要素越丰富，越能够在更多方面服务城市发展和居民生活。规模较大的文化遗产，拥有遗址、场馆等用于文化遗产展示，可打造为城市文化平台；拥有规模较大的活动空间，可为城市居民的休闲、游憩、文化活动提供场所，成为城市公共空间的重要组成部分；绿化、林木、水体等生态环境较好，能够承担“城市绿肺”的功能。规模较小的文化遗产，则难以承担如此多城市功能。

因素二：文化遗产与城市和市民的空间关系。空间关系包括遗产位置、周边人口密度、交通设施便利度，直接决定了遗产对城市贡献的方式、范围和程度。位于城市建成区、人口密集乡镇的文化遗产，周边人口密度较高，能在较低的时间、精力、金钱成本之下被较多的居民接触；位于城市远郊地区、荒野地区的文化遗产，周边人口密度较低，难以对城市做出贡献。

因素三：与文化遗产利用相关的要素组合度。要素组合度是从利用角度看各类设施、遗产集聚、遗产开放条件等在同一个空间内的组合程度。主要包括：①交通设施。便捷的交通能够在一定程度上缓解文化遗产由于空间位置不理想而无法做出贡献的问题。位于交通干道沿线的文化遗产即使远离城市中心区，往往也能够吸引足够多的居民参观。②相关服务设施的聚集度。主要指遗产周边是否拥有较多的餐饮、住宿、休闲、交通等设施，用以满足居民的吃住行等多重需求。③多个遗产的聚集程度。多个遗产聚集在一起，能够形成更大的品牌效应和影响力，促进单个遗产作用的发挥，如华盛顿特区的博物馆群。④周边学校的聚集度。对于将教育功能放到第一位的博物馆来说，周边拥有学校能够拓展更加多样化的教育功能。⑤文物种类。拥有遗址、藏品种类越丰富，越能实现更多的教育价值和文化价值。⑥遗产的所有制形式。公立博物馆大多实行免费开放，有利于吸引更多的观众。⑦事业平台的打造。遗产管理机构通过利用文物以外的资源开展城市文化活动，打造城市文化平台，也能显著提升遗产对城市功能的贡献。

以上三方面因素决定了文化遗产对城市功能的贡献是单一的还是多样的。按照这三个因素能够大致将文化遗产对城市的贡献进行分类，同时可以明晰该类文化遗产在哪些方面能够对城市发展产生作用，未来优化调整的方向是什么。

以大遗址为例，事业平台对城市发展的贡献值可以按前述维度大致分为三类：**高贡献值、中等贡献值和低贡献值**（见图主 2 - 2、表主 2 - 1）。

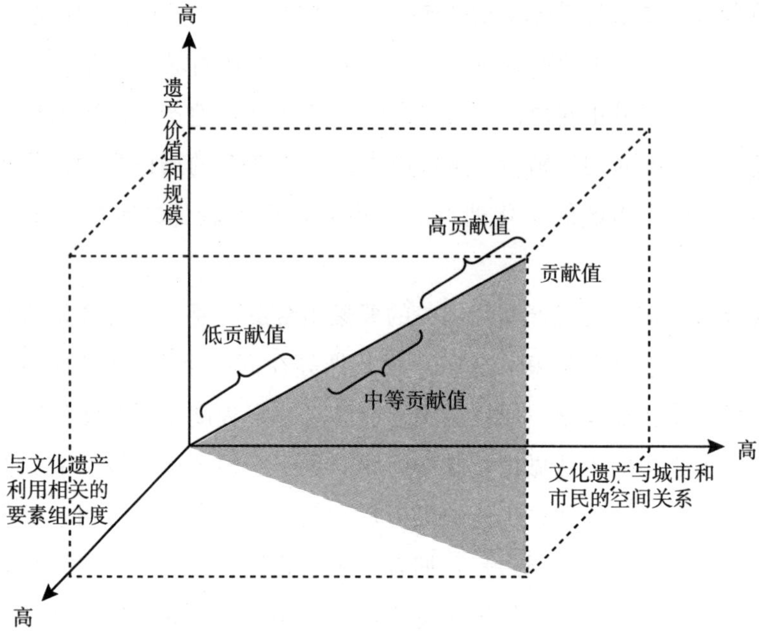

图主 2－2 文化遗产对城市贡献的影响因素

表主 2－1 文化遗产对城市贡献的指标及赋值

贡献值	遗产价值和规模	文化遗产与城市和市民的空间关系	与文化遗产利用相关的要素组合度（主观和客观兼备的因素集合）
高（3）	价值高（国家级）且面积大（超过10公顷）	大城市中心区	至少具备以下三个条件： ①交通设施：临近城市主干道或地铁、公交等交通枢纽 ②其他服务设施：周边餐饮、住宿、娱乐设施较多 ③遗产聚集度：周边有至少1个国家级或省级博物馆或大遗址或其他价值较高的自然遗产 ④学校聚集度：周边有至少1家中小学校 ⑤文物种类：拥有超过2种的遗产资源（如馆藏文物、古建筑、墓葬等） ⑥所有制形式：公立博物馆并实行免费开放 ⑦事业平台的打造：拥有2项以上品牌文化活动
中（2）	价值较高（省级及以下）或面积较大	小城市中心或郊区	2～3个方面条件好
低（1）	价值达不到市级文物保护单位标准、规模较小	小城市远郊或农村	不具备或仅具备1个方面条件

西安博物院是高贡献值的典型案例。西安博物院拥有的六块国际和国家级牌子反映了其较高的遗产价值和资源组合度：馆藏品数量和类别丰富，唐代建筑小雁塔历史、艺术、科学价值高，院区面积较大且位于西安市建成区中心地带，周边人口密度较高，在多个方面与城市发展和市民生活融为一体，拥有公立博物馆、遗址区等多种类型的文化遗产，周边交通设施、旅游服务设施、学校等较为集中。因此，西安博物院在遗产利用上具有较高的要素组合度，能够承担较多的城市功能。

聊城古城是中等贡献值的典型案例。首先，聊城古城虽然规模较大（约100公顷），但遗产价值相对较低。在与城市的空间关系上，聊城古城位于市中心，周边人口密度较高，但其遗产贡献值受限于地处三线城市，难以像地处西安等大城市一样充分发挥影响力。同时，聊城古城在博物馆层级、古建筑数量和种类等方面的组合度，以及周边交通设施、旅游服务设施、学校等的集中程度上属于中等水平。

牛河梁遗址是低贡献值的典型案例。牛河梁遗址在价值和规模上都具有较大的优势（不仅被评为“中国20世纪100项考古大发现”之一，考古遗址公园分布在近60平方公里的广阔空间里）。但牛河梁遗址难以对区域发展做出贡献，主要原因就在于远离城市建成区，周边人口密度较低，难以带动城市发展和服务广大市民。同时，交通设施、旅游服务设施不足及周边没有其他文化与自然遗产也限制了其贡献值（见表主2－2）。

表主2－2　文化遗产对城市贡献的典型案例

贡献值	遗产价值和规模	文化遗产与城市和市民的空间关系	与文化遗产利用相关的要素组合度	典型城市及主要文化遗产资源
高	资源价值：高（四块国家级牌子）	位于大城市中心且周边人口密集	交通设施便利	**西安市和西安博物院**
			餐饮、住宿设施较多	
	资源规模：较大（近300亩）		周边有学校聚集	
			拥有馆藏文物、古建筑等多种类型	
			公立博物馆并实行免费开放	
			打造城市文化平台（征集城市发展物证，举办文化活动）	

续表

<table>
<tr><th>贡献值</th><th>遗产价值和规模</th><th>文化遗产与城市和市民的空间关系</th><th>与文化遗产利用相关的要素组合度</th><th>典型城市及主要文化遗产资源</th></tr>
<tr><td rowspan="5">中</td><td rowspan="3">资源价值:一般(风景名胜区、AAAA级旅游景区)</td><td rowspan="5">位于三线城市中心且周边人口较为密集</td><td>交通设施较为便利</td><td rowspan="5">聊城市和聊城古城</td></tr>
<tr><td>餐饮、住宿设施较多</td></tr>
<tr><td>周边有学校聚集</td></tr>
<tr><td rowspan="2">资源规模:大(100公顷)</td><td>拥有馆藏文物、古建筑等多种类型</td></tr>
<tr><td>拥有市级中国运河文化博物馆和明清圣旨博物馆等民办博物馆</td></tr>
<tr><td rowspan="4">低</td><td rowspan="2">资源价值:较高(国家考古遗址公园)</td><td rowspan="4">位于三线城市的农村,周边人口较少</td><td>拥有馆藏文物、古建筑等多种类型</td><td rowspan="4">辽宁省朝阳市和牛河梁遗址区</td></tr>
<tr><td>交通条件一般</td></tr>
<tr><td rowspan="2">资源规模:大(遗址分散在约50平方公里的空间内)</td><td>餐饮、住宿设施较少</td></tr>
<tr><td>周边无学校聚集</td></tr>
</table>

对城市发展的贡献，按照其实现方式，也可以分为三类：①**新旧分离式**。在城市发展过程中，对旧城区或遗址区实行整体保护，而产业布局和人口布局向新区倾斜，最终呈现新旧明显分离的布局形态。大同市是新旧分离式的典型，在2008年即确立了“古城实行整体保护，在东边建立御东新区，中间以御河为轴，西边传统，东边现代，两相呼应”的城市规划思路。②**中央公园式**。这类主要是由于遗址分布在城市发展核心区，在产业和人口高度集中的空间内形成了小范围的文化活动空间和绿地空间，呈现类似于纽约中央公园的布局形态。西安博物院是中央公园式的典型，区域内分布着遗址区、博物馆、绿地、水体等多类型的空间，易于成为城市文化平台、为市民提供全方位服务。③**古都式**。主要是指在市区内遗址分布较多、面积较广，导致文化遗产保护难以脱离城市发展而独立存在，文化遗产嵌入城市的广度和深度都无以复加。换言之，文化遗产决定了城市格局、增长边界和文化风格。西安、洛阳等历史文化名城是其中的典型。**中央公园式和古都式的事业平台往往在城市发展中有极高的贡献值**。

在文化遗产的影响下，城市更新也变得有所不同，主要体现在五个方面：①**城市空间格局的保护**。古城的保护往往能够保留城市发展中的关键信息，对现代城市的功能分区产生影响，如汉唐等古城遗址体现的是以里坊制为特点的城市空间格局。②**城市布局的调整**。在遗址较为丰富的地区（如陕西西咸新区的五陵塬），遗址保护往往采用线性布局的思路，遗址点、博物馆、游览线路等构成遗产廊道，对城市布局产生深远的影响。③**外围环境的控制**。遗址的保护区限定了城市增长边界，已成为控制城市无序蔓延的重要方式。遗址既可以以紫线的方式保护自然资源和文化遗产资源，作为控制城市发展的“刚性边界”，也可以通过合理引导建设控制地带的土地开发和产业布局，成为引导城市增长的“弹性边界”。④**人文城市建设和城市品位的提升**。文化遗产领域是人文城市建设的重中之重，对提升城市品位、塑造城市个性具有不可替代的作用。对文化遗产的保护和活化，也是避免城市陷入千城一面的关键。⑤**乡愁的具象化**。“望得见山、看得见水、记得住乡愁”是城市发展的生态和文化的具象化特征。其中，乡愁需要有物可依才能落到实处。文化遗产是乡愁的具象之一，凝聚着城市文化的烙印，是城市居民共同的精神家园。

综上所述，正因为不同的事业平台对城市功能的影响不同，在发展中理应有所侧重。西安博物院兼具城市博物馆和遗址公园的性质，可以看出其在两个分类（博物馆和遗址）中都能够全面发挥文化遗产的功能，值得专门分析。

1.2　事业平台全面发挥功能的案例——以西安博物院为例

1.2.1　西安博物院发挥平台功能的优势

在众多的事业平台中，西安博物院是各类条件组合较好的平台之一。从对城市更新的实现方式分类来看，西安博物院属于中央公园式，与周边密集的人口和产业形成了千丝万缕的联系，是高贡献值的典型平台。其贡献的影响因素包括遗产价值和规模、文化遗产与城市和市民的空间关系、与文化遗产利用相关的要素组合度三个部分。

第一，遗产价值高且资源组合度高，规模较大。西安博物院有国家一级博物馆、全国重点文物保护单位、全国古籍重点保护单位、国家 AAAA 级旅游景区、全国科普教育基地等多块国家级牌子，其中小雁塔为世界文化遗产，馆藏文物品类丰富，其资源价值即使是在遗址遍布的西安市也属于第一序列。足够大的规模也使西安博物院能够承担多种城市功能，博物院面积广达近300亩，不仅空间较为开阔，还拥有较好的遗址、博物院、绿地、水体组合条件，森林覆盖率较高，是城市中心区极为难得的市民活动空间（见表主2-3）。

表主2-3　西安博物院遗产价值和规模

遗产价值和规模赋值:高贡献值		
要素	指标	西安博物院
遗产价值	价值高(国家级)	拥有国家一级博物馆、全国重点文物保护单位、全国古籍重点保护单位、国家AAAA级旅游景区、全国科普教育基地五块国家级牌子和世界文化遗产这样的国际级牌子
		馆藏文物11万件(套),序列完整,品类丰富
遗产规模	面积大(超过10公顷)	总占地面积近20公顷,空间开阔,拥有较好的遗址、展馆、园林及水体景观组合
		绿化覆盖率达68%,环境古朴,林木繁茂,整体生态环境较好
		各类基础设施完善,可为市民提供规模较大且质量优良的活动空间

第二，位于大城市中心且周边人口密集。西安博物院位于西安市中心区，周边有较多居住区和产业功能区，常住人口与流动人口均非常密集，交通便捷，临近主干道及地铁枢纽站，周边有多条公共交通线路，能够满足大规模人群的快速集散（见表主2-4）。高峰期间，西安博物院日均接待人数达到几万人，如2016年大年初四单日参观人数达46995人次，同比增长26.13%。

表主2-4　西安博物院与城市和市民的空间关系

遗产与城市和市民的空间关系赋值:高贡献值		
要素	指标	西安博物院
空间位置	位于大城市中心且周边人口密集	位于西安市中心区,距离市中心仅2公里
		交通便捷,临近主干道及地铁枢纽站,周边有多条公交线路
与居民区之间关系		周边常住人口与流动人口均非常密集
		配套设施完善,可满足居民衣食住行等各种生活需求

第三，具有较高的要素组合度。西安博物院的要素组合度是其具有高贡献值的关键：遗产价值高、规模较大，等级高、代表性强；周边文化遗产和教育资源高度集中，毗邻唐长安城朱雀大街遗址，有钟鼓楼、明城墙、碑林、兴善寺等文化遗产，以及陕西历史博物馆、西安碑林博物馆、西安钟鼓楼博物馆等博物馆机构；教育资源有西北大学、西北工业大学、长安大学、西安音乐学院等十余所高校，以及第五中学、小雁塔小学、南门小学等多家中小学；临近城市主干道或地铁、公交等交通枢纽，交通极为便捷；周边餐饮、住宿、娱乐设施较多，有多个大型社区，人口稠密，附近有大型的商贸综合体、医疗机构、省图书馆、省体育场等，在城市文化活动上成果显著（见表主2－5）。

表主2－5　西安博物院与文化遗产利用相关的要素组合度

与文化遗产利用相关的要素组合度赋值:高贡献值		
要素	**指标**	**西安博物院要素组合度**
交通设施	临近城市主干道或地铁、公交等交通枢纽	沿城市主干道友谊西路和朱雀大街，周边有多条公交线路可以通达火车站、高铁站、机场及城区各处，临近地铁枢纽站。交通设施极为便捷
配套服务设施	周边餐饮、住宿、娱乐设施较多	周边有多个大型社区，人口稠密，各类餐饮、酒店聚集，附近有大型的商贸综合体、医疗机构、图书馆、体育馆等。生活服务设施配套成熟，可以满足居民衣食住行等多重生活需求
遗产聚集度	周边有至少1个国家级或省级博物馆或大遗址	毗邻唐长安城朱雀大街遗址；周边有钟鼓楼、明城墙、大雁塔、碑林、兴善寺等文化遗产以及陕西历史博物馆、西安碑林博物馆、西安钟鼓楼博物馆等博物馆机构，文化遗产资源高度集中
学校聚集度	周边有至少1家中小学校	周边有西北大学、西北工业大学、长安大学、西安音乐学院等十余所高校以及第五中学、小雁塔小学、南门小学等多家中小学。学校资源丰富
文物种类	拥有2种以上遗产资源（如馆藏文物、古建筑、墓葬等）	院内有世界文化遗产、全国重点文物保护单位小雁塔及其附属明清古建筑群；藏品总量11万件（套），等级高、代表性强；院藏古籍10万余册。文物品类多，藏量大
所有制形式	公立博物馆并实行免费开放	已于2010年对公众免费开放。结合遗址与博物馆相结合的实际情况，西安博物院目前实行免费不免票、小雁塔收费限流、园区免费开放让市民晨练等制度
事业平台的打造	拥有2项以上品牌文化活动	拥有新年鸣钟祈福、快乐中华节、中国传统礼仪等多个品牌文化活动

1.2.2 西安博物院发挥平台功能的主要做法和效果

多年来，西安博物院利用自身所具备的优势，以建设“城市文化中央公园”为发展方向，以彰显城市历史文脉和特色、更好地服务于城市发展和社会公众为目标，采取了多项措施打造城市文化的平台，取得显著的效果。

一是依托馆藏资源，推出各类文化展览。西安博物院历来重视利用展览与公众互动。西安博物院的陈列主要分为基本陈列、专题陈列和临时陈列：以基本陈列来充分反映西安这座城市的历史文化特色；以专题陈列展示西安历史文化名城风采；以临时陈列加强馆际交流与合作，扩大西安博物院在周边地区乃至全国的影响力。目前，西安博物院有基本陈列《古都西安》和专题陈列《宝相庄严》《天地之灵》等固有展览，并在这个基础上搭建文化传播的平台，举办一些城市记忆展，推进城市文化的传播交流。从2009年开始至2016年，西安博物院共与兄弟馆、民办组织、文物收藏者等各类机构和人员举办临展60余次。为适应不同群体游客需求，西安博物院还探索实施了亲手触摸感受文物等特色文化项目。

二是依托公众文化活动，促进文化传承创新。西安博物院依托浓郁的文化氛围、优美的景观环境，举办了一系列的公众文化活动。一年一度的新年鸣钟祈福活动，将各行业杰出代表和普通市民聚集在一起，在新年夜共同鸣响新年钟声，为全省人民祈福。西安博物院平时不定期地举行音乐会、古琴名家雅集、赏花会等文化活动，丰富市民生活。西安博物院还成为市民晨练的重要场所，每日清晨，院区里五人一组、七人一群，或练剑，或舞扇，或打拳，或说唱……各种形式的锻炼活动在这里如火如荼地展开，成为西安博物院一大亮点和特色。

三是以公众教育为纽带，拓展博物馆公众教育职能。西安博物院贯彻习总书记“一个博物院就是一所大学校”的指示要求，致力于拓展博物馆的公众教育职能，遵循乐学、好知、博学、多闻的教育理念，专门开辟了乐知学堂，举办了“乐知大讲堂”“快乐中华节”“乐知互动”“跟随西博去探秘”“彬彬有礼中国人”“流动博物馆下基层”等特色文化活动，并经常举办大唐茶礼、汉服成人礼等各类主题活动，将传统的节日和具有浓郁特色的传统文化以活态方式展现给观众。

四是以智慧博物馆建设为契机，提升博物馆公众服务水平。智慧博物馆也是西安博物院的重要发展方向。目前已建成智慧博物馆一期项目——“易观导览智慧服务系统”，实现院区 WiFi 全覆盖，以及主要景点自动定位讲解、参观线路引导、服务信息查询、互动交互体验，借助互联网平台、多媒体、虚拟现实等方式服务观众，并实现了一些传统展览所不具备的展示功能。

通过以上做法，西安博物院在发挥平台功能上取得显著的成绩：**①平台的国际影响力与日俱增。**西安博物院逐渐成为西安市的标志性文化设施、展示窗口、文化交流的桥梁和平台。2014 年 6 月 22 日，在卡塔尔多哈召开的联合国教科文组织第 38 届世界遗产委员会会议上，小雁塔作为中国、哈萨克斯坦和吉尔吉斯斯坦三国联合申遗的“丝绸之路：长安—天山廊道的路网”中的一处遗址点成功入围《世界遗产名录》。**②平台的政策示范效应日益凸显。**中央领导高度重视，习近平、贾庆林、刘延东等国家领导人先后到馆视察，累计执行外国国家元首政要及贵宾重要接待任务近 350 次，得到社会各界的广泛赞誉。西安博物院也越来越得到中央和陕西省相关部门的认可，拥有国家一级博物馆、全国重点文物保护单位、全国古籍重点保护单位、全国科普教育基地、国家 AAAA 级旅游景区等国家级荣誉和陕西省省级文明单位、省级平安景区、省级园林单位、省级爱国主义教育基地等称号。**③平台的服务功能全面发挥。**西安博物院的年接待量稳步递增，截至 2015 年底，已累计接待观众近 600 万人次。西安博物院举办的系列文化活动深入人心，观众满意率达到 95% 以上。

在国家文物局组织的 2012 年度国家一级博物馆运行评估[①]中，西安博

① 为加强博物馆行业管理，充分发挥博物馆的社会服务功能，促进博物馆事业发展，国家文物局制定了《全国博物馆评估办法（试行）》，经综合打分评比，将博物馆从高到低依次划分为一级、二级、三级三个等级，2008 年 5 月评出首批国家一级博物馆 83 家，2012 年 11 月评出第二批 17 家。博物馆评估定级工作对打破以往博物馆单纯按行政隶属关系划分等级的传统格局，引导博物馆创新体制机制，提高博物馆管理水平、服务质量和社会贡献率，让人民群众更多、更好地享受文化遗产保护成果，具有重要而深远的意义。评估体系主要包括三个方面：综合管理与基础设施（20%）、藏品管理与科学研究（30%）、陈列展览与社会服务（50%）。

物院作为开馆仅5年、新加入国家一级博物馆行列的博物馆，首次评估即获得66.1956分，在参加评估的95家博物馆中排名第32位。从具体分项得分情况分析，西安博物院尽管在与科学研究相关的学术活动、代表性研究成果等方面与其他博物馆还存在一定的差距①，但是在藏品管理、陈列展览、讲解教育、公共关系与服务、博物馆管理与发展建设、安全管理等几个方面与国内一流博物馆间的差距不大，个别项目的得分还略超一些知名博物馆。

如果排除藏品、遗产价值等一些与先天资源禀赋条件相关的评估项目，从陈列展览、讲解教育、公共关系与服务等与发挥平台功能相关的评估项目分析，西安博物院在提升博物馆公众服务水平、促进文化传承创新等方面的一些工作实践对于博物馆发挥平台功能有一定的借鉴作用。比如，西安博物院以建设“城市文化中央公园”为发展方向，依托公众文化活动，采取多项措施打造城市文化的平台，通过开展丰富的主题文化活动，使博物馆的公众服务走出博物馆的“馆舍天地”，走向服务当地社区和城市文化发展的“大千世界”；以公众教育为纽带积极拓展公众教育职能，通过举办“乐知大讲堂”“快乐中华节”“跟随西博去探秘”等活动，将传统的节日和具有浓郁特色的传统文化以活态方式展现给观众，促进了文化传承创新；以智慧博物馆建设为契机，提升博物馆公众服务水平和观众参观体验等。这些有益的探索与实践，尤其是对于一些馆藏文物资源先天不足、公众服务和展馆空间较为有限的博物馆进一步发挥平台功能，有积极的示范作用。

1.2.3　西安博物院发挥平台功能的未来发展方向

如前所述②，国家文化公园作为城市内部或者城郊景观的重要元素，是贴近人民生活、展现城市特别是国家和民族精神的重要载体，具有传承历史文化、展示重大的人文景观等社会文化功能。

第一，国家文化公园的主要功能体现在公益性/公共性方面。国家文化公园要为社会群体服务。作为城市内部或者近郊的重要组成部分，它与人们

① 2012年评估时，西安博物院正式建成开放仅仅5年，因此在科研方面积累不足。

② 参见本章1.1.1。

的生活息息相关，是可以改善城市环境、提高市民身心健康的福利性公共设施，也是提高市民精神文化素质，传播、宣扬城市甚至民族历史文化的重要载体。

第二，国家文化公园可以提供承载民族历史或文化的物证。中国具有五千年悠久的历史文化，国家文化公园承担着在空间上对历史和文化进行保护的任务，体现了“敬畏历史、敬畏文化、敬畏先人”的态度，是重大历史或者重要民族文化在空间上的印记。国家文化公园，不只面向全国，也需要向全世界展现本国家或者民族的历史文化和其他风俗等。因此，国家文化公园的主题应该是展现国家历史和文化的精华。

第三，国家文化公园的功能体现在公众参与上。公众参与是国家文化公园的重要功能。游客和群众（当地原住民）在旅游活动中广泛参与体现了历史文化传承的客观要求。国家文化公园的本质目的就是提高民众对历史文化的认同感和对民族文化的自豪感。民众通过对公园的游览和参观，认识和学习历史文化等知识，与此同时提升自身文化素养，体验文化公园中的魅力。

第四，国家文化公园可以使文化遗址遗产得到保护、历史文化得到传承。国家文化公园最主要的核心在于历史和文化的意义，在相关历史文化主题建设中加入新的元素，然后在公园的建设中体现出来，使历史文化得到传承和发展，文化遗址遗产得到保护。这些历史文化、遗产或遗迹反映了不同时期的文化发展进程，它们的保护与传承对城市文化发展是非常重要的见证。

在未来的发展中，西安博物院若与国家重大文化工程“国家文化公园”建设结合起来，则有望发展成为西安市的文化地标、城市“客厅”和城市中央公园，文化遗产事业平台对形成城市特色发展的作用就可能更全面地体现出来。

1.3　事业平台功能对文物系统的要求

将文化遗产打造成为城市文化平台，是对文物系统发展目标的提升，对文物系统完善自身制度建设也提出新的要求。文物系统亟须把握全面深化改革的机遇，通过改革增强自身能力，主观意愿上要成为重要的城市文化平

表主2－6　西安博物院作为城市文化平台的代表性

总体标准	具体标准	含义	西安博物院相对应的资源状况
资源价值	文化价值	资源的文化价值是否在全国具有代表性意义	馆藏11万余件文物与世界文化遗产小雁塔，在全国具有代表性意义
	生态价值	资源的生态价值是否不可替代	拥有较好的绿地、水体组合条件，绿化覆盖率达68%，环境古朴，林木繁茂，整体生态环境较好
	景观价值	资源的景观价值是否能够满足公众审美，是否能成为观光旅游产业的主要依托资源	由唐小雁塔荐福寺历史名胜区、博物馆、小雁塔历史文化公园三部分组成，集名胜古迹观光、历史文物鉴赏、城市公园游览等功能于一身，体现出千年古都独有的历史文化特色
规模及管理关系	土地面积	是否具有足够的空间体量来落实分区保护思路，承载科研、游憩、保护等多重功能	在城市核心区域占有近300亩土地，可以承载科研、游憩、保护等多重功能
	土地权属	土地权属是否以国家所有为主，以在法理上满足国家层面统筹管理的需要	土地权属为国家所有，在法理上可满足国家层面统筹管理的需要
	利用现状	是否需要建立统一的管理体制进行统筹保护，如文物类别和数量丰富或利用方式比较复杂，导致封闭式陈列展览的难度大等，应采用国家文化公园的形式进行分区保护和利用	世界文化遗产、国家一级博物馆、全国重点文物保护单位、全国古籍重点保护单位、全国科普教育基地、国家AAAA级旅游景区
	原住民数量	原住民的生产生活是否会对文化遗产造成影响，以及保护性征拆成本是否可控	院区内无居民
资源保护现状	资源濒危程度	文化遗产濒危程度和以国家文化公园方式进行严格保护的急迫性	院区处于城市核心区域，自小雁塔于2014年列入世界遗产名录后，需按照世界文化遗产保护管理的相关规定，进一步加强对周边城市建设的管控
	地方政府的保护能力	地方政府的保护能力是否足以实现对资源的妥善保护，是否需要国家机构的介入	地方政府的财政投入不足以完全支撑文化遗产资源的保护需要，需要国家财政重点扶持

台，客观能力上也能够满足平台的运行要求。这一新要求主要体现在宏观制度建设、配套制度建设、自身制度建设三个方面。

1.3.1　文物系统宏观制度建设

宏观制度建设，核心在于落实文物保护责任在地方经济社会发展中的重要地位，强化文物系统在宏观管理中的事权和话语权。

建立党政同责的责任制度。在城市发展过程中，文物破坏主要体现为“法人违法”，而这又与党政领导干部的忽视甚至纵容密不可分。要强化文物保护责任，可以参照计划生育政策，明确文物保护中“必须坚持党政一把手亲自抓、负总责”①。

实行重点区域的一票否决。应从源头上，在规划和方案阶段予以控制，坚决不予通过有可能损毁、破坏文物的方案。城市建设项目必须由文物部门会同规划、建设、发改等部门进行联合审查，确保项目对文物无风险方可施工。加强文物破坏的责任追究制度，在文物与城市建设关系较为紧密的区域，对文物破坏实施一票否决。

1.3.2　文物系统配套制度建设

对影响文物保护和利用的配套制度予以调整完善，减少文物事业的发展阻力。

完善信息统计和共享制度。加快推进文物基础信息库建设，全面掌握文物保存状况和保护需求，实现文物资源动态管理，推进信息资源社会共享。实现文物信息与土地、人口、产业等其他管理领域和部门的信息共享。建立文物风险监测和预警机制，科学评估和防范文物破坏风险，变被动追责为主动预防。

完善不可移动文物的产权制度建设。首先必须明确遗址的产权特性（见表主2-7），应该建立单独的管理制度，尤其需要通过资产管理体系来落实产权管理。通过产权授权、产权登记、产权监管等手段，确保国有遗址的安全和有效利用。在资产取得阶段，应当对各类投入资金的性质加以明确，包括中央政府财政投入、地方政府财政投入、地方政府融资平台投入（是公共基础设施投入还是土地开发商业贷款）、土地使用权投入，应确保

① 例如，计划生育基本国策要求党政同责，且这种要求始终没有放松，如2013年12月中共中央、国务院颁发的《关于调整完善生育政策的意见》中再次明确指出了党政一把手的责任。

公共财政投入，以避免因资金不足引入商业资金而变相出让遗址所有权。在此基础上，文物系统应积极参与不动产确权登记工作，建议由国家层面组织协调，将不可移动文物作为特殊不动产类别纳入不动产统一登记，并争取与国土资源部联合发布政策性文件，指导和支持各地文物部门与国土部门做好文物产权登记工作。

表主 2-7　各类国有资产特性

<table>
<tr><th colspan="2">国有资产类型</th><th>形态</th><th>取得方式</th><th>经营性</th><th>交易性</th><th>竞争性</th><th>营利性</th></tr>
<tr><td colspan="2">经营性国有资产</td><td>实物金融</td><td>出资入股</td><td>经营性</td><td>可交易</td><td>竞争性</td><td>营利性</td></tr>
<tr><td colspan="2">资源性国有资产(土地)</td><td>实物</td><td>依法确认</td><td>经营性</td><td>部分可交易</td><td>垄断性</td><td>营利性</td></tr>
<tr><td colspan="2">行政事业性国有资产</td><td>实物金融</td><td>出资购买、建造</td><td>非经营性</td><td>可交易</td><td>非竞争性</td><td>非营利性</td></tr>
<tr><td rowspan="3">国有文物资产</td><td>遗址(土地)</td><td>实物</td><td>依法确认</td><td>非经营性</td><td>不可交易</td><td>非竞争性</td><td>非营利性</td></tr>
<tr><td>古建筑</td><td>实物</td><td>依法确认</td><td>非经营性</td><td>不可交易</td><td>非竞争性</td><td>非营利性</td></tr>
<tr><td>附属设施(展示服务设施)</td><td>实物</td><td>出资建造</td><td>经营性</td><td>可交易</td><td>竞争性</td><td>营利性</td></tr>
</table>

资料来源：根据王竹芹的《国有资产分类管理研究》（《经济师》2004 年第 12 期）和桑自国的《国有资产管理的国际比较》（《河南金融管理干部学院学报》2005 年第 1 期）等整理编制。

推动形成部门齐抓共管的合力。构建新型的合作机制，推动文物保护和利用在土地、规划、城乡建设、执法、产业、教育等领域的部门协作。《国务院关于进一步加强文物工作的指导意见》（国发〔2016〕17 号）对各部门的职责做了进一步明确：在有关行政许可和行政审批项目中，发展改革、财政、住房城乡建设、国土资源、文物等部门要加强协调配合；建立文物、文化、公安、住房城乡建设、国土资源、环境保护、旅游、宗教、海洋等部门和单位参加的行政执法联动机制，针对主要问题适时开展联合检查和整治行动；发挥全国文物安全工作部际联席会议作用，公安、海关、工商、海洋、文物等部门和单位要保持对盗窃、盗掘、盗捞、倒卖、走私文物等违法犯罪活动的高压态势，完善严防、严管、严打、严治的长效机制，结案后应及时向文物行政部门移交涉案文物；加强文物行政执法和刑事司法衔接，建立文物行政部门和公安、司法机关案情通报、案件移送制度；工业和信息化、文物等部门和单位要共同推进文物保护装备产业发展；教育部门要在文物工作急需人才培养方面给予支持和倾斜。

1.3.3　文物系统自身制度建设

文物系统自身也应该按照事业平台的发展要求，完善管理制度、资金机制、经营机制及人员激励机制。

管理制度建设。一是完善文物督察制度。参照土地督查制度，争取国务院授权国家文物局成立国家文物督察机构，代表国务院对各省、自治区、直辖市及计划单列市人民政府文物保护情况进行监督检查。国家文物督察机构向地方派驻下属文物督察局，代表总督察履行监督检查职责。对于地方破坏文物的行为，文物督察局上报总督察并向地方人民政府提出整改意见，对整改不力的或违法违规行为，由上级相关部门进行依法办理。**二是探索建立文物部门垂直管理制度。**推动各级文物保护和执法部门主管领导的任命、考核、提拔由上一级文物业务主管部门负责，垂直落实经费和进行业务指导，减少各级地方政府的干预。

资金机制建设。一是完善融资机制。完善以政府渠道为主、市场渠道和社会渠道为补充的资金机制。政府渠道包括完善一般性转移支付、优化设计专项资金（如博物馆城市文化平台专项资金等），市场渠道包括划分空间范围和业务范围形成市场主体参与机制，社会渠道包括构建基金会吸引社会捐赠。**二是优化资金使用结构。**调整财政资金投入结构，向项目运营、权利补偿、公共教育以及探索性公共服务项目倾斜。

经营机制建设。在划分空间范围和业务范围的基础上，构建文物保护和利用的特许经营机制。对特许经营、租赁、合营、购买服务的范围、程序加以明确，为监管提供依据，同时激励社会资金在合法条件下开展可持续的经营行为①。

---

① 可比的有：《风景名胜区条例》第 39 条明确规定，风景名胜区管理机构不得从事以营利为目的的经营活动。但国家文物局的相关规范性文件《国有文物保护单位经营性活动管理规定（试行）》（2011 年发布）的提法却与实践证明较为科学的特许经营机制并不吻合，如其第六条规定“国有文物保护单位的经营性活动，由文物保护单位管理机构为主体开展。未设置管理机构的国有文物保护单位，不得开展经营性活动”。

与经营机制建设配套的，应是内部的业务人员**激励机制**。文博单位的相关经营，与文物系统的专业知识关系不太密切，可运用市场的力量提高效率并实现“供给侧改革”。《关于推动文化文物单位文化创意产品开发的若干意见》提出的“探索将试点单位绩效工资总量核定与文化创意产品开发业绩挂钩……并可在绩效工资总量中对在开发设计、经营管理等方面作出重要贡献的人员按规定予以奖励”只是第一步，“允许试点单位通过知识产权作价入股等方式投资设立企业，从事文化创意产品开发经营”则还需要处理与特许经营的关系。这方面的改革，应以消除文博单位文化创意人员的身份差别为基础改革，在确保国有资产不流失的情况下，让各种市场主体全面参与进来。这样不仅可使人员的激励机制改革易于进行，也易于厘清从事文化创意产品开发经营企业的所有制形式。

2　文化遗产事业及相关产业对国民经济的贡献

本部分继续沿用以往蓝皮书的技术路线，对文化遗产事业的经济社会贡献进行测算（见图主2－3）。2014年的贡献数据继续呈增长趋势且呈现强劲的增长潜力。这种多年持续的增长态势，“巩固”了文化遗产事业并非财政包袱的判断。不过，“十二五”期间，中国经济发展进入“新常态”。在经济增速下滑的情况下，对文物系统的财政投入不可能继续维持高增速。这种情况下需要专门测算文保资金的使用绩效，以明晰如何优化财政投入的效果。另外，目前博物馆免费开放后，存在激励不足、资金使用效率不高的现象，这也需要通过相关测算，探寻其后的制度成因，以利相关改革。

2.1　文物系统对国民经济的贡献测算

经过测算，2014年全国文物系统对国民经济的全部贡献为842.4亿元，比2001年的91.0亿元名义上增长了8.3倍（按2001年可比价格计算，实际

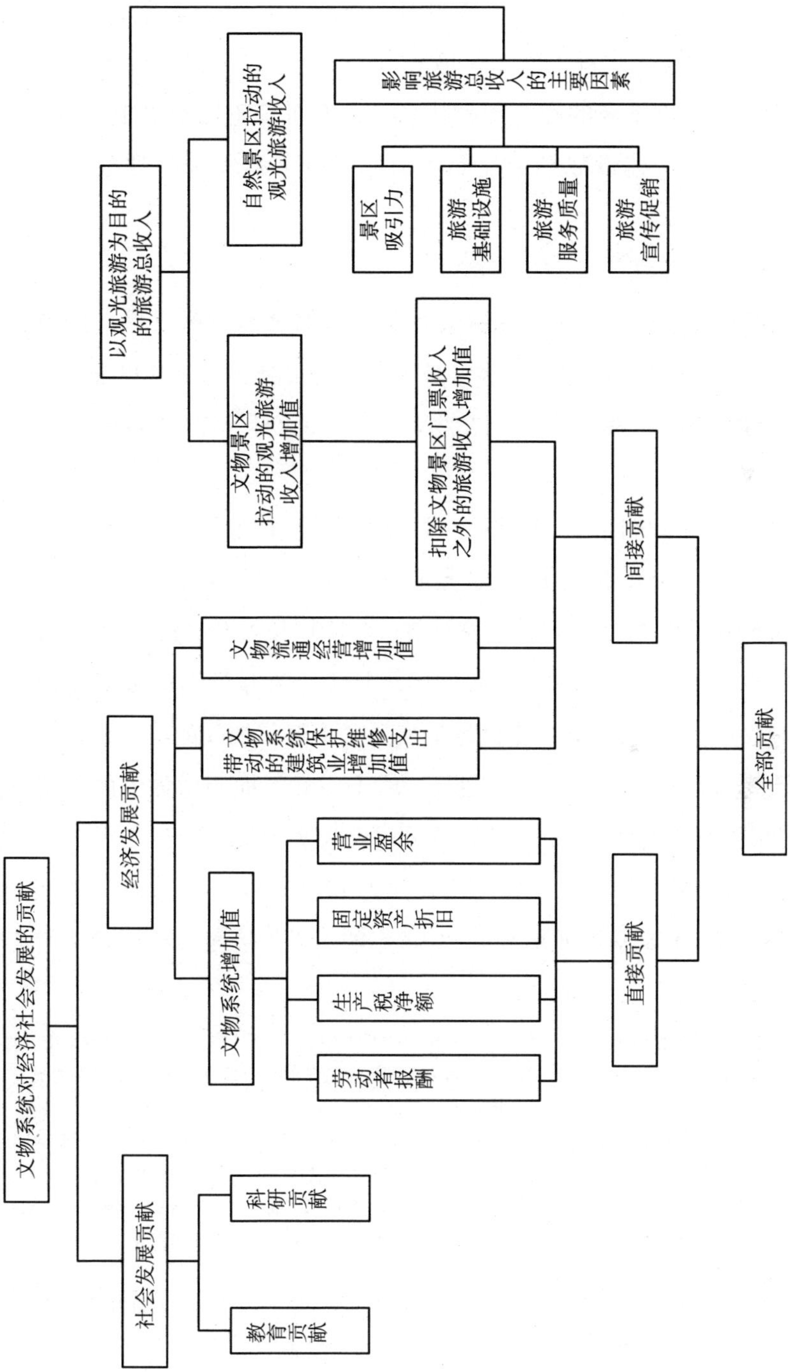

图主2-3　文化遗产事业的经济社会贡献测算技术路线

增长近4.7倍)[①]，年均名义增长率为18.7%（实际增长率为14.3%）。这个经济产出是对其财政投入的2.8倍[②]。而且，随着文物旅游等相关产业的快速发展，文物系统的经济贡献从总量角度而言还处于“上升期”，文化遗产事业在经济建设战场上还是生力军。以下解释这些数据的来源构成[③]。

2.1.1 直接贡献

只从经济角度而言，文物系统为社会提供的全部最终成果（即文物系统增加值[④]）是文物系统对国民经济最为直接的贡献。经过蓝皮书8年的相关研究，可把2001~2014年全国文物系统增加值变化情况罗列于图主2-4和图主2-5。

如图主2-4和图主2-5所示，全国文物系统增加值总体上保持了较快的增长势头，从2001年的15.0亿元增长至2014年的144.3亿元，名义上增长了8.6倍（按2001年可比价格计算，实际增长4.6倍），年均名义增长率为19.0%（实际增长率高达14.2%）。从三个五年计划时期对比情况来看，绝对数量上，“十一五”期间增加值是“十五”期间的约2.2倍（按可比价格计算约为1.7倍）；相对增速上，“十一五”期间增加值的平均增速（年均名义增长率为12.3%，实际增长率仅为7.7%）低于“十五”期间（年均名义增长率为21.1%，实际增长率为17.1%）。“十二五”时期，增加值从2010年的69.9亿元增加到2014年的144.3亿元，年均名义增长率

① 名义增长即按照当年价格计算。实际增长为按照2001年可比价格计算。年均名义增长率实际就是按数学方法算出来的增长率，因为在经济中通常有通货膨胀或通货紧缩的情况发生，所以年均实际增长率=年均名义增长率-通胀率。

② 随着财政投入基数的显著增大（目前仅中央财政每年对文物系统的投入就已达到130亿元左右）和文物系统相关单位合规经营手段的穷尽，这种产出与投入的比例肯定是逐年下降的（2008年蓝皮书主题报告第二章中测算的“十五”期间产出与投入的比例是8.1倍，但当时对相关产出未按2001年不变价格进行换算，所以这个产出可能被高估了）。

③ 具体测算方法和过程请见本书技术报告第二章。

④ 文物系统增加值：指一国（或地区）在一定时期内（通常为一年）文物系统内的科研单位、文物保护管理单位、博物馆、文物商店等机构向社会提供产品或服务而增加的价值总和。

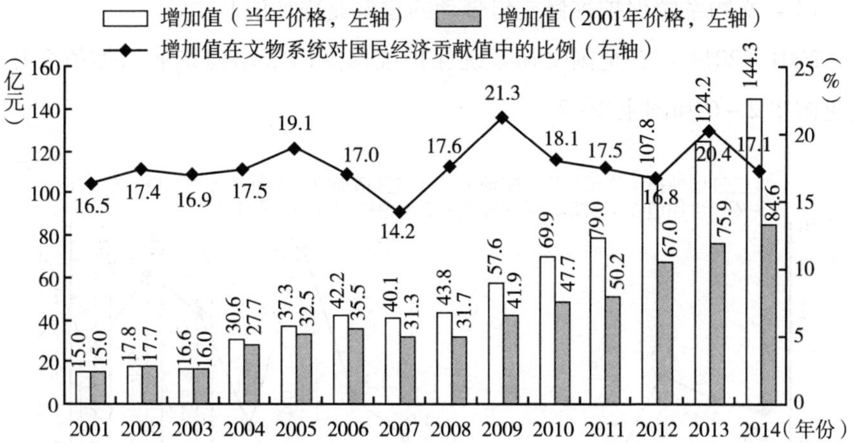

图主 2-4　2001～2014 年全国文物系统增加值逐年变化情况

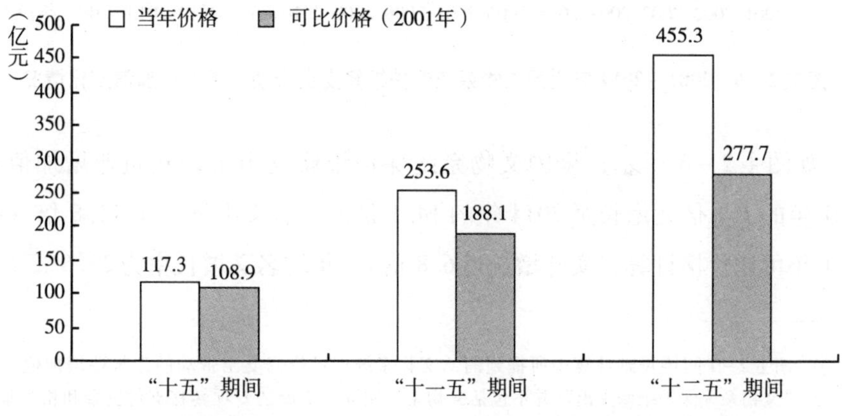

图主 2-5　“十五”“十一五”“十二五”期间全国文物系统增加值对比

为 19.9%，实际增长率为 15.4%，远远高于“十一五”期间的平均增速。

2.1.2　间接贡献

文化遗产对国民经济的贡献，除了直接贡献（即文物系统增加值）外，还包括系统外间接贡献，主要涉及文物系统保护维修支出带动的建筑业增加值、文物流通经营增加值和文物旅游增加值三个方面。2001～2014 年各项增加值的情况如下。

（1）文物系统保护维修支出带动的建筑业增加值①

2001～2014年，全国文物系统保护维修支出带动建筑业增加值变化情况见图主2－6和图主2－7。

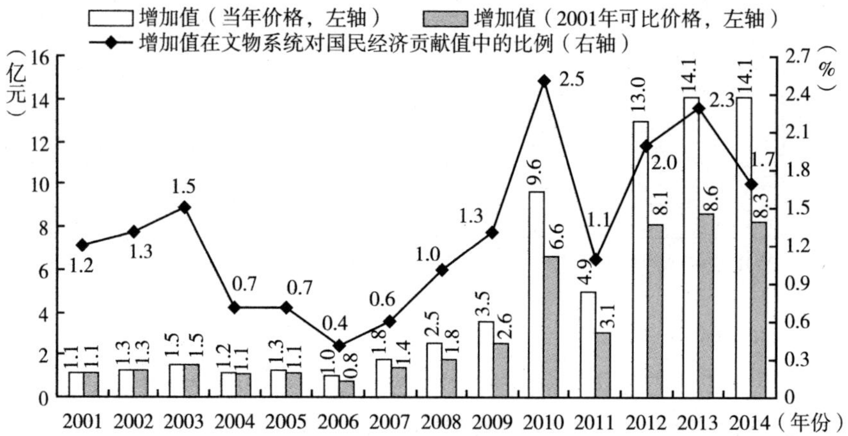

图主2－6　2001～2014年全国文物系统保护维修支出带动建筑业增加值变化情况

如图主2－6所示，全国文物系统保护维修支出带动建筑业增加值从2001年的1.1亿元增长至2014年的14.1亿元，名义上增长了11.8倍（按2001年可比价格计算，实际增长近6.8倍），年均名义增长率为21.6%（实

① 图主2－1间接贡献计算中所提到的“文物系统保护维修支出带动的建筑业增加值”中“文物系统保护维修支出”并不包括文物系统实际可支配的专项转移支付资金和相关基础设施建设资金，而仅包括《全国文物业统计资料》中列出的维修支出项，尽管这些资金确实对建筑业起到不小的促进作用，如这种资金中的“大头”之一（另一个“大头”是中央财政用专项转移支付形式支持对地方文博单位进行修缮或专门建设的资金）——博物馆等的建设资金就是作为城市基础设施资金，直接用于博物馆建设。因为这些项目资金不仅数额巨大且具有跨年度拨付、资金到位滞后、数据来源不可靠等特点，不宜进行年度间的纵向比较，因此在测算其经济贡献时也无法将其纳入。这属于计算的一个漏损，实际上低估了文物系统对国民经济的贡献。不过，这些专项资金数目巨大（如“大遗址”专项资金涉及100个项目和数十亿元经费。2005年，中央财政设立“大遗址保护专项经费”。大遗址保护项目所需资金，采取中央和地方共同筹集的方式解决。其中，中央财政在“十一五”期间投入大遗址保护专项资金20亿元，主要用于36处中央政府主导的大遗址保护示范工程、64处中央政府引导的大遗址保护工程以及大遗址保护管理体系建设），不能不考虑其实际效益。

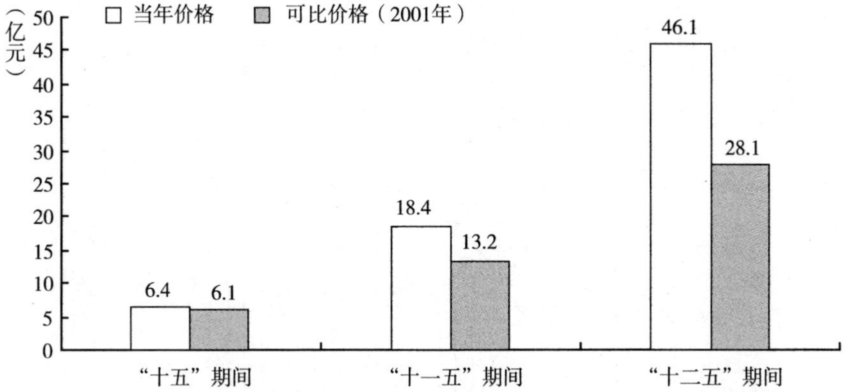

图主 2 -7　“十五”“十一五”“十二五”期间全国文物系统保护维修支出带动建筑业增加值对比

际增长率高达 16.8%）。这 14 年中，除 2004 年、2006 年、2011 年、2014 年较上年有所回落外，其余年份均呈上升态势。从不同时期对比情况来看，绝对数量上，“十一五”期间增加值是“十五”期间的 2.9 倍（按可比价格计算为 2.2 倍）；相对增速上，“十一五”期间增加值的平均增速（年均名义增长率为 76.0%，实际增长率为 66.2%）远远高于“十五”期间（年均名义增长率仅为 4.3%，实际增长率为 0.8%）；进入“十二五”时期，文物系统保护维修支出带动建筑业增加值从 2010 年的 9.6 亿元增加到 2014 年的 14.1 亿元，名义增长率为 46.9%（按 2001 年可比价格计算，实际增长率为 25.8%）。

（2）文物流通经营增加值

2001 ~2014 年，全国文物艺术品拍卖企业增加值见图主 2 -8 和图主 2 -9。

总的来看，2001 ~2014 年，全国文物艺术品拍卖企业增加值保持了高速增长态势，从 2001 年的 1.0 亿元增长至 2014 年的 28.3 亿元，名义上增长了 27.3 倍（按 2001 年可比价格计算，实际增长 15.6 倍），年均名义增长率为 29.3%（实际增长率高达 24.1%）；除 2002 年、2006 年、2008 年、2012 年、2014 年较上年有所回落外，其余年份均呈上升态势。从不同时期对比情况来看，绝对数量上，“十一五”期间增加值是“十五”期间的 3.5

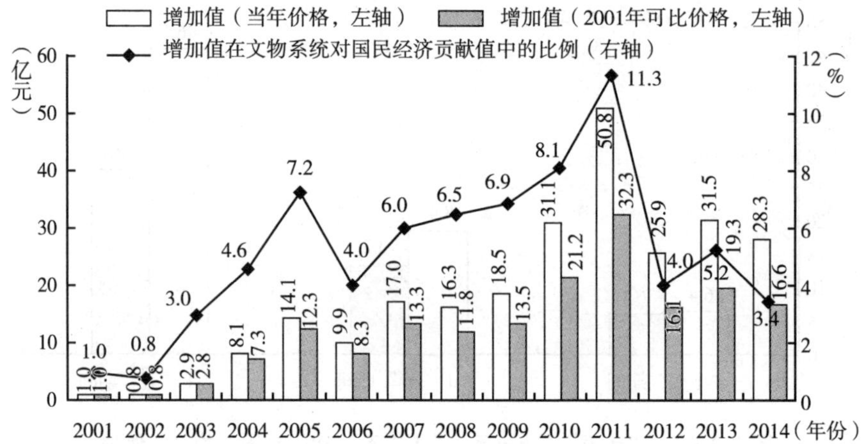

图主2-8　2001～2014年全国文物艺术品拍卖企业增加值变化情况

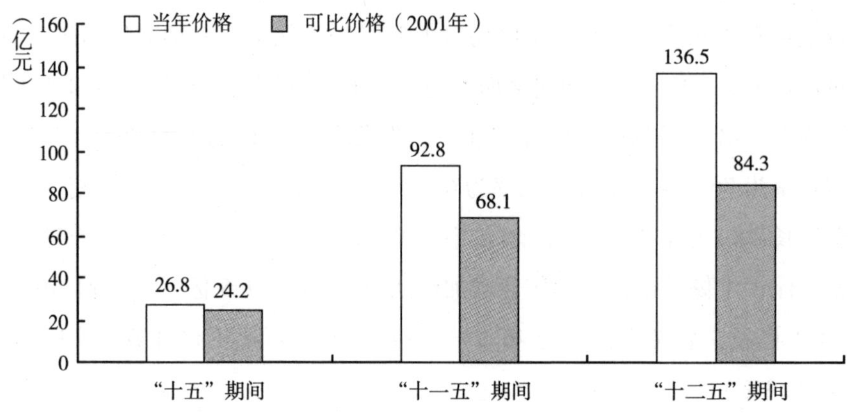

图主2-9　“十五”“十一五”“十二五”期间全国文物艺术品拍卖企业增加值对比

倍（按可比价格计算为2.8倍）；相对增速上，“十五”期间增速（年均名义增长率高达96.2%，实际增长率为89.7%）高于“十一五”期间（年均名义增长率为33.1%，实际增长率为26.4%），但均属于快速增长；与“十一五”末期（2010年）相比，“十二五”时期增加值年均下降2.3%（实际下降1.9%），主要由于2012年成交额出现明显下降，同比下滑265.01亿元，下降幅度达47.9%，增加值也出现相应下降（与2010年相比，名义下降率为8.7%，实际下降率为12.9%）；在2013年增加值出现明显回暖之后，2014年增加值又呈现小幅回落。

（3）文物旅游增加值

蓝皮书课题组自2007年开展相关工作以来，一直利用国家旅游局的相关统计数据和分析方法量化分析文物系统通过旅游产业产生的经济贡献，并将这种贡献与文物系统对国民经济的整体贡献进行比较。

在测算文物旅游增加值时，必须明确文物旅游对国民经济的贡献有两个方面：

——直接经济贡献，来自文物系统有关单位的门票收入；

——间接经济贡献，来自文物系统带动的旅游产业的产值（不包括门票收入）。

此处的文物旅游增加值包括直接经济贡献和间接经济贡献两部分（即门票收入在测算文物旅游增加值时存在重复计算）。

具体而言，2001～2014年全国文物旅游增加值逐年变化情况见图主2－10和图主2－11。

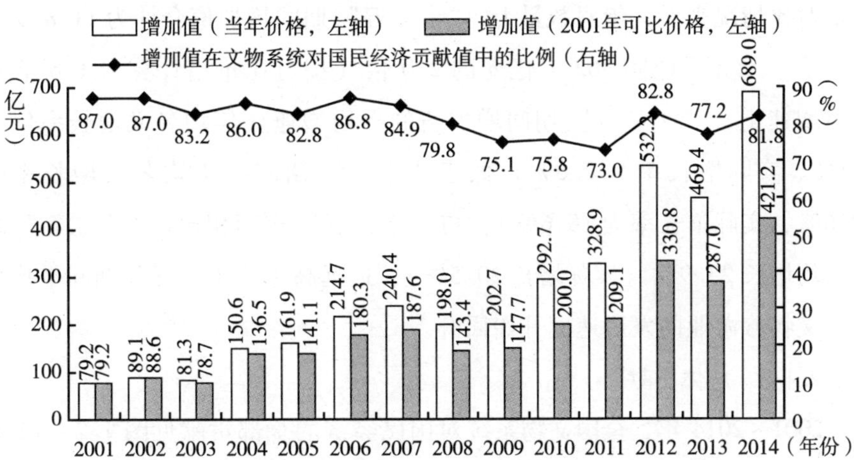

图主2－10　2001～2014年全国文物旅游增加值变化情况

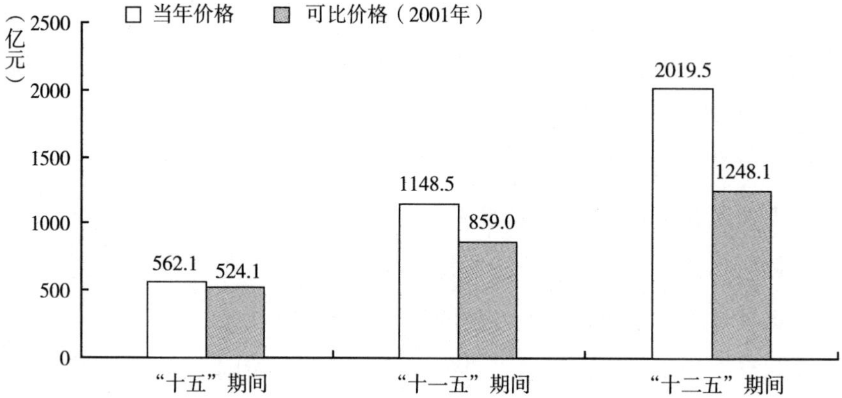

图主2－11　“十五”“十一五”“十二五”期间全国文物旅游增加值对比

“十五”以来，全国文物旅游增加值总体上保持了较快增长，从2001年的79.2亿元增长至2014年的689.0亿元，名义上增长了7.7倍（按2001年可比价格计算，实际增长4.3倍），年均名义增长率为18.1%（实际增长率高达13.7%）；除2003年可能受“非典”疫情影响较上年有所回落、2008年由于金融危机使入境和国内旅游收入有明显下滑而较上年略有减少、2013年亦较上年有所减少外，其余年份均呈不同上升态势。从三个时期对比情况来看，绝对数量上，“十一五”期间增加值合计为1148.5亿元，是“十五”期间562.1亿元的2.0倍（按可比价格计算为1.6倍）；相对增速上，“十一五”期间增加值的平均增速（年均名义增长率仅为8.1%，实际增长率为2.6%）低于“十五”期间（年均名义增长率为19.6%，实际增长率为15.6%）；与“十二五”末期相比，“十二五”时期年均增长23.9%（实际增长20.5%），远远高于“十一五”期间平均增速，文物旅游业的发展速度开始回升。

2.1.3　总体贡献

2001～2014年，全国文物系统对国民经济的全部贡献见图主2－12和图主2－13。

总的来看，2001～2014年，全国文物系统对国民经济全部贡献保持了

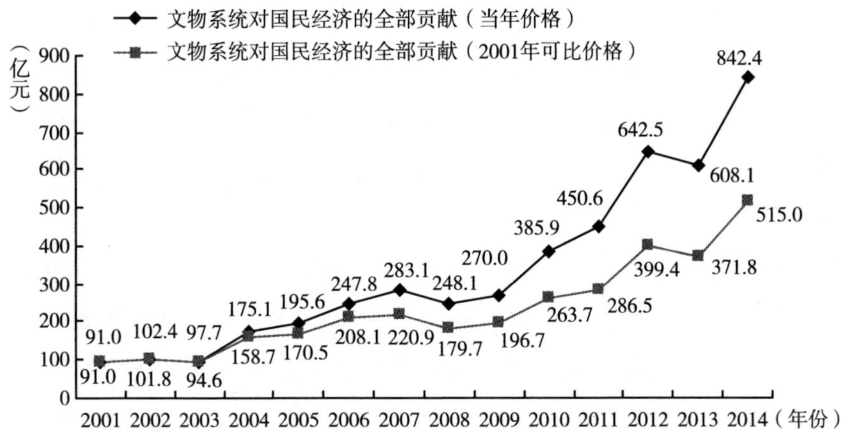

图主 2－12　2001～2014 年全国文物系统对国民经济全部贡献变化情况

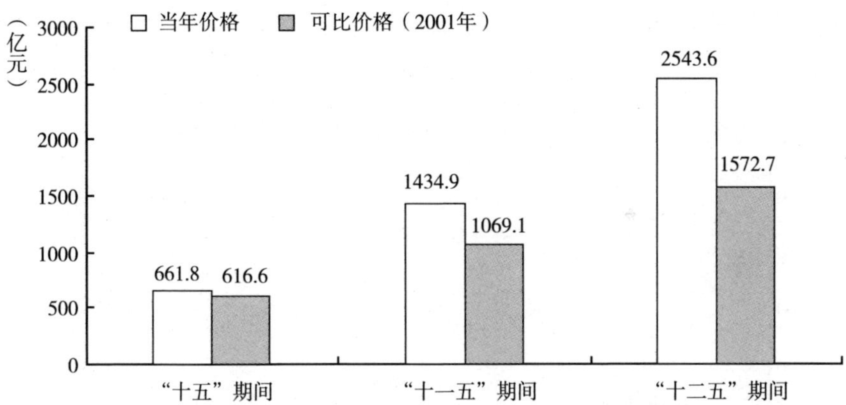

图主 2－13　“十五”“十一五”“十二五”期间全国文物系统对国民经济全部贡献对比

较快增长，从 2001 年的 91.0 亿元增长至 2014 年的 842.4 亿元，名义上增长了 8.3 倍（按 2001 年可比价格计算，实际增长近 4.7 倍），年均名义增长率为 18.7%（实际增长率高达 14.3%）；除 2003 年、2008 年和 2013 年较上年有所回落，其余年份均呈上升态势。

从三个时期对比情况来看，绝对数量上，“十一五”期间增加值是“十五”期间的 2.2 倍（按可比价格计算为 1.7 倍）；相对增速上，“十一五”期间增加值的平均增速（年均名义增长率仅为11.7%，实际增长率为6.1%）明显低于“十五”期间（年均名义增长率为21.1%，实际增长率为17.1%）；“十二五”期间增加值的平均增速（年均名义增长率为23.2%，实际增长率为21.6%）超过“十五”期间。“十一五”期间增加值增速下降，其原因可能是2008年下半年开始蔓延全球的金融危机对境内外观光旅游造成了影响。“十二五”时期，随着经济复苏和旅游产业的大发展，加上文物系统日益强调文物的合理利用，文物旅游明显回暖。2014年，文物旅游增加值占旅游总增加值的比例从2013年的3.2%增加到4.7%，表明文物旅游发展与旅游业整体发展之间的速度差距略有缩小。

“十五”“十一五”“十二五”期间，全国文物系统对国民经济贡献构成对比见图主2-14。

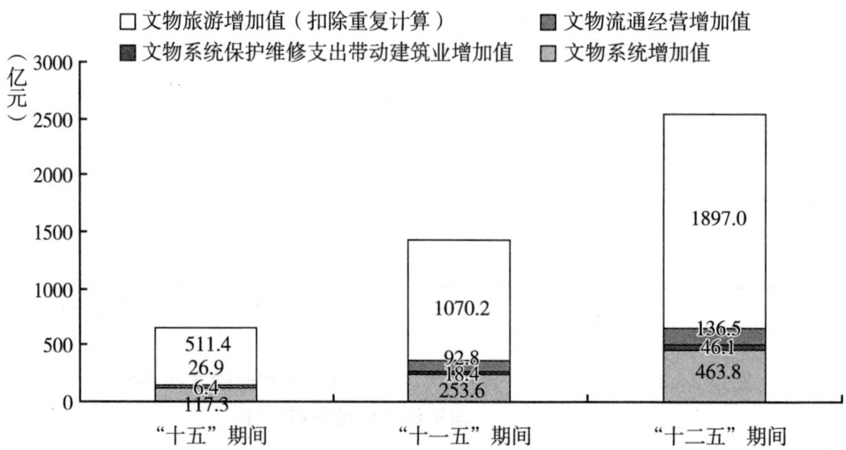

图主2-14　“十五”“十一五”“十二五”期间全国文物系统对国民经济贡献构成

注：柱状图中数值为各增加值，在此列出是为更好地反映各增加值占比，其单位为亿元。

从贡献份额来看，占“大头”的依然是间接贡献中的文物旅游增加值（扣除重复计算）——占到74.6%左右，其次是文物系统增加值（占

22.3%左右），再次是文物流通经营增加值（占5.4%左右），占比最小的是文物系统保护维修支出带动的建筑业增加值（仅占1.8%左右）。

从贡献份额来看，可以得出这样一个重要结论：**文物系统对国民经济贡献的“大头”来自其间接经济贡献，而这种贡献的“大头”又来自文物旅游**。这是因为“十二五”期间，全国文物旅游对国民经济的全口径贡献值为1897.0亿元，占文物系统对国民经济全部贡献2543.3亿元的74.6%。2014年，全国文物旅游对国民经济贡献的下限值为450.7亿元，占文物系统对国民经济贡献下限值的74.6%。换言之，文物旅游贡献值在文化遗产事业对国民经济贡献中的占比在进一步提高。

2.1.4　投入产出分析

2001～2014年，全国文物系统经济产出和财政投入比例变化情况见图主2－15和图主2－16。

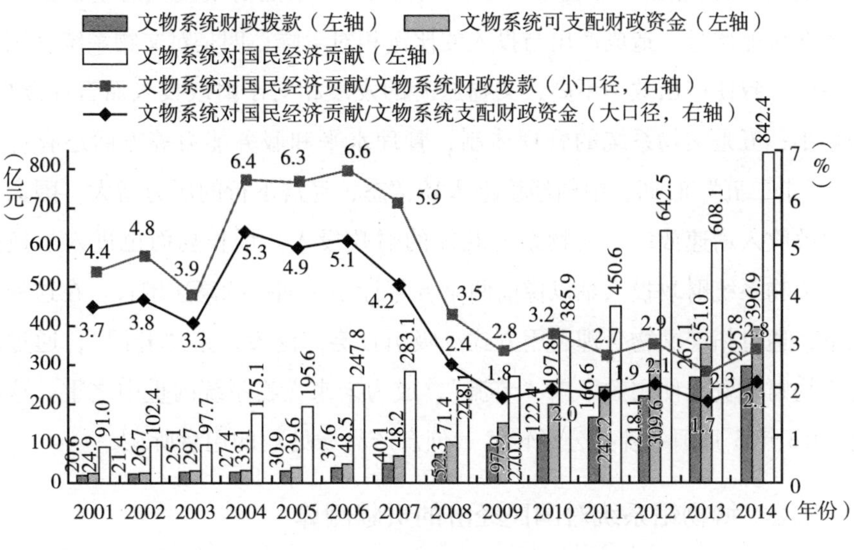

图主2－15　2001～2014年文物系统投入产出年度变化

如图主2－16所示，从三个时期对比情况来看，文物系统产出与投入的比例总体经历了从上升到下降两个阶段。分析其原因，主要有五点：一是文物旅游收入的非正常减少（主要是受全球金融危机和博物馆全面免费开放

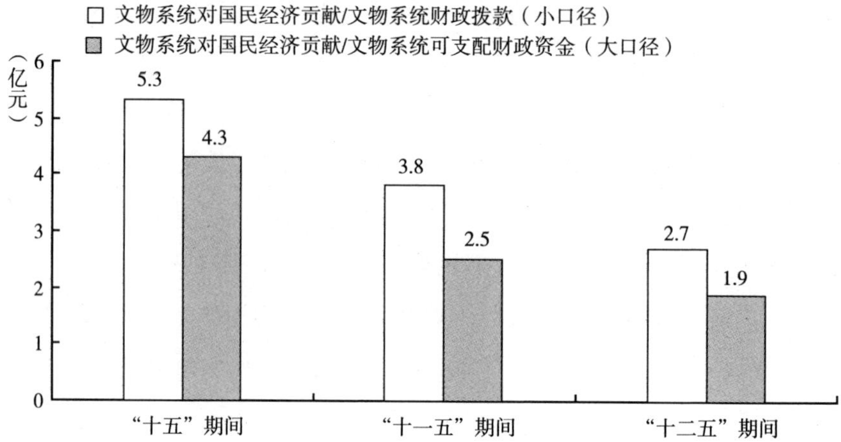

图主2－16 “十五”“十一五”“十二五”期间文物系统产出与投入的比例变化

的影响）；二是旅游产业已经开始结构升级①；三是财政拨款的基数已较高且还在快速增长，造成产出与投入的比例相对下降；四是对文物系统利用重视不够，致使产出效率不高，文物旅游的发展相对于财政投入而言速度慢、增幅小；五是文物系统的管理体制、管理水平和服务能力等方面还有待改善。“十二五”时期，中国经济进入新常态，经济下行的压力增大，国家整体财政收入增速放缓，文物系统既往的财政投入高增长局面也进入了换档期，文物系统财政投入难以像前两个五年计划时期持续高速增长。在这种背景下，通过拓展文物合理利用方式、吸引社会广泛投入来“开源”，通过强化文物财政资金使用效率来“节流”，成为未来文物系统的重中之重。这也是2016年5月国务院办公厅转发《创意产品意见》的用意所在。

2.2 博物馆系统对国民经济的贡献测算

2008年起，中国文化文物系统的博物馆开始全面免费开放。迄今，博

① 旅游产业未来发展的趋势必然是从观光旅游向休闲度假等深度旅游转型，从而分流部分观光旅游人群，且休闲度假业态的产值通常高于观光旅游。这方面可以从不同业态的产值变化中窥斑，具体参见本章第4节。

物馆对国民经济的贡献发生了什么变化？以下计量文化文物系统博物馆的直接经济贡献和间接经济贡献，并专门分析博物馆旅游的增加值变化情况。在本年度的蓝皮书中，增补了对博物馆的社会贡献分析，因为这样的贡献值才是文物活起来的终极目的，才是社会主义核心价值观的体现。

2.2.1　直接贡献

博物馆全面免费开放以后，其直接经济贡献被弱化。因此，只能通过博物馆事业增加值（以下简称博物馆增加值）衡量博物馆对国民经济的直接贡献①。2001～2014 年，全国博物馆增加值变化情况见图主 2－17 和图主 2－18。

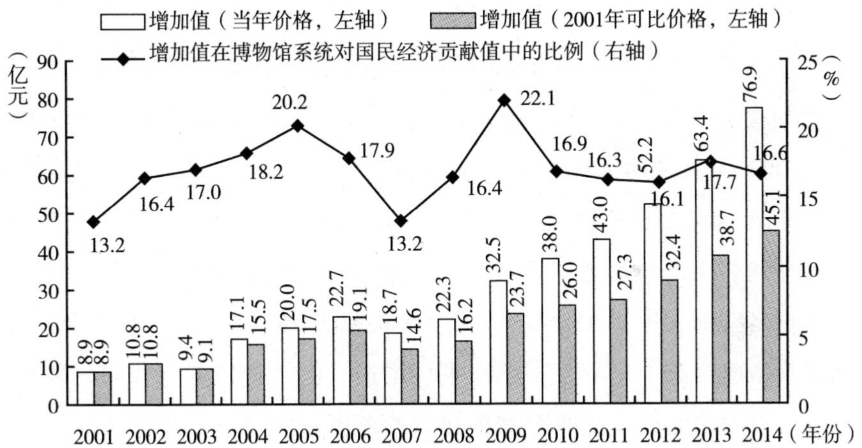

图主 2－17　2001～2014 年全国博物馆增加值逐年变化情况

总的来看，2001～2014 年，全国博物馆增加值保持了较好的增长势头，从 2001 年的 8.9 亿元增长至 2014 年的 76.9 亿元，名义上增长了 7.6 倍（按 2001 年可比价格计算，实际增长约 4.1 倍），年均名义增长率为 21.4%（实际增长率高达 13.3%）；除 2003 年和 2007 年较上年有所减少外，其余

① 在本书中指某一省级行政区在一定时期（通常为一年）内文化文物系统内的博物馆向社会提供产品或服务而增加的价值总和。

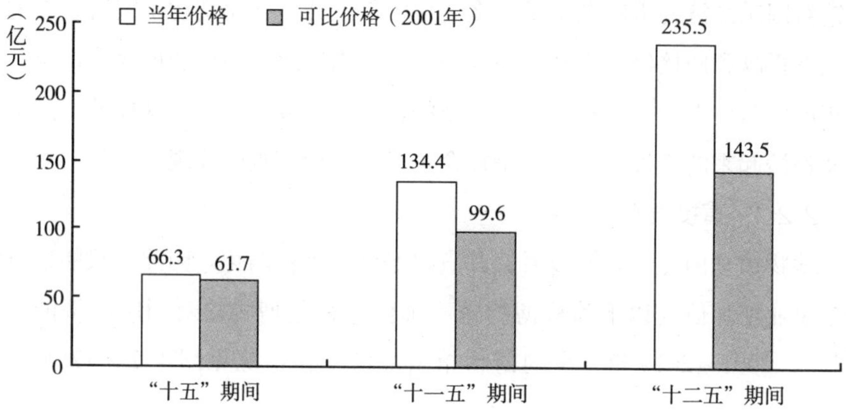

图主 2－18　“十五”“十一五”“十二五”期间博物馆增加值对比

年份均呈不同上升态势。从三个时期对比情况来看，绝对数量上，“十一五”期间增加值合计为 134.4 亿元，是“十五”期间 66.3 亿元的 2.0 倍（按可比价格计算仅为 1.6 倍）；相对增速上，“十一五”期间增加值的平均增速（年均名义增长率仅为 13.7%，实际增长率为 8.0%）低于“十五”期间（年均名义增长率为 22.4%，实际增长率为 18.4%）；“十二五”期间，年均名义增长率为 18.6%（实际增长率为 18.2%），高于“十一五”期间平均增速，低于“十五”期间平均增速。但“十二五”以来，随着博物馆财政投入的加大以及博物馆拓展服务范围、发展相关产业（如文化创意产品销售，文物巡展，社会文物鉴定、咨询、修复服务等）提高经营收入，全国博物馆增加值增速略有上涨。

2.2.2　间接贡献

博物馆对国民经济的间接贡献，主要涉及博物馆修缮费支出带动建筑业增加值和博物馆旅游增加值两个方面。有别于对文物系统的测算，此处不考虑全国文物艺术品拍卖企业的贡献。下边将逐一进行回顾与评价。

（1）博物馆修缮费支出带动建筑业增加值

2001～2014 年，全国博物馆修缮费支出带动建筑业增加值变化情况见图主 2－19 和图主 2－20。

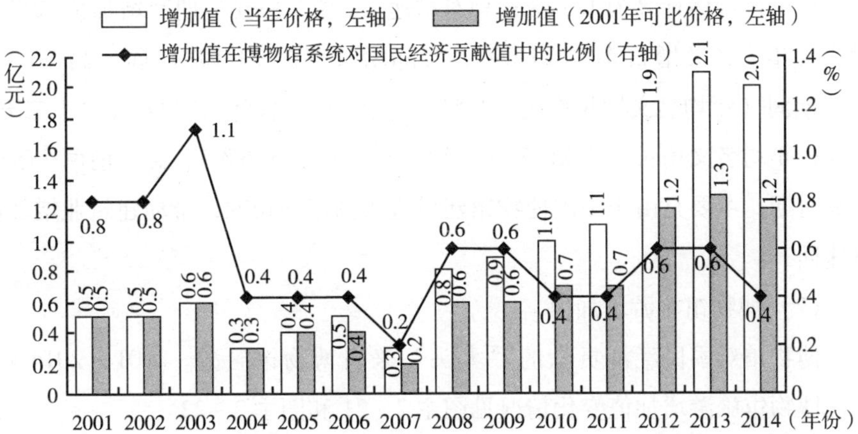

图主2－19　2001～2014年全国博物馆修缮费支出带动建筑业增加值变化情况

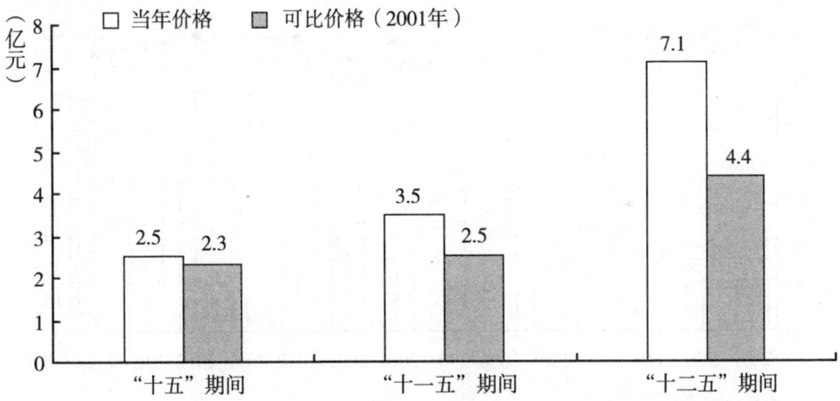

图主2－20　“十五”“十一五”“十二五”期间全国博物馆修缮费支出带动建筑业增加值对比

总的来看，2001～2014年，全国博物馆修缮费支出带动建筑业增加值增长缓慢，从2001年的0.5亿元增长至2014年的2.0亿元，名义上增长了3倍（按2001年可比价格计算，实际增长1.4倍），年均名义增长率为10.9%（实际增长率高达6.5%）；除2004年和2007年有明显下降趋势，其余年份均基本保持增长态势。从不同时期对比情况来看，绝对数量上，“十一五”期间增加值合计为3.5亿元，是“十五”期间2.5亿元的1.4

倍，按可比价格计算为1.1倍；相对增速上，“十一五”期间增加值的平均增速（年均名义增长率为19.8%，实际增长率为13.1%）远远高于“十五”期间（年均名义增长率为-4.5%，实际增长率为-7.7%）；“十二五”时期，年均名义增长率为21.6%（实际增长率为18.6%），高于前两个五年计划时期，主要是由于中国博物馆建设进入高速增长期，带动建筑业增加值迅速回升。

（2）博物馆旅游增加值

博物馆对国民经济贡献的“大头”来自博物馆旅游。2001～2014年，全国博物馆旅游增加值变化情况见图主2-21和图主2-22。

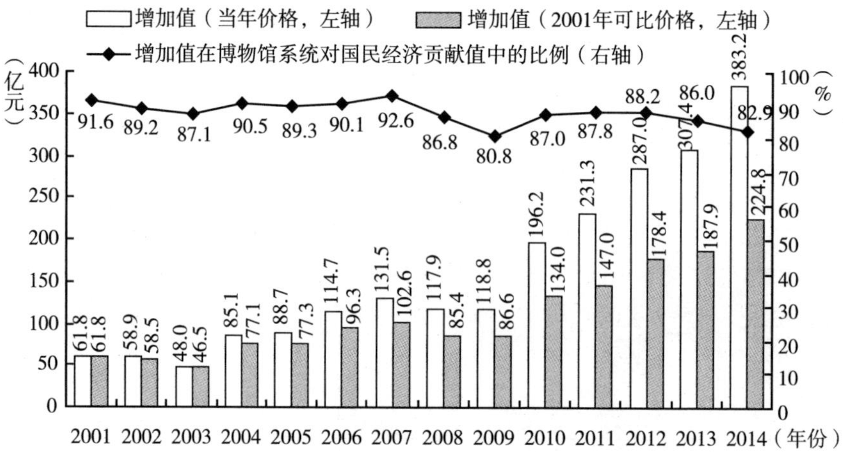

图主2-21　2001～2014年全国博物馆旅游增加值变化情况

总的来看，“十五”以来，全国博物馆旅游增加值保持了较快增长，从2001年的61.8亿元增长至2014年的383.2亿元，名义上增长了5.2倍（按2001年可比价格计算，实际增长2.6倍），年均名义增长率为15.1%（实际增长率为10.4%）。“十二五”时期，博物馆旅游增加值年均名义增长率为18.3%（实际增长率为15.2%），高于“十一五”期间的平均增速。“十二五”期间，负面因素的影响逐渐消失，且随着整修后的博物馆陆续开放和新一批博物馆的建成，博物馆旅游的发展逐步提速。这种态势近期不会有变化。

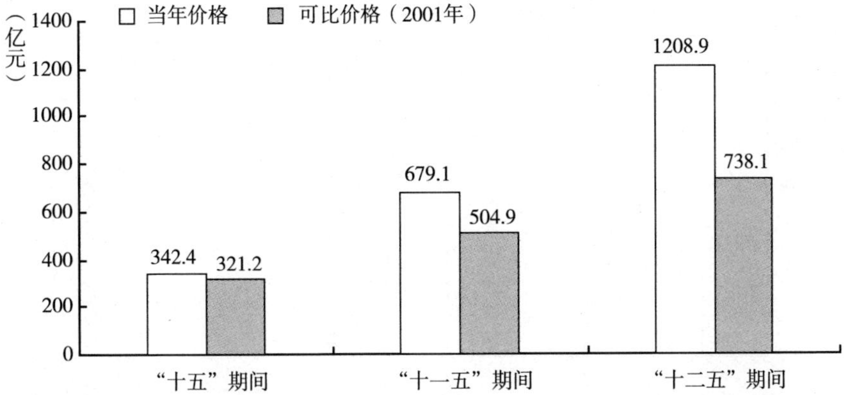

图主 2－22　“十五”“十一五”“十二五”期间全国博物馆旅游增加值对比

2.2.3　全部贡献

2001～2014 年，全国博物馆对国民经济的全部贡献见图主 2－23 和图主 2－24。

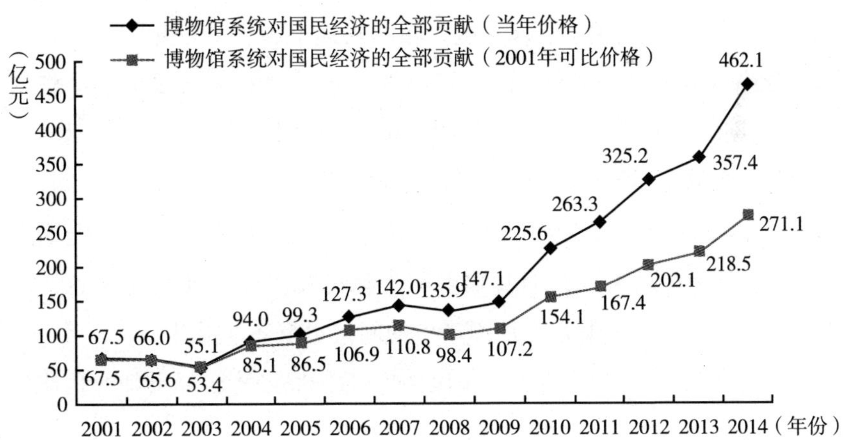

图主 2－23　2001～2014 年全国博物馆对国民经济全部贡献变化情况

总的来看，2001～2014 年，全国博物馆对国民经济全部贡献保持了稳定增长，从 2001 年的 67.5 亿元增长至 2014 年的 462.1 亿元，名义上增长了 5.8 倍（按 2001 年可比价格计算，实际增长 3.0 倍），年均名义增长率为

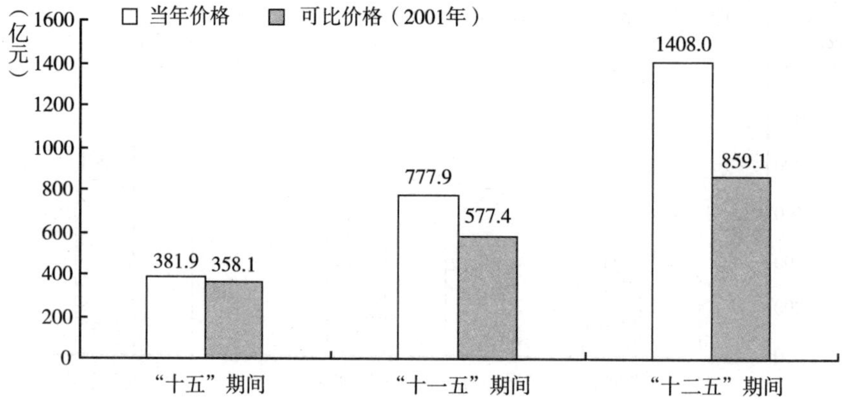

图主 2－24　“十五”“十一五”“十二五”期间全国博物馆对国民经济全部贡献对比

15.9%（实际增长率为 11.3%）；除 2002 年、2003 年和 2008 年较上年有所回落，其余年份均呈上升态势。从三个时期对比情况来看，绝对数量上，“十一五”期间增加值合计为 777.9 亿元，是“十五”期间 381.9 亿元的 2.0 倍（按可比价格计算为 1.6 倍）；相对增速上，“十一五”期间增加值的平均增速（年均名义增长率为 15.4%，实际增长率为 9.6%）略高于“十五”期间（年均名义增长率为 10.2%，实际增长率为 6.5%）；“十二五”期间，博物馆对国民经济贡献值年均增长率为 20.6%（实际增长率为 17.4%），高于“十一五”期间的平均增速。尽管 2008 年博物馆全面免费开放后，其直接贡献下降，但其辐射和带动相关产业（如文化创意产品出售和展品交流、个性化服务等）而产生的间接贡献逐渐提升。

“十五”和“十一五”期间全国博物馆对国民经济全部贡献的构成对比见图主 2－25。

从贡献份额来看，占“大头”的依然是间接经济贡献中的博物馆旅游增加值，占到 83% 左右；其次是博物馆增加值，占 17% 左右；再次是博物馆修缮费支出带动建筑业增加值，仅占 0.5% 左右。

2.2.4　投入产出分析

2001～2014 年，全国博物馆投入产出变化情况见图主 2－26 和图主 2－27。

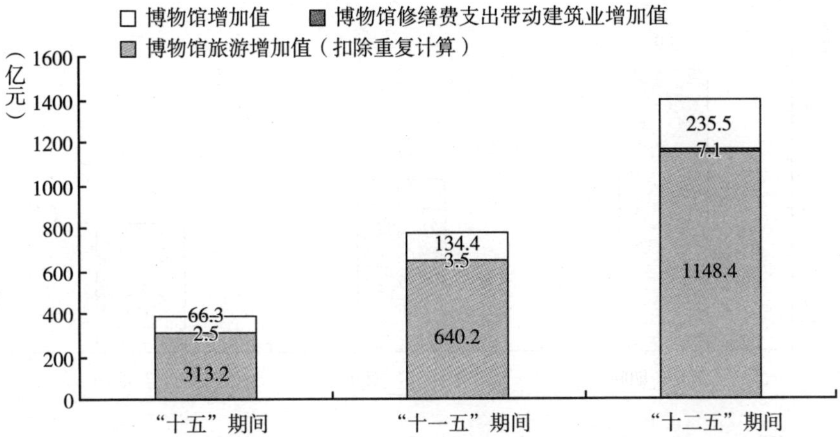

图主 2 – 25　“十五”“十一五”“十二五”期间全国博物馆对国民经济贡献构成对比

注：柱状图中数值为各增加值，在此列出是为更好地反映各增加值占比，其单位为亿元。

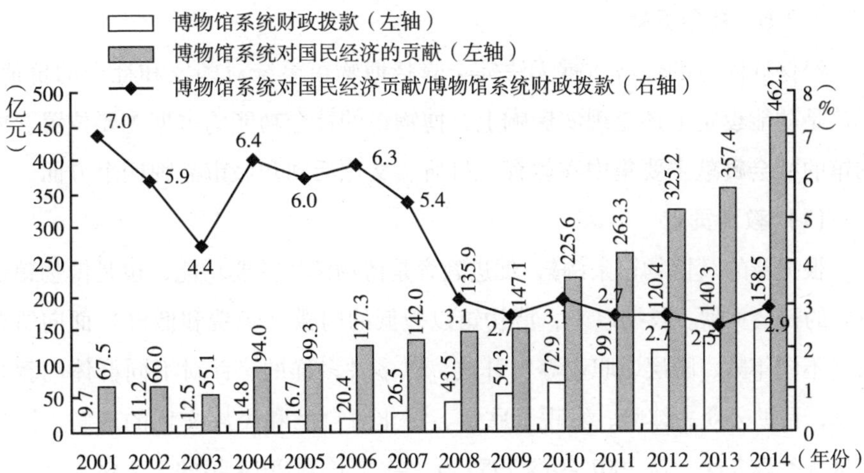

图主 2 – 26　2001 ~ 2014 年博物馆投入产出年度变化

2014 年蓝皮书计算结果表明：“十五”期间全国博物馆对国民经济贡献是同期财政投入的 5.9 倍，“十一五”期间为 3.6 倍，“十二五”期间为 2.7 倍。尽管投入基础的增大是这种产出与投入比例下降的主因，但 2001 ~ 2014 年投

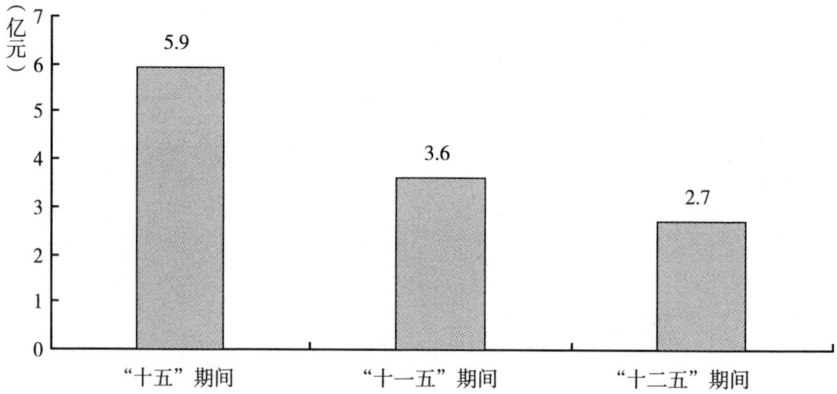

图主2－27　“十五”“十一五”“十二五”期间博物馆投入产出变化

入与产出增速之间的倒挂也是原因之一。这种状况说明博物馆的经济功能发挥得还不够。在保证财政拨款稳定增长的同时，博物馆需要审视其管理体制、管理水平等方面的不足，考虑如何通过改善管理来提高行业的产出水平。

2.2.5　社会贡献

经保守测算的经济贡献无法完全囊括博物馆系统对国家和社会的价值，无论是功能设定上还是现实影响上，博物馆的社会功能均占据主要位置。博物馆的社会贡献主要集中在教育、科研、文化活动和城市品牌四个方面。

（1）教育贡献

根据新的《博物馆条例》，促进教育是博物馆的首要功能，也是博物馆最重要的社会贡献。长期以来，博物馆以极低的门槛（免费和低价）面向所有人（不同年龄、阶层、职业等）开放，以多种多样的、针对不同群体的教育活动，帮助公众去体验、发现、欣赏、深化对自然和民族文化的理解。博物馆接待参观人次，从2001年的7955万人次增长到2014年的7.2亿人次，13年间增长了8倍。对于未成年人而言，博物馆成为学校教育之外的“第二课堂”，其在互动性、体验性、趣味性方面发挥着独特的优势。2014年，青少年参观博物馆超过2亿人次，比2001年增长了9.6倍，占总参观人次的28%。

（2）科研贡献

科研是博物馆的基础业务，也是提升博物馆其他功能（如教育）的关键所在。2014年，全国博物馆系统开展省部级及以上科研课题421项，获得专利53项，出版专著或图录924册，发表论文5597篇，共获得国家级奖46个、省部级奖194个。科研人才上，博物馆在客观上也形成了人才培养中心——2014年博物馆系统拥有专业技术人才30934名，其中正高级职称1350名，副高级3844名，中级12355名。博物馆通过参观活动将科研成果与公众紧密结合，有效地促进了科学的普及。

（3）文化活动贡献

随着文物旅游和文化休闲的兴起，博物馆与旅游业、文化产业形成了相互依存、共同发展的关系，已融入公共文化服务体系，成为公众休闲、娱乐、文化活动的重要场所（由于博物馆的免费开放，绝大部分内容并不直接体现于经济贡献，主要是社会贡献）。公众文化需求的多样性，催生了博物馆的多样化发展，涌现出生态博物馆等新的形式，同时博物馆的文化活动也日益丰富多彩，如西安博物院举办了新年鸣钟祈福活动、音乐会、古琴名家雅集、赏花会等大量文化活动，深受西安市民的好评。

（4）城市品牌贡献

随着中国经济社会发展变化，在新一波城市化浪潮中，城市竞争的重心从简单的经济指标（GDP）和传统的经济要素（资金、技术）日益转向软实力指标（城市形象和城市品牌）和新的经济要素（高学历人才、创意），各个城市越来越重视利用博物馆来挖掘、凝聚、展现城市历史中最具深度和吸引力的元素，来构建和传播城市品牌，促进城市竞争力提升。西安、广州、济南、武汉等城市也纷纷正式或非正式地提出建设“博物馆之城”的口号，博物馆已成为多个城市品牌建设中的关键内容。

2.3　文化遗产对新区建设的贡献——以西咸新区为例

以往蓝皮书以大明宫为例测算了大遗址对城市更新（旧城）的经济社会贡献，本节以西咸新区为例测算大遗址对新城建设的经济社会影响。从测算方法的角度看，西咸新区范围太大，且新区是组团布局模式，各组团形成了差异化和特色化发展格局。这样既能体现新区的规模效益，又可避免城市功能过度集中产生新的城市病。因此，测算文化遗产的经济社会贡献应聚焦于代表性的组团进行典型研究。在西咸新区“一区五城”的组团中，秦汉新城符合案例选择的标准：**秦汉新城是大遗址主要分布区域，文化遗产对城市发展的贡献和负面影响都十分明显**。测算技术路线基本沿用 2013 年、2014 年蓝皮书中测算大遗址对经济社会影响的技术路线①，但新区建设的特殊性又要求对原技术路线进行创新：新区城市建设刚刚起步，大遗址对房地产、旅游业等关联产业的带动作用短期内无法充分显现，该数值不大；单个大遗址可采用原技术路线进行测算，但新区范围内多个品级较高、体量较大的大遗址，会形成集群效应，极大地提升该地区文化遗产的品牌效应，在经济社会贡献上产生“1 +1 >2”的效果，因此在计算时可采用系数加权方式予以凸显。

在测算遗产经济社会贡献之前，还需兼顾遗产保护和开发建设的关系。这种兼顾在文化遗产和自然遗产两个领域都有章可循：国务院于 2012 年 12 月 19 日发布《关于进一步做好旅游等开发建设活动中文物保护工作的意见》（国发〔2012〕63 号）（以下简称《国务院意见》）；环境保护部等 10 部局于 2015 年 5 月发布《关于进一步加强涉及自然保护区开发建设活动监督管理的通知》（环发〔2015〕57 号）（以下简称《自然保护区通知》）。这两个文件对如何兼顾遗产保护和开发建设给出原则性答案，但保护和利用的关系略有不同（见表主 2 -8）。在文化遗产和自然遗产利用中，共性问题是企业甚至体制内的单位在开发建设中对资源的破坏较严重，具有明显的“法人犯法”特点。在具有稀缺性和不可再生性的资源附近进行开发建设，需要有严格的标准和完善的技术（包括划定保护空间范围和业务范围，落实生态保护红线和文物紫线，确定城市边界，制定景区游客承载量或最小生态安全距离等），这些标准和技术需要通过多规合一的手段确保落实。以此，秦汉新城的开发模式和文化遗产的效益体现方式都是**“先知禁区再造新区”**，在依法保护的前提下发挥遗产资源的最大价值。

---

① 参见 2014 年蓝皮书主题报告第二章图主 2 -27。

表主 2-8　《国务院意见》与《自然保护区通知》的关键点比较

	《国务院意见》	《自然保护区通知》
相同点	明确遗产保护的共性问题是企业甚至体制内的单位盲目开发、无序开发、过度开发，即“法人犯法”	
	保护的基本理念是划定遗产保护的空间范围，核心区和缓冲区内禁止或严格限制开发建设活动	
	开发建设前需制定和通过遗产资源风险评估	
	国家文物局、环保部作为责任单位对开发建设活动拥有前置审批权和事中、事后监督权	
不同点	在保护的前提下允许适度开发利用，实现公益性和营利性兼具	明确自然保护区属于禁止开发区域，保护的分量更重

2.3.1　直接经济贡献

直接经济贡献按照建设期固定资产投资和运营期的项目经营收入增加值两部分进行测算。秦汉新城 2014 年全年完成固定资产投资 187.8 亿元。目前秦汉新城大遗址群中对外运营的只有茂陵和阳陵遗址区。根据两个遗址区的保守估计，大遗址群年度参观 109.65 万人次，实现经营收入 1099.61 万元。按照 2014 年文物系统 51.7% 的增加值率计算可知，**秦汉新城大遗址群经营收入增加值约为 568.5 万元**。

2.3.2　间接经济贡献

（1）秦汉新城大遗址群带动建筑业增加值

秦汉新城大遗址群的文物保护投入资金（约 1.9 亿元）作为带动建筑业的总产值，乘以西安市建筑业增加值率，**得到保守估计下大遗址保护所带动建筑行业增加值为 0.53 亿元**。

（2）秦汉新城大遗址群对产业发展的影响

目前大遗址群对秦汉新城不同产业发展的影响不同，不能一概而论，因此仅对能够量化影响的关联产业——房地产业、文化产业和旅游产业为例进行测算（具体原因详见技术报告第二章）。

- **秦汉新城大遗址群对土地价格和房价的贡献**

长期以来大遗址的保护限制了周边基础设施和产业项目的建设，使居住配套环境相比同地价地区而言处于劣势，同时大遗址的建设控制地带对周边建筑物高度和风貌存在一定的限制要求，限高影响建设用地的容积率，因此**大遗址群对土地价格和房价增值暂时体现为负面影响**。但这种负面影响是暂时的：随着秦汉新城大遗址群经济带动和辐射能力的日益增强，周边市政配套服务设施日趋完善，新兴产业发展日益成熟，这些因素的变化将对秦汉新城土地价值产生积极影响，提升房地产溢价空间。

- **秦汉新城大遗址群带动文化产业增加值**

秦汉新城目前在建的重点文化产业项目主要有大秦文明园、新丝路·数字文化创意（产业）基地、梦回大秦视觉光影秀、际华园、张裕瑞那城堡酒庄等。现阶段仅张裕瑞那城堡酒庄正式运营，据此**秦汉新城大遗址群带动文化产业增加值为0.045亿元**。秦汉新城正在大规模建设文化产业项目，目前这一数值只能体现现阶段的不完整贡献，按照现有项目可实现产值100亿元计算，5~8年左右**秦汉新城大遗址群将带动文化产业增加值超过15亿元**。

- **秦汉新城大遗址群带动旅游业增加值**

秦汉新城的旅游资源以大遗址群为主，没有其他有吸引力的旅游资源，游客中以大遗址为主要旅游目的地的比例达90%以上。在大遗址参观上，目前正式对外经营且纳入统计范畴的仅有茂陵和阳陵两处，因此以茂陵和阳陵接待人次作为年度旅游人次估算值，可得到现阶段**秦汉新城大遗址群带动旅游业增加值为3.35亿元**。对秦汉新城而言，目前整个新城的旅游业正在起步，观光旅游收入并没有被纳入常规统计渠道，且酒店、餐饮、娱乐、衍生品等旅游配套服务和产品较缺乏，旅游消费潜力尚待挖掘。

2.3.3 全部贡献

2014年秦汉新城大遗址群对经济的全部贡献＝直接贡献＋间接贡献（去除重复计算）。直接贡献0.057亿元，间接贡献3.925亿元（包括秦汉新城大遗址群带动建筑业增加值0.53亿元，带动文化产业增加值0.045亿元，带动旅游业增加值3.35亿元），**因此2014年秦汉新城大遗址群对经济的全部贡献约为3.982亿元。**

值得说明的是，目前秦汉新城正在起步阶段，所以大遗址的间接经济效益不显著，甚至出现部分负面效益。**①带动建筑业增加值较低**。秦汉新城大遗址群目前基本处在预留式保护的阶段，相关保护性设施和展览展示设施建设尚未全面启动，其文物保护投入资金带动建筑业增加值较低，仅为0.53亿元。**②对土地价格和房价增值暂时体现为负面影响。**大遗址的建设控制地带，对周边建筑物高度和风貌存在一定的限制要求，限高影响建设用地的容积率，产生的直接经济影响是负面的。**③对相关产业带动作用尚不明显。**秦汉新城的产业发展目前正处在规划和招商阶段，产业受惠于大遗址资源的效应并没有全面发挥出来。因此，本部分测算的仅仅是起步阶段并不明显的贡献值。

这一贡献值并不能反映大遗址群对秦汉新城发展的全面作用。但长远来看，随着大遗址经济带动和辐射能力的日益增强，市政配套服务设施将日趋完善，文化和商业市场环境将日益成熟，必将推动旅游业、文化产业等新兴产业的发展，大遗址对产业增加值的贡献将有显著的改善。根据建设中的文化产业园区项目，未来5~8年仅文化产业一项，**秦汉新城大遗址群将带动文化产业增加值超过15亿元。**

秦汉新城与大明宫的区别在于，新城区域内的建设用地并不多（不在老城区范围内），仅靠常规方式很难发挥文化遗产在市场价值上的正效益，**因此秦汉新城的发展路径包括两个层面：①强化文化遗产保护的升级。**通过全面规划、合理布局、特色发展，在依法保护的前提下完成资源—产品—商品的升级，实现“保护好了，要见效益”，从而真正实现“四个好”。**②还需要其他创新——凸显秦汉新城在区域主体功能中的地位。**依托于关中城市群，将秦汉新城打造成为具有文化遗产特色、以行政服务功能为主的城市副中心，是创新城市发展方式、探索发挥文化遗产正外部性而非盲目工业化的重要尝试。秦汉新城未来可以充分发挥国家级新区的政策突破权，建设城市副中心，促进秦汉新城集聚高端产业、高端人群，从而全面体现文化遗产保护的效益。同时，还需要在其发展涉及的国家公园体制建设、自然资源资产产权制度改革、领导干部环保责任终身追究制度等领域深化改革，以改革为新城的特色发展指引方向、保驾护航。这样的新区会因为改革而“新”，也才会使秦汉新城的发展方式具备可推广性。

换言之，对秦汉新城来说，直接的土地增值是少的，改变区域主体功能、体现多种贡献才是大头。

3　如何强化文化遗产事业平台的贡献

新型城镇化、国家公园体制建设等新背景，为文化遗产事业增强经济社会贡献提供了新机遇，也提出新要求。新要求的核心在于事业平台的**做大做强：做“大”**在于充分拓展事业平台的功能，让各种资源的多功能都发挥出来，让文物“活”起来，全面惠及民众；**做“强”**在于按照新型城镇化和生态文明的战略方向，解决文化遗产事业发展的制度障碍，完善促进文化遗产全面发挥功能的制度建设。

3.1　影响文化遗产经济社会贡献的制度障碍

体制机制已经成为发挥文化遗产经济社会贡献的最大障碍。目前基本没有突破原有文物保护单位各方面的体制机制，与党的十八届三中全会全面深化改革的要求还有较大差距，主要表现在制度僵化且创新太少。

管理体制不统一、不规范和不高效。文物的管理还存在着“不统一”和“不规范”，无法满足保护需求，阻碍了文保单位拓展文物利用的范围和程度，影响了利用总量的提升。“统一”管理上，首先要构建“统一管理、权责明确”的管理成员框架。明确文物发展中各类事权的负责部门，通过“三定”方案和发展规划等明确文物部门及其他相关部门的相应地位和权力，精减管理成员的数量。建立充分的协商机制，针对文物事业发展所涉及的方方面面问题，吸纳其他相关部门和社会力量参与管理。“规范”管理上，要制定针对文物管理的统一且系统的法律法规和行业标准。各个部门应参照统一的法规标准进行管理，明确管理成员与相应权责。继续细化各相关部门的管理范围与相应权责，尤其要明确、细化发生冲突时的协商与解决方式。对基层文物机构，要从“规范机构、提升级别、加强职能、扩大编制”这四个方面着手，增强权能和强化保护基础工作，在文物妥善保护基础上探索扩大文物利用的范围和程度。

资金机制上缺乏对遗产地的分类考虑。对正面贡献发挥不足且主要体现为负面影响的遗产地，在资金机制上首先要保障财政投入，将保护事务严格纳入财政预算，同时建立相应的补偿机制，对负面影响进行有效补偿。对充分做出正面贡献的遗产地，在提高财政资金使用效率的同时，扩大市场和社会渠道的资金来源并执行“收支两条线”。对这部分遗产地，文物管理机构的上级行政管理单位不能下达创收指标，相关经营收入可以只部分上缴国家相关部门，其余只能用于改善文化遗产的管理（不完全的收支两条线）。对特许经营的收入，要执行严格的“收支两条线”，将其纳入财政预算管理。

经营机制上市场既“进不来”，又“管不住”。经营机制首先必须明确两个范围：空间范围、业务范围。其一，要根据遗产的具体情况，明确文物经营的空间范围，明确什么区域内必须实行严格保护，禁止经营性活动进入；什么区域可以允许市场主体进行适当开发。其二，要确定业务范围，明确市场和政府的边界。明确严格禁止的和可以适当经营的业务种类。涉及文物本体保护的核心业务和公益性较强的业务类型（如文物本体的参观、展览），只能由政府承担；消费弹性较大的餐饮、住宿、休闲和衍生品等业务，允许市场参与经营。市场主体的参与可采用特许经营的方式，但必须出台规范，建立详细的分类技术标准，对交易方式、经营空间范围和业务范围、经营主体身份等做详细的规定。

3.2 促进文化遗产全面做出贡献的制度建设

在合适的区域，探索大规模文化遗产地管理模式向国家公园体制转化。首先建立从文化遗产地中甄选国家公园的技术标准。对遗产地进行合理的调查、评估、审查和授权，根据资源价值、规模及管理关系和保护利用现状三方面标准确定是否适宜以国家公园形式进行保护。鼓励符合条件的遗产地申请成为国家公园体制试点区。在国家公园体制建设试点阶段，在中央和省级财政投入的基础上，也需要依靠地方政府财政投入、合理利用国家公园有形和无形资源、社会捐助等方式，满足国家公园建设资金的需求。在公园管理和运营过程中，始终坚持以公益性为核心原则。根据保护需要，可因地制宜地建立文物相关补偿方式。

建立以政府为主导且相对灵活的资金机制。优化专项转移支付，将遗址核心区土地所有权购买或使用权租赁、重要大遗址的日常管护、文物补偿等外部性范围大、信息不对称、激励不相容的事务，纳入专项转移支付范围。中央在加大对地方一般性转移支付的背景下，发布公共服务支出的权重体系，将文物保护作为重要公共服务赋予更高的权重，使一般性转移支付和地方基本性预算资金更多用于文物事业。构建文物保护基金会，发挥财政资金“以小带大”的作用，融资上集财政投入、经营收入、社会捐赠等多种资金来源于一体，用资上跨越产权、财政使用规定和申报程序固化三个方面的障碍，及时、灵活地满足文物保护的需要。充分发挥政府投资的引导带动作用，改进政府投资使用方式，根据不同项目情况，通过投资补助、基金注资、担保补贴、贷款贴息等方式，支持社会资本参与重点领域建设。

充分用好用活市场主体和社会资本。通过“管经分离”机制，实行委托经营许可和特许经营许可制度，将消费弹性较大的餐饮、住宿、交通、娱乐等各种经营项目由管理机构实行委托经营和特许经营，通过公开招投标确定经营主体，并按标准征缴资源有偿使用费。部分有收益的基础设施项目也可进行市场化运作。充分调动包括各级政府、民间组织、国内外机构、开发商、社区、志愿者等在内的社会各界参与遗产保护、管理、开发和运营的积极性，兼顾多方利益，形成合力，获取最广泛的支持，确保文物事业持续健康发展，实现保护与开发双赢的目标。

多管齐下促进博物馆打造城市文化平台。多方面创新体制机制，扩大馆藏文物合理利用的范围，并提升利用效率。①对博物馆举办文化活动提供支持。对于文化教育、文化交流、公共文化服务方面贡献突出的博物馆，出台相应的鼓励和奖励措施。②创造条件，有序开放文物库房。构建库房开放的管理制度，加强文物的规范化和标准化管理，提升文物的鉴定、编目、检索和流通效率；建构博物馆信息资源数字化平台，使文物的管理从人工走向数字化、网络化。③建立健全馆藏文物共享机制和文物策展人事制度。对于国有博物馆中的文物，通过调拨、交换、借用等方式实现流动，优化馆藏结构，保持开放的心态，出台有针对性和可操作性的实施细则，实行规范化运作。从人事管理机制入手，建立策展人事制度：明确策展人在博物馆人才体系中的地位，将其纳入培训计划，建立相应的学术组织、人才库、专家库；建立外部人才与正式人员相对等的激励机制。探索博物馆与社会力量联合策展的新模式。

文化文物单位通过改革推动文化创意产品开发。深度发掘文化文物单位馆藏资源，推动文化创意产品开发，对弘扬优秀文化，传承中华文明，推进经济社会协调发展，具有重要意义。根据《创意产品意见》，应在确保公益目标、保护好国家文物、做强主业前提下，依托馆藏资源，采取合作、授权、独立开发等方式开发文化创意产品。这既要求国有文化文物单位积极探索合理的收益分配机制，完善引导扶持机制，畅通国有和民营、事业单位和企业之间的人才流动渠道，吸引社会力量参与文化创意产品研发、生产和经营，也要求其与新型城镇化紧密结合，更多融入公共空间。换言之，即通过改革促发展，使文化遗产事业平台也成为文化创意产品全面融入生活、体现效益的平台。

（本章主要执笔人：卓杰、张颖岚、马有明、王宇飞、胡艺馨、张朝辉、卢颖、李阳）

B.3
第三章
文化遗产保护背景下的新型城镇化和文物活起来

本章要点：

1. 新型城镇化是文物活起来的重要机遇和平台，文物工作和新型城镇化的结合为文物工作介入发展一线和城市实现特色发展提供了历史机遇。

2. 必须全面辨析城市发展与文化遗产事业发展的关系：在发挥正面贡献的同时，文化遗产保护事业也可能给城市发展带来暂时的、小范围的负面经济影响，必须通过包括补偿机制的特殊机制和包括土地政策单独处理的特别政策等来消除这样的影响，才可能使文化遗产在得到保护的同时全面助力城市特色发展。

3. 文化遗产融入城市发展主要体现在促进城市更新和实现新城特色发展两个方面。对城市更新来说，主要包括大遗址上的棚户区改造、小规模特色再开发和以文化为内核的城市品质提升改造，在更新中“要从保护建筑走向保护风貌，传承好城市历史文脉”；对新城特色发展来说，以秦汉新城为案例，表现为以国家公园体制、城市副中心和特色产业发展为代表的分区发展模式。

2016 年的全国文物工作会议提出：要切实加大文物保护力度，推进文物合理适度利用，使文物保护成果更多惠及人民群众。各级文物部门要广泛动员社会力量参与，努力走出一条符合国情的文物保护和利用之路。但长期以来存在的一个普遍现象是：文物工作远离经济社会发展主战场，文物工作难以成为地方发展特色，文物部门在地方发展中只是一个“小局”，与地方发展的全局关系不大。“十二五”期间，城镇化成为国家发展的主要领域。2013 年的中央城镇化工作会议文件，最先提出在新型城镇化中要“提高历史文物保护水平”，并给出“让居民望得见山、看得见水、记得住乡愁”的感性且人性化的目标；2014 年发布的《国家新型城镇化规划（2014—2020 年）》还明确指出“乡愁”的体现方式之一——“发掘城市文化资源，强化文化传承创新，把城市建设成为历史底蕴厚重、时代特色鲜明的人文魅力空间”。这不仅是城市发展中让文物活起来的重要渠道，也为文物工作介入发展一线、彰显发展特色提供了历史机遇。尤其对于那些文化遗产资源条件较好的城市，通过让文物活起来优化城市发展方式，是其走出独具特色的“新型”路的不二路径。二者的关系、二者互促式发展的思路，以及在现实约束下构建互促式发展的制度体系，都需要谋定而后动。

1　新型城镇化中的城市发展与文化遗产事业发展的关系

新型城镇化的核心是发展方式、发展目标和发展动力都要创新。这些创新，常常体现在资金和税收机制（发展动力）、城市特色（发展目标）和产业结构、城市布局上。对多数“已成型的”城市来说，这些创新与文化遗产的关系，主要体现在城市更新中保持地方特色以“记住乡愁”上，体现在如何利用城市文化遗产打造文化平台上；对少数文化遗产资源集中的城市来说①，则全面体现在城市发展目标和动力上；更特殊的是，有些国家级新区，如西咸新区秦汉新城这样的区域，则可能体现在全面的、根本性的发展方式创新上。但换个角度，文化遗产保护也会给城市发展带来某些限制，也

① 事实上，这种少数只是从比例而言的，从绝对数量而言也是不少的。例如，截至 2015 年，国家历史文化名城达到 128 个，这些名城大都有丰富的高品位的不可移动文物资源。

可能对城市发展造成暂时的、小范围的负面经济影响。所以，必须全面辨析新型城镇化方向下的城市发展与文化遗产事业发展的关系。

1.1 文化遗产对城市发展的两方面影响

从文物系统的角度看，文化遗产对城市发展有多方面的贡献。例如，众多的物质和非物质文化遗产形成城乡记忆的有力物证，是城乡价值的重要体现。“让文化遗产融入现代生活”，是避免乡愁——城乡记忆——消失的有力保障。城乡面貌是历史的积淀和文化的凝结，是一个个城乡的物质生活、文化传统、地理环境等诸多因素综合作用的产物。让文化遗产融入现代生活，是避免城乡面貌趋同、深化历史积淀、彰显城乡个性、提升城乡品位的重要抓手。文化遗产融入现代生活，旨在增加文化的厚重感、民族的归属感和百姓的获得感，有利于带动旅游业、文化创意产业发展。

但从城市领导的角度来看，文化遗产既是重要的特色发展资源，也是需要投入行政资源、限制传统经济发展机会予以保护的目标。这是因为出于文化遗产保护需要，城市不仅需要投入大量资金，还必须在土地制度、建设项目审批制度等方面设定若干限制措施，这样就可能对城市发展造成约束。而且，基于文化遗产资源的相关产业对大多数城市的整体发展来说还只是“小菜”，从经济总量和发展方式来说仍然只起到点缀作用[①]。

综合这两个角度，可以认为，**文化遗产与城市发展之间存在双向关系，如果处理不好，文化遗产也很有可能限制城市发展**[②]**。对一些资源较好、条件合适的城市，方式适当的文化遗产保护和利用可以让城市转变发展方式，体现出以文化遗产为特色的新型城镇化**。这是因为，以大规模、高等级文化遗产资源为特色的区域，对中国这个文明古国来说并不鲜见，曾经作为都城的许多城市是或者有这样的区域，如大理、以殷墟为特色的安阳殷都区等。

① 例如，青岛啤酒厂早期建筑、湖北汉冶萍煤铁厂矿旧址等工业遗产再利用，使城市凸显了工业遗产文化特色；大明宫、隋唐洛阳城等国家考古遗址公园，则使西安、洛阳有了城市文化特色并促进了经济社会协调发展。

② 西安未央区的汉长安城遗址（简称汉城）被当地居民称为“害城”（音近汉城）便是一例。

这样的区域，往往既涉及城市更新（老城），也涉及新城建设。《国家新型城镇化规划（2014—2020年）》对这两个领域规划建设的要求是：城市更新是要“推动特大城市中心城区部分功能向卫星城疏散，强化大中城市中心城区高端服务、现代商贸、信息中介、创意创新等功能”；新城建设是疏解中心城区功能和人口、防止城市边界无序蔓延的重要方式。虽然二者的目标都是完善城市功能和改善生活品质，但城市更新面临的是历史相对悠久的城市建成区，而新城大多规划在非建成区。在不同类型的城市中，文化遗产与城市发展的关系是不同的。

可用图主3－1来系统呈现文化遗产对城市发展两方面的影响。

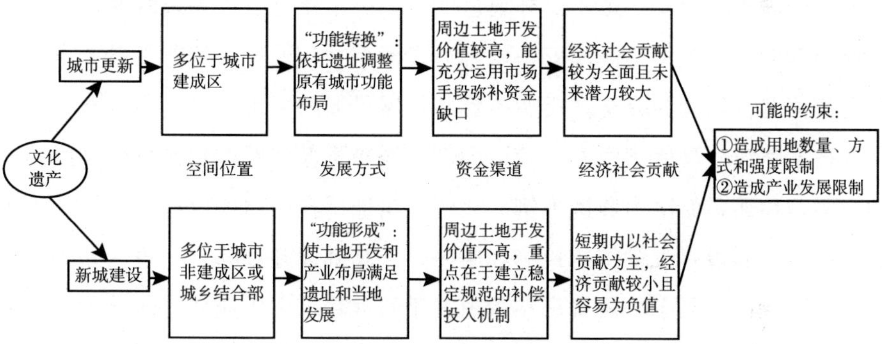

图主3－1　文化遗产对城市发展两方面的影响

文化遗产和城市发展这样的双重关系，在作为十三朝古都的西安（包括周边的咸阳，以下同）体现得尤为明显：既有经济社会效益明显之处，也有发展的掣肘；既有需要城市更新的老城，也有文化遗产资源丰厚的国家级新区。**①就城市更新而言，西安是文化遗产保护与城市建设关联最为紧密的城市**。西安拥有周秦汉唐四大古都遗址，遗址面积超过100平方公里，其他宗教遗迹、帝陵、墓冢、城墙等文化遗址不计其数。城市建设与文物保护的冲突和矛盾不断凸显，西安修建地铁2号线，单线20公里的建设中共抢救性发掘古墓130余座。西安亟须探索一条将文化遗产保护与城市建设有机结合的新模式。同时，文化遗产对城市建设的贡献，对西安城市形象塑造、产业发展、社会事业等的促进作用也比其他城市更加明显。**②就新区发展而**

言，西咸新区作为新一轮设立的国家级新区，承载着创新城市发展方式的探索性任务。与其他国家级新区相比，西咸新区发展基础相对薄弱，新区的政策红利不明显，又面临着快速赶超的压力，以常规的工业化发展道路难以实现预期目标。西咸新区中文化特色最显著的秦汉新城，则以秦汉帝陵遗址为主体（约占区域面积的1/3），如此高规格的文化遗产资源在15个国家级新区中独树一帜。如果立足这一核心资源找准发展定位，大胆寻求发展模式创新，走特色化和差异化的发展道路，就可能另辟蹊径实现后发超越。

研究文化遗产保护背景下的城市发展和文物活起来，无论是分析文化遗产在城市更新中的作用，还是分析上升到城市规模的大遗址群对新城建设的影响，全国难找西安—咸阳这样典型的，因此本年度蓝皮书选取西安—咸阳为典型案例。这并不是说西安—咸阳可以涵盖文化遗产保护背景下城市发展的多数情况，但能为有这样资源条件和发展可能的城市提供一条具有借鉴意义的技术路线。具体到西安—咸阳内部，**城市更新和新城建设可分别以西安的大明宫和西咸新区为典型案例**。大明宫遗址所在的西安市道北区曾是著名的棚户区，周边有大量的建筑物和居民户，基础设施和综合环境较差。在大遗址项目建设过程中，西安市在短短三年间拆除了占压遗址的建筑350万平方米，搬迁了2.5万户约10万人口和88家企事业单位，涉及巨额的人财物投入。西咸新区是国家级新区（大部分区域在西安和咸阳两市的建成区外），也是中国大遗址分布最为密集的地区。在国家文物局公布的“十二五”期间150处重点大遗址中，西咸新区就有秦咸阳城遗址、阿房宫遗址、丰镐遗址、汉长安城遗址、西汉帝陵等5处入选。

由于文化遗产资源的体量规模、地理位置、保护需要不同，大明宫和秦汉帝陵遗址对城市的经济社会影响也不同，具体体现在**发展方式、资金渠道和经济社会效益**上。**①在发展方式上**，大明宫遗址周边区域要解决的是城市更新问题，涉及的城市更新是“功能转换”的思路，旨在将不适宜城市发展的功能布局进行调整，重点在于妥善处理原有功能布局，这个发展任务按常规思路来操作显然代价高昂；西咸新区的新城建设则是“功能形成”的思路，旨在充分利用资源禀赋形成独具特色的城市功能布局，重点在于使土地开发和产业选择既适应遗址保护需要，又能带动区域发展。**②在资金渠道上**，由于周边土地开发价值较高，大明宫遗址能够充分运用市场手段来弥补大遗址保护和利用的资金缺口：企业作为运营主体，通过周边房地产溢价和带动关联产业增加值，来平衡征地拆迁安置、遗址建设、管理经费等大遗址保护投入。而西咸新区的大遗址多处于非建成区，土地开发价值不高，同时大遗址项目对周边土地利用方式和产业类型的限制又很大程度上阻碍了市场开发，因此难以通过市场渠道弥补遗址建设资金不足的问题。这种情况下建立稳定、规范的补偿性投入机制（如中央或省级财政的资金）成为新城建设的关键。**③在经济社会效益上**，大明宫遗址更多体现为较为全面的经济社会贡献：经济贡献表现为产生直接经营收入，还能促进房地产、文化产业、旅游业等关联产业的发展等；社会贡献则表现为具有教育、游憩、环境整治、居民就业等多重功能。而新城建设中的大遗址由于远离中心城区、发展刚刚起步，对周边的影响在短期内多体现为建设用地供给、土地利用方式、产业发展限制等负面影响，而对关联产业的带动作用和对社会发展的贡献还需要经历较长时间的发展才能逐步显现（见表主 3 - 1）。

表主 3 - 1　大遗址对城市更新和新城建设的影响对比分析

<table>
<tr><th>领域</th><th>目标</th><th>发展方式</th><th>资金渠道</th><th>经济社会效益</th><th>典型案例</th></tr>
<tr><td>城市更新</td><td rowspan="2">改善城市功能和生活品质</td><td>推动城市功能转换和功能疏解</td><td>有条件建立以市场渠道为主、政府渠道和社会渠道为辅的资金机制</td><td>经济社会贡献发挥全面</td><td>大明宫</td></tr>
<tr><td>新城建设</td><td>推动城市功能形成</td><td>以政府渠道为主、市场渠道和社会渠道为辅的资金机制</td><td>短期内以社会贡献为主，经济贡献短期内为负值</td><td>西咸新区</td></tr>
</table>

1.2　文化遗产对城市发展贡献的影响因素

文化遗产对城市发展的贡献，受到主体、客体两方面因素影响：主体指的是其自身价值、规模、各类遗产的组合度等；客体是从受益者受益角度而言的影响因素，包括文化遗产所在地的人口数量、结构，与文化遗产利用相关的基础设施、交通状况等。具体到文化遗产对城市发展的贡献，主要受以下三个因素影响。

第一，遗产价值、规模和组合度。遗产价值可粗略地分为文化价值和观赏价值。文化价值越高的遗产，越有潜力成为重要的城市文化平台，发挥文化教育的功能。观赏价值越高的遗产，越能够吸引更多居民参观，部分还能够成为热门的旅游景点。遗产规模决定了遗产是否有足够大的空间和体量承载较多的城市功能。遗产规模越大，其拥有的生态环境、基础设施、景观等要素越丰富，越能够在更多方面服务于城市发展和居民生活。

第二，文化遗产与城市和市民的空间关系。空间关系包括遗产位置、周边人口密度、交通设施便利度，直接决定了遗产对城市贡献的方式、范围和程度。位于城市建成区、人口密集乡镇的文化遗产，拥有较大的空间接触机会，即能在较小的时间、精力、金钱成本之下被较多的居民所接触。位于城市远郊地区、荒野地区的文化遗产，难以做出贡献，如辽宁牛河梁遗址、新疆荒野地区的大遗址等。

第三，与文化遗产利用相关的要素组合度。要素组合度是从利用角度看各类设施、遗产集聚、遗产开放条件等在同一个空间内的组合程度。主要包括交通设施、旅游服务设施、学校等的聚集度，也包括文化遗产的种类、所有制形式和事业平台的打造等因素。

表主3－2　部分文化遗产在城市发展中的贡献分类

文化遗产名称	文物价值和规模	空间关系	要素组合度	对城市发展的贡献
大明宫遗址公园	价值高、规模较大	大城市建成区、周边人口密度高	高	大
西安博物院	价值高、规模较大	大城市建成区、周边人口密度高	高	大
五陵塬	价值较高、规模大	国家级新区、周边人口密度中等	较高	较小，但潜力巨大
浙江良渚遗址	价值高、规模大	大城市近郊、周边人口密度较高	高	大
辽宁牛河梁遗址	价值高、规模大	偏远农业乡镇、周边人口密度较低	低	较小
新疆克孜尔千佛洞	价值高、规模中等	荒野、周边人口密度低	低	较小

根据以上三项指标的分类，西安博物院代表了文物价值和规模较大、空间关系较好、要素组合度较高的文化遗产类型，有潜力成为城市功能的重要组成部分，其发展经验对这类遗产具有借鉴意义。秦汉新城的五陵塬代表了文物本体价值和规模较大、空间关系极具潜力、要素组合度较高（拥有遗址、场馆和大面积绿地、森林景观）的文化遗产类型。尽管目前对城市发展的贡献较小，但只要技术路线设计合理、西咸新区相关的配套制度建设到位，秦汉新城有潜力在西咸新区发展乃至西安和咸阳的城市发展中做出较大的贡献。

1.3　文化遗产在城市更新中的作用

让文物活起来有多种方法，相对而言，这种活起来在乡村较易实现[①]。但在城市发展中让文物活起来，不仅可从空间上填补乡愁的空白，也能让文物在更多、更重要的领域全面体现自身的价值。尤其对于文化遗产资源丰富、价值较高的城市来说，让文物活起来的同时也就自然实现了城市更新。

1.3.1　城市更新的概念、目标和方式

城市更新是指对城市中已经不适应现代化城市社会生活的地区做必要的、有计划的改建活动[②]。发达国家的城市更新起源于二战后对不良住宅区的改造，随后逐渐扩展至对城市其他功能地区的改造，并将重点落在城市中土地使用功能需要转换的地区，如废弃的码头、仓储区和需要搬迁的铁路站场区、工业区等。城市更新的目标是解决影响甚至阻碍城市发展的问题。

相对于传统城镇化中“摊大饼”外延式的城市发展道路，城市更新是

① 这方面已有较多举措。例如，按照“望得见山、看得见水、记得住乡愁”的要求，2014 年起，国家文物局在全国选取了 270 个全国重点文物保护单位和省级文物保护单位集中成片的传统村落，计划用 3 年时间，统筹推进传统村落在遗产保护、民生改善、环境整治、产业培育等方面的工作，使其成为传统村落保护和利用的典范。

② 1958 年 8 月，在荷兰召开的第一次城市更新研讨会对城市更新做了有关的说明：生活在城市中的人，对于自己所居住的建筑物、周围的环境或出行、购物、娱乐及其他生活活动有各种不同的期望和不满；对于自己所居住房屋的修理改造，对于街道、公园、绿地和不良住宅区等环境的改善有及早施行的要求，对形成舒适的生活环境和美丽的市容抱有很大的希望。包括所有这些内容的城市建设活动都是城市更新。

一种追求内涵式发展的新型理念和模式。考虑到与文化遗产的结合，城市更新的主要方式有以下三种。

大遗址上的棚户区改造。快速城市化使人口向城市不断集聚，住宅难以满足发展需要，同时价格较高，在旧城区形成了大量处于社会中下阶层人口聚集的区域（包括棚户区和贫民窟）。这类区域的环境、基础设施配套、公共服务都相对较差，造成了居住分化和社会冲突问题。为此，不少城市开展的城市更新主要是以清除棚户区、改善居民居住条件为目标，这就是所谓的“旧城改造”。对中国分布在城市和城郊的大遗址来说，其较大规模的、统筹进行的保护和利用工作通常体现为旧城改造。大明宫是一个较为成功的案例，但在西安还有迄今仍问题重重的汉长安城遗址（36 平方公里）等。

小规模特色再开发。根据城市发展需要以及居民需求，进行土地的节约利用来增加更多的空间，以谨慎的、渐进的、以社区邻里更新为主要形式的小规模再开发为主，并不牵涉到大规模的街区（特别是居住用地）调整，如对小块土地或建筑物重新调整用途（将工业区、码头区转变为商业区等）。这方面比较著名的案例是日本的首都圈。1970 年后，东京都活力下降，为了重新吸引人口和要素集聚，东京通过城市更新改造来提升城市魅力。日本东京六本木的改造以及横滨 MM21 的建设是典型的例子。

以文化为内核的城市品质提升改造。本类改造是在发展非常成熟的城市内部。居民需要及社会发展需求对城市服务生活的要求进一步提高，城市更新比以往单纯以优化城市布局、改善基础设施为主的“旧城改造”，增加了更多、更广的内容，包括宜居改善、环境整治、经济振兴、旧城保护、魅力提升等。

城市更新是顺应新型城镇化发展规律的模式创新，是城市发展从“增量规划”走向“存量规划”的标志，是特大城市发展进入成熟阶段以后，破解城市发展空间不足、提升城市品质的重要手段。东京、伦敦等城市都进行了大规模的城市更新，有效地提升了城市发展水平。中国上海、深圳也出台了相关办法，推动城市更新。

1.3.2　文化遗产在城市更新中的作用——以西安为例

诸多城市的建成区内分布了大量的遗址。因此，城市更新和文化遗产保护必然存在着千丝万缕的联系。这类城市的更新还涉及棚户区改造、小规模再开发和城市品质提升三个方面。无论文化遗产保护的要求高还是城市更新的要求高，其目标是相同的，都是为了通过塑造一个富有特色的城市形象，通过改善城市的生活品质，去实现促进城市持续发展的共同目标。

要充分发挥文化遗产在城市更新中的作用，必须根据不同遗产的特点创新不同的利用方式。根据国内外经验，城市更新中文化遗产的利用方式一般可分为以下三种。

一是继续原有的用途。这是最有利于文物保护的利用方式。国外绝大多数宗教建筑、部分政府行政办公建筑和中国的古典园林都属于这一类型。

二是改变原有的用途。①作为博物馆使用。这种使用方式最为普遍，也是使其发挥效益的较好使用方式之一，如法国巴黎的罗浮宫博物馆。②作为学校、图书馆或其他各种文化、行政机构的办公用地。③作为旅游设施使用，对保护等级较低的文物，可作为旅馆、餐馆、公园及开放的游览景点使用，如法国巴黎的埃菲尔铁塔。

三是留作城市的空间标志。有些文物保护单位，由于各种原因不能或不宜继续具有具体的用途，但它却代表了城市发展历史中重要的阶段或事件，代表了某一时期的建筑艺术或技术成就。对这类文物应该维护其既有状况，保留作为城市的空间标志，时刻让人们感受到城市发展的历史脉络，也可作为纪念、凭吊、观光的场所，如中国北京前门箭楼和西安、平遥的城墙等。

以文化遗产与城市发展关系最为密切的西安为例，文化遗产在城市更新中发挥着重要作用。**①凸显城市特色和文化内涵**。“十三朝古都”“博物馆之城”已经成为西安的城市品牌形象，深入人心，其文化遗产的吸引力在国内外都发挥着深远的影响。**②带动关联产业发展**。文化遗产作为重要的旅游吸引物和文化资源，能够直接产生门票等经营收入，同时其保护维修能带动建筑业发展，其游览参观能带动旅游业、文化产业等新型产业的繁荣，其对文化氛围的提升效应还能提升周边土地价格升值和房地产增值。**③带动社会建设**。博物馆、大遗址项目、文物保护单位等是公共文化服务体系的重要组成部分，发挥着至关重要的教育功能。**④带动周边环境整治**。以大遗址项目建设为契机，能带动周边生态环境整治，改善生态环境。这四个方面，其实正是2012年蓝皮书中由时任国家文物局副局长董保华总结西安大遗址保护经验时提出的“四个好”（文物本体保护好、周边环境整治好、经济社会发展好、人民生活改善好）与新型城镇化的结合方式。

1.4　文化遗产在新城建设中的作用

1.4.1　国家级新区的发展目标及其与文化遗产的关系

国家级新区是新型城镇化战略中的重要载体，由国务院统一规划和审批其发展定位和目标，同时在辖区内实施特殊优惠政策，赋予其更大的管理权限，鼓励新区进行各项制度改革与创新的探索。在1992年10月上海浦东新区成立后，到2015年底国务院又先后批准设立了14个国家级新区。随着十八届三中全会《决定》的出台，中国进入全面深化改革的新时期，而国家级新区成为新一轮改革的实验区和先行区。从国家级新区的发展目标来看，新区的“新”主要体现在三方面：**①地域新**，国家级新区多位于非建成区和人口较少的地区，发展包袱小、空间大；**②机构新**，国家级新区管理通常是领导级别高配、行政区划整合和大部制架构，使统筹管理力度很强；**③机制新**，国务院明确要求新区所在省市必须下放省级权限，同时新区在税收、土地和重大项目审批等方面得到国家更多的政策支持。

国家级新区的发展目标与文化遗产事业息息相关。既然是国家级新区，必然要在包括文化遗产在内的各个发展领域成为其他地区的典型示范。随着文化遗产在新型城镇化战略中的地位凸显，探索文化遗产事业的新发展自然成为国家级新区重要的“新”。客观上，国家级新区在地域、机构和机制上的特点，为统筹解决文化遗产中的顽固问题带来了若干重要契机。**①“地域新”降低了文化遗产事业的发展包袱**。国家级新区内建成区面积小、人口较少，客观上文化遗产保护可能面临的包袱小，特别是在遗址区土地产权调整、征地拆迁方面压力较小。②**“机构新”保障了文化遗产事业的统筹力度**。新区内实行的行政区划整合和大部制改革，使政府对文化遗产在土地、政策、资金等领域的协调能力明显提升，提高了决策效率和资源集中度。③**“机制新”促进了文化遗产体制机制的改革**。国家级新区拥有更大的管理权限和改革创新自由度，更有条件探索文化遗产管理体制的改革创新，突破文化遗产领域面临的深层次制度障碍。

从应然角度而言，国家级新区范围内的文化遗产能够得到更加妥善的保护，也能够充分发挥其价值，而有文化遗产特色资源的国家级新区最有可能让文物部门“小局”带动全局并形成全局特色。

1.4.2　文化遗产在国家级新区发展中的作用——以西咸新区为例

西咸新区是国家设立的第七个国家级新区，与浦东新区等老牌新区相比，发展基础相对薄弱，缺乏创新经验，政策红利逐渐减弱。在此背景下，西咸新区只有依据特色资源，找准发展定位，大胆寻求发展模式创新，走特色化和差异化的发展道路，才能实现预期目标。**综合比较15个国家级新区，拥有数量较多、品质较高的文化遗产是西咸新区最大的特色**。因此，西咸新区要将文化遗产保护与形成特色结合起来，保护成果要体现为城镇化的特色发展。通俗来说，其发展模式是“保护好了，要见效益”。“保护好了”是要最大限度地保护好西咸新区的文化遗产特色。那么“能见效益”从哪些方面可以体现呢？从15个国家级新区横向比较来看，西咸新区有别于其他新区的效益可以从产业和资金渠道两个方面来体现。①**产业选择上，西咸新区有条件利用文化遗产发展新兴产业**。西咸新区作为唯一拥有数量众多、品质较高大遗址群的新区，也是新区中唯一有条件通过文化遗产来发展新兴产业（如文化产业、旅游产业）的新区，如何彰显和利用文化遗产的影响力应该是新区发展的重要内容。②**资金渠道上，西咸新区有可能获得国家生态性资金投入**。西咸新区作为文化与自然混合型的遗产地，可能获得两方面的国家投入：其一，国家生态补偿资金，财政部于2011年即颁布实施了《国家重点生态功能区转移支付办法》（财预〔2011〕428号），对限制开发区域和禁止开发区域实施转移支付优惠政策，另外西咸新区还是第一批全国生态文明先行示范区[①]；其二，国家公园建设专项资金，在国家公园建设日益加速的背景下，西咸新区中的秦汉新城将有条件纳入国家公园体系，获得国家公园建设相关专项资金。

2 文化遗产促进城市特色发展的主要思路和实现路径

2.1 文化遗产促进城市发展的主要思路

考虑文化遗产对城市发展两方面的影响，通过文化遗产促进城市特色发展，需要兴利除弊，形成城市特色空间（包括新区和街区）、特色产业和特色生活。具体的措施包括三方面：

第一，划定范围、做好规划。通过科学规划来划定保护和利用的范围是最重要的，也是兼顾保护和利用的措施。推动文化保护规划与国民经济和社会发展规划、城乡规划、土地利用规划、生态环境保护规划，实现“多规合一”，是科学规划的重要方向。“多规合一”不仅使文物保护的空间和强度要求获得其他法定规划的刚性支持，还使相关区域的城市发展“放开了手脚”——明晰了空间范围和管制要求后，其他方面的城市发展就没有了禁区，且周边区域可以突出什么样的文化特色、整合什么样的资源反而有了明晰的技术指导。

第二，组合资源、设定项目。使文化遗产的资源优势体现为产品优势并最终成为商品优势的，是形成资源组合优势。这不仅引导相关产业发展以体现经济效益，还使具有资源组合优势的城市文化平台全面体现社会效益。正如主题报告第二章中概括的那样，文化遗产可以组合升级成为多功能的城市文化平台。

① 国家发展和改革委员会等六部委于2014年评选公布。

第三，配套制度、扶持产业。要使文化遗产促进城市发展切实可行，还需要政府层面强化制度支撑，扶持相关产业发展。政府推进文化遗产保护相关的资金机制、土地管理制度、经营机制和干部绩效考核机制等方面的制度革新，充分适应文化遗产保护和利用的新要求；对于特殊地区，探索更深层次的改革试点，如国家公园体制试点区需要相关制度体现出大胆改革和“先行先试”的特点；对于文化遗产相关的特色产业发展区和高品位城市发展区，需要通过财税、投资、土地等手段扶持产业发展。

2.2　文化遗产促进城市发展的实现路径

与上述思路相对应，具体的实现路径，按先后顺序可总结为改造整合空间，打造综合平台，扶持特色产业，构建配套制度。西安博物院通过将周边地块合并，形成一定范围的园林式空间和展馆，并通过打造城市文化平台实现功能拓展，既属于旧城土地的再开发，又属于优势资源的整合和城市品质的提升。这是典型的依托文化平台的城市更新，在国内有相应条件的地方可以形成一种模式。西咸新区依托大遗址的城市副中心建设，则属于依托特色资源的新城发展模式。通过这两种模式的推广，国内相当数量的城市就能走出一条依托文化遗产资源的新型城镇化之路，在城市发展的同时留住乡愁、展现乡愁。

考虑到国内这样的实现路径仍然还是一种愿景，我们可从英国哈德良长城周边的城镇发展来看这些路径的具体实现形式。作为世界文化遗产的哈德良长城，其周边人口密度较高、土地权属大多不属于政府。事实上，这样规模较大的线性文化遗产，在与城市发展的关系上容易形成非此即彼的关系：如果不与周边形成互促式发展，必然就成为周边城镇发展的割裂带。在这种情况下，其改造空间采用了如下的方式[①]：①以解说战略促进遗产保护与社区发展，哈德良长城制定了解说战略，将遗产信息与其地理位置、景观、生

① 引自邓明艳、罗佳明《英国世界遗产保护利用与社区发展互动的启示——以哈德良长城为例》，《生态经济》2007 年第 12 期。

态环境等相关内容互相融合，同时对社区文化、社会民生、旅游设施等加以介绍，促使旅游者将遗产保护与社区发展主动关联起来；②确立了地方可持续发展的原则，通过哈德良长城旅游合作者组织对地方旅游项目的推广和营销，既满足公众游览长城的需要，又以旅游产业带动服务业发展，增加了地方的经济效益；③利用世界遗产的品牌促进社区发展，将遗产作为重要的城市品牌予以推广，有效提升了周边城市和乡村社区的知名度；④推动遗产保护融入乡村发展，政府通过实施一系列有利于遗产保护的乡村计划，如支持销售有遗产地特点的农产品、帮助建立各类农民市场、实施自愿土地管理计划将商品补贴转变为景观管理费等，鼓励当地居民成为遗产的保护者；⑤培养当地居民的认同感，管理机构十分重视居民参与遗产保护，如哈德良长城旅游合作者组织的“营销长城”项目促使当地社区和学校参与到遗产社区艺术项目中来，以合作开展遗产主题舞台剧的形式，培养居民的认同感，同时政府鼓励当地居民参与考古项目和地方解说计划；⑥为地方提供教育机会，哈德良长城发展了一系列教育和信息项目，依托遗产为当地儿童和青少年提供了艺术、科学、地理、音乐等各类课程，开发了哈德良长城网络，为学校提供在线教育信息；⑦建立各类协调机构处理遗产保护与社区发展关系，当地成立了各类协调机构，负责处理因产权复杂、利益群体众多导致的保护问题，如由 30 多个私人和公共机构组成的哈德良长城咨询委员会为遗产保护制定统一的政策框架，哈德良长城管理规划委员会处理相关管理问题，哈德良长城旅游合作者组织负责协调旅游活动，开发和建设旅游资源。

哈德良长城将遗址保护与社区发展紧密结合，形成良性互动，这为中国现阶段解决遗产和社区相分离的问题提供了具体路径的经验借鉴。①必须坚持遗产保护和利用与社区发展相结合，这是解决遗产保护问题的重要原则。很多遗产景区奉行简单粗暴的征地拆迁办法，造成了遗产与社区相分离、遗产保护难度大等问题。哈德良长城的经验充分说明寻找与社区发展的利益关联点，将遗产从包袱变成城市发展的优质资源，将“害城”变成“金城”“银城”，是遗产保护的最佳方向。具体而言，通过规划设计包含周边社区的旅游项目和线路，鼓励和推销带有遗产特点的农业、旅游、创意产品，能有效带动地方产业的发展。②建立各类协调机构是关键。目前，各部门多头管理、分割管理的格局尚未根本改变，遗产与社区之间的协调机制较为欠缺。借鉴哈德良长城的经验，结合中国国情，可以一方面鼓励建立跨部门的遗产管理机构，或鼓励遗产管理机构增设社区发展职能；另一方面鼓励民间组织、市场主体成立各类社会组织，发挥沟通协调、监督监测、决策咨询的作用。③培养居民的认同感是根本途径。居民的认同感是决定社会参与遗产保护的范围和效果的根本，应主动开展丰富的保护计划、社会教育、文化活动等，多管齐下培养居民对遗产价值的认知和认同。借鉴哈德良长城解说战略，可通过制订解说计划，将遗产文化的传播、保护和社区发展联系起来，吸纳居民参与，最大限度地激发社会积极性。

2.3　文化遗产对城市发展可能造成的约束

文化遗产对城市发展可能造成的约束主要有两个方面。

第一，造成用地数量方式和强度限制。文化遗产的保护区域和建控地带减少了可开发利用的土地面积；在大遗址密集分布的区域，破坏了土地连片利用的完整性，产业开发难以在土地上实现集聚规模效应；在土地性质等方面受到保护规划的约束，难以成为工业用地和建设用地。以秦汉新城为例，遗址的存在对秦汉新城造成了较多的用地限制，302.2 平方公里中有超过三分之一的面积属于遗址区非建设用地（严格保护范围），难以实现常规的开发利用。除了这种直接的用地限制外，还可能对建设用地造成容积率限制。一般而言，在文物保护控制地带内的建筑高度不得高于文物建筑，对周边建筑的容积率会有一定的限制，同时建筑风貌应当与文物本体相协调。如，北京市在文物保护单位附近划定了非建设地带、可保留平方地带、允许建筑高度 9 米以下地带、允许建筑高度 18 米以下地带、特殊控制地带 5 类建设控制地带，对每一类都做出了高度和风貌的限制要求。

第二，造成产业发展限制。部分传统产业容易对文物及生态环境造成永久性破坏，这部分产业将受到相关法律法规的严格限制，对大型基础设施要求较高的产业也难以在文物周边布局。以秦汉新城为例，传统优势产业如重化工、机械制造等难以落地，同时秦汉新城难以在大型基础设施（如高速路、交通枢纽）上实现突破。这导致新城内难以发展对交通、物流要求较高的第三产业，如大型批发市场等。

3　文化遗产如何破除发展约束促进新城建设——以秦汉新城为例

以秦汉新城为例，系统分析文化遗产如何消除小范围的、暂时性的负面影响，在新区建设上体现全方位的、长远发展的效益，这对于国家级新区因地制宜的特色发展，有两方面借鉴作用：①通过全面规划、合理布局、特色发展，在依法保护的前提下完成文化遗产“资源—产品—商品”的升级，实现“保护好了，要见效益”，能够真正实现“四个好”（文物本体保护好、周边环境整治好、经济社会发展好、人民生活改善好）；②推动制度改革，国家级新区的特色发展需要制度改革来指引方向、保驾护航，涉及国家公园体制建设、自然资源资产产权制度改革、领导干部环保责任终身追究制度等领域的全方位改革，这样的新区也会因为改革而“新”，这使秦汉新城的发展方式具备可推广性。

3.1　现阶段文化遗产在新区建设中的效益体现

无论是实现后发赶超还是响应上级号召，如何实现文化遗产“保护好了，要见效益”，是西咸新区需要考虑的核心问题。效益体现在产业选择和资金渠道两个方面。但在目前规划建设的实际目标中，西咸新区并没有凸显在产业选择和资金渠道上的两方面优势。**①产业选择上，没有充分利用文化遗产特色，也没有体现新型城镇化的发展方向**。西咸新区在实际发展上仍然延续传统城镇化模式，以工业化为动力：在西咸新区所规划发展的产业中，主要发展高新技术、先进装备制造业、临空产业、仓储物流业等产业类型，这些产业在15个国家级新区发展中存在着较为严重的同质化竞争，而以文化遗产和生态环境为特色的生态文化旅游业的地位并不突出。工业化为动力伴随着土地城镇化的过程，反而增加了文化遗产破坏的风险，遗址资源被产业用地、城乡住宅、交通设施挤占的现象十分明显，并没有“保护好”。**②资金渠道上，目前的资金渠道不完善，难以突破强调经济发展的老路**。西咸新区资金渠道上仍然以产业投资为主，国家对其作为特殊功能区的补偿渠道没有建立起来。这导致新区发展难以突破强调经济和产业发展的老路，省市各级政府纷纷在基础设施建设、招商引资、产业项目上加大投入，强化以经济指标为主的考核机制。这种氛围下，文化遗产和生态环境优势难以凸显，资金渠道难以“见效益”。

3.2　文化遗产对新区发展的负面影响及测算

西咸新区秦汉新城要实现“保护好了，要见效益”的建设目标，首先要明确**文化遗产从哪些方面对西咸新区造成了暂时的、小范围的负面影响**。明晰这些影响后，通过资金补偿、政策补偿等“化害为利”的措施，才可能从操作层面**“先知禁区、再造新区”，走出一条适合西咸新区的发展道路**。

3.2.1　文化遗产对秦汉新城发展造成的障碍及保护产生的成本

在秦汉新城发展起步阶段，文化遗产对区域国民经济发展的正面贡献还未充分体现出来。但文化遗产保护尤其是大遗址保护，会对较大面积的区域产生禁止破土、挖深限制和动土申报等方面的管制行为。这样，对地方政府来说，处理保护与发展的关系时，首先要明晰文化遗产保护给新城发展可能带来的暂时的、小范围的负面影响。文化遗产对西咸新区客观上造成了两方面的发展障碍，以文化遗产集中分布的秦汉新城组团为例进行说明：

（1）造成用地限制，即减少了产业和城市发展空间

秦汉新城的区划面积为302.2平方公里，是西咸新区五个新城中最大的，但是大量且广泛分布的遗址使其可开发利用的土地面积并不多。首先，大遗址本地占地面积大，同时因为周边大量的土地划入建筑控制地带，难以实现开发利用；其次，大遗址密集分布、分割土地，破坏了土地连片利用的完整性，产业开发难以在土地上实现集聚规模效应；最后，在土地性质等方面受到秦汉帝陵保护的约束，多处区位条件较好的地块在规划中难以成为工业用地和城市建设用地。遗址的存在对秦汉新城造成了较多的用地限制，302.2 平方公里中有超过三分之一的面积属于遗址区非建设用地，难以实现常规的开发利用。

（2）造成产业限制，即可能提高产业发展的机会成本

西咸新区诸多传统产业属于“三高”型产业，如重化工业、装备制造等，极容易对遗址区的文物、生态环境造成永久性破坏，这部分产业将受到相关法律法规的严格限制，难以在秦汉新城落地。同时，由于遗址区对用地的限制，秦汉新城难以在大型基础设施（如高速路、交通枢纽）上实现突破，这导致新城内难以发展对交通、物流要求较高的第三产业，如大型批发市场等。遗址区对产业的限制使秦汉新城难以像其他新城一样，通过布局传统的优势产业来获得快速发展，必须在产业谋划上探索全新的道路。

另外，还会产生两方面的保护费用：①在文化遗产保护中，在大遗址的某些重点保护区，必须搬迁人口及地上附着物，这就涉及征地拆迁、居民安置的费用；②为了保护文化遗产，需支付人力成本（如支付给业余文保员的补贴）。这些，从管理者角度来说，也是负面经济影响。

3.2.2 负面影响测算方法及测算结果

用地限制直接影响产业和城市发展空间，产业限制则意味着保护的机会成本，这些负面影响必须准确测算出来并区分事权范围，才可能从不同的资金渠道和政策渠道获得相应的补偿。测算方法和结果主要包括以下三个方面。

（1）于保护所必需的征地拆迁、移坟迁墓和居民安置过程中耗费的成本

根据年度的征地拆迁计划，计算出需要征地拆迁的量，结合当地所制定的征拆补偿标准（具体方法详见技术报告第三章）测算得出，**2014 年度征地拆迁、移坟迁墓和居民安置过程中耗费的成本约为 5 亿元。**

（2）由于保护对土地用途管制导致农业发展的机会成本

大遗址对周边土地实施限耕限挖，会导致部分农业生产方式难以发展。

同时，不同等级的保护区域对土地利用的限制程度不同，应该按照不同的系数进行折算——禁止破土区按 1.0 折减、挖深限制区按 0.5 折减、动土申报区按 0.1 折减。**最终得到重点保护区内的机会成本为 6803.6 万元，一般保护区和建设控制地带的机会成本为 700.8 万元，机会成本总和为 7504.4 万元。**

（3）大遗址保护对产业用地的限制所产生的机会成本

秦汉新城产业规划中涉及的各类用地面积：**工业用地 7.861 平方公里、住宅用地 11.82 平方公里、商业用地 4.237 平方公里**。通过与咸阳市中心城区建设用地比重的比较，大致测算秦汉新城各类用地的减损情况，然后按照各类用地的平均产值作为标准测算产业发展的机会成本。**测算得出秦汉新城因大遗址保护而产生的产业机会成本为 1064.6 亿元，其中工业成本 126.2 亿元、房地产业成本 633.4 亿元、商业用地成本 305 亿元。**

3.3　秦汉新城实现特色发展的改革路径和制度创新

从破解限制考虑，秦汉新城的发展亟须创新。**基于区位和资源特色，秦汉新城未来发展可以有三方面的创新：第一，从“保护好”的角度，构建国家公园体制试点区，促使遗产管理模式向国家公园转化；第二，从“见效益”的角度，发展文化和生态优势发展特色产业；第三，从功能升级的角度，依托国家级新区建设打造具有文化遗产特色的城市副中心。**

3.3.1　推动大遗址集中分布区域向国家公园体制转化

秦汉新城发展必须首先考虑遗址如何“保护好”的问题。秦汉新城是典型的遗产地和生态结合较好的地区。这类混合遗产地面临的共性问题是缺乏顶层设计，在各地政府以块状管理为主的体制下，其管理并未充分考虑资源性质和遗产使命上差异，难以实现统筹和规范管理。条块分割、多头管理导致遗产产权主体不明确，很多遗产地缺乏有必要权属且专职的公益性机构行使权能，造成一地多牌多主、各据一方的现象。同时，部门利益常常超越公益性。管理不健全，遗产地也难以构建完善的资金机制、经营机制、监督机制，遗产的主要功能难以充分发挥。

国家公园是国内外公认的解决混合遗产地管理和发展问题的最佳模式。随着中国国家公园体制建设的深入，秦汉新城的遗产管理向国家公园转化也有了试点基础。国家发改委等13部委共同颁发的《建立国家公园体制试点方案》确定了北京、吉林、黑龙江、浙江、福建、湖北、湖南、云南、青海共9个国家公园体制试点省（市），要求每个试点省（市）选取1个区域开展试点。2015年3月，国家发改委又发布了《建立国家公园体制试点2015年工作要点》及《国家公园体制试点区试点实施方案大纲》。首批国家公园体制试点区域如何选择、如何建立已经有了明确的规范，标志着国家公园体制的建立开始启动。

基于此，可以明确秦汉新城遗产管理向国家公园转化路径：争取设立国家公园体制试点区，建立统筹力度较强的管理机构对各类遗产进行综合管理，省级政府保障其经费来源，将来向国家公园管理机构对接；构建多元化的资金投入渠道，政府规范专项资金的使用办法，同时设立国家公园建设基金，合理利用国家公园有形和无形资源探索特许经营、金融债券、社会捐助等多种方式，解决资金问题；构建社会多元参与、透明公开的监督机制，健全监督反馈机制。

3.3.2 以特色产业助推新区产业结构升级

对西咸新区大遗址经济社会贡献的测算表明，**大遗址显著提升了周边环境品位，间接促进了高新技术、总部经济、商务办公等以高层次人才为核心的产业类型，同时直接推动了房地产业、文化产业、旅游产业、生态观光农业等产业的发展**。秦汉新城要重点发展以上类型的产业，在不适合发展的产业项目上严格把关、禁止准入，才能将遗产资源优势充分发挥出来。

在秦汉新城各项适合的产业类型中，最有潜力的产业是旅游业。文化遗产只是一种资源，要使其从资源转化为市场需要的产品再到商品，需要“加工”：只有通过文物旅游等方式，在依法保护的基础上对文化遗产进行“加工”，才能使文化遗产中的文化融入国民的文化生活。2013年蓝皮书阐述了文物旅游与一般旅游业态相比的特殊性：文物旅游活动是以产业而非事业的方式进行，既要符合文化遗产事业的政策法规，又要符合旅游产业的基本

社长致辞

我们是图书出版者，更是人文社会科学内容资源供应商；

我们背靠中国社会科学院，面向中国与世界人文社会科学界，坚持为人文社会科学的繁荣与发展服务；

我们精心打造权威信息资源整合平台，坚持为中国经济与社会的繁荣与发展提供决策咨询服务；

我们以读者定位自身，立志让爱书人读到好书，让求知者获得知识；

我们精心编辑、设计每一本好书以形成品牌张力，以优秀的品牌形象服务读者，开拓市场；

我们始终坚持“创社科经典，出传世文献”的经营理念，坚持“权威、前沿、原创”的产品特色；

我们“以人为本”，提倡阳光下创业，员工与企业共享发展之成果；

我们立足于现实，认真对待我们的优势、劣势，我们更着眼于未来，以不断的学习与创新适应不断变化的世界，以不断的努力提升自己的实力；

我们愿与社会各界友好合作，共享人文社会科学发展之成果，共同推动中国学术出版乃至内容产业的繁荣与发展。

社会科学文献出版社社长

中国社会学会秘书长

谢寿光

2016年1月

社会科学文献出版社
SOCIAL SCIENCES ACADEMIC PRESS (CHINA)

社会科学文献出版社成立于1985年，是直属于中国社会科学院的人文社会科学专业学术出版机构。

成立以来，特别是1998年实施第二次创业以来，依托于中国社会科学院丰厚的学术出版和专家学者两大资源，坚持“创社科经典，出传世文献”的出版理念和“权威、前沿、原创”的产品定位，社科文献立足内涵式发展道路，从战略层面推动学术出版五大能力建设，逐步走上了智库产品与专业学术成果系列化、规模化、数字化、国际化、市场化发展的经营道路。

先后策划出版了著名的图书品牌和学术品牌“皮书”系列、“列国志”、“社科文献精品译库”、“全球化译丛”、“全面深化改革研究书系”、“近世中国”、“甲骨文”、“中国史话”等一大批既有学术影响又有市场价值的系列图书，形成了较强的学术出版能力和资源整合能力。2015年社科文献出版社发稿5.5亿字，出版图书约2000种，承印发行中国社科院院属期刊74种，在多项指标上都实现了较大幅度的增长。

凭借着雄厚的出版资源整合能力，社科文献出版社长期以来一直致力于从内容资源和数字平台两个方面实现传统出版的再造，并先后推出了皮书数据库、列国志数据库、“一带一路”数据库、中国田野调查数据库、台湾大陆同乡会数据库等一系列数字产品。数字出版已经初步形成了产品设计、内容开发、编辑标引、产品运营、技术支持、营销推广等全流程体系。

在国内原创著作、国外名家经典著作大量出版，数字出版突飞猛进的同时，社科文献出版社从构建国际话语体系的角度推动学术出版国际化。先后与斯普林格、博睿、牛津、剑桥等十余家国际出版机构合作面向海外推出了“皮书系列”“改革开放30年研究书系”“中国梦与中国发展道路研究丛书”“全面深化改革研究书系”等一系列在世界范围内引起强烈反响的作品；并持续致力于中国学术出版走出去，组织学者和编辑参加国际书展，筹办国际性学术研讨会，向世界展示中国学者的学术水平和研究成果。

此外，社科文献出版社充分利用网络媒体平台，积极与中央和地方各类媒体合作，并联合大型书店、学术书店、机场书店、网络书店、图书馆，逐步构建起了强大的学术图书内容传播平台。学术图书的媒体曝光率居全国之首，图书馆藏率居于全国出版机构前十位。

上述诸多成绩的取得，有赖于一支以年轻的博士、硕士为主体，一批从中国社科院刚退出科研一线的各学科专家为支撑的300多位高素质的编辑、出版和营销队伍，为我们实现学术立社，以学术品位、学术价值来实现经济效益和社会效益这样一个目标的共同努力。

作为已经开启第三次创业梦想的人文社会科学学术出版机构，我们将以改革发展为动力，以学术资源建设为中心，以构建智慧型出版社为主线，以“整合、专业、分类、协同、持续”为各项工作指导原则，全力推进出版社数字化转型，坚定不移地走专业化、数字化、国际化发展道路，全面提升出版社核心竞争力，为实现“社科文献梦”奠定坚实基础。

经 济 类

经济类皮书涵盖宏观经济、城市经济、大区域经济，
提供权威、前沿的分析与预测

经济蓝皮书

2016年中国经济形势分析与预测

李 扬/主编　　2015年12月出版　　定价:79.00元

◆　本书为总理基金项目，由著名经济学家李扬领衔，联合中国社会科学院等数十家科研机构、国家部委和高等院校的专家共同撰写，系统分析了2015年的中国经济形势并预测2016年我国经济运行情况。

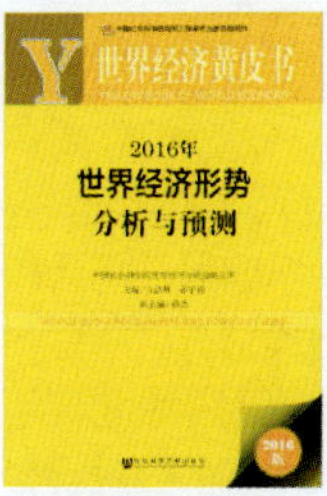

世界经济黄皮书

2016年世界经济形势分析与预测

王洛林　张宇燕/主编　　2015年12月出版　　定价:79.00元

◆　本书由中国社会科学院世界经济与政治研究所的研究团队撰写，2015年世界经济增长继续放缓，增长格局也继续分化，发达经济体与新兴经济体之间的增长差距进一步收窄。2016年世界经济增长形势不容乐观。

产业蓝皮书

中国产业竞争力报告（2016）NO.6

张其仔/主编　　2016年12月出版　　定价:98.00元

◆　本书由中国社会科学院工业经济研究所研究团队在深入实际、调查研究的基础上完成。通过运用丰富的数据资料和最新的测评指标，从学术性、系统性、预测性上分析了2015年中国产业竞争力，并对未来发展趋势进行了预测。

G20 国家创新竞争力黄皮书

二十国集团（G20）国家创新竞争力发展报告（2016）

李建平　李闽榕　赵新力 / 主编　　2016 年 11 月出版　估价 :138.00 元

◆　本报告在充分借鉴国内外研究者的相关研究成果的基础上，紧密跟踪技术经济学、竞争力经济学、计量经济学等学科的最新研究动态，深入分析 G20 国家创新竞争力的发展水平、变化特征、内在动因及未来趋势，同时构建了 G20 国家创新竞争力指标体系及数学模型。

国际城市蓝皮书

国际城市发展报告（2016）

屠启宇 / 主编　　2016 年 2 月出版　　定价 :79.00 元

◆　本书作者以上海社会科学院从事国际城市研究的学者团队为核心，汇集同济大学、华东师范大学、复旦大学、上海交通大学、南京大学、浙江大学相关城市研究专业学者。立足动态跟踪介绍国际城市发展实践中，最新出现的重大战略、重大理念、重大项目、重大报告和最佳案例。

金融蓝皮书

中国金融发展报告（2016）

李　扬　王国刚 / 主编　2015 年 12 月出版　定价 :79.00 元

◆　本书由中国社会科学院金融研究所组织编写，概括和分析了 2015 年中国金融发展和运行中的各方面情况，研讨和评论了 2015 年发生的主要金融事件。本书由业内专家和青年精英联合编著，有利于读者了解掌握 2015 年中国的金融状况，把握 2016 年中国金融的走势。

农村绿皮书

中国农村经济形势分析与预测（2015 ~ 2016）

魏后凯　杜志雄　黄秉信 / 主编　　2016 年 4 月出版　定价 :79.00 元

◆　本书描述了 2015 年中国农业农村经济发展的一些主要指标和变化，以及对 2016 年中国农业农村经济形势的一些展望和预测。

西部蓝皮书

中国西部发展报告（2016）

姚慧琴　徐璋勇 / 主编　　2016 年 8 月出版　　估价 :89.00 元

◆　本书由西北大学中国西部经济发展研究中心主编，汇集了源自西部本土以及国内研究西部问题的权威专家的第一手资料，对国家实施西部大开发战略进行年度动态跟踪，并对 2016 年西部经济、社会发展态势进行预测和展望。

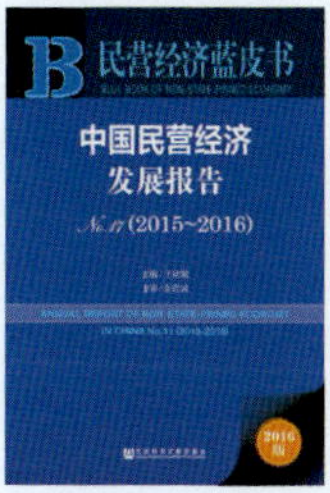

民营经济蓝皮书

中国民营经济发展报告 NO.12（2015 ~ 2016）

王钦敏 / 主编　2016 年 8 月出版　估价 :75.00 元

◆　本书是中国工商联课题组的研究成果，对 2015 年度中国民营经济的发展现状、趋势进行了详细的论述，并提出了合理的建议。是广大民营企业进行政策咨询、科学决策和理论创新的重要参考资料，也是理论工作者进行理论研究的重要参考资料。

经济蓝皮书夏季号

中国经济增长报告（2015 ~ 2016）

李　扬 / 主编　2016 年 8 月出版　估价 :69.00 元

◆　中国经济增长报告主要探讨 2015~2016 年中国经济增长问题，以专业视角解读中国经济增长，力求将其打造成一个研究中国经济增长、服务宏微观各级决策的周期性、权威性读物。

中三角蓝皮书

长江中游城市群发展报告（2016）

秦尊文 / 主编　2016 年 10 月出版　估价 :69.00 元

◆　本书是湘鄂赣皖四省专家学者共同研究的成果，从不同角度、不同方位记录和研究长江中游城市群一体化，提出对策措施，以期为将“中三角”打造成为继珠三角、长三角、京津冀之后中国经济增长第四极奉献学术界的聪明才智。

社会政法类

社会政法类皮书聚焦社会发展领域的热点、难点问题，
提供权威、原创的资讯与视点

社会蓝皮书

2016 年中国社会形势分析与预测

李培林　陈光金　张　翼 / 主编　2015 年 12 月出版　定价 :79.00 元

◆　本书由中国社会科学院社会学研究所组织研究机构专家、高校学者和政府研究人员撰写，聚焦当下社会热点，对 2015 年中国社会发展的各个方面内容进行了权威解读，同时对 2016 年社会形势发展趋势进行了预测。

法治蓝皮书

中国法治发展报告 NO.14（2016）

李　林　田　禾 / 主编　　2016 年 3 月出版　　定价 :118.00 元

◆　本年度法治蓝皮书回顾总结了 2015 年度中国法治发展取得的成就和存在的不足，并对 2016 年中国法治发展形势进行了预测和展望。

反腐倡廉蓝皮书

中国反腐倡廉建设报告 NO.6

李秋芳　张英伟 / 主编　2017 年 1 月出版　　估价 :79.00 元

◆　本书抓住了若干社会热点和焦点问题，全面反映了新时期新阶段中国反腐倡廉面对的严峻局面，以及中国共产党反腐倡廉建设的新实践新成果。根据实地调研、问卷调查和舆情分析，梳理了当下社会普遍关注的与反腐败密切相关的热点问题。

生态城市绿皮书

中国生态城市建设发展报告（2016）

刘举科　孙伟平　胡文臻 / 主编　2016 年 9 月出版　估价 :148.00 元

◆　报告以绿色发展、循环经济、低碳生活、民生宜居为理念，以更新民众观念、提供决策咨询、指导工程实践、引领绿色发展为宗旨，试图探索一条具有中国特色的城市生态文明建设新路。

公共服务蓝皮书

中国城市基本公共服务力评价（2016）

钟　君　吴正杲 / 主编　2016 年 12 月出版　估价 :79.00 元

◆　中国社会科学院经济与社会建设研究室与华图政信调查组成联合课题组，从 2010 年开始对基本公共服务力进行研究，研创了基本公共服务力评价指标体系，为政府考核公共服务与社会管理工作提供了理论工具。

教育蓝皮书

中国教育发展报告（2016）

杨东平 / 主编　2016 年 4 月出版　定价 :79.00 元

◆　本书由国内的中青年教育专家合作研究撰写。深度剖析 2015 年中国教育的热点话题，并对当下中国教育中出现的问题提出对策建议。

生态文明绿皮书

中国省域生态文明建设评价报告（ECI 2016）

严耕 / 主编　2016 年 12 月出版　估价 :85.00 元

◆　本书基于国家最新发布的权威数据，对我国的生态文明建设状况进行科学评价，并开展相应的深度分析，结合中央的政策方针和各省的具体情况，为生态文明建设推进，提出针对性的政策建议。

行业报告类

行业报告类皮书立足重点行业、新兴行业领域，
提供及时、前瞻的数据与信息

房地产蓝皮书

中国房地产发展报告 NO.13（2016）

李春华　王业强 / 主编　　2016 年 5 月出版　　定价 :89.00 元

◆　蓝皮书秉承客观公正、科学中立的宗旨和原则，追踪 2015 年我国房地产市场最新资讯，深度分析，剖析因果，谋划对策，并对 2016 年房地产发展趋势进行了展望。

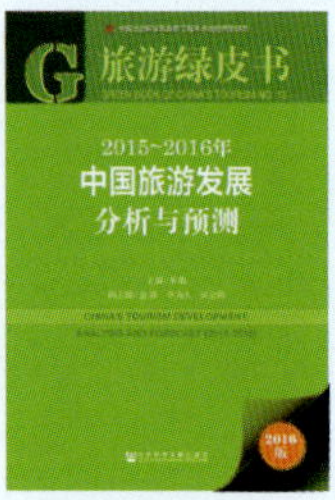

旅游绿皮书

2015 ~ 2016 年中国旅游发展分析与预测

宋　瑞 / 主编　　2016 年 4 出版　　定价 :89.00 元

◆　本书是中国社会科学院旅游研究中心组织相关专家编写的年度研究报告，对 2015 年旅游行业的热点问题进行了全面的综述并提出专业性建议，并对 2016 年中国旅游的发展趋势进行展望。

互联网金融蓝皮书

中国互联网金融发展报告（2016）

李东荣 / 主编　　2016 年 8 月出版　　估价 :79.00 元

◆　近年来，许多基于互联网的金融服务模式应运而生并对传统金融业产生了深刻的影响和巨大的冲击，"互联网金融"成为社会各界关注的焦点。 本书探析了 2015 年互联网金融的特点和 2016 年互联网金融的发展方向和亮点。

资产管理蓝皮书

中国资产管理行业发展报告（2016）

智信资产管理研究院 / 编著　　2016 年 6 月出版　　定价 :89.00 元

◆　中国资产管理行业刚刚兴起，未来将成为中国金融市场最有看点的行业，也会成为快速发展壮大的行业。本书主要分析了 2015 年度资产管理行业的发展情况，同时对资产管理行业的未来发展做出科学的预测。

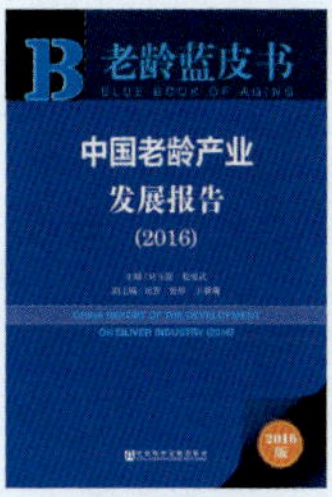

老龄蓝皮书

中国老龄产业发展报告（2016）

吴玉韶　党俊武 / 编著

2016 年 9 月出版　估价 :79.00 元

◆　本书着眼于对中国老龄产业的发展给予系统介绍，深入解析，并对未来发展趋势进行预测和展望，力求从不同视角、不同层面全面剖析中国老龄产业发展的现状、取得的成绩、存在的问题以及重点、难点等。

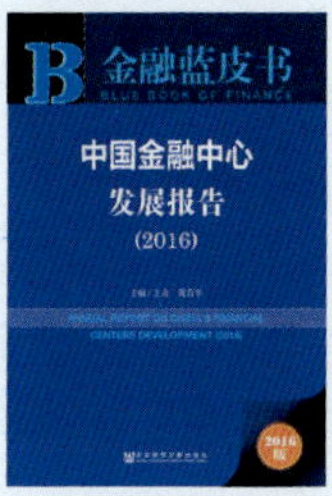

金融蓝皮书

中国金融中心发展报告（2016）

王　力　黄育华 / 编著　　2017 年 11 月出版　　估价 :75.00 元

◆　本报告将提升中国金融中心城市的金融竞争力作为研究主线，全面、系统、连续地反映和研究中国金融中心城市发展和改革的最新进展，展示金融中心理论研究的最新成果。

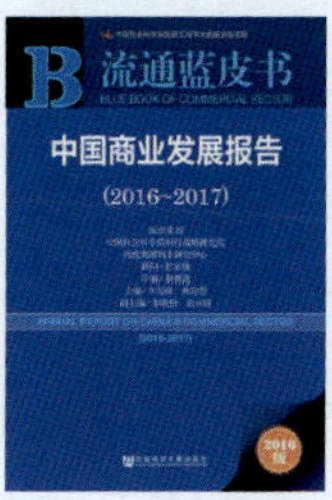

流通蓝皮书

中国商业发展报告（2016~2017）

王雪峰　林诗慧 / 主编　2016 年 7 月出版　　定价 :89.00 元

◆　本书是中国社会科学院财经院与利丰研究中心合作的成果，从关注中国宏观经济出发，突出了中国流通业的宏观背景，详细分析了批发业、零售业、物流业、餐饮产业与电子商务等产业发展状况。

国别与地区类

国别与地区类皮书关注全球重点国家与地区，
提供全面、独特的解读与研究

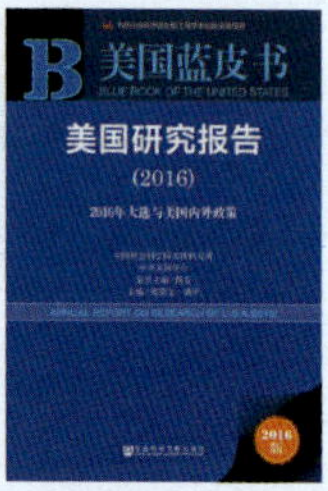

美国蓝皮书

美国研究报告（2016）

郑秉文　黄　平 / 主编　2016 年 5 月出版　定价 :89.00 元

◆　本书是由中国社会科学院美国所主持完成的研究成果，它回顾了美国 2015 年的经济、政治形势与外交战略，对 2016 年以来美国内政外交发生的重大事件以及重要政策进行了较为全面的回顾和梳理。

拉美黄皮书

拉丁美洲和加勒比发展报告（2015~2016）

吴白乙 / 主编　2016 年 6 月出版　定价 :89.00 元

◆　本书对 2015 年拉丁美洲和加勒比地区诸国的政治、经济、社会、外交等方面的发展情况做了系统介绍，对该地区相关国家的热点及焦点问题进行了总结和分析，并在此基础上对该地区各国 2016 年的发展前景做出预测。

日本经济蓝皮书

日本经济与中日经贸关系研究报告（2016）

张季风 / 主编　2016 年 5 月出版　定价 :89.00 元

◆　本书系统、详细地介绍了 2015 年日本经济以及中日经贸关系发展情况，在进行了大量数据分析的基础上，对 2016 年日本经济以及中日经贸关系的大致发展趋势进行了分析与预测。

俄罗斯黄皮书

俄罗斯发展报告（2016）

李永全 / 编著　2016 年 7 月出版　定价 :89.00 元

◆　本书系统介绍了 2015 年俄罗斯经济政治情况，并对 2015 年该地区发生的焦点、热点问题进行了分析与回顾；在此基础上，对该地区 2016 年的发展前景进行了预测。

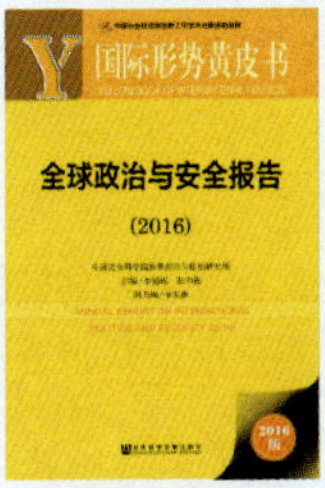

国际形势黄皮书

全球政治与安全报告（2016）

李慎明　张宇燕 / 主编　2015 年 12 月出版　定价 :69.00 元

◆　本书旨在对本年度全球政治及安全形势的总体情况、热点问题及变化趋势进行回顾与分析，并提出一定的预测及对策建议。作者通过事实梳理、数据分析、政策分析等途径，阐释了本年度国际关系及全球安全形势的基本特点，并在此基础上提出了具有启示意义的前瞻性结论。

德国蓝皮书

德国发展报告（2016）

郑春荣 / 主编　2016 年 6 月出版　定价 :79.00 元

◆　本报告由同济大学德国研究所组织编撰，由该领域的专家学者对德国的政治、经济、社会文化、外交等方面的形势发展情况，进行全面的阐述与分析。

中东黄皮书

中东发展报告 NO.18（2015 ~ 2016）

杨光 / 主编　2016 年 10 月出版　估价 :89.00 元

◆　报告回顾和分析了一年来多以来中东地区政治经济局势的新发展，为跟踪中东地区的市场变化和中东研究学科的研究前沿，提供了全面扎实的信息。

地方发展类

地方发展类皮书关注中国各省份、经济区域，
提供科学、多元的预判与资政信息

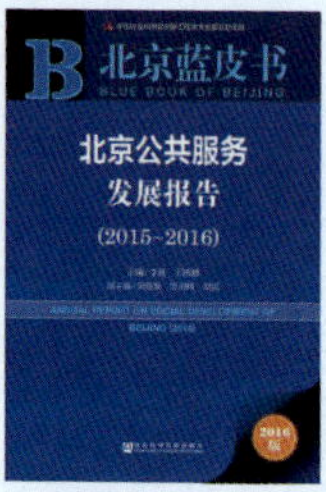

北京蓝皮书

北京公共服务发展报告（2015~2016）

施昌奎 / 主编　　2016 年 2 月出版　定价 :79.00 元

◆　本书是由北京市政府职能部门的领导、首都著名高校的教授、知名研究机构的专家共同完成的关于北京市公共服务发展与创新的研究成果。

河南蓝皮书

河南经济发展报告（2016）

河南省社会科学院 / 编著　　2016 年 3 月出版　定价 :79.00 元

◆　本书以国内外经济发展环境和走向为背景，主要分析当前河南经济形势，预测未来发展趋势，全面反映河南经济发展的最新动态、热点和问题，为地方经济发展和领导决策提供参考。

京津冀蓝皮书

京津冀发展报告（2016）

文　魁　祝尔娟 / 等著　　2016 年 4 月出版　定价 :89.00 元

◆　京津冀协同发展作为重大的国家战略，已进入顶层设计、制度创新和全面推进的新阶段。本书以问题为导向，围绕京津冀发展中的重要领域和重大问题，研究如何推进京津冀协同发展。

文化传媒类

文化传媒类皮书透视文化领域、文化产业，
探索文化大繁荣、大发展的路径

新媒体蓝皮书

中国新媒体发展报告 NO.7（2016）

唐绪军 / 主编　　2016 年 6 月出版　　定价 :79.00 元

◆　本书是由中国社会科学院新闻与传播研究所组织编写的关于新媒体发展的最新年度报告，旨在全面分析中国新媒体的发展现状，解读新媒体的发展趋势，探析新媒体的深刻影响。

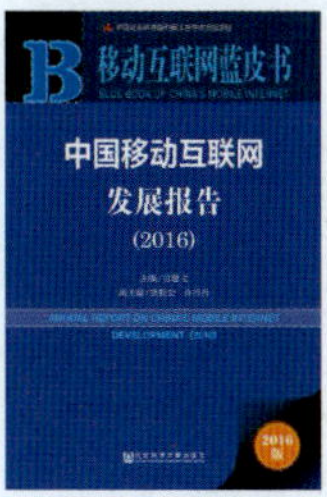

移动互联网蓝皮书

中国移动互联网发展报告（2016）

官建文 / 编著　　2016 年 6 月出版　　定价 :79.00 元

◆　本书着眼于对中国移动互联网 2015 年度的发展情况做深入解析，对未来发展趋势进行预测，力求从不同视角、不同层面全面剖析中国移动互联网发展的现状、年度突破以及热点趋势等。

文化蓝皮书

中国文化产业发展报告（2015~2016）

张晓明　王家新　章建刚 / 主编　　2016 年 2 月出版　　定价 :79.00 元

◆　本书由中国社会科学院文化研究中心编写。 从 2012 年开始，中国社会科学院文化研究中心设立了国内首个文化产业的研究类专项资金——“文化产业重大课题研究计划”，开始在全国范围内组织多学科专家学者对我国文化产业发展重大战略问题进行联合攻关研究。本书集中反映了该计划的研究成果。

经济类

G20国家创新竞争力黄皮书
二十国集团（G20）国家创新竞争力发展报告（2016）
著(编)者:李建平 李闽榕 赵新力
2016年11月出版 / 估价:138.00元

产业蓝皮书
中国产业竞争力报告（2016）NO.6
著(编)者:张其仔 2016年12月出版 / 估价:98.00元

城市创新蓝皮书
中国城市创新报告（2016）
著(编)者:周天勇 旷建伟 2016年8月出版 / 估价:69.00元

城市竞争力蓝皮书
中国城市竞争力报告（1973~2015）
著(编)者:李小林 2016年1月出版 / 定价:128.00元

城市蓝皮书
中国城市发展报告 NO.9
著(编)者:潘家华 魏后凯 2016年9月出版 / 估价:69.00元

城市群蓝皮书
中国城市群发展指数报告（2016）
著(编)者:刘士林 刘新静 2016年10月出版 / 估价:69.00元

城乡一体化蓝皮书
中国城乡一体化发展报告（2015～2016）
著(编)者:汝信 付崇兰 2016年8月出版 / 估价:85.00元

城镇化蓝皮书
中国新型城镇化健康发展报告（2016）
著(编)者:张占斌 2016年8月出版 / 估价:79.00元

创新蓝皮书
创新型国家建设报告（2015～2016）
著(编)者:詹正茂 2016年11月出版 / 估价:69.00元

低碳发展蓝皮书
中国低碳发展报告（2015~2016）
著(编)者:齐晔 2016年3月出版 / 定价:98.00元

低碳经济蓝皮书
中国低碳经济发展报告（2016）
著(编)者:薛进军 赵忠秀 2016年8月出版 / 估价:85.00元

东北蓝皮书
中国东北地区发展报告（2016）
著(编)者:马克 黄文艺 2016年8月出版 / 估价:79.00元

发展与改革蓝皮书
中国经济发展和体制改革报告NO.7
著(编)者:邹东涛 王再文
2016年1月出版 / 定价:98.00元

工业化蓝皮书
中国工业化进程报告（2016）
著(编)者:黄群慧 吕铁 李晓华 等
2016年11月出版 / 估价:89.00元

管理蓝皮书
中国管理发展报告（2016）
著(编)者:张晓东 2016年9月出版 / 估价:98.00元

国际城市蓝皮书
国际城市发展报告（2016）
著(编)者:屠启宇 2016年2月出版 / 定价:79.00元

国家创新蓝皮书
中国创新发展报告（2016）
著(编)者:陈劲 2016年9月出版 / 估价:69.00元

金融蓝皮书
中国金融发展报告（2016）
著(编)者:李扬 王国刚 2015年12月出版 / 定价:79.00元

京津冀产业蓝皮书
京津冀产业协同发展报告（2016）
著(编)者:中智科博（北京）产业经济发展研究院
2016年8月出版 / 估价:69.00元

京津冀蓝皮书
京津冀发展报告（2016）
著(编)者:文魁 祝尔娟 2016年4月出版 / 定价:89.00元

经济蓝皮书
2016年中国经济形势分析与预测
著(编)者:李扬 2015年12月出版 / 定价:79.00元

经济蓝皮书·春季号
2016年中国经济前景分析
著(编)者:李扬 2016年6月出版 / 定价:79.00元

经济蓝皮书·夏季号
中国经济增长报告（2015～2016）
著(编)者:李扬 2016年8月出版 / 估价:99.00元

经济信息绿皮书
中国与世界经济发展报告（2016）
著(编)者:杜平 2015年12月出版 / 定价:89.00元

就业蓝皮书
2016年中国本科生就业报告
著(编)者:麦可思研究院 2016年6月出版 / 定价:98.00元

就业蓝皮书
2016年中国高职高专生就业报告
著(编)者:麦可思研究院 2016年6月出版 / 定价:98.00元

临空经济蓝皮书
中国临空经济发展报告（2016）
著(编)者:连玉明 2016年11月出版 / 估价:79.00元

民营经济蓝皮书
中国民营经济发展报告 NO.12（2015～2016）
著(编)者:王钦敏 2016年8月出版 / 估价:75.00元

农村绿皮书
中国农村经济形势分析与预测（2015～2016）
著(编)者:魏后凯 杜志雄 黄秉信
2016年4月出版 / 定价:69.00元

农业应对气候变化蓝皮书
气候变化对中国农业影响评估报告 NO.2
著(编)者:矫梅燕 2016年8月出版 / 估价:98.00元

企业公民蓝皮书
中国企业公民报告 NO.4
著(编)者:邹东涛　2016年8月出版 / 估价:79.00元

气候变化绿皮书
应对气候变化报告（2016）
著(编)者:王伟光 郑国光　2016年11月出版 / 估价:98.00元

区域蓝皮书
中国区域经济发展报告（2015～2016）
著(编)者:赵弘　2016年6月出版 / 定价:79.00元

全球环境竞争力绿皮书
全球环境竞争力报告（2016）
著(编)者:李建平 李闽榕 王金南
2016年12月出版 / 估价:198.00元

人口与劳动绿皮书
中国人口与劳动问题报告 NO.17
著(编)者:蔡昉 张车伟　2016年11月出版 / 估价:69.00元

商务中心区蓝皮书
中国商务中心区发展报告 NO.2（2015）
著(编)者:魏后凯 单菁菁　2016年1月出版 / 定价:79.00元

世界经济黄皮书
2016年世界经济形势分析与预测
著(编)者:王洛林 张宇燕　2015年12月出版 / 定价:79.00元

世界旅游城市绿皮书
世界旅游城市发展报告（2015）
著(编)者:宋宇　2016年1月出版 / 定价:128.00元

西北蓝皮书
中国西北发展报告（2016）
著(编)者:孙发平 苏海红 鲁顺元
2016年3月出版 / 定价:79.00元

西部蓝皮书
中国西部发展报告（2016）
著(编)者:姚慧琴 徐璋勇　2016年8月出版 / 估价:89.00元

县域发展蓝皮书
中国县域经济增长能力评估报告（2016）
著(编)者:王力　2016年10月出版 / 估价:69.00元

新型城镇化蓝皮书
新型城镇化发展报告（2016）
著(编)者:李伟 宋敏 沈体雁　2016年11月出版 / 估价:98.00元

新兴经济体蓝皮书
金砖国家发展报告（2016）
著(编)者:林跃勤 周文　2016年8月出版 / 估价:79.00元

长三角蓝皮书
2016年全面深化改革中的长三角
著(编)者:张伟斌　2016年10月出版 / 估价:69.00元

中部竞争力蓝皮书
中国中部经济社会竞争力报告（2016）
著(编)者:教育部人文社会科学重点研究基地
南昌大学中国中部经济社会发展研究中心
2016年10月出版 / 估价:79.00元

中部蓝皮书
中国中部地区发展报告（2016）
著(编)者:宋亚平　2016年12月出版 / 估价:78.00元

中国省域竞争力蓝皮书
中国省域经济综合竞争力发展报告（2014～2015）
著(编)者:李建平 李闽榕 高燕京
2016年2月出版 / 定价:198.00元

中三角蓝皮书
长江中游城市群发展报告（2016）
著(编)者:秦尊文　2016年10月出版 / 估价:69.00元

中小城市绿皮书
中国中小城市发展报告（2016）
著(编)者:中国城市经济学会中小城市经济发展委员会
中国城镇化促进会中小城市发展委员会
《中国中小城市发展报告》编纂委员会
中小城市发展战略研究院
2016年10月出版 / 估价:98.00元

中原蓝皮书
中原经济区发展报告（2016）
著(编)者:李英杰　2016年8月出版 / 估价:88.00元

自贸区蓝皮书
中国自贸区发展报告（2016）
著(编)者:王力 王吉培　2016年10月出版 / 估价:69.00元

社会政法类

北京蓝皮书
中国社区发展报告（2016）
著(编)者:于燕燕　2017年2月出版 / 估价:79.00元

殡葬绿皮书
中国殡葬事业发展报告（2016）
著(编)者:李伯森　2016年8月出版 / 估价:158.00元

城市管理蓝皮书
中国城市管理报告（2015~2016）
著(编)者:刘林 刘承水　2016年5月出版 / 定价:158.00元

城市生活质量蓝皮书
中国城市生活质量报告（2016）
著(编)者:张连城 张平 杨春学 郎丽华
2016年8月出版 / 估价:89.00元

城市政府能力蓝皮书
中国城市政府公共服务能力评估报告（2016）
著(编)者:何艳玲　2016年4月出版 / 定价:68.00元

创新蓝皮书
中国创业环境发展报告（2016）
著(编)者:姚凯 曹祎遐　2016年8月出版 / 估价:69.00元

慈善蓝皮书
中国慈善发展报告（2016）
著(编)者:杨团　2016年6月出版 / 定价:79.00元

地方法治蓝皮书
中国地方法治发展报告 NO.2（2016）
著(编)者:李林　田禾　2016年3出版 / 定价:108.00元

党建蓝皮书
党的建设研究报告 NO.1（2016）
著(编)者:崔建民　陈东平　2016年1月出版 / 定价:89.00元

法治蓝皮书
中国法治发展报告 NO.14（2016）
著(编)者:李林 田禾　2016年3月出版 / 定价:118.00元

反腐倡廉蓝皮书
中国反腐倡廉建设报告 NO.6
著(编)者:李秋芳　张英伟　2017年1月出版 / 估价:79.00元

非传统安全蓝皮书
中国非传统安全研究报告（2015～2016）
著(编)者:余潇枫 魏志江　2016年6月出版 / 定价:89.00元

妇女发展蓝皮书
中国妇女发展报告 NO.6
著(编)者:王金玲　2016年9月出版 / 估价:148.00元

妇女教育蓝皮书
中国妇女教育发展报告 NO.3
著(编)者:张李玺　2016年10月出版 / 估价:78.00元

妇女绿皮书
中国性别平等与妇女发展报告（2016）
著(编)者:谭琳　2016年12月出版 / 估价:99.00元

公共服务蓝皮书
中国城市基本公共服务力评价（2016）
著(编)者:钟君 吴正杲　2016年12月出版 / 估价:79.00元

公共管理蓝皮书
中国公共管理发展报告（2016）
著(编)者:贡森 李国强 杨维富
2016年8月出版 / 估价:69.00元

公共外交蓝皮书
中国公共外交发展报告（2016）
著(编)者:赵启正 雷蔚真　2016年8月出版 / 估价:89.00元

公民科学素质蓝皮书
中国公民科学素质报告（2015~2016）
著(编)者:李群 陈雄 马宗文　2016年1月出版 / 定价:89.00元

公益蓝皮书
中国公益慈善发展报告（2016）
著(编)者:朱健刚　2016年4月出版 / 定价:118.00元

国际人才蓝皮书
海外华侨华人专业人士报告（2016）
著(编)者:王辉耀 苗绿　2016年8月出版 / 估价:69.00元

国际人才蓝皮书
中国国际移民报告（2016）
著(编)者:王辉耀　2016年8月出版 / 估价:79.00元

国际人才蓝皮书
中国海归发展报告（2016）NO.3
著(编)者:王辉耀 苗绿　2016年10月出版 / 估价:69.00元

国际人才蓝皮书
中国留学发展报告（2016）NO.5
著(编)者:王辉耀 苗绿　2016年10月出版 / 估价:79.00元

国家公园蓝皮书
中国国家公园体制建设报告（2016）
著(编)者:苏杨 张玉钧 石金莲 刘锋 等
2016年10月出版 / 估价:69.00元

海洋社会蓝皮书
中国海洋社会发展报告（2016）
著(编)者:崔凤 宋宁而　2016年8月出版 / 估价:89.00元

行政改革蓝皮书
中国行政体制改革报告（2016）NO.5
著(编)者:魏礼群　2016年5月出版 / 定价:98.00元

华侨华人蓝皮书
华侨华人研究报告（2016）
著(编)者:贾益民　2016年12月出版 / 估价:98.00元

环境竞争力绿皮书
中国省域环境竞争力发展报告（2016）
著(编)者:李建平 李闽榕 王金南
2016年11月出版 / 估价:198.00元

环境绿皮书
中国环境发展报告（2016）
著(编)者:刘鉴强　2016年8月出版 / 估价:79.00元

基金会蓝皮书
中国基金会发展报告（2015~2016）
著(编)者:中国基金会发展报告课题组　2016年4月出版 / 定价:75.00元

基金会绿皮书
中国基金会发展独立研究报告（2016）
著(编)者:基金会中心网 中央民族大学基金会研究中心
2016年8月出版 / 估价:88.00元

基金会透明度蓝皮书
中国基金会透明度发展研究报告（2016）
著(编)者:基金会中心网 清华大学廉政与治理研究中心
2016年9月出版 / 估价:85.00元

教师蓝皮书
中国中小学教师发展报告（2016）
著(编)者:曾晓东 鱼霞　2016年8月出版 / 估价:69.00元

教育蓝皮书
中国教育发展报告（2016）
著(编)者:杨东平　2016年4月出版 / 定价:79.00元

科普蓝皮书
中国科普基础设施发展报告（2015）
著(编)者:任福君　2016年8月出版 / 估价:69.00元

科普蓝皮书
中国科普人才发展报告（2015）
著(编)者:郑念 任嵘嵘 2016年4月出版 / 定价:98.00元

科学教育蓝皮书
中国科学教育发展报告（2016）
著(编)者:罗晖 王康友 2016年10月出版 / 估价:79.00元

劳动保障蓝皮书
中国劳动保障发展报告（2016）
著(编)者:刘燕斌 2016年8月出版 / 估价:158.00元

老龄蓝皮书
中国老年宜居环境发展报告（2015）
著(编)者:党俊武 周燕珉 2016年1月出版 / 定价:79.00元

连片特困区蓝皮书
中国连片特困区发展报告（2016）
著(编)者:游俊 冷志明 丁建军
2016年8月出版 / 估价:98.00元

民间组织蓝皮书
中国民间组织报告（2016）
著(编)者:黄晓勇 2016年12月出版 / 估价:79.00元

民调蓝皮书
中国民生调查报告（2016）
著(编)者:谢耘耕 2016年8月出版 / 估价:128.00元

民族发展蓝皮书
中国民族发展报告（2016）
著(编)者:郝时远 王延中 王希恩
2016年8月出版 / 估价:98.00元

女性生活蓝皮书
中国女性生活状况报告 NO.10（2016）
著(编)者:韩湘景 2016年8月出版 / 估价:79.00元

汽车社会蓝皮书
中国汽车社会发展报告（2016）
著(编)者:王俊秀 2016年8月出版 / 估价:69.00元

青年蓝皮书
中国青年发展报告（2016）NO.4
著(编)者:廉思 等 2016年8月出版 / 估价:69.00元

青少年蓝皮书
中国未成年人互联网运用报告（2016）
著(编)者:李文革 沈杰 季为民
2016年11月出版 / 估价:89.00元

青少年体育蓝皮书
中国青少年体育发展报告（2016）
著(编)者:郭建军 杨桦 2016年9月出版 / 估价:69.00元

区域人才蓝皮书
中国区域人才竞争力报告 NO.2
著(编)者:桂昭明 王辉耀
2016年8月出版 / 估价:69.00元

群众体育蓝皮书
中国群众体育发展报告（2016）
著(编)者:刘国永 杨桦 2016年10月出版 / 估价:69.00元

群众体育蓝皮书
中国社会体育指导员发展报告（1994~2014）
著(编)者:刘国永 王欢 2016年4月出版 / 定价:78.00元

人才蓝皮书
中国人才发展报告（2016）
著(编)者:潘晨光 2016年9月出版 / 估价:85.00元

人权蓝皮书
中国人权事业发展报告 NO.6（2016）
著(编)者:李君如 2016年9月出版 / 估价:128.00元

社会保障绿皮书
中国社会保障发展报告（2016）NO.8
著(编)者:王延中 2016年8月出版 / 估价:99.00元

社会工作蓝皮书
中国社会工作发展报告（2016）
著(编)者:民政部社会工作研究中心
2016年8月出版 / 估价:79.00元

社会管理蓝皮书
中国社会管理创新报告 NO.4
著(编)者:连玉明 2016年11月出版 / 估价:89.00元

社会蓝皮书
2016年中国社会形势分析与预测
著(编)者:李培林 陈光金 张翼
2015年12月出版 / 定价:79.00元

社会体制蓝皮书
中国社会体制改革报告（2016）NO.4
著(编)者:龚维斌 2016年4月出版 / 定价:79.00元

社会心态蓝皮书
中国社会心态研究报告（2016）
著(编)者:王俊秀 杨宜音 2016年10月出版 / 估价:69.00元

社会责任管理蓝皮书
中国企业公众透明度报告（2015~2016）NO.2
著(编)者:黄速建 熊梦 肖红军 2016年1月出版 / 定价:98.00元

社会组织蓝皮书
中国社会组织评估发展报告（2016）
著(编)者:徐家良 廖鸿 2016年12月出版 / 估价:69.00元

生态城市绿皮书
中国生态城市建设发展报告（2016）
著(编)者:刘举科 孙伟平 胡文臻
2016年9月出版 / 估价:148.00元

生态文明绿皮书
中国省域生态文明建设评价报告（ECI 2016）
著(编)者:严耕 2016年12月出版 / 估价:85.00元

世界社会主义黄皮书
世界社会主义跟踪研究报告（2015～2016）
著(编)者:李慎明 2016年3月出版 / 定价:248.00元

水与发展蓝皮书
中国水风险评估报告（2016）
著(编)者:王浩 2016年9月出版 / 估价:69.00元

体育蓝皮书
长三角地区体育产业发展报告（2016）
著(编)者:张林　2016年8月出版 / 估价:79.00元

体育蓝皮书
中国公共体育服务发展报告（2016）
著(编)者:戴健　2016年12月出版 / 估价:79.00元

土地整治蓝皮书
中国土地整治发展研究报告 NO.3
著(编)者:国土资源部土地整治中心
2016年7月出版 / 定价:89.00元

土地政策蓝皮书
中国土地政策发展报告（2016）
著(编)者:高延利 李宪文
2015年12月出版 / 定价:89.00元

危机管理蓝皮书
中国危机管理报告（2016）
著(编)者:文学国 范正青
2016年8月出版 / 估价:89.00元

形象危机应对蓝皮书
形象危机应对研究报告（2016）
著(编)者:唐钧　2016年8月出版 / 估价:149.00元

医改蓝皮书
中国医药卫生体制改革报告（2016）
著(编)者:文学国 房志武　2016年11月出版 / 估价:98.00元

医疗卫生绿皮书
中国医疗卫生发展报告 NO.7（2016）
著(编)者:申宝忠 韩玉珍　2016年8月出版 / 估价:75.00元

政治参与蓝皮书
中国政治参与报告（2016）
著(编)者:房宁　2016年8月出版 / 估价:108.00元

政治发展蓝皮书
中国政治发展报告（2016）
著(编)者:房宁 杨海蛟　2016年8月出版 / 估价:88.00元

智慧社区蓝皮书
中国智慧社区发展报告（2016）
著(编)者:罗昌智 张辉德　2016年8月出版 / 估价:69.00元

中国农村妇女发展蓝皮书
农村流动女性城市生活发展报告（2016）
著(编)者:谢丽华　2016年12月出版 / 估价:79.00元

宗教蓝皮书
中国宗教报告（2015）
著(编)者:邱永辉　2016年4月出版 / 定价:79.00元

行业报告类

保健蓝皮书
中国保健服务产业发展报告 NO.2
著(编)者:中国保健协会 中共中央党校
2016年8月出版 / 估价:198.00元

保健蓝皮书
中国保健食品产业发展报告 NO.2
著(编)者:中国保健协会
中国社会科学院食品药品产业发展与监管研究中心
2016年8月出版 / 估价:198.00元

保健蓝皮书
中国保健用品产业发展报告 NO.2
著(编)者:中国保健协会
国务院国有资产监督管理委员会研究中心
2016年8月出版 / 估价:198.00元

保险蓝皮书
中国保险业创新发展报告（2016）
著(编)者:项俊波　2016年12月出版 / 估价:69.00元

保险蓝皮书
中国保险业竞争力报告（2016）
著(编)者:项俊波　2016年12月出版 / 估价:99.00元

采供血蓝皮书
中国采供血管理报告（2016）
著(编)者:朱永明 耿鸿武　2016年8月出版 / 估价:69.00元

彩票蓝皮书
中国彩票发展报告（2016）
著(编)者:益彩基金　2016年8月出版 / 估价:98.00元

餐饮产业蓝皮书
中国餐饮产业发展报告（2016）
著(编)者:邢颖　2016年6月出版 / 定价:98.00元

测绘地理信息蓝皮书
测绘地理信息转型升级研究报告（2016）
著(编)者:库热西·买合苏提　2016年12月出版 / 估价:98.00元

茶业蓝皮书
中国茶产业发展报告（2016）
著(编)者:杨江帆 李闽榕　2016年10月出版 / 估价:78.00元

产权市场蓝皮书
中国产权市场发展报告（2015～2016）
著(编)者:曹和平　2016年8月出版 / 估价:89.00元

产业安全蓝皮书
中国出版传媒产业安全报告（2015~2016）
著(编)者:北京印刷学院文化产业安全研究院
2016年3月出版 / 定价:79.00元

产业安全蓝皮书
中国文化产业安全报告（2016）
著(编)者:北京印刷学院文化产业安全研究院
2016年8月出版 / 估价:89.00元

产业安全蓝皮书
中国新媒体产业安全报告（2016）
著(编)者:北京印刷学院文化产业安全研究院
2016年8月出版 / 估价:69.00元

大数据蓝皮书
网络空间和大数据发展报告（2016）
著(编)者:杜平　2016年8月出版 / 估价:69.00元

电子商务蓝皮书
中国电子商务服务业发展报告 NO.3
著(编)者:荆林波 梁春晓　2016年8月出版 / 估价:69.00元

电子政务蓝皮书
中国电子政务发展报告（2016）
著(编)者:洪毅 杜平　2016年11月出版 / 估价:79.00元

杜仲产业绿皮书
中国杜仲橡胶资源与产业发展报告（2016）
著(编)者:杜红岩 胡文臻 俞锐
2016年8月出版 / 估价:85.00元

房地产蓝皮书
中国房地产发展报告 NO.13（2016）
著(编)者:李春华 王业强　2016年5月出版 / 定价:89.00元

服务外包蓝皮书
中国服务外包产业发展报告（2016）
著(编)者:王晓红 刘德军
2016年8月出版 / 估价:89.00元

服务外包蓝皮书
中国服务外包竞争力报告（2016）
著(编)者:王力 刘春生 黄育华
2016年11月出版 / 估价:85.00元

工业和信息化蓝皮书
世界网络安全发展报告（2015~2016）
著(编)者:洪京一　2016年4月出版 / 定价:79.00元

工业和信息化蓝皮书
世界信息化发展报告（2015~2016）
著(编)者:洪京一　2016年4月出版 / 定价:79.00元

工业和信息化蓝皮书
世界信息技术产业发展报告（2015~2016）
著(编)者:洪京一　2016年4月出版 / 定价:79.00元

工业和信息化蓝皮书
世界制造业发展报告（2016）
著(编)者:洪京一　2016年8月出版 / 估价:69.00元

工业和信息化蓝皮书
移动互联网产业发展报告（2015~2016）
著(编)者:洪京一　2016年4月出版 / 定价:79.00元

工业和信息化蓝皮书
战略性新兴产业发展报告（2015~2016）
著(编)者:洪京一　2016年4月出版 / 定价:79.00元

工业设计蓝皮书
中国工业设计发展报告（2016）
著(编)者:王晓红 于炜 张立群
2016年9月出版 / 估价:138.00元

黄金市场蓝皮书
中国商业银行黄金业务发展报告（2015~2016）
著(编)者:平安银行　2016年3月出版 / 定价:98.00元

互联网金融蓝皮书
中国互联网金融发展报告（2016）
著(编)者: 李东荣　2016年8月出版 / 估价:79.00元

会展蓝皮书
中外会展业动态评估年度报告（2016）
著(编)者:张敏　2016年8月出版 / 估价:78.00元

节能汽车蓝皮书
中国节能汽车产业发展报告（2016）
著(编)者:中国汽车工程研究院股份有限公司
2016年12月出版 / 估价:69.00元

金融监管蓝皮书
中国金融监管报告（2016）
著(编)者:胡滨　2016年6月出版 / 定价:89.00元

金融蓝皮书
中国金融中心发展报告（2016）
著(编)者:王力 黄育华　2017年11月出版 / 估价:75.00元

金融蓝皮书
中国商业银行竞争力报告（2016）
著(编)者:王松奇　2016年8月出版 / 估价:69.00元

经济林产业绿皮书
中国经济林产业发展报告（2016）
著(编)者:李芳东 胡文臻 乌云塔娜 杜红岩
2016年12月出版 / 估价:69.00元

客车蓝皮书
中国客车产业发展报告（2016）
著(编)者:姚蔚　2016年8月出版 / 估价:85.00元

老龄蓝皮书
中国老龄产业发展报告（2016）
著(编)者:吴玉韶 党俊武　2016年9月出版 / 估价:79.00元

流通蓝皮书
中国商业发展报告（2016~2017）
著(编)者:王雪峰 林诗慧　2016年7月出版 / 定价:89.00元

旅游安全蓝皮书
中国旅游安全报告（2016）
著(编)者:郑向敏 谢朝武　2016年5月出版 / 定价:128.00元

旅游绿皮书
2015～2016年中国旅游发展分析与预测
著(编)者:宋瑞　2016年4月出版 / 定价:89.00元

煤炭蓝皮书
中国煤炭工业发展报告（2016）
著(编)者:岳福斌　2016年12月出版 / 估价:79.00元

民营企业社会责任蓝皮书
中国民营企业社会责任年度报告（2016）
著(编)者:中华全国工商业联合会
2016年8月出版 / 估价:69.00元

民营医院蓝皮书
中国民营医院发展报告（2016）
著(编)者:庄一强　2016年10月出版 / 估价:75.00元

能源蓝皮书
中国能源发展报告（2016）
著(编)者:崔民选 王军生 陈义和
2016年8月出版 / 估价:79.00元

农产品流通蓝皮书
中国农产品流通产业发展报告（2016）
著(编)者:贾敬敦 张东科 张玉玺 张鹏毅 周伟
2016年8月出版 / 估价:89.00元

期货蓝皮书
中国期货市场发展报告(2016)
著(编)者:李群 王在荣　2016年11月出版 / 估价:69.00元

企业公益蓝皮书
中国企业公益研究报告（2016）
著(编)者:钟宏武 汪杰 顾一 黄晓娟 等
2016年12月出版 / 估价:69.00元

企业公众透明度蓝皮书
中国企业公众透明度报告 (2016) NO.2
著(编)者:黄速建 王晓光 肖红军
2016年8月出版 / 估价:98.00元

企业国际化蓝皮书
中国企业国际化报告（2016）
著(编)者:王辉耀　2016年11月出版 / 估价:98.00元

企业蓝皮书
中国企业绿色发展报告 NO.2（2016）
著(编)者:李红玉 朱光辉　2016年8月出版 / 估价:79.00元

企业社会责任蓝皮书
中国企业社会责任研究报告（2016）
著(编)者:黄群慧 钟宏武 张蒽 等
2016年11月出版 / 估价:79.00元

企业社会责任能力蓝皮书
中国上市公司社会责任能力成熟度报告（2016）
著(编)者:肖红军 王晓光 李伟阳
2016年11月出版 / 估价:69.00元

汽车安全蓝皮书
中国汽车安全发展报告（2016）
著(编)者:中国汽车技术研究中心
2016年8月出版 / 估价:89.00元

汽车电子商务蓝皮书
中国汽车电子商务发展报告（2016）
著(编)者:中华全国工商业联合会汽车经销商商会
北京易观智库网络科技有限公司
2016年8月出版 / 估价:128.00元

汽车工业蓝皮书
中国汽车工业发展年度报告（2016）
著(编)者:中国汽车工业协会 中国汽车技术研究中心
丰田汽车（中国）投资有限公司
2016年4月出版 / 定价:128.00元

汽车蓝皮书
中国汽车产业发展报告（2016）
著(编)者:国务院发展研究中心产业经济研究部
中国汽车工程学会 大众汽车集团（中国）
2016年8月出版 / 估价:158.00元

清洁能源蓝皮书
国际清洁能源发展报告（2016）
著(编)者:苏树辉 袁国林 李玉崙
2016年11月出版 / 估价:99.00元

人力资源蓝皮书
中国人力资源发展报告（2016）
著(编)者:余兴安　2016年12月出版 / 估价:79.00元

融资租赁蓝皮书
中国融资租赁业发展报告（2015～2016）
著(编)者:李光荣 王力　2016年8月出版 / 估价:89.00元

软件和信息服务业蓝皮书
中国软件和信息服务业发展报告（2016）
著(编)者:洪京一　2016年12月出版 / 估价:198.00元

商会蓝皮书
中国商会发展报告NO.5（2016）
著(编)者:王钦敏　2016年8月出版 / 估价:89.00元

上市公司蓝皮书
中国上市公司社会责任信息披露报告（2016）
著(编)者:张旺 张杨　2016年11月出版 / 估价:69.00元

上市公司蓝皮书
中国上市公司质量评价报告（2015～2016）
著(编)者:张跃文 王力　2016年11月出版 / 估价:118.00元

设计产业蓝皮书
中国设计产业发展报告（2016）
著(编)者:陈冬亮 梁昊光　2016年8月出版 / 估价:89.00元

食品药品蓝皮书
食品药品安全与监管政策研究报告（2016）
著(编)者:唐民皓　2016年8月出版 / 估价:69.00元

世界能源蓝皮书
世界能源发展报告（2016）
著(编)者:黄晓勇　2016年6月出版 / 定价:99.00元

水利风景区蓝皮书
中国水利风景区发展报告（2016）
著(编)者:谢婵才 兰思仁　2016年5月出版 / 定价:89.00元

私募市场蓝皮书
中国私募股权市场发展报告（2016）
著(编)者:曹和平　2016年12月出版 / 估价:79.00元

碳市场蓝皮书
中国碳市场报告（2016）
著(编)者:宁金彪　2016年11月出版 / 估价:69.00元

体育蓝皮书
中国体育产业发展报告（2016）
著(编)者:阮伟 钟秉枢　2016年8月出版 / 估价:69.00元

土地市场蓝皮书
中国农村土地市场发展报告（2015~2016）
著(编)者:李光荣　2016年3月出版 / 定价:79.00元

网络空间安全蓝皮书
中国网络空间安全发展报告（2016）
著(编)者:惠志斌 唐涛　2016年8月出版 / 估价:79.00元

物联网蓝皮书
中国物联网发展报告（2016）
著(编)者:黄桂田 龚六堂 张全升
2016年8月出版 / 估价:69.00元

西部工业蓝皮书
中国西部工业发展报告（2016）
著(编)者:方行明 甘犁 刘方健 姜凌 等
2016年9月出版 / 估价:79.00元

西部金融蓝皮书
中国西部金融发展报告（2016）
著(编)者:李忠民　2016年8月出版 / 估价:75.00元

协会商会蓝皮书
中国行业协会商会发展报告（2016）
著(编)者:景朝阳 李勇　2016年8月出版 / 估价:99.00元

新能源汽车蓝皮书
中国新能源汽车产业发展报告（2016）
著(编)者:中国汽车技术研究中心
日产（中国）投资有限公司 东风汽车有限公司
2016年8月出版 / 估价:89.00元

新三板蓝皮书
中国新三板市场发展报告（2016）
著(编)者:王力　2016年6月出版 / 定价:79.00元

信托市场蓝皮书
中国信托业市场报告（2015～2016）
著(编)者:用益信托工作室
2016年1月出版 / 定价:198.00元

信息安全蓝皮书
中国信息安全发展报告（2016）
著(编)者:张晓东　2016年8月出版 / 估价:69.00元

信息化蓝皮书
中国信息化形势分析与预测（2016）
著(编)者:周宏仁　2016年8月出版 / 估价:98.00元

信用蓝皮书
中国信用发展报告（2016）
著(编)者:章政 田侃　2016年8月出版 / 估价:99.00元

休闲绿皮书
2016年中国休闲发展报告
著(编)者:宋瑞
2016年10月出版 / 估价:79.00元

药品流通蓝皮书
中国药品流通行业发展报告（2016）
著(编)者:佘鲁林 温再兴
2016年8月出版 / 估价:158.00元

医院蓝皮书
中国医院竞争力报告（2016）
著(编)者:庄一强　曾益新　2016年3月出版 / 定价:128.00元

医药蓝皮书
中国中医药产业园战略发展报告（2016）
著(编)者:裴长洪 房书亭 吴滌心
2016年8月出版 / 估价:89.00元

邮轮绿皮书
中国邮轮产业发展报告（2016）
著(编)者:汪泓　2016年10月出版 / 估价:79.00元

智能养老蓝皮书
中国智能养老产业发展报告（2016）
著(编)者:朱勇　2016年10月出版 / 估价:89.00元

中国SUV蓝皮书
中国SUV产业发展报告（2016）
著(编)者:靳军　2016年12月出版 / 估价:69.00元

中国金融行业蓝皮书
中国债券市场发展报告（2016）
著(编)者:谢多　2016年8月出版 / 估价:69.00元

中国上市公司蓝皮书
中国上市公司发展报告（2016）
著(编)者:中国社会科学院上市公司研究中心
2016年9月出版 / 估价:98.00元

中国游戏蓝皮书
中国游戏产业发展报告（2016）
著(编)者:孙立军 刘跃军 牛兴侦
2016年8月出版 / 估价:69.00元

中国总部经济蓝皮书
中国总部经济发展报告（2015～2016）
著(编)者:赵弘　2016年9月出版 / 估价:79.00元

资本市场蓝皮书
中国场外交易市场发展报告（2014~2015）
著(编)者:高峦　2016年3月出版 / 定价:79.00元

资产管理蓝皮书
中国资产管理行业发展报告（2016）
著(编)者:智信资产管理研究院
2016年6月出版 / 定价:89.00元

文化传媒类

传媒竞争力蓝皮书
中国传媒国际竞争力研究报告（2016）
著(编)者:李本乾 刘强
2016年11月出版 / 估价:148.00元

传媒蓝皮书
中国传媒产业发展报告（2016）
著(编)者:崔保国 2016年5月出版 / 定价:98.00元

传媒投资蓝皮书
中国传媒投资发展报告（2016）
著(编)者:张向东 谭云明
2016年8月出版 / 估价:128.00元

动漫蓝皮书
中国动漫产业发展报告（2016）
著(编)者:卢斌 郑玉明 牛兴侦
2016年8月出版 / 估价:79.00元

非物质文化遗产蓝皮书
中国非物质文化遗产发展报告（2016）
著(编)者:陈平 2016年8月出版 / 估价:98.00元

广电蓝皮书
中国广播电影电视发展报告（2016）
著(编)者:国家新闻出版广电总局发展研究中心
2016年8月出版 / 估价:98.00元

广告主蓝皮书
中国广告主营销传播趋势报告 NO.9
著(编)者:黄升民 杜国清 邵华冬 等
2016年10月出版 / 估价:148.00元

国际传播蓝皮书
中国国际传播发展报告（2016）
著(编)者:胡正荣 李继东 姬德强
2016年11月出版 / 估价:89.00元

纪录片蓝皮书
中国纪录片发展报告（2016）
著(编)者:何苏六 2016年10月出版 / 估价:79.00元

科学传播蓝皮书
中国科学传播报告（2016）
著(编)者:詹正茂 2016年8月出版 / 估价:69.00元

两岸创意经济蓝皮书
两岸创意经济研究报告（2016）
著(编)者:罗昌智 董泽平 2016年12月出版 / 估价:98.00元

两岸文化蓝皮书
两岸文化产业合作发展报告（2016）
著(编)者:胡惠林 李保宗 2016年8月出版 / 估价:79.00元

媒介与女性蓝皮书
中国媒介与女性发展报告(2015~2016)
著(编)者:刘利群 2016年8月出版 / 估价:118.00元

媒体融合蓝皮书
中国媒体融合发展报告（2016）
著(编)者:梅宁华 宋建武 2016年8月出版 / 估价:79.00元

全球传媒蓝皮书
全球传媒发展报告（2016）
著(编)者:胡正荣 李继东 唐晓芬
2016年12月出版 / 估价:79.00元

少数民族非遗蓝皮书
中国少数民族非物质文化遗产发展报告（2016）
著(编)者:肖远平（彝） 柴立（满）
2016年8月出版 / 估价:128.00元

视听新媒体蓝皮书
中国视听新媒体发展报告（2016）
著(编)者:国家新闻出版广电总局发展研究中心
2016年8月出版 / 估价:98.00元

文化创新蓝皮书
中国文化创新报告（2016）NO.7
著(编)者:于平 傅才武 2016年8月出版 / 估价:98.00元

文化建设蓝皮书
中国文化发展报告（2015~2016）
著(编)者:江畅 孙伟平 戴茂堂
2016年6月出版 / 定价:116.00元

文化科技蓝皮书
文化科技创新发展报告（2016）
著(编)者:于平 李凤亮 2016年10月出版 / 估价:89.00元

文化蓝皮书
中国公共文化服务发展报告（2016）
著(编)者:刘新成 张永新 张旭 2016年10月出版 / 估价:98.00元

文化蓝皮书
中国公共文化投入增长测评报告（2016）
著(编)者:王亚南 2016年4月出版 / 定价:79.00元

文化蓝皮书
中国少数民族文化发展报告（2016）
著(编)者:武翠英 张晓明 任乌晶
2016年9月出版 / 估价:69.00元

文化蓝皮书
中国文化产业发展报告（2015~2016）
著(编)者:张晓明 王家新 章建刚
2016年2月出版 / 定价:79.00元

文化蓝皮书
中国文化产业供需协调检测报告（2016）
著(编)者:王亚南 2016年8月出版 / 估价:79.00元

文化蓝皮书
中国文化消费需求景气评价报告（2016）
著(编)者:王亚南 2016年4月出版 / 定价:79.00元

文化品牌蓝皮书
中国文化品牌发展报告（2016）
著(编)者:欧阳友权　2016年5月出版 / 估价:98.00元

文化遗产蓝皮书
中国文化遗产事业发展报告（2016）
著(编)者:刘世锦　2016年8月出版 / 估价:89.00元

文学蓝皮书
中国文情报告（2015~2016）
著(编)者:白烨　2016年5月出版 / 定价:49.00元

新媒体蓝皮书
中国新媒体发展报告NO.7（2016）
著(编)者:唐绪军　2016年7月出版 / 定价:79.00元

新媒体社会责任蓝皮书
中国新媒体社会责任研究报告（2016）
著(编)者:钟瑛　2016年10月出版 / 估价:79.00元

移动互联网蓝皮书
中国移动互联网发展报告（2016）
著(编)者:官建文　2016年6月出版 / 定价:79.00元

舆情蓝皮书
中国社会舆情与危机管理报告（2016）
著(编)者:谢耘耕　2016年8月出版 / 估价:98.00元

影视风控蓝皮书
中国影视舆情与风控报告（2016）
著(编)者:司若　2016年4月出版 / 定价:138.00元

地方发展类

安徽经济蓝皮书
芜湖创新型城市发展报告（2016）
著(编)者:张志宏　2016年8月出版 / 估价:69.00元

安徽蓝皮书
安徽社会发展报告（2016）
著(编)者:程桦　2016年4月出版 / 定价:89.00元

安徽社会建设蓝皮书
安徽社会建设分析报告（2015~2016）
著(编)者:黄家海 王开玉 蔡宪
2016年8月出版 / 估价:89.00元

澳门蓝皮书
澳门经济社会发展报告（2015~2016）
著(编)者:吴志良 郝雨凡　2016年6月出版 / 定价:98.00元

北京蓝皮书
北京公共服务发展报告（2015~2016）
著(编)者:施昌奎　2016年2月出版 / 定价:79.00元

北京蓝皮书
北京经济发展报告（2015~2016）
著(编)者:杨松　2016年6月出版 / 定价:79.00元

北京蓝皮书
北京社会发展报告（2015~2016）
著(编)者:李伟东　2016年6月出版 / 定价:79.00元

北京蓝皮书
北京社会治理发展报告（2015~2016）
著(编)者:殷星辰　2016年5月出版 / 定价:79.00元

北京蓝皮书
北京文化发展报告（2015~2016）
著(编)者:李建盛　2016年4月出版 / 定价:79.00元

北京旅游绿皮书
北京旅游发展报告（2016）
著(编)者:北京旅游学会　2016年8月出版 / 估价:88.00元

北京人才蓝皮书
北京人才发展报告（2016）
著(编)者:于淼　2016年12月出版 / 估价:128.00元

北京社会心态蓝皮书
北京社会心态分析报告（2015~2016）
著(编)者:北京社会心理研究所
2016年8月出版 / 估价:79.00元

北京社会组织管理蓝皮书
北京社会组织发展与管理（2015~2016）
著(编)者:黄江松　2016年8月出版 / 估价:78.00元

北京体育蓝皮书
北京体育产业发展报告（2016）
著(编)者:钟秉枢 陈杰 杨铁黎
2016年10月出版 / 估价:79.00元

北京养老产业蓝皮书
北京养老产业发展报告（2016）
著(编)者:周明明 冯喜良　2016年8月出版 / 估价:69.00元

滨海金融蓝皮书
滨海新区金融发展报告（2016）
著(编)者:王爱俭 张锐钢　2016年9月出版 / 估价:79.00元

城乡一体化蓝皮书
中国城乡一体化发展报告•北京卷（2015~2016）
著(编)者:张宝秀 黄序　2016年5月出版 / 定价:79.00元

创意城市蓝皮书
北京文化创意产业发展报告（2016）
著(编)者:张京成 王国华　2016年12月出版 / 估价:69.00元

创意城市蓝皮书
青岛文化创意产业发展报告（2016）
著(编)者:马达 张丹妮　2016年8月出版 / 估价:79.00元

创意城市蓝皮书
青岛文化创意产业发展报告（2016）
著(编)者:马达 张丹妮　2016年8月出版 / 估价:79.00元

创意城市蓝皮书
天津文化创意产业发展报告（2015~2016）
著(编)者:谢思全　2016年6月出版 / 定价:79.00元

创意城市蓝皮书
台北文化创意产业发展报告（2016）
著(编)者:陈耀竹 邱琪瑄　2016年11月出版 / 估价:89.00元

创意城市蓝皮书
无锡文化创意产业发展报告（2016）
著(编)者:谭军 张鸣年　2016年10月出版 / 估价:79.00元

创意城市蓝皮书
武汉文化创意产业发展报告（2016）
著(编)者:黄永林 陈汉桥　2016年12月出版 / 估价:89.00元

创意城市蓝皮书
重庆创意产业发展报告（2016）
著(编)者:程宇宁　2016年8月出版 / 估价:89.00元

地方法治蓝皮书
南宁法治发展报告（2016）
著(编)者:杨维超　2016年12月出版 / 估价:69.00元

福建妇女发展蓝皮书
福建省妇女发展报告（2016）
著(编)者:刘群英　2016年11月出版 / 估价:88.00元

福建自贸区蓝皮书
中国（福建）自由贸易实验区发展报告（2015~2016）
著(编)者:黄茂兴　2016年4月出版 / 定价:108.00元

甘肃蓝皮书
甘肃经济发展分析与预测（2016）
著(编)者:朱智文 罗哲　2016年1月出版 / 定价:79.00元

甘肃蓝皮书
甘肃社会发展分析与预测（2016）
著(编)者:安文华 包晓霞 谢增虎　2016年1月出版 / 定价:79.00元

甘肃蓝皮书
甘肃文化发展分析与预测（2016）
著(编)者:安文华 周小华　2016年1月出版 / 定价:79.00元

甘肃蓝皮书
甘肃县域和农村发展报告（2016）
著(编)者:刘进军 柳 民 王建兵
2016年1月出版 / 定价:79.00元

甘肃蓝皮书
甘肃舆情分析与预测（2016）
著(编)者:陈双梅 张谦元　2016年1月出版 / 定价:79.00元

甘肃蓝皮书
甘肃商贸流通发展报告（2016）
著(编)者:杨志武 王福生 王晓芳
2016年1月出版 / 定价:79.00元

广东蓝皮书
广东全面深化改革发展报告（2016）
著(编)者:周林生 涂成林　2016年11月出版 / 估价:69.00元

广东蓝皮书
广东社会工作发展报告（2016）
著(编)者:罗观翠　2016年8月出版 / 估价:89.00元

广东蓝皮书
广东省电子商务发展报告（2016）
著(编)者:程晓 邓顺国　2016年8月出版 / 估价:79.00元

广东社会建设蓝皮书
广东省社会建设发展报告（2016）
著(编)者:广东省社会工作委员会
2016年12月出版 / 估价:99.00元

广东外经贸蓝皮书
广东对外经济贸易发展研究报告（2015~2016）
著(编)者:陈万灵　2016年8月出版 / 估价:89.00元

广西北部湾经济区蓝皮书
广西北部湾经济区开放开发报告（2016）
著(编)者:广西北部湾经济区规划建设管理委员会办公室
广西社会科学院广西北部湾发展研究院
2016年10月出版 / 估价:79.00元

巩义蓝皮书
巩义经济社会发展报告（2016）
著(编)者:丁同民 朱军　2016年4月出版 / 定价:58.00元

广州蓝皮书
2016年中国广州经济形势分析与预测
著(编)者:庾建设 陈浩钿 谢博能　2016年7月出版 / 定价:85.00元

广州蓝皮书
2016年中国广州社会形势分析与预测
著(编)者:张强 陈怡霓 杨秦　2016年6月出版 / 定价:85.00元

广州蓝皮书
广州城市国际化发展报告（2016）
著(编)者:朱名宏　2016年11月出版 / 估价:69.00元

广州蓝皮书
广州创新型城市发展报告（2016）
著(编)者:尹涛　2016年10月出版 / 估价:69.00元

广州蓝皮书
广州经济发展报告（2016）
著(编)者:朱名宏　2016年8月出版 / 估价:69.00元

广州蓝皮书
广州农村发展报告（2016）
著(编)者:朱名宏　2016年8月出版 / 估价:69.00元

广州蓝皮书
广州汽车产业发展报告（2016）
著(编)者:杨再高 冯兴亚　2016年9月出版 / 估价:69.00元

广州蓝皮书
广州青年发展报告（2015～2016）
著(编)者:魏国华 张强　2016年8月出版 / 估价:69.00元

广州蓝皮书
广州商贸业发展报告（2016）
著(编)者:李江涛 肖振宇 荀振英
2016年8月出版 / 估价:69.00元

广州蓝皮书
广州社会保障发展报告（2016）
著(编)者:蔡国萱　2016年10月出版 / 估价:65.00元

广州蓝皮书
广州文化创意产业发展报告（2016）
著(编)者:甘新　2016年8月出版 / 估价:79.00元

广州蓝皮书
中国广州城市建设与管理发展报告（2016）
著(编)者:董皞 陈小钢 李江涛　2016年8月出版 / 估价:69.00元

广州蓝皮书
中国广州科技和信息化发展报告（2016）
著(编)者:邹采荣 马正勇 冯 元　2016年8月出版 / 估价:79.00元

广州蓝皮书
中国广州文化发展报告（2016）
著(编)者:徐俊忠 陆志强 顾涧清　2016年8月出版 / 估价:69.00元

贵阳蓝皮书
贵阳城市创新发展报告•白云篇（2016）
著(编)者:连玉明　2016年10月出版 / 估价:89.00元

贵阳蓝皮书
贵阳城市创新发展报告•观山湖篇（2016）
著(编)者:连玉明　2016年10月出版 / 估价:89.00元

贵阳蓝皮书
贵阳城市创新发展报告•花溪篇（2016）
著(编)者:连玉明　2016年10月出版 / 估价:89.00元

贵阳蓝皮书
贵阳城市创新发展报告•开阳篇（2016）
著(编)者:连玉明　2016年10月出版 / 估价:89.00元

贵阳蓝皮书
贵阳城市创新发展报告•南明篇（2016）
著(编)者:连玉明　2016年10月出版 / 估价:89.00元

贵阳蓝皮书
贵阳城市创新发展报告•清镇篇（2016）
著(编)者:连玉明　2016年10月出版 / 估价:89.00元

贵阳蓝皮书
贵阳城市创新发展报告•乌当篇（2016）
著(编)者:连玉明　2016年10月出版 / 估价:89.00元

贵阳蓝皮书
贵阳城市创新发展报告•息烽篇（2016）
著(编)者:连玉明　2016年10月出版 / 估价:89.00元

贵阳蓝皮书
贵阳城市创新发展报告•修文篇（2016）
著(编)者:连玉明　2016年10月出版 / 估价:89.00元

贵阳蓝皮书
贵阳城市创新发展报告•云岩篇（2016）
著(编)者:连玉明　2016年10月出版 / 估价:89.00元

贵州房地产蓝皮书
贵州房地产发展报告NO.3（2016）
著(编)者:武廷方　2016年8月出版 / 估价:89.00元

贵州蓝皮书
贵州册亨经济社会发展报告(2016)
著(编)者:黄德林　2016年3月出版 / 定价:79.00元

贵州蓝皮书
贵安新区发展报告（2015~2016）
著(编)者:马长青 吴大华　2016年6月出版 / 定价:79.00元

贵州蓝皮书
贵州法治发展报告（2016）
著(编)者:吴大华　2016年5月出版 / 定价:79.00元

贵州蓝皮书
贵州民航业发展报告（2016）
著(编)者:申振东 吴大华　2016年10月出版 / 估价:69.00元

贵州蓝皮书
贵州民营经济发展报告（2015）
著(编)者:杨静 吴大华　2016年3月出版 / 定价:79.00元

贵州蓝皮书
贵州人才发展报告（2016）
著(编)者:于杰 吴大华　2016年9月出版 / 估价:69.00元

贵州蓝皮书
贵州社会发展报告（2016）
著(编)者:王兴骥　2016年6月出版 / 定价:79.00元

海淀蓝皮书
海淀区文化和科技融合发展报告（2016）
著(编)者:陈名杰 孟景伟　2016年8月出版 / 估价:75.00元

海峡西岸蓝皮书
海峡西岸经济区发展报告（2016）
著(编)者:福建省人民政府发展研究中心
福建省人民政府发展研究中心咨询服务中心
2016年9月出版 / 估价:65.00元

杭州都市圈蓝皮书
杭州都市圈发展报告（2016）
著(编)者:沈翔 戚建国　2016年5月出版 / 定价:128.00元

杭州蓝皮书
杭州妇女发展报告（2016）
著(编)者:魏颖　2016年6月出版 / 定价:79.00元

河北经济蓝皮书
河北省经济发展报告（2016）
著(编)者:马树强 金浩 刘兵 张贵
2016年4月出版 / 定价:89.00元

河北蓝皮书
河北经济社会发展报告（2016）
著(编)者:郭金平　2016年1月出版 / 定价:79.00元

河北食品药品安全蓝皮书
河北食品药品安全研究报告（2016）
著(编)者:丁锦霞　2016年6月出版 / 定价:79.00元

河南经济蓝皮书
2016年河南经济形势分析与预测
著(编)者:胡五岳　2016年2月出版 / 定价:79.00元

河南蓝皮书
2016年河南社会形势分析与预测
著(编)者:刘道兴 牛苏林 2016年4月出版 / 定价79.00元

河南蓝皮书
河南城市发展报告（2016）
著(编)者:张占仓 王建国 2016年5月出版 / 定价:69.00元

河南蓝皮书
河南法治发展报告（2016）
著(编)者:丁同民 张林海 2016年5月出版 / 定价:79.00元

河南蓝皮书
河南工业发展报告（2016）
著(编)者:张占仓 丁同民 2016年5月出版 / 定价:69.00元

河南蓝皮书
河南金融发展报告（2016）
著(编)者:河南省社会科学院 2016年8月出版 / 估价:69.00元

河南蓝皮书
河南经济发展报告（2016）
著(编)者:张占仓 2016年3月出版 / 定价:79.00元

河南蓝皮书
河南农业农村发展报告（2016）
著(编)者:吴海峰 2016年8月出版 / 估价:69.00元

河南蓝皮书
河南文化发展报告（2016）
著(编)者:卫绍生 2016年3月出版 / 定价:78.00元

河南商务蓝皮书
河南商务发展报告（2016）
著(编)者:焦锦淼 穆荣国 2016年6月出版 / 定价:88.00元

黑龙江产业蓝皮书
黑龙江产业发展报告（2016）
著(编)者:于渤 2016年10月出版 / 估价:79.00元

黑龙江蓝皮书
黑龙江经济发展报告（2016）
著(编)者:朱宇 2016年1月出版 / 定价:79.00元

黑龙江蓝皮书
黑龙江社会发展报告（2016）
著(编)者:谢宝禄 2016年1月出版 / 定价:79.00元

湖南城市蓝皮书
区域城市群整合（主题待定）
著(编)者:童中贤 韩未名 2016年12月出版 / 估价:79.00元

湖南蓝皮书
2016年湖南产业发展报告
著(编)者:梁志峰 2016年5月出版 / 定价:128.00元

湖南蓝皮书
2016年湖南电子政务发展报告
著(编)者:梁志峰 2016年5月出版 / 定价:128.00元

湖南蓝皮书
2016年湖南经济展望
著(编)者:梁志峰 2016年5月出版 / 定价:128.00元

湖南蓝皮书
2016年湖南两型社会与生态文明发展报告
著(编)者:梁志峰 2016年5月出版 / 定价:128.00元

湖南蓝皮书
2016年湖南社会发展报告
著(编)者:梁志峰 2016年5月出版 / 定价:128.00元

湖南蓝皮书
2016年湖南县域经济社会发展报告
著(编)者:梁志峰 2016年5月出版 / 定价:98.00元

湖南蓝皮书
湖南城乡一体化发展报告（2016）
著(编)者:陈文胜 王文强 陆福兴 邝奕轩
2016年6月出版 / 定价:89.00元

湖南县域绿皮书
湖南县域发展报告 NO.3
著(编)者:袁准 周小毛 2016年9月出版 / 估价:69.00元

沪港蓝皮书
沪港发展报告（2015~2016）
著(编)者:尤安山 2016年8月出版 / 估价:89.00元

京津冀金融蓝皮书
京津冀金融发展报告（2015）
著(编)者:王爱俭 李向前 2016年3月出版 / 定价:89.00元

吉林蓝皮书
2016年吉林经济社会形势分析与预测
著(编)者:马克 2015年12月出版 / 定价:79.00元

吉林省城市竞争力蓝皮书
吉林省城市竞争力报告（2015）
著(编)者:崔岳春 张磊 2016年3月出版 / 定价:69.00元

济源蓝皮书
济源经济社会发展报告（2016）
著(编)者:喻新安 2016年8月出版 / 估价:69.00元

健康城市蓝皮书
北京健康城市建设研究报告（2016）
著(编)者:王鸿春 2016年8月出版 / 估价:79.00元

江苏法治蓝皮书
江苏法治发展报告 NO.5（2016）
著(编)者:李力 龚廷泰 2016年9月出版 / 估价:98.00元

江西蓝皮书
江西经济社会发展报告（2016）
著(编)者:张勇 姜玮 梁勇 2016年10月出版 / 估价:79.00元

江西文化产业蓝皮书
江西文化产业发展报告（2016）
著(编)者:张圣才 汪春翔 2016年10月出版 / 估价:128.00元

经济特区蓝皮书
中国经济特区发展报告（2016）
著(编)者:陶一桃　2016年12月出版 / 估价:89.00元

辽宁蓝皮书
2016年辽宁经济社会形势分析与预测
著(编)者:曹晓峰　梁启东
2016年1月出版 / 定价:79.00元

拉萨蓝皮书
拉萨法治发展报告（2016）
著(编)者:车明怀　2016年8月出版 / 估价:79.00元

洛阳蓝皮书
洛阳文化发展报告（2016）
著(编)者:刘福兴 陈启明　2016年8月出版 / 估价:79.00元

南京蓝皮书
南京文化发展报告（2016）
著(编)者:徐宁　2016年12月出版 / 估价:79.00元

内蒙古蓝皮书
内蒙古反腐倡廉建设报告 NO.2
著(编)者:张志华 无极　2016年12月出版 / 估价:69.00元

浦东新区蓝皮书
上海浦东经济发展报告（2016）
著(编)者:沈开艳 周奇　2016年1月出版 / 定价:69.00元

青海蓝皮书
2016年青海经济社会形势分析与预测
著(编)者:陈玮　2015年12月出版 / 定价:79.00元

人口与健康蓝皮书
深圳人口与健康发展报告（2016）
著(编)者:陆杰华 罗乐宣 苏杨
2016年11月出版 / 估价:89.00元

山东蓝皮书
山东经济形势分析与预测（2016）
著(编)者:李广杰　2016年11月出版 / 估价:89.00元

山东蓝皮书
山东社会形势分析与预测（2016）
著(编)者:涂可国　2016年8月出版 / 估价:89.00元

山东蓝皮书
山东文化发展报告（2016）
著(编)者:张华 唐洲雁　2016年8月出版 / 估价:98.00元

山西蓝皮书
山西资源型经济转型发展报告（2016）
著(编)者:李志强　2016年8月出版 / 估价:89.00元

陕西蓝皮书
陕西经济发展报告（2016）
著(编)者:任宗哲 白宽犁 裴成荣
2015年12月出版 / 定价:69.00元

陕西蓝皮书
陕西社会发展报告（2016）
著(编)者:任宗哲 白宽犁 牛昉
2015年12月出版 / 定价:69.00元

陕西蓝皮书
陕西文化发展报告（2016）
著(编)者:任宗哲 白宽犁 王长寿
2015年12月出版 / 定价:69.00元

陕西蓝皮书
丝绸之路经济带发展报告（2015~2016）
著(编)者:任宗哲 白宽犁 谷孟宾
2015年12月出版 / 定价:75.00元

上海蓝皮书
上海传媒发展报告（2016）
著(编)者:强荧 焦雨虹　2016年1月出版 / 定价:79.00元

上海蓝皮书
上海法治发展报告（2016）
著(编)者:叶青　2016年6月出版 / 定价:79.00元

上海蓝皮书
上海经济发展报告（2016）
著(编)者:沈开艳　2016年1月出版 / 定价:79.00元

上海蓝皮书
上海社会发展报告（2016）
著(编)者:杨雄　周海旺　2016年1月出版 / 定价:79.00元

上海蓝皮书
上海文化发展报告（2016）
著(编)者:荣跃明　2016年1月出版 / 定价:79.00元

上海蓝皮书
上海文学发展报告（2016）
著(编)者:陈圣来　2016年6月出版 / 定价:79.00元

上海蓝皮书
上海资源环境发展报告（2016）
著(编)者:周冯琦 汤庆合 任文伟
2016年1月出版 / 定价:79.00元

上饶蓝皮书
上饶发展报告（2015～2016）
著(编)者:朱寅健　2016年8月出版 / 估价:128.00元

社会建设蓝皮书
2016年北京社会建设分析报告
著(编)者:宋贵伦 冯虹　2016年8月出版 / 估价:79.00元

深圳蓝皮书
深圳法治发展报告（2016）
著(编)者:张骁儒　2016年6月出版 / 定价:69.00元

深圳蓝皮书
深圳经济发展报告（2016）
著(编)者:张骁儒　2016年8月出版 / 估价:89.00元

深圳蓝皮书
深圳劳动关系发展报告（2016）
著(编)者:汤庭芬　2016年6月出版 / 定价:69.00元

深圳蓝皮书
深圳社会建设与发展报告（2016）
著(编)者:张骁儒 陈东平　2016年7月出版 / 定价:79.00元

深圳蓝皮书
深圳文化发展报告(2016)
著(编)者:张骁儒　2016年8月出版 / 估价:69.00元

四川法治蓝皮书
四川依法治省年度报告 NO.2（2016）
著(编)者:李林 杨天宗 田禾
2016年3月出版 / 定价:108.00元

四川蓝皮书
2016年四川经济形势分析与预测
著(编)者:杨钢　2016年1月出版 / 定价:98.00元

四川蓝皮书
四川城镇化发展报告（2016）
著(编)者:侯水平 陈炜　2016年4月出版 / 定价:75.00元

四川蓝皮书
四川法治发展报告（2016）
著(编)者:郑泰安　2016年8月出版 / 估价:69.00元

四川蓝皮书
四川企业社会责任研究报告（2015～2016）
著(编)者:侯水平 盛毅 翟刚　2016年4月出版 / 定价:79.00元

四川蓝皮书
四川社会发展报告（2016）
著(编)者:李羚　2016年5月出版 / 定价:79.00元

四川蓝皮书
四川生态建设报告（2016）
著(编)者:李晟之　2016年4月出版 / 定价:75.00元

四川蓝皮书
四川文化产业发展报告（2016）
著(编)者:向宝云 张立伟　2016年4月出版 / 定价:79.00元

西咸新区蓝皮书
西咸新区发展报告（2011~2015）
著(编)者:李扬 王军　2016年6月出版 / 定价:89.00元

体育蓝皮书
上海体育产业发展报告（2015～2016）
著(编)者:张林 黄海燕　2016年10月出版 / 估价:79.00元

体育蓝皮书
长三角地区体育产业发展报告（2015～2016）
著(编)者:张林　2016年8月出版 / 估价:79.00元

天津金融蓝皮书
天津金融发展报告（2016）
著(编)者:王爱俭 孔德昌　2016年9月出版 / 估价:89.00元

图们江区域合作蓝皮书
图们江区域合作发展报告（2016）
著(编)者:李铁　2016年6月出版 / 定价:98.00元

温州蓝皮书
2016年温州经济社会形势分析与预测
著(编)者:潘忠强 王春光 金浩　2016年4月出版 / 定价:69.00元

扬州蓝皮书
扬州经济社会发展报告（2016）
著(编)者:丁纯　2016年12月出版 / 估价:89.00元

长株潭城市群蓝皮书
长株潭城市群发展报告（2016）
著(编)者:张萍　2016年10月出版 / 估价:69.00元

郑州蓝皮书
2016年郑州文化发展报告
著(编)者:王哲　2016年9月出版 / 估价:65.00元

中医文化蓝皮书
北京中医药文化传播发展报告（2016）
著(编)者:毛嘉陵　2016年8月出版 / 估价:79.00元

珠三角流通蓝皮书
珠三角商圈发展研究报告（2016）
著(编)者:王先庆 林至颖　2016年8月出版 / 估价:98.00元

遵义蓝皮书
遵义发展报告（2016）
著(编)者:曾征 龚永育　2016年12月出版 / 估价:69.00元

国别与地区类

阿拉伯黄皮书
阿拉伯发展报告（2015～2016）
著(编)者:罗林　2016年11月出版 / 估价:79.00元

北部湾蓝皮书
泛北部湾合作发展报告（2016）
著(编)者:吕余生　2016年10月出版 / 估价:69.00元

大湄公河次区域蓝皮书
大湄公河次区域合作发展报告（2016）
著(编)者:刘稚　2016年9月出版 / 估价:79.00元

大洋洲蓝皮书
大洋洲发展报告（2015～2016）
著(编)者:喻常森　2016年10月出版 / 估价:89.00元

德国蓝皮书
德国发展报告（2016）
著(编)者:郑春荣　2016年6月出版 / 定价:79.00元

东北亚黄皮书
东北亚地区政治与安全（2016）
著(编)者:黄凤志 刘清才 张慧智 等
2016年8月出版 / 估价:69.00元

东盟黄皮书
东盟发展报告（2016）
著(编)者:杨晓强 庄国土　2016年8月出版 / 定价:89.00元

东南亚蓝皮书
东南亚地区发展报告（2015～2016）
著(编)者:厦门大学东南亚研究中心　王勤
2016年8月出版 / 估价:79.00元

俄罗斯黄皮书
俄罗斯发展报告（2016）
著(编)者:李永全　2016年7月出版 / 定价:89.00元

非洲黄皮书
非洲发展报告 NO.18（2015～2016）
著(编)者:张宏明　2016年9月出版 / 估价:79.00元

国际安全蓝皮书
中国国际安全研究报告(2016)
著(编)者:刘 慧　2016年7月出版 / 定价:98.00元

国际形势黄皮书
全球政治与安全报告（2016）
著(编)者:李慎明　张宇燕
2015年12月出版 / 定价:69.00元

韩国蓝皮书
韩国发展报告（2016）
著(编)者:牛林杰 刘宝全
2016年12月出版 / 估价:89.00元

加拿大蓝皮书
加拿大发展报告（2016）
著(编)者:仲伟合　2016年8月出版 / 估价:89.00元

拉美黄皮书
拉丁美洲和加勒比发展报告（2015～2016）
著(编)者:吴白乙　2016年6月出版 / 定价:89.00元

美国蓝皮书
美国研究报告（2016）
著(编)者:郑秉文 黄平　2016年5月出版 / 定价:89.00元

缅甸蓝皮书
缅甸国情报告（2016）
著(编)者:李晨阳　2016年8月出版 / 估价:79.00元

欧洲蓝皮书
欧洲发展报告（2015～2016）
著(编)者:黄平 周弘 江时学
2016年6月出版 / 定价:89.00元

日本经济蓝皮书
日本经济与中日经贸关系研究报告（2016）
著(编)者:张季风　2016年5月出版 / 定价:89.00元

日本蓝皮书
日本研究报告（2016）
著(编)者:杨柏江　2016年5月出版 / 定价:89.00元

上海合作组织黄皮书
上海合作组织发展报告（2016）
著(编)者:李进峰 吴宏伟 李少捷
2016年6月出版 / 定价:89.00元

世界创新竞争力黄皮书
世界创新竞争力发展报告（2016）
著(编)者:李闽榕 李建平 赵新力
2016年8月出版 / 估价:148.00元

土耳其蓝皮书
土耳其发展报告（2016）
著(编)者:郭长刚 刘义　2016年8月出版 / 估价:69.00元

亚太蓝皮书
亚太地区发展报告（2016）
著(编)者:李向阳　2016年5月出版 / 定价:79.00元

印度蓝皮书
印度国情报告（2016）
著(编)者:吕昭义　2016年8月出版 / 估价:89.00元

印度洋地区蓝皮书
印度洋地区发展报告（2016）
著(编)者:汪戎　2016年8月出版 / 估价:89.00元

英国蓝皮书
英国发展报告（2015～2016）
著(编)者:王展鹏　2016年10月出版 / 估价:89.00元

越南蓝皮书
越南国情报告（2016）
著(编)者:广西社会科学院 罗梅 李碧华
2016年8月出版 / 估价:69.00元

越南蓝皮书
越南经济发展报告（2016）
著(编)者:黄志勇　2016年10月出版 / 估价:69.00元

以色列蓝皮书
以色列发展报告（2016）
著(编)者:张倩红　2016年9月出版 / 估价:89.00元

中东黄皮书
中东发展报告 NO.18（2015～2016）
著(编)者:杨光　2016年10月出版 / 估价:89.00元

中亚黄皮书
中亚国家发展报告（2016）
著(编)者:孙力 吴宏伟　2016年7月出版 / 定价:98.00元

皮书起源

“皮书”起源于十七、十八世纪的英国，主要指官方或社会组织正式发表的重要文件或报告，多以“白皮书”命名。在中国，“皮书”这一概念被社会广泛接受，并被成功运作、发展成为一种全新的出版形态，则源于中国社会科学院社会科学文献出版社。

皮书定义

皮书是对中国与世界发展状况和热点问题进行年度监测，以专业的角度、专家的视野和实证研究方法，针对某一领域或区域现状与发展态势展开分析和预测，具备原创性、实证性、专业性、连续性、前沿性、时效性等特点的公开出版物，由一系列权威研究报告组成。

皮书作者

皮书系列的作者以中国社会科学院、著名高校、地方社会科学院的研究人员为主，多为国内一流研究机构的权威专家学者，他们的看法和观点代表了学界对中国与世界的现实和未来最高水平的解读与分析。

皮书荣誉

皮书系列已成为社会科学文献出版社的著名图书品牌和中国社会科学院的知名学术品牌。2011 年，皮书系列正式列入“十二五”国家重点出版规划项目；2012~2015 年，重点皮书列入中国社会科学院承担的国家哲学社会科学创新工程项目；2016 年，46 种院外皮书使用“中国社会科学院创新工程学术出版项目”标识。

中国皮书网

www.pishu.cn

发布皮书研创资讯，传播皮书精彩内容

引领皮书出版潮流，打造皮书服务平台

栏目设置：

- □ 资讯：皮书动态、皮书观点、皮书数据、皮书报道、皮书发布、电子期刊
- □ 标准：皮书评价、皮书研究、皮书规范
- □ 服务：最新皮书、皮书书目、重点推荐、在线购书
- □ 链接：皮书数据库、皮书博客、皮书微博、在线书城
- □ 搜索：资讯、图书、研究动态、皮书专家、研创团队

中国皮书网依托皮书系列“权威、前沿、原创”的优质内容资源，通过文字、图片、音频、视频等多种元素，在皮书研创者、使用者之间搭建了一个成果展示、资源共享的互动平台。

自2005年12月正式上线以来，中国皮书网的IP访问量、PV浏览量与日俱增，受到海内外研究者、公务人员、商务人士以及专业读者的广泛关注。

2008年、2011年，中国皮书网均在全国新闻出版业网站荣誉评选中获得“最具商业价值网站”称号；2012年，获得“出版业网站百强”称号。

2014年，中国皮书网与皮书数据库实现资源共享，端口合一，将提供更丰富的内容，更全面的服务。

皮书大事记
（2015）

☆　2015年11月9日，社会科学文献出版社2015年皮书编辑出版工作会议召开，会议就皮书装帧设计、生产营销、皮书评价以及质检工作中的常见问题等进行交流和讨论，为2016年出版社的融合发展指明了方向。

☆　2015年11月，中国社会科学院2015年度纳入创新工程后期资助名单正式公布，《社会蓝皮书：2015年中国社会形势分析与预测》等41种皮书纳入2015年度“中国社会科学院创新工程学术出版资助项目”。

☆　2015年8月7~8日，由中国社会科学院主办，社会科学文献出版社和湖北大学共同承办的“第十六次全国皮书年会（2015）：皮书研创与中国话语体系建设”在湖北省恩施市召开。中国社会科学院副院长李培林，国家新闻出版广电总局原副总局长、中国出版协会常务副理事长邬书林，湖北省委宣传部副部长喻立平，中国社会科学院科研局局长马援，国家新闻出版广电总局出版管理司副司长许正明，中共恩施州委书记王海涛，社会科学文献出版社社长谢寿光，湖北大学党委书记刘建凡等相关领导出席开幕式。来自中国社会科学院、地方社会科学院及高校、政府研究机构的领导及近200个皮书课题组的380多人出席了会议，会议规模又创新高。会议宣布了2016年授权使用“中国社会科学院创新工程学术出版项目”标识的院外皮书名单，并颁发了第六届优秀皮书奖。

☆　2015年4月28日，“第三届皮书学术评审委员会第二次会议暨第六届优秀皮书奖评审会”在京召开。中国社会科学院副院长李培林、蔡昉出席会议并讲话，国家新闻出版广电总局原副局长、中国出版协会常务副理事长邬书林也出席本次会议。会议分别由中国社会科学院科研局局长马援和社会科学文献出版社社长谢寿光主持。经分学科评审和大会汇评，最终匿名投票评选出第六届“优秀皮书奖”和“优秀皮书报告奖”书目。此外，该委员会还根据《中国社会科学院皮书管理办法》，审议并投票评选出2015年纳入中国社会科学院创新工程项目的皮书和2016年使用“中国社会科学院创新工程学术出版项目”标识的院外皮书。

☆　2015年1月30~31日，由社会科学文献出版社皮书研究院组织的2014年版皮书评价复评会议在京召开。皮书学术评审委员会部分委员、相关学科专家、学术期刊编辑、资深媒体人等近50位评委参加本次会议。中国社会科学院科研局局长马援、社会科学文献出版社社长谢寿光出席开幕式并发表讲话，中国社会科学院科研成果处处长薛增朝出席闭幕式并做发言。

更多信息请登录

皮书数据库
http://www.pishu.com.cn

中国皮书网
http://www.pishu.cn

皮书微博
http://weibo.com/pishu

皮书博客
http://blog.sina.com.cn/pishu

皮书微信“皮书说”

规律[①]。秦汉新城要充分把握文物旅游发展的机遇和规律，建立和完善促进文物旅游发展的相关制度，以文物旅游业为龙头带动新型产业的崛起。

第一，创新文物利用的经营机制和资金机制。①经营机制首先必须明确两个范围：经营的空间范围、业务范围。其一，要根据遗产的具体情况，明确文物经营的空间范围，明确什么区域内必须实行严格保护，禁止经营性活动的进入；什么区域可以允许市场主体进行适当开发。其二，要确定业务范围，明确市场和政府的边界。明确严格禁止的和可以适当经营的业务种类。涉及文物本体保护的核心业务和公益性较强的业务类型（如文物本体的参观、展览），只能由政府承担；消费弹性较大的餐饮、住宿、休闲和衍生品等业务，允许市场参与经营。市场主体的参与可采用特许经营的方式，但必须出台规范，建立详细的分类技术标准，对交易方式、经营空间范围和业务范围、经营主体身份等做出详细的规定。②资金机制上保证财政投入，扩大市场和社会渠道的资金来源并执行“收支两条线”。文物管理机构的上级行政管理单位不能下达创收指标，相关经营收入可以部分上缴国家相关部门，其余只能用于改善旅游地的管理（不完全的收支两条线）。对特许经营的收入，要执行严格的“收支两条线”，将其纳入财政预算管理。

第二，促进文物旅游管理体制的统一和规范改革。首先，要构建“统一管理、权责明确”的管理成员框架。明确文物旅游发展中各类事权的负责部门，通过“三定”方案和发展规划等明确文物部门和旅游部门的相应地位和权力，精简管理成员的数量。建立充分的协商机制，针对文物旅游发展所涉及的方方面面问题，吸纳其他相关部门和社会力量参与管理。其次，要制定针对文物旅游的规范且系统的法律法规和行业标准。各个部门应参照统一的法规标准进行管理，明确管理成员与相应权责。继续细化各相关部门的管理范围与相应权责，尤其要明确、细化发生冲突时的协商与解决方式。对基层文物机构，要从规范机构、提升级别、加强职能、扩大编制4个方面

① 具体说明参见2013年蓝皮书主题报告第三章。

着手，增强权能和强化保护基础工作，在文物妥善保护基础上，探索扩大文物利用的范围。

第三，促进馆藏文物利用效率的提升。在秦汉新城现有场馆中改革体制机制，扩大馆藏文物合理利用的范围，并提升利用效率。①创造条件，有序开放文物库房。构建库房开放的管理制度，加强文物的规范化和标准化管理，提升文物的鉴定、编目、检索和流通效率，为文物库房开放奠定基础。建构博物馆信息资源数字化平台，使文物的管理从人工走向数字化、网络化。②建立健全馆藏文物共享机制和文物策展人事制度。对于国有博物馆中的文物，通过调拨、交换、借用等方式实现流动，优化馆藏结构，保持开放的心态，出台有针对性和可操作性的实施细则，实行规范化运作。对于在交流、巡展和贡献文物方面贡献突出的单位，出台相应的鼓励和奖励措施。从人事管理机制入手，建立策展人事制度：明确策展人在博物馆人才体系中的地位，将其纳入培训计划，建立相应的学术组织、人才库、专家库；建立外部人才与正式人员相对等的激励机制。探索博物馆与社会力量联合策展的新模式。

3.3.3 推进文化遗产特色的城市副中心建设

建设城市副中心是缓解大城市核心区“城市病”的重要方式，也是转变城市群发展模式的重大战略创新。城市副中心建设有助于秦汉新城创新城市发展方式，即依托于文化遗产保护的正外部性，直接服务于市民的生产生活，促进城市发展特色的形成和凸显，探索依托特色资源而非盲目上马工业项目的发展道路。这方面可借鉴上海临港新城的经验，构建特别机制和特殊政策，推动秦汉新城成为国家新区中的“特区”。

特别机制包含四条：

创新管理和考核机制。将秦汉新城建设融入国家战略，成立国家级协调规划机构统筹推动。全面取消以 GDP 为主要指标的考核模式，建立以生态和文化为指标的考核体系。

构建文物补偿机制。在执行生态补偿机制基础上，构建完善的文物相关补偿机制。补偿由中央财政承担重要事权，统筹生态补偿和文物补偿多种渠道专项资金，用于秦汉新城的发展。主要有两方面：对限制了其生产资源的用途或使用强度的情况进行补偿，如建控地带的保护性征拆安置、限耕限挖、产业限制等；对保护人员付出的劳务成本进行补偿，如社会参与文物保护的管护成本和私人文物保护的成本等。出台文物相关补偿的具体规范，针对不同的补偿对象实施不同补偿目标和标准。文物相关补偿需要其他相关制度（如土地产权制度、不动产登记制度及遗址管理机构的管理单位体制等）进行配套调整。

构建“多规合一”试点。建立“多规合一”试点，优化新城土地利用规划，形成更加科学合理的“产城文”融合规划布局。

构建优势互补、多元开发机制。大力吸引资金充裕、经验丰富的开发主体，依照相关法律和规定参与新城土地开发、遗产保护等。

特殊政策包含四条：

加大资金支持。在税收上执行特殊政策，产业企业缴纳的新增税收市级、省级税收部分，经省政府批准后用于新城发展资金。地方土地出让方收入，在扣除国家及省级规定计提的专项资金后，全部用于支持秦汉新城发展。

加大用地政策支持。创新土地利用方式，提高土地节约、集约利用水平，实行土地指标单列，在西安和咸阳范围内统筹实施耕地占补平衡。

加大对新型产业的支持。对与文化遗产保护和利用相关的文化旅游、生态旅游、文化创意、高端居住等产业，鼓励优先在秦汉新城布局。省市两级财政安排产业发展专项资金加大扶持力度。

加大人才吸引和集聚政策的支持力度。加大资金支持，强化全过程服务，优化创业和居住环境，加快吸引创新创业人才。对秦汉新城引进的紧缺急需人才，可以直接落户。对秦汉新城企业、重点机构引进的紧缺急需专业人才和高技能人才，可以申办人才居住证。

同时，在创新土地利用方式、完善产业准入和退出机制、构建品牌管理体系、加强人才培养和引进等领域推动综合改革，实现秦汉新城各项事业的协同发展。通过执行特别机制和特殊政策，推动秦汉新城在功能定位、管理权限、政策支持方面都成为国家级新区中的“特区”。

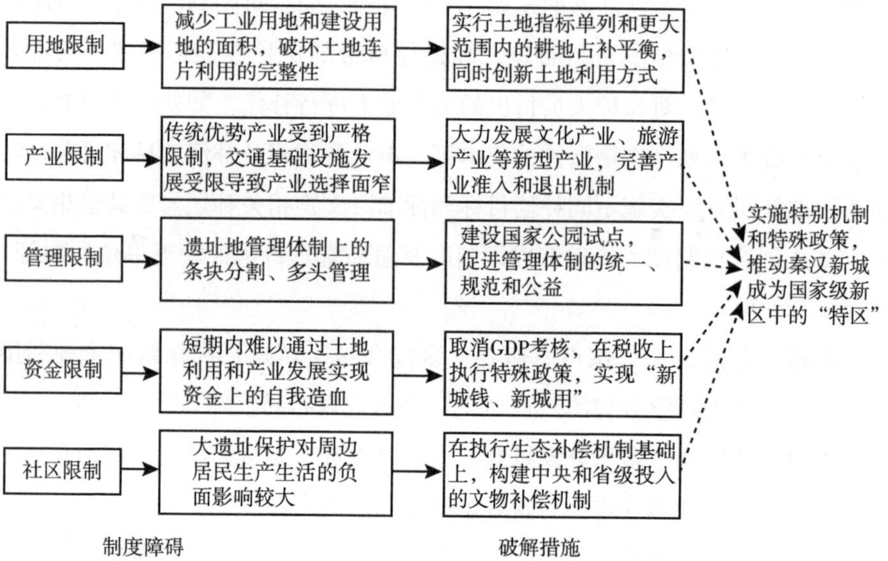

图主3-2　文化遗产破解秦汉新城发展障碍的措施

总结起来，秦汉新城未来创新城市发展的路径包含构建国家公园体制、发展特色产业功能区、打造文化遗产特色城市副中心三个方面。这三个方面都建立在遗产资源“保护好了”的基础之上，能够突破文化遗产给新区造成的发展限制（见图主3-2），**在各个领域都“要见效益”**。

第一，构建国家公园管理体制，可以获得数额较大的国家公园建设资金、中央和省级的各项生态补偿资金，以及文物系统的中央重点文物保护专项补助资金，依托国家公园建立完善的特许经营制度，可以吸引市场主体投入公园建设。

第二，发展特色产业，能够充分发挥西安、咸阳在旅游产业、文化产业等领域的优势，吸引各类开发主体，在不破坏资源的情况下实现地区生产总值和财政税收的增长。

第三，打造城市副中心，能够在税收、土地出让收益、土地指标上获得上级更大力度的支持，在人才、医疗、教育等各项制度领域享有特殊政策（见图主3-3）。

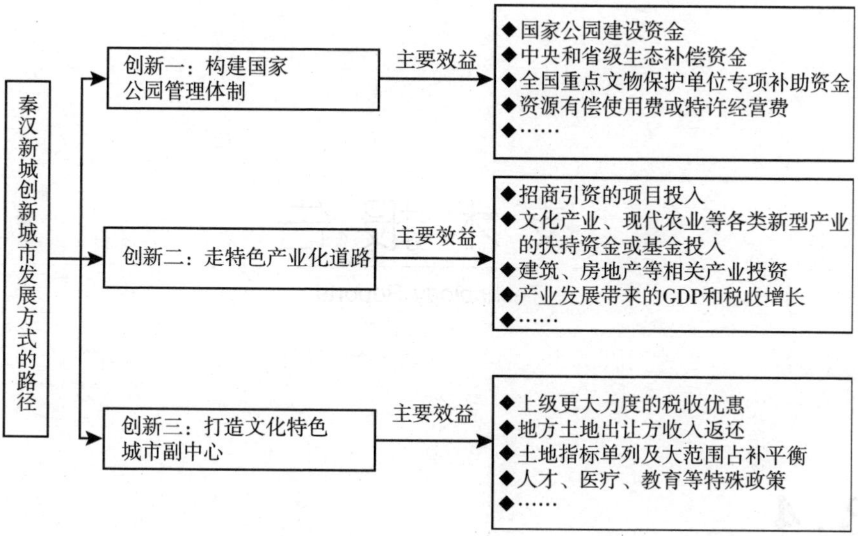

图主 3－3　秦汉新城创新城市发展方式的路径和主要效益

（本章主要执笔人：卓杰、王宇飞、魏钰、
李芸、汤澄、胡艺馨）

技术报告

Technology Reports

B.4

第一章

文化遗产与中国梦的关系及其互动形式

中国梦是中国人未来民富国强的象征性概括，反映既往荣光和现实传承的文化遗产则是中国梦的现实证据和发展支撑。正如中央领导所言："文物工作在培育社会主义核心价值观、实现中华民族伟大复兴的中国梦、彰显文明大国形象中的作用不可替代。"① 文化遗产既有助于国民理解中国梦，也可能为实现中国梦提供物质基础和打造发展平台。有文化遗产的中国梦是厚重的、有望成真的中国梦——这需要深刻理解文化遗产与中国梦的关系，尤其是博物馆与中国梦的关系，还有博物馆成为城市文化平台的重要意义。

① 引自2016年全国文物工作会议上中共中央政治局委员、国务院副总理刘延东的发言。

1　博物馆与中国梦的关系

中国梦是中华民族伟大复兴的高度凝练。承担了文化多功能平台作用的博物馆，有三个“代表”，在“十二五”期间与中国梦历史性地发生了这样的关系：国博阐释中国梦，首博激发中国梦，西博承载中国梦[①]。中国的博物馆从没有像现在这样被国家领袖频繁关注。

2012 年 11 月 29 日，习近平总书记在国博参观“复兴之路”展览时提出：“实现中华民族伟大复兴，就是中华民族近代以来最伟大的梦想。”这是他对“中国梦”概念的首次阐释，也是新一届中央领导集体的重要执政理念。2014 年 2 月 25 日，习总书记在首博考察时指出，搞历史博物展览，为的是见证历史、以史鉴今、启迪后人，要在展览的同时高度重视修史修志，让文物说话、把历史智慧告诉人们，激发我们的民族自豪感和自信心，坚定全体人民振兴中华、实现中国梦的信心和决心。2015 年 2 月 15 日，习总书记在西博考察时强调，一个博物院就是一所大学校，要把凝结着中华民族传统文化的文物保护好、管理好，同时加强研究和利用，让历史说话，让文物说话，在传承祖先的成就和光荣、增强民族自尊和自信的同时，谨记历史的挫折和教训，少走弯路、更好前进。

习总书记洞悉历史和现实，在国博首次阐释“中国梦”，为世界上每一位炎黄子孙勾画出了中华民族伟大复兴的共同奋斗目标；在首博首次指出，要让文物说话，用历史智慧激发民族自豪感和自信心，使博物馆陈列展览成为激发中国梦的重要方式和手段；在西博首次强调，“一个博物院就是一所大学校”，将博物馆提升为共筑中国梦的重要载体和平台。国博阐释中国梦，首博激发中国梦，西博承载中国梦。习总书记在三个博物馆“三讲”中国梦，中国的博物馆荣幸地成为中国梦的讲台。学习习总书记关于博物馆工作的重要论述，使我们深刻认识到，在实现中华民族伟大复

① “国博”指国家博物馆，“首博”指首都博物馆，“西博”指西安博物院。下文均使用简称。

兴的中国梦的伟大征程中，中国博物馆不仅有可为，还要有所为，更应当大有所为。

1.1 博物馆是诠释中国梦的历史脚注

历史上的辉煌和近代的屈辱形成的巨大反差，使中华民族伟大复兴成为全世界炎黄子孙共同的心结。“物以载道，形以传神”，中国博物馆所珍藏的历史文物，作为中华优秀传统文化的物化结晶，正是诠释中国梦弥足珍贵的历史脚注。

中华民族多元一体、向心内聚，创造了博大精深、历久弥新的中华优秀传统文化，把56个民族、13亿多人紧紧凝聚在一起，创造了各民族和睦共处的美好家园；中华文明海纳百川、一脉相承，是世界上唯一几千年来不断延续、传承至今的文明，为世界文明进步做出过巨大的贡献。炎黄子孙、龙的传人、宅兹中国、汉唐盛景，纵横五千里，上下五千年。中国博物馆所收藏的珍贵历史文物，是中华民族集体记忆中的精粹、中华文明璀璨王冠上的明珠。“文物无言，历史有声”，这些珍贵的历史文物，可以清晰地还原中华优秀传统文化的历史印记，准确地标识中华民族伟大复兴的起航锚点，鲜活地再现中华民族血脉相连的文化基因，是中国灿烂文化、悠久历史的生动写照，是中国之所以为中国、华夏之所以为华夏、中华文明之所以为中华文明最强有力的物证。

实现中华民族伟大复兴的中国梦，就是要实现国家富强、民族振兴、人民幸福。中国博物馆珍藏的相关历史文物，是中华民族勤劳勇敢、自强不息的智慧结晶，鲜活地展现出国家开放包容、民族自强自立、人民生活幸福的生动画卷。做好这些馆藏文物的保护、管理与研究利用工作，使祖先留下的这些凝结着中国智慧与民族荣耀、灿若星辰的珍贵文化遗产传诸后世，让历史说话，让文物说话，用“中国智慧”启迪当代与未来，用璀璨中华文明坚定全民族共同投身“全面建成小康社会”总目标的信念。

中国梦凝聚着几代中国人的夙愿，是中华儿女们的共同期盼。鸦片战争以后，中华民族蒙受了百年的外族入侵和内部战争，中国人民遭遇了极大的灾难和痛苦，这是深藏于每一位中国人心中的挫折与伤痛，是每一位中华儿女生命中不能承受之重。中国博物馆馆藏的相关文物，是开展国史、党史、民族史教育的生动教材，可以让民众领悟到中华民族历经磨难、百折不回的精神，从历史的回响中汲取前进的智慧，还可以深刻地昭示出，中国特色社会主义道路是强国富民、民族复兴的必由轨迹。

这些珍贵的馆藏文物还展现了中华民族历来追求合作共赢，与世界人民和平发展的海纳百川、和而不同；立足“一带一路”等国家宏观战略构想，可以通过深化馆藏文物研究、凝练跨领域、跨地域课题、筹组主旨性展览，使之成为中华文化的承载者和传播者，成为国家的“文化使者”和“金名片”，用历史的声音告诉世界，中国梦与世界各国人民息息相通、紧密相连。

因此，把这些“凝结着中华民族传统文化的文物保护好、管理好”是中国博物馆共筑中国梦的历史责任。要以高度的历史责任感、专业的职业操守、规范的管理方法、科学的保护技术，按照新颁布的《博物馆条例》的各项要求，保护好、管理好这些珍贵的历史文物，以珍藏民族记忆、守护中华文明，留住文化根脉、守住民族之魂，以物载道、以史鉴今。

1.2　博物馆是托起中国梦的智力源泉

习近平总书记指出，没有文明的继承和发展，没有文化的弘扬和繁荣，就没有中国梦的实现。中华优秀传统文化是最深厚的文化软实力，是涵养社会主义核心价值观的重要源泉，是实现中国梦的不竭动力，也是中华民族在世界文化激荡中坚如磐石、稳如泰山的“中国力量”。作为容纳五千年中华民族智慧结晶的中国博物馆，可以在传承与弘扬中华优秀传统文化中“正本清源”，在创造性转化中“通古今之变”，在创新性发展中“继往开来”，使之成为托起中国梦的重要智力源泉，以熔铸中华民族共同的理想信念，让人民有信仰、民族有精神、国家有力量。

中国现代意义上的博物馆建立伊始即承载着启人心智、弘扬精神、推动创新的使命。1895 年，维新派建立的上海强学会就提出“建设博物馆”等四项要务。梁启超在《论学会》中说，欲振中国，须兴学会，“开博物院”。在那个内忧外患的时代，维新人士和其他有识之士就是要通过博物馆“开民智而悦民心”，培育中国精神。

20世纪70年代以来，中国博物馆的社会角色在不断变化：从对“物”的守护，到对“人”的关注，再发展到今日之致力于社会的可持续发展，融入并参与社会的变革和进步。在共筑中国梦的伟大征程中，中国博物馆承担着萃取文明精华、传承优秀文化、传递中国智慧、传播中国声音的光荣使命，可以汇聚民心、启迪民智、展现国威，在服务国家大局、推动社会发展方面具有得天独厚的文化资源优势和不可限量的发展潜能。

实现中国梦必须走中国道路，必须弘扬中国精神，必须凝聚中国力量。中华文明是世界上唯一几千年来不断延续、传承至今的文明，其内在动力源自于中国优秀传统文化所体现的中国智慧。千年文化积淀而成的中国智慧，是民族复兴中国梦的文化根基、价值支撑和中国力量。围绕共筑中国梦，博物馆有责任系统梳理传统文化资源，让收藏在禁宫里的文物活起来，通过盘活馆藏文物宝藏，让沉睡中的文物苏醒；通过深入挖掘馆藏文物资源中蕴含的仁爱、民本、诚信、正义、和合、大同的中国智慧，对传统文化去粗取精、去伪存真，激活文化基因，使民族自尊、文化自信凝聚成一种强有力的中国力量，将文化软实力转化为国家发展、民族复兴的硬实力；通过研究和展示不同文明交流互鉴的馆藏历史文物，“讲好中国故事，传播好中国声音”，向世界各国印证中华民族厚德载物、仁义博爱、扶危济困、互学互鉴的中国力量，向各国友人传播华夏民族开放包容、热爱和平、共谋发展、互利共赢的中国声音。

1.3 博物馆是助力中国梦的精神支点

实现中华民族伟大复兴是一项需要亿万中国人共同参与的事业，只有树立充分的民族自尊和文化自信，才能筑牢道路自信、理论自信、制度自信的基础，夯实推进中国梦的精神支点，凝聚起全民族的力量，在心理上以国为荣、以史为誉。

文化自信来自于广泛的社会认同、崇高的精神价值和共同的理想信念。源远流长的中华文明孕育了中华民族的生生不息、薪火相传的宝贵精神品格，培育了中国人民的自强不息、厚德载物的崇高思想追求，是共筑中国梦的强大精神力量。翻开中华民族五千年文明史，从“岳母刺字、精忠报国”到“驱除鞑虏，恢复中华”，爱国主义始终是一条血脉相承的情感脐带，具有强大的向心力，把中华民族紧紧凝聚在一起，成为催发每一位中华儿女报效祖国、建设国家、服务人民的精神力量。五千年的中华民族文明史，也是一部改革创新史。“周虽旧邦，其命惟新”“苟日新，日日新，又日新”，改革创新精神是中华民族亘古不变的主题，是中华文明历经战乱、迁徙和更迭，不断自我调适与修复，依旧生生不息的文化动因，也是今天“全面深化改革”精神力量的历史渊源。

处于转型期的中国，需要共同推动文化自信的觉醒，孵化中华民族标志性的文化成果和共同的文化精神。对于中国这样一个纵横五千里、上下五千年的文明古国来说，灿烂辉煌的文化遗产是文化自信最强有力的物证之一。中国博物馆馆藏的珍贵文物，既是弘扬爱国主义精神，增强民族向心力、凝聚力的生动教材，又是弘扬改革创新精神，激发民族自强不息、百折不回的珍贵物证。从这个角度来说，中国博物馆馆藏珍贵文物，以及其所蕴含的中华优秀传统文化，就是助力实现中华民族伟大复兴的中国梦的精神支点。围绕共筑中国梦，博物馆有责任在为国家、为民族保护好、管理好这些珍贵历史记忆的同时，系统、科学研究，深入挖掘馆藏文物资源中所蕴含的中华优秀传统文化，把一切有利于实现中国梦的中华文明成就和优秀传统文化归纳总结，重铸民族自尊和文化自信，弘扬以爱国主义为核心的民族精神和以改革创新为核心的时代精神，“引领起文化自信的新风潮，为中国梦提供精神动力”，使之成为把中华民族坚强团结在一起的精神力量和在改革开放中与时俱进的精神力量，从而组构成中华民族的共同思想道德基础和精神文化体系，振奋起全民族的“精气神”，以抵御价值多元化、社会转型的冲击，信仰缺失、道德滑坡的阵痛，精神家园空心化和“历史虚无主义”思潮的影响，启迪和凝聚全民族团结一致，不断推进中国梦的实现。

1.4 博物馆是培育中国梦的文化圣殿

习近平总书记在西博考察时强调“一个博物院就是一所大学校”，赋予了中国博物馆新的历史使命和时代担当。在共筑中国梦的伟大实践中，要发挥好博物馆这所“大学校”引领社会风尚、践行社会主义核心价值观、提升国家文化软实力的积极作用，实现博物馆由“物”到“人”的观念转变，让人民群众通过博物馆这所“大学校”拥有更多、更好的精神文化产品获得感，为实现中国梦提供坚强的思想保证、强大的精神力量、丰润的道德滋养。

自 1905 年张謇在南通创建中国第一个博物馆——南通博物苑迄今，历经一百一十载的中国博物馆，已经成为大众文化生活中不可缺少的一个部分。据不完全统计，中国的博物馆已达 4165 个，10 年间增长一倍，其中免费开放博物馆 2115 所，馆藏文物数量已达 2318 万件（套），博物馆事业取得了可喜的收获和丰硕的成果。但是，伴随着中国博物馆数量的不断增加和类别的进一步丰富，尤其是在新形势下要担当共筑中国梦民族复兴大业的使命，中国博物馆急需要从“馆舍天地”走向“大千世界”，从“数量增加”走向“质量提升”。为了推进中国博物馆事业的快速健康发展，新颁布的《博物馆条例》提出“弘扬爱国主义、倡导科学精神、普及科学知识、传播优秀文化、培养良好风尚、促进社会和谐、推动社会文明进步”的要求，进一步明确了博物馆的时代担当和历史使命。

发挥博物馆这所“大学校”的作用，要充分激活博物馆的文物资源优势和研究潜力，积极推动中华优秀传统文化的创造性转化、创新性发展，让沉睡在库房中的文物多多苏醒，让馆与馆之间的文物多多流动，激活其生命力，让它们“活起来”，并挖掘出具有当代价值的文化精神，把跨越时空、超越国度、富有永恒魅力、具有当代价值的文化精神弘扬起来，使博物馆成为弘扬爱国主义和改革创新精神、共筑中国梦的重要载体和平台。

要积极吸纳各领域研究成果，充分利用多种现代科技手段，创新内容和载体，改进方式和方法，借由时代特色鲜明、主题内容创新的展览，丰富多彩、层次多样的公众教育活动，生动鲜活、独具匠心的文化创意产品，构建全方位、多层次、精细化的博物馆教育体系，使博物馆逐渐摆脱“盛装华彩下的孤单”，更富有时代气息和社会存在感，成为传承祖先的成就和光荣、发展中华优秀传统文化、弘扬社会主义核心价值观的重要课堂，以增强民族自尊和自信，坚定全体人民振兴中华、共圆中国梦的信心和决心。

还要充分发挥博物馆的爱国主义宣传阵地作用，高扬主旋律，唱响正气歌，以中华民族发奋图强的历史为线索，通过具有说服力的陈列展览和人性化的讲解，让历史说话，让文物说话，使全体人民在得到熏陶和感悟的同时，深刻认识到，中国特色社会主义道路是实现强国富民、民族复兴的必由之路。只有坚持走中国特色社会主义道路，中国才能蓬勃发展、前景广阔，才能为世界发展做出更大贡献。应当谨记历史的挫折和教训，坚定中国道路，以少走弯路、更好前进。

同时，还应当积极探索与各类学校、图书馆等其他社会教育机构的合作，加强与城镇、社区的联系，逐步形成辐射式的社会教育网络，进一步完善将博物馆纳入国民教育体系的长效机制，实现博物馆教育资源的社会共享。与此同时，通过编撰文化遗产教材，设计相关教育活动，以“春风化雨”“润物无声”的传播方式，以物感人、以史育人、以文化人，使博物馆走向社会、走近民众，成为弘扬中国精神、传承中国智慧、展现中国力量的“大学校”。

2　博物馆成为城市文化平台的路径和项目化方案——以西安博物院为例

2.1　博物馆成为城市文化平台的路径和操作方式

如主题报告第二章中的分析，**博物馆具有开放性、多主体参与和多功能、高品质承载平台等特点**。这样，不仅其中的文化遗产资源可以全面体现功能，让各种资源的多功能都发挥出来，博物馆还能作为开放空间，与周边居住区、工作区有机融合，为城市居民提供休闲、娱乐、游憩场所，惠及民众；作为高品质承载平台，举办多种高端文化活动，成为城市文化活动高地。对这方面的学界共识，浓缩于2016年5月18日专家学者在西安博物院发布的《新型城镇化背景下城市博物馆发展的西安共识》，“城市博物馆是城市历史文明的载体，也是城市复兴的源头，承担着延续城市历史文脉、弘扬城市文化精神、构建城市文化平台的作用，是城市古代文化的记忆库、城市当代文化的融合剂、城市未来文化的催化器”“应当在新型城镇化建设中发挥出更加积极的作用”①。总结起来，博物馆成为城市文化平台的路径有三：①作为“高大上”的活动空间，将市民的文化活动都包容进来，使

① 《新型城镇化背景下城市博物馆发展的西安共识》（2016年5月18日国际博物馆日发布）：

城市博物馆是城市历史文明的载体，也是城市复兴的源头，承担着延续城市历史文脉、弘扬城市文化精神、构建城市文化平台的作用，是城市古代文化的记忆库、城市当代文化的融合剂、城市未来文化的催化器。

坚持“文化传承、彰显特色”原则的新型城镇化建设为城市博物馆的发展带来了新的机遇。城市博物馆是把城市建设成为历史底蕴厚重、时代特色鲜明的人文魅力空间的物质基础，应当在新型城镇化建设中发挥更加积极的作用。

今天，来自政策研究、考古、博物馆、规划设计、旅游运营、数字科技、产业投资和文化传媒等行业的数十位专家学者，在西安博物院共同探讨新型城镇化背景下城市博物馆与社会发展的关系，取得如下共识：

1. 城市博物馆浓缩城市文脉、阐释市民乡愁。一个城市，悠久的文化记忆，物化的文化精品，动人的文化体验乃至博雅的文化活动，都日益与博物馆关联起来。博物馆美轮美奂、博大精深的城市，才是文脉延续、文化满溢的人文城市；与市民朝夕相伴、共同成长的城市博物馆，才是念兹在兹、何曾或忘的乡愁。

2. 城市博物馆是城市的“窗口”和“客厅”，有助于诠释城市的文化内涵，突出城市的文化特色，提升城市的文化生态，为城市文化发展提供精神动力和智力支持，是城市文化的积极参与者和推动者，可在塑造城市文化景观（2016年国际博物馆日的主题是“博物馆与文化景观”）、提升城市文化品位、增强城市吸引力等方面形成城市的软实力。

3. 城市博物馆作为教育与文化机构，是维护社会可持续发展的重要文化推动力，是城市更新的支点。城市博物馆通过保护、保存和阐释博物馆内外的文化遗产，积极参与公共和城市政策制定，组织和承担各种大型文化活动，成为推动城市社会经济发展和文化进步的重要力量（2015年国际博物馆日的主题正是“博物馆致力于一个可持续发展社会”）。

4. 城市博物馆作为城市的公共文化空间和重要“文化景观”，是市民的文化生活平台，是城市综合竞争力的重要体现。城市更新应高度重视博物馆的发展，将有人文、生态资源优势的城市博物馆优先纳入“国家文化公园”建设，与城市有机更新、人居环境改善相结合，以显著提升市民的生活质量。

5. 科技创新为城市博物馆的发展注入了活力。城市博物馆应当充分利用现代信息技术手段，加强与数字研发机构的合作，依托“互联网+”、大数据等，探索和创新数字化保护、展示与传播模式，让更多更好的文化成果为公众所共享。

城市，让生活更美好；博物馆，让城市更美好！

文化遗产地成为城市的“窗口”和“客厅”乃至“广场”；②作为教育与文化机构，是维护社会可持续发展的重要文化推动力，是城市更新的支点；③是市民的文化生活平台。条件合适的地方，甚至可以依托较大规模的文化遗产资源将文化遗产地发展为有文化特色的城市中心。将博物馆打造为城市文化平台的操作方式，除了政府从规划、项目等方面主导外，市场力量也是重要的推动力，且在打造市民文化生活平台方面是主要的推动力。

对这方面的认识，还可参见他山之石——纽约大都会艺术博物馆的城市文化平台功能。大都会艺术博物馆坐落在纽约曼哈顿第五大道80到84街，是一栋体量庞大的建筑，紧挨着中央公园，设有五大常设展厅，分别是欧洲绘画、美国绘画、原始艺术、中世纪绘画和古埃及展厅。馆内的陈列室共有248个，常年展出的几万件展品，仅是博物馆总库存的冰山一角——大都会艺术博物馆的所有展品数量已达300万件。它还有一座分馆，建在古老的福特·特赖恩公园的隐修院里，展出中世纪的艺术和建筑，包括雕塑、壁画、彩色玻璃、泥金写本、双角兽图案挂毯等。隐修院内还有修道院、教堂、花园，每天有中世纪音乐会演出。其成为城市文化活动高地的一个重要活动——纽约大都会艺术博物馆慈善舞会，与其藏品展陈并无直接关系。这个活动于每年5月初举行，是时尚界最隆重的晚会。每年的慈善舞会红毯部分都被誉为“时尚界奥斯卡”，入场券高达25000美元。早前的Met Ball由美国版VOGUE和BAZAAR两本时尚杂志轮流举办，直到1995年被Anna Wintour全面接手之后，逐渐发展成为美国版VOGUE的年度活动。据纽约媒体报道，2013年Met Gala晚宴的捐款额高达900万美元（约5500万元人民币），2014年更是达到1200万美元（约7500万元人民币），2015年达到1300万美元。与博物馆发展相关的是，这样的活动筹集的钱款全部捐献给大都会艺术博物馆的服装部门。

与纽约大都会艺术博物馆的资源品质和要素组合度相近，西安博物院是多种文化及自然遗产的组合体，还具备城市核心地段的多种空间资源。其能够发挥城市文化平台功能，可以按照主题报告第一、二章中对于文化遗产对城市贡献的影响因素，分为遗产价值和规模、文化遗产与城市和市民的空间关系、与文化遗产利用相关的要素组合度三个部分。

2.2 主要路径

西安博物院呼应了《“十三五”规划纲要》中提出的国家文化公园建设思路，以建设“城市中央文化公园”为发展方向，以彰显城市历史文脉和特色、更好地服务于城市发展和社会公众为目标，以多种路径和项目化方案使博物馆成为城市文化平台，使其真正融入公众的日常生活中，参与到城市文化景观的塑造、城市文化品位的提升中，纳入国家文化公园建设，从而使其馆藏的文物真正活起来，让文物更好地说话，进而实现中国梦。

主要路径包括：

路径一：创建国家一级博物馆。正朝着国际化大都市迈进的西安，目前已拥有100余座博物馆。西安博物院作为展示本地历史文化的主要机构，作为一个城市中心博物馆的地位日益突出。为了使古都西安这张名片更加醒目、赢得社会更多的关注，为了将博物馆打造成为更大的城市文化平台，从2010年起，西安博物院筹备申报国家一级博物馆，用了三年的时间，按照国家一级博物馆的要求，在综合管理与基础设施、藏品管理与科学研究、陈列展览与社会服务等方面进行全面改进，通过一系列举措进行全面改进和提升。2013年，西安博物院顺利通过第二批国家一级博物馆的评估定级考核，加入中国博物馆的第一梯队。

路径二：打造AAAA级旅游景区。西安博物院是重要的城市文化空间。根据《旅游景区质量等级的划分与评定的管理办法》，其不断完善各类基础设施，先后完成了游客服务中心建设、全院绿化喷灌系统建设、服务设施更新提升等一系列整改措施和建设项目，于2010年9月和11月顺利通过了西安市、陕西省旅游局的审核，2011年7月被评为国家AAAA级旅游景区。优美的环境、高科技现代化的馆区展示、完善的设施、良好的服务，为当年西安世园会的成功举办增添了不少色彩。

路径三：申报丝绸之路世界文化遗产项目。划归西安博物院管理的小雁塔，作为“丝绸之路跨国联合申遗”项目中的重点遗存，2005 年就被列入国家申报世界文化遗产名录。2012 年申遗工作进入实质性阶段，西安博物院为此专门制定了申报世界文化遗产工作方案，根据方案成立申遗工作领导小组，组织专门人员进行申遗文字资料和图形资料等基础资料的收集整理工作，完善“四有基础工作”，修改上报小雁塔保护管理规划和地方性专项保护法规规章，并由政府统一颁布实施，对小雁塔遗产点进行遗址勘探工作，明确了部分殿堂格局和分布情况，配合有资质的专业机构编制小雁塔在文物保护、展示、环境整治、监测和安防、消防等方面的技术方案，并采取了一系列措施。2013 年 10 月，小雁塔接受了世界遗产中心专家的评估验收。2014 年 6 月 22 日，“丝绸之路：长安—天山廊道路网”项目成功入选世界文化遗产名录，小雁塔遗产点名列其中。

2.3　技术路线分析

西安博物院成功打造城市文化平台，不只依托于其自身独特的资源，相较于其自身丰富的资源，打造过程中所依托的一些技术路线甚至更为关键。对于中国其他博物馆或者一些遗址公园而言，对这些技术路线方面的分析能够给其提供更好的借鉴，意义也更为重大。这里所说的技术路线包括打造城市客厅、构建文化平台、建设城市绿洲三个方面（见图技 1－1）。

2.3.1　依托展览教育，成为城市客厅

为了架起博物馆与公众沟通的桥梁，实现博物馆社会教育和文化传播功能，西安博物院组织举办了一系列展览活动，展示、寻找、挖掘、传承城市的记忆，借以表达这座古老城市的独特韵味，展现十三朝古都的辉煌历史。为了使公众将博物馆当作自家的“客厅”，将博物馆看作公众交往的场所和对外交流的舞台，让进入博物馆参观成为公众一种休闲习惯、一种文化习俗、一种生活方式，使博物馆真正成为反映社会文明的窗口、培育公民素质的沃土和城市客厅，西安博物院**利用馆藏文物及征集城市发展物证活动，组织了一系列互动式文化教育活动。**

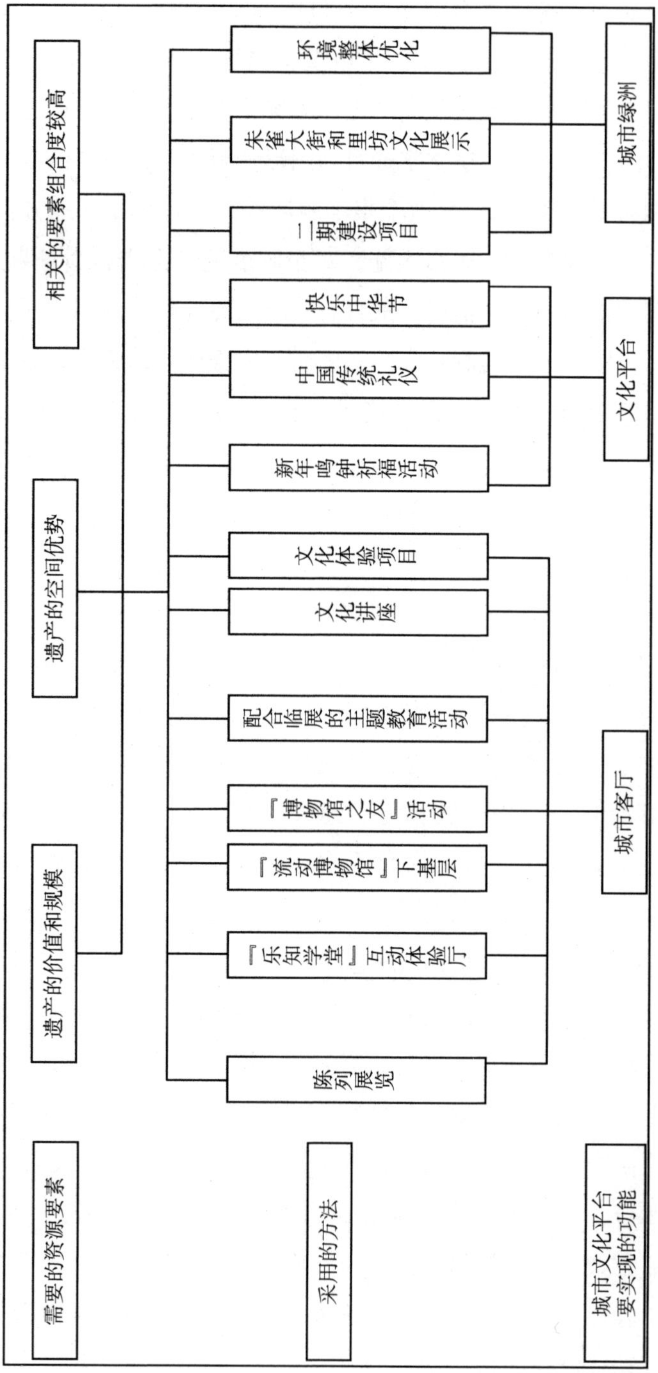

图技1-1　西安博物院打造城市文化平台的路线图

（1）主题文化活动

借助“5·18国际博物馆日”、中国文化遗产日、“科技之春”宣传月、学雷锋纪念日、五四青年节等特别纪念日，配合当年主题举办一系列相关活动。如在每年的国际博物馆日，举办文物特展、开展文物知识宣传活动，并现场做观众问卷调查，开展长安古乐、武术表演等非物质文化遗产展演；在五四青年节，与当地团市委及中学联合组织学生开展“华夏民族成人礼仪式”活动，与多所小学共建“社会实践活动基地”等。作为爱国主义教育基地，目前，西安博物院共与近30所院校共建“中国历史文化教育基地”及“爱国主义暨思想政治理论课实践教学基地”。

（2）“乐知学堂”互动体验厅

“乐知互动”项目丰富多样，有汉服折纸、模拟拓印、以中国古建模型搭建体验活动、唐代侍女俑妆面具涂绘等等，不同年龄阶段的观众可凭兴趣选择参加体验。

（3）“彬彬有礼中国人”项目

主要针对学生群体开展“西博大讲堂”“中华传统礼仪”等活动，以情景互动形式学习古代礼仪，讲授中华传统礼仪，以生动有趣的形式寓教于乐。

（4）“流动博物馆”下基层

分别走进社区、学校、部队、厂矿、乡镇，深入基层和田间地头宣传文物知识，普及《文物法》。通过“流动博物馆”上门服务方式，主动走向社会、融入社会、亲近市民。

（5）征集院标活动

西安博物院与西安晚报、西安电视台等单位联合举办“院标征集活动”，共有来自全国27个省、市、自治区的264个团体与个人参与，参赛作品400余件。其中既有中学生的创作，也有花甲市民的佳思，更不乏许多专业设计人员的优秀作品。通过征集院标活动，与市民和公众良好互动，助推了城市文化的传播。

2.3.2　组织文化活动，构建文化平台

近年来，国内外的一些博物馆正在更紧密地融入社会。比如说，每年举

办的纽约大都会艺术博物馆慈善舞会（Met Gala）是由纽约大都市艺术博物馆时装馆每年举办的慈善晚宴舞会，从1971年开始举办，庆祝每年特殊的主题展览开幕，同时为时装馆筹集捐款①，使博物馆成为城市文化平台。

与大都会艺术博物馆相同的是，西安博物院越来越展现出对当下时尚与女性的关注。在近年来的展览中，其逐渐跳过了举办展览的常规思维，将展览内容与公众当下的需求相结合。以西安博物院在2016年5月18日举办的临展“环肥燕瘦——汉唐长安她生活”为例，这次展览从一个新的角度讲述了汉唐文化。通过对当时女性体态、服饰、妆容、乐舞、宴游的展示，将观众带入汉唐长安兼容并蓄、灿烂夺目、壮丽多彩的盛世气象，以及长安女性开放、自信、时尚、生动的历史画卷中②。与此同时，西安博物院伴随着展览同步开展了汉唐服饰展演、唐代仕女妆容等系列展览互动活动。这些有趣的活动打破了公众对展览的一个固有印象，建立起了一个新的吸引点，为观众了解汉唐文化开启了新颖视角。

在博物馆的日常运营中，为了使市民更加关注文物藏品和博物馆事业，更好地发挥城市文化平台的作用，西安博物院依托自身的展览和特定的场地资源优势，在政府财政支持、媒体介入关注下，组织快乐中华节，延续并创新了新年鸣钟祈福活动等一系列有特色的中华传统节日文化活动，已经成为古城西安的一个文化品牌。

（1）新年鸣钟祈福活动

1993年以来，小雁塔每年都会举行敲钟祈福活动，祈祷新年吉祥安康。西安博物院开馆后延续了这一传统，每年辅以不同的主题，将各行业杰出代表和普通市民聚集一起，在新年夜共同鸣响新年钟声，举行鸣钟祈福活动。

---

① 例如，2013年Met Gala晚宴的捐款额高达900万美元（约5500万元人民币），2014年更是达到1200万美元（约7500万元人民币）。

② 《中国文物报》“博物馆周刊”主编崔波在题为《跳出常规思维，寻觅博物馆传播新维度》的讲座中，对“环肥燕瘦——汉唐长安她生活”主题特展予以重点推荐，认为该展览“从一个新的角度讲述了汉唐文化”，“有看点”；三秦网以《“环肥燕瘦——汉唐长安她生活”文物展，再现穿越千年的时尚》为题，对主题特展的“文字美、图片美、文物美和形式美”这四个亮点进行了详细报道。

活动融合了西安的特色资源，穿插一些有着城市地域色彩的歌舞、杂技和时装秀等活动，丰富了市民的文化生活。

（2）快乐中华节

在每年中国传统节日，如上元节、上巳节、七夕节、端午节等，西安博物院举行快乐中华节系列活动，如在上巳节举办“上巳节汉服文化活动”；在“上元灯会”组织各地的青年着汉服，戴上自制面具、提着兔子灯笼，敲钟祈福、猜灯谜、跳傩舞、驱傩、投壶、蹴鞠、提灯夜游、放河灯；在端午节，举行祭拜屈原、兰汤祓禊、吃粽子、饮雄黄酒、做香包等活动，再现古代历史场景。通过身着传统的服饰、施行古代的礼仪、参加特色的游艺活动，更多的民众亲身参与进来，了解传统民俗，更加深刻地感受传统节日文化的魅力。这得到文博界专家学者的广泛好评。2014 年，快乐中华节成功入选《中国博物馆教育项目示范案例》，成为全国首批 43 个优秀社教案例之一。

（3）提供晨练等活动空间

浓郁的文化氛围、优美的景观环境使西安博物院成为市民进行晨练的绝佳之地。每日清晨，院区里五人一组、七人一群，或练剑，或舞扇，或打拳，或说唱，各种形式的锻炼活动在这里如火如荼地开展，成为一大亮点。城市文化、社区文化在西安博物院这个城市文化平台上体现得淋漓尽致。

2.3.3　优化活动环境，建设城市绿洲

将文化遗产保护与城市景观和风貌打造相结合，是西安博物院在发展过程中的重要特点。80 年代初期，小雁塔保护区开始绿化，改变荒芜面貌。90 年代末，西安市文物园林局制定了以小雁塔保护范围为中心、以西安市文物库房改建为主要内容的“城市公园”改造规划。2007 年，西安博物院建成，实现现代化展馆与古典园林完美结合。目前，西安博物院院内绿化面积超过 68%，湖面面积达 6600 平方米（约 10 亩）。绿色生态空间比重的加大，增强了抵御和缓解自然灾害的能力，提高了对古建筑的保护水平。

（1）持续完善配套设施

西安博物院一直致力于完善文化遗产保护和展示的配套设施，正在推进二期建设项目（新展馆、保护研究中心、公众教育中心），将进一步拓展博物院的发展空间，调整和优化院区整体布局，完善保护、管理、服务功能。

（2）拓展未来发展格局

未来，西安博物院还具有持续融入城市空间格局的潜力，可以朱雀大街为主线，结合唐荐福寺、开化坊遗址区等历史文化资源，打造一个唐长安城中轴线核心历史文化街区。

（3）促进环境的整体提升和优化

在城市化进程中，一些鸟类的栖息地一度被破坏①，但在西安博物院园区内，由于绿地和湿地面积比例的加大，院区内的鸟类异常丰富，麻雀、白头鹎、喜鹊、乌鸦、乌鸫、家燕、灰椋鸟、啄木鸟、灰喜鹊、画眉、菜鸟、翠鸟、鹩哥等能够适应城市生活的鸟种，数量不断增加。这缘于院区内绿地面积宽阔，生态环境适宜，为禽鸟提供了可靠的栖息和繁衍环境。鸟儿有处可依、有处可栖、有处可食，使之成为城市一大稀缺景观。

2.4　项目化方案

从目前的实践来看，西安博物院对每条技术路线都有典型的项目化方案，可以具体的项目来举例说明：在展览教育领域，通过构建西安城市记忆平台，履行博物馆的使命和职责；在文化活动领域，通过快乐中华节等公众教育活动，彰显传统文化魅力，丰富居民文化生活；在优化格局环境领域，通过建立唐长安城中轴线的文化遗产核心区，完善内外部空间构建布局（见表技1－1）。

① 据《西安市地理志》记载，20世纪60年代末70年代初，西安地区鸟的种类有248种。而随着经济的发展、城市的变迁，供鸟儿生活的空间越来越小，80年代末，西安地区鸟的种类减少到138种；2004～2007年的调查记录中记载，鸟类种类逐步恢复到149种；2011年，种类增加到171种。

表技 1-1　西安打造城市文化平台的核心项目

项目策划全过程		西安城市记忆平台	快乐中华节*	唐长安城中轴线及里坊展示
确立目标		建立城市记忆数据库，建立西安博物院文化产业生态圈	彰显传统文化魅力，强化文化遗产保护理念	建立唐长安城中轴线的文化遗产核心区
寻找支撑	先天优势	①丰富的遗产资源 ②优越的空间环境和历史环境	荐福寺及小雁塔深厚的历史文化底蕴	丰富的历史要素：荐福寺、小雁塔、译经场、义净、道岸、王维、吴道子、雁塔晨钟
	后期建设	①“一带一路”战略和“2016年国际博物馆日”主题 ②城市博物馆使命和职责	①内部科研人员持续不断的业务研究，在汉服及传统文化领域内拥有一定的影响力和号召力 ②国家提出“我们的节日”口号 ③国家调整国家法定节假日	①周边遗产资源充足：陕西历史博物馆、城隍庙、大清真寺、荐福寺、兴善寺、明德门遗址以及最新发现的朱雀大街遗址** ②周边有已经初见规模的文化产业项目——大唐西市*** ③学校林立：十余所大专院校和中小学
具体内容		①建立“城市记忆”微信公众平台和网站 ②文创大赛 ③主题特展 ④开放论坛	①节日文化主题讲座 ②古代祭祀礼仪展示 ③传统手工技艺体验 ④传统游戏	①教育基地 ②文化遗产核心区的访古科研实践活动 ③以唐代朱雀大街为中轴线的文化街区和里坊的复苏和展示

* 快乐中华节已经成为西安博物院公众教育的品牌项目，自组织实施以来，不仅吸引了众多传统文化爱好者的参与，还成为许多大中院校的传统文化教育实践基地，并且在西安市文博系统内广受好评。中央电视台及当地电视台、纸媒和网络媒体多次对快乐中华节活动进行报道，产生了积极的社会影响。

** 2012 年 2 ~ 7 月，西安市文物保护考古研究院在对碑林区小雁塔西侧棚户区综合改造项目的考古勘探和发掘中，发掘出唐长安城朱雀大街、安仁坊西北角坊墙墙基、唐长安城第七条横街等遗迹。

*** 大唐西市项目占地约 500 亩，总建筑面积 135 万平方米，总投资 80 多亿元人民币，规划建有大唐西市博物馆、丝绸之路商旅街区、国际古玩城、西市城 · 购物中心、大唐西市酒店、非物质文化遗产城、胡姬酒肆演艺中心等八大业态，是以盛唐文化、丝路文化为主题的国际商旅文化产业项目，采用文物保护、文化展示、商旅开发为一体的综合运作模式，已成为西安的城市新名片和陕西旅游的新亮点。

2.4.1　西安城市记忆平台

打造西安城市记忆平台的意义在于根据馆藏文物信息，建立城市记忆数据库，在弘扬中华传统文化的同时，为行业发展储备资源，为公众提供一个可以随时随地在线交流、互动、学习、娱乐、创作的平台，激发探索欲和创造力，吸引更多的人走进博物馆；建立西安博物院文化产业生态圈，充分发挥馆藏文物历史文化价值，促进社会经济发展；提升西安博物院的信息化水平，推动智慧博物馆的建设，为馆藏文物的保护、研究、发展做出贡献。

具体实施过程中，依托西安博物院特色和优势，结合城市博物馆使命和职责，紧扣“一带一路”战略和“2016 年国际博物馆日”主题，在主题设定、展品征集、展览筹备、陈列布展、宣传推广、互动体验、动态换展、文化创意等各个方面，开展一系列公众教育活动，以保存集体记忆、保留城市文脉，再现“汉唐盛世”（见表技 1－2）。在此基础上，探索“以公众教育为核心的博物馆运营模式”，使博物馆有机融入社会，成为见证和促进社会可持续发展的积极力量，成为公众的集体记忆、城市的文化地标、社会的沟通桥梁、民族的精神家园（见图技 1－2）。

表技 1－2　西安城市记忆活动内容方案

活动名称	具体内容
城市记忆	开发手机 APP,建立“城市记忆”微信公众平台和网站,面向公众发起“城市记忆”征集活动;公众通过微信平台和手机 APP 上传视频、图片、文字等“城市记忆”数据
文创大赛	结合“城市记忆”和“环肥燕瘦——汉唐长安她生活”主题特展推出“俑的记忆”线索,通过微信平台推送公众,发起数字遗产文创大赛,引导公众参与
主题特展	“环肥燕瘦——汉唐长安她生活”主题特展,“汉唐时代女性的时尚生活”配套活动
开放论坛	开放式跨界对话,数字化背景下建立友好互联的城市博物馆

2.4.2　“数字遗产中国行”暨西安市“5·18国际博物馆日”主场活动

西安博物院于 2016 年 5 月 18 日承办了“数字遗产中国行·西安站”活动暨西安市“5·18 国际博物馆日”主场活动。来自北京、浙江、四川、江西、广东、河南、黑龙江 7 个省市的近 40 位专家学者，陕西省内 100 余家博物馆、文博单位领导和西安博物院的志愿者、社区代表等 200 余人，共同探讨新型城镇化背景下城市博物馆与社会发展的关系，共同见证“数字遗产中国行”的能量传递，共同推动博物馆重新融入公众、唤醒城市记忆。

“数字遗产中国行”是第四届文化遗产保护与数字化国际论坛（CHCD2016）的前奏活动，自 2015 年 8 月发端，已先后在河南登封“天地

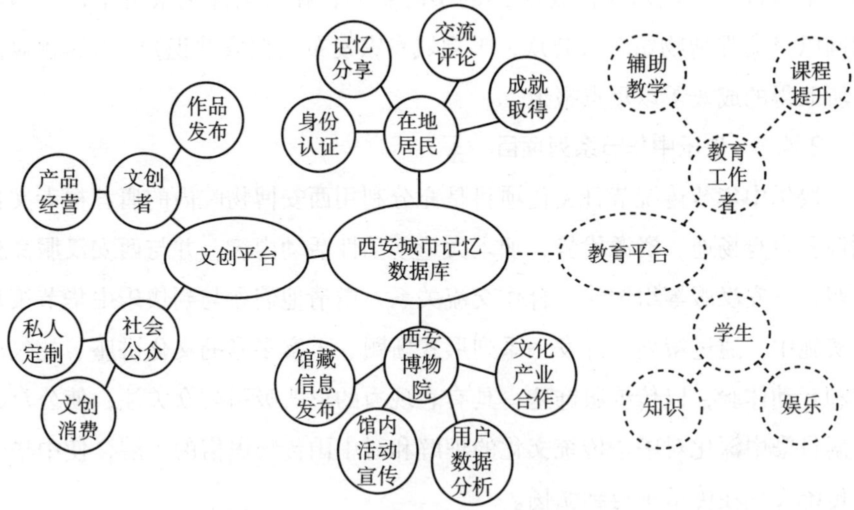

图技1-2　西安城市记忆数据库架构图

之中”、广东“南海一号”和江西金溪“传统村落”3个分站点举办。西安博物院是全国7个站点中博物馆行业的代表。之后，“数字遗产中国行”将在浙江良渚、四川三星堆等后续站点接力举办。“数字遗产中国行·西安站”活动以“重新融入（Re-member）”为主题，还包含有“记忆（Remember）”“再次成为（Re-）”“社会成员（member）”多重延伸含义。这一主题阐明了城市博物馆“留住城市文化根脉、诠释城市文化内涵、塑造城市文化景观、提升城市文化品位、推动城市进步发展”的责任和使命，与2016年“国际博物馆日”主题“博物馆与文化景观”紧密契合。

这次活动由“开幕式”“跨界对话·合作交流”和“博物馆之夜”3个版块组成，从5月18日14:30开启序幕，一直持续到当天晚上21:00，主要包括：西安市新成立行业和非国有博物馆授牌仪式、跨界对话、发布《城市博物馆西安共识》、“博物馆之夜”等相关环节，“环肥燕瘦——汉唐长安她生活”主题特展也同时拉开帷幕。一系列活动得到了社会各界的广泛关注。在这些活动进行的同时，人民网、中新网、弘博网、凤凰网等多家主流网媒就开始同步进行网上报道。人民网当晚7点即发布了题为《“数字遗产中国行”走进西安博物院》的实时新闻；在后续深度报道中，中国新闻网以《力促博物馆融入公众，多领域专家发布〈西安共识〉》为标题对活动所取得的成效予以重点报道。

2.4.3 快乐中华节系列项目

快乐中华节传统节日文化项目是充分利用西安博物院内的唐荐福寺文化渊源及自身场地、资源优势，加入大量互动性活动内容，并与西安汉服高校联盟、长安汉服等组织建立合作交流关系，邀请他们参与到快乐中华节策划和实施中，通过策划、开发一系列形式新颖、丰富多彩的文化讲座、礼仪展示和互动体验，以传统服饰这一具有表现力的形式吸引公众关注，使公众在耳濡目染中深化对中华传统文化的理解和对中国传统民俗的了解，使中华优秀传统文化在传承中得到弘扬。

2.4.4 唐长安城中轴线历史文化街区

西安博物院紧邻朱雀大街。这条大街曾是唐长安城的中轴线，连接着陕西历史博物馆、西安博物院等重要的综合性博物馆，大荐福寺、大兴善寺、明德门遗址等重要历史遗迹，以及十余所大专院校。在未来可以将唐长安城中轴线——朱雀大街的历史文化资源进行整合，以提高其整体文化价值，发挥文化遗产的集聚作用，形成以唐长安城中轴线朱雀大街为核心的历史文化保护与展示街区。在保护历史资源、展示古城文化风貌的同时，使历史文化资源形成更大的品牌效应和影响力，促进西安历史文化资源优势转化为社会经济发展优势，推动社会经济发展（见表技 1 –3）。

表技 1 –3 唐长安城中轴线历史文化街区中西安博物院拥有的历史要素及其遗产价值

文化遗产	价值描述
朱雀大街	朱雀大街为唐长安城全城的中央大街，左右各分布五条纵向大街，共计十一条大街，与东西向的十四条大街将全城划分为棋盘式网格状结构，共 108 坊。坊里在排列上采取以朱雀大街为中轴，左右对称的形式。考古发掘出朱雀大街的宽度达 110 米，揭露出的遗迹位于朱雀大街与唐长安城第七条横街交会的十字。在大街东侧的中部，发现有密集的南北车辙。大街的东边发现有排水沟，断面上宽下窄，沟壁未加砖砌，深度约 0.8 米

续表

文化遗产	价值描述
荐福寺	荐福寺是唐代的皇家寺院，其位置居于皇城正南36坊中靠近皇城的开化、安仁坊内，武则天与中宗时寺院规模发展至顶峰，华严宗、律宗、禅宗等几乎同时在此地讲经说法，文人骚客、文坛魁首悉数纳入其中，是唐代都城中重要的宗教文化活动中心
寺额	公元690年，武则天以飞白体手书"敕赐荐福寺"，寺额毁损后都由历代皇帝再次书写，今天的遗产区内还留有明英宗朱祁镇所题写的楷体"敕赐荐福寺"寺额
小雁塔	建于公元707～709年，塔高15层，整塔造型简素，曲线柔和优美，是"丝绸之路"鼎盛时期唐长安城内代表性佛教建筑。小雁塔整体保存完好，是中国古代密檐方形砖塔的杰出代表。1961年，被国务院公布为全国第一批重点文物保护单位，2014年被列入世界遗产名录
小雁塔南北门楣的蔓草花纹	画面中描绘的迦陵频伽形象自印度传入，整个画面又有"吴带当风"的风格，是东西方文化艺术交流融合的见证
小雁塔北门楣地震碑	由明代朝廷命官王鹤书写，碑文描述了小雁塔被震开又"神合"的传说，是小雁塔高超的建筑水平及中国古代高大建筑具备一定抗震性的有力证明
义净	唐代高僧义净的译经场设立在荐福寺塔院内，为中国古代三大译经场之一。义净是中国古代佛经四大翻译家之一，自海路赴印度求佛法，是"一带一路"的践行者，回国后在荐福寺译经，共译经书56部，230卷，佐证了佛教自印度东传的历史，也见证了佛教在唐代长安的盛行
道岸	律宗大师，也是鉴真的师傅，受唐中宗敕令与工部尚书张锡监造荐福寺与荐福寺浮图（小雁塔）
王维	唐代著名诗人，曾于荐福寺跟随道光禅师学习佛法，王维的《大荐福寺大德道光禅师塔铭》与《荐福寺光师花药诗序》，对我们进一步了解唐代长安佛教宗派纷繁和文化交流状况提供了可信的资料
吴道子	据张彦远的《历代名画记》记载，唐代著名画家吴道子曾在荐福寺里画壁"净土院门外两边，吴画神鬼。西廊菩提院吴画维摩诘经行变"
雁塔晨钟	清康熙年间，从武功县移入金代明昌三年所铸大铁钟，钟声悠扬，声闻数里，"雁塔晨钟"是著名的关中八景之一

2.4.5　国家文化公园示范建设项目

2016年3月发布的《"十三五"规划纲要》，在"加强社会主义精神文明建设”章节中明确提出“建设国家文化公园，完善相关保护和利用设施，实施国家记忆工程”。国家文化公园作为城市内部或者城郊城市景观的重要元素，是贴近人民生活、展现城市，特别是国家和民族精神的重要载体，是让各类文化遗产和文化产品更全面地进入国民生活、让文物和文化活起来的重要形式，对完善历史文化的传承、展示重大的人文景观等相关的社会文化功能具有重要意义。国家文化公园的主要功能包括公益性或公共性，提供承载民族历史或文化的物证，公众参与，以及保护与传承等几个方面。鉴于国家文化公园以上的功能特征，国家文化公园的建设内容、环境处理、宣导方式都是以文化传承、遗产、遗迹保护为主旨进行设置的，目的是为了从历史的角度出发，增强人们对历史文化的认同感，从而更好地展示出历经时间推移、值得回味的历史记忆，充分展示历史文化的精髓，在公园的功能设置、建筑形式、景观环境规划、空间布局等方面上都要充分体现这种特色。

西安博物院作为国内少有的集世界文化遗产、全国重点文物保护单位、古建筑群和现代化展馆于一体的国家一级博物馆，院内的景观包括丰富的历史文化信息，体现了周秦汉唐时期都城“长安”的政治、文化、经济、艺术、科学等信息，是具有典型示范意义的遗产、遗迹景观环境与文化的统一体，具备了成为国家文化公园示范建设项目的基础条件。

表技1-4　西安博物院具备成为国家文化公园示范建设项目的基本条件

国家文化公园的主要特征	西安博物院的相关情况
公益性	2010年3月31日免费开放，开放面积超过90%
公众参与	每年免费参观观众数达100余万人次，每个开放日向社区居民免费开放晨练休憩的场所，每年举办系列文化惠民活动，是周边社区的重要文化活动场所
提供承载民族历史或文化的物证	馆藏文物110685件，其中等级文物10730件，展现出“十三朝古都——西安”七千年文明史、三千年建城史、一千年建都史的历史脉络，和“长安”作为世界文明古都，古代东亚的政治、经济、文化中心所具有的盛景气象

续表

国家文化公园的主要特征	西安博物院的相关情况
传承和保护	西安博物院是国内少有的集世界文化遗产、全国重点文物保护单位、古建筑群和现代化展馆于一体的国家一级博物馆 唐皇家寺院荐福寺始建于唐睿宗文明元年(684 年),为长安三大佛经译场之一。唐代高僧义净通过海上丝绸之路由印度取经归来,于 706 年入荐福寺 小雁塔建于唐中宗景龙年间(707 ~ 710 年),是为存放高僧义净迎取的佛教经卷而建,已有 1300 余年历史,是佛教传入中原地区并融入汉族文化的标志性建筑之一,也是中国早期密檐式塔的典范之作。"关中八景"之一"雁塔晨钟"即得名于此。2014 年被列入世界文化遗产名录
地域位置(城市或市郊)	位于西安市的中心区域,周边文化遗产和教育资源高度集中
大范围的绿地或者空间规模,分区管理	占地面积 245 亩,拥有较好的绿地、水体组合条件,绿化覆盖率达 68%,环境古朴,林木繁茂,整体生态环境较好

在未来的发展中，借助国家文化公园体制的建设契机，使西安博物院这样的文化平台和国家重大文化工程国家文化公园结合起来，由中央政府对其保护和利用承担主要责任，使价值突出且具有代表性的古建筑和馆藏文物得到保护与传承，通过开放式的管理为公众提供多种服务，强化全民参与和公益性，使保护成果能够更多地为民众共享，可以使西安博物院进一步发展成为西安市的文化地标和城市中央公园，在充分发挥国家文化公园功能的同时，也可充分展现其在经济、社会、文化、生态、政治等领域的价值，将对西安城市的文化建设、生态文明建设、公共文化服务水平的提高起到重要的作用。

更为重要的是，西安博物院国家文化公园建设项目，可以具体体现"让收藏在博物馆里的文物、陈列在广阔大地上的遗产、书写在古籍里的文字都活起来"指示，可以"让人们通过文物承载的历史信息，记得起历史沧桑，看得见岁月流痕，留得住文化根脉"，这对实现以国家强大、民族振兴和人民富裕为目标的中华民族伟大复兴梦想不无裨益。

（本章主要作者：王宇飞、张颖岚、李燕、黄琼、贺燕）

B.5

第二章 文化遗产事业及相关产业对国民经济和社会发展贡献的测算

2015～2016年蓝皮书沿用2008年蓝皮书中提出的文化遗产事业对国民经济贡献的测算技术路线和2010年蓝皮书中提高测算精确度的三个“挤水分”方法①，并在2014年蓝皮书所构建的测算大遗址项目经济社会贡献技术路线基础上，选取了西咸新区进行大遗址群对城市发展贡献测算的案例分析。本章的测算，意在从宏观、微观两个层面说明：“十二五”以来文物系统对国民经济的贡献持续增长，且投入产出比维持在较高水平，在新型城镇化深入推进的方向下，文化遗产事业对城市发展有了更多体现经济社会贡献的机会。

需要特别说明的是，本章对文物旅游贡献的测算，只计算了第一次的波及效应。同时，由于大遗址保护项目的经济贡献没有被整体计入，文物系统的整体贡献是被低估了的。换言之，本章测算的经济贡献，无论是文化遗产事业整体的，还是文物旅游产业的，都是下限值。另外，因为缺少可靠的数据，本章在测算大遗址项目的经济贡献时，没有测算因为这样的项目延长的游客停

① 2008年蓝皮书在国内首次形成了系统的测算全国文化遗产事业经济贡献的技术路线，2010年蓝皮书在这个基础上有三方面改进：①在听取各地文物局以及建设、旅游等相关部门反馈意见的基础上，采用了新的数据来源，对2001～2009年文物流通经营增加值重新进行了核算；②考虑到博物馆全面免费开放后门票收入减少带来的新变化，对2007年之后文物吸引力因子的计算方法进行了调整，并对投入产出比进行了相应的修正，使测算结果更加科学合理；③将文化遗产事业对国民经济的贡献用2001年不变价格来核算，以增强年度计算结果的可比性，使年度贡献值能够加和成“十一五”期间文化遗产事业对国民经济的总体贡献，同时方便与“十五”期间进行纵向对比。

留时间对城市旅游产业的带动作用①。“十二五”期间初露端倪的文化创意产业的贡献，由于相关数据缺乏，只能在下一年度的蓝皮书中再专门测算。

1　测算内容、技术路线和相关说明

本章测算技术路线有两个：一是用于文物系统及其博物馆（限于文化文物系统的博物馆）对国民经济贡献的计算；二是用于大遗址群对城市发展贡献的测算。后者在 2014 年良渚大遗址经济社会贡献测算技术路线基础上，进行了部分调整，以期更全面地评价文化遗产事业与城市发展的关系。

1.1　测算范围及时间

首先需要明晰行业、空间和时间范围。从行业范围而言，目前文化遗产事业尚未统筹，其主体仍是文物系统，且因为相关数据的来源限制，我们在测算文物系统的经济贡献时还有相当程度的遗漏（如对大遗址保护项目）；加之现有数据来源、统计口径和管理制度的差别，本年度蓝皮书在定量探讨文化遗产事业对国民经济贡献时，仍只考虑文物系统的情况。从空间范围而言，测算范围为全国各省级行政区（除港、澳、台以外）。从时间范围而言，本章在 2014 年蓝皮书的基础上，分别更新和递补了 2013 年、2014 年的有关数据，以期更客观、准确、完整地反映近期文化遗产事业对国民经济的贡献变化情况。

1.2　数据来源

国家文物局发布的《全国文物业统计资料》（2001～2015 年）；

文化部发布的《中国文化文物统计年鉴》（2002～2015 年）；

① 有的地方领导早就注意到这方面的贡献。如桂林市政协常务副主席袁绪祥在 2012 年国家考古遗址公园联盟第二届联席会议上发言：“桂林是知名旅游城市，如果我们有一个遗址公园，就可多留游客半天，假设游客多留半天的消费是 200 元，以 3000 万的游客量为单位，对桂林就是 60 亿元，所以文化行业就是太吸引人了。对桂林是个发展机会。”

国家旅游局发布的《中国国内旅游抽样调查资料》(2001~2015年);

国家旅游局发布的《中国旅游统计年鉴》(2001~2015年);

国家统计局发布的《中国统计年鉴》(2001~2015年);

中国拍卖行业协会发布的《中国文物艺术品拍卖市场统计年报》(2014~2015年)。

1.3 文物系统及博物馆经济贡献测算的技术路线

我们将文化遗产事业对国民经济的贡献分为直接贡献（行业内）和间接贡献（行业外）两种，计算间接贡献时需要扣除重复计算的文物系统门票收入增加值，具体已经在主题报告中的图主2-1中体现。

由于数据条件难以满足，本书所测算的文物系统经济贡献，仅仅包括文化遗产事业对相关产业的第一次波及效果。中国社会科学院文化研究中心贾旭东研究员在2013年蓝皮书中间成果汇报会上指出：全面衡量文化遗产事业的经济贡献，应该考虑事业对相关产业的多次波及效果。而考虑多次波及效果，则需要编制投入产出表，以全面分析文化遗产事业波及的第一次产业的产出和第一次波及产业波及的第二次乃至第N次产业的产出。我们以文物旅游为例进行简单说明。为简便计，假设文化遗产事业的经济贡献仅依靠文物旅游，如果对文化遗产事业发展增加一个单位的最终需求，那么为了满足这一最终需求，文物旅游就必须增加一个单位的生产。而要进行这一个单位的生产活动，就需要相关文物旅游地增加若干农业、工业、商业、交通运输业、文化产业等产业的投入（即第一次生产波及效果）；而增加农业、工业、商业、交通运输业、文化产业等产业部门的生产，又引起对相关投入原材料的需求（即第二次生产波及效果）。这样的波及效果会不断地继续下去，直至第N次的波及效果为零。若要定量分析第一次、第二次生产波及效果，必须按照投入产出分析的基本框架，计算文化遗产事业发展对相关产业的影响力系数等。以文物旅游为例，这就需要厘清农业、工业、商业、交通运输业、文化产业等在多大程度上为文物旅游发展做贡献、文物旅游发展对相关产业有多大程度的带动作用。也就是说，计算波及效果需要定量核定增加一个单位的文物旅游增加值分别需要多少农业、工业、商业、交通运输业、文化产业等的投入，同时，增加一个单位的文物旅游增加值又会带动多少农业、工业、商业、交通运输业、文化产业等的发展。然而，上述数据很难从现有的经济统计数据中剥离，无法获得相关产业的中间投入、最终产出等数据支持，因此，对相关产业影响的边界进行定量界定比较困难。因此，本年度蓝皮书仍只计算文物系统对相关产业的第一次波及效果。

1.4　大遗址群对城市发展的经济贡献测算

以往蓝皮书以大明宫为例测算了大遗址对城市更新（旧城）的经济社会贡献，本节以西咸新区为例测算大遗址对新城建设的经济社会影响。从测算方法的角度看，西咸新区范围太大，且新区是组团布局模式，各组团形成差异化和特色化发展格局。这样既能体现新区的规模效益，又可避免城市功能过度集中产生新的城市病。因此，测算文化遗产的经济社会贡献应聚焦于具有代表性的组团进行典型研究。在西咸新区“一区五城”的组团中，秦汉新城符合案例选择的标准：**是大遗址主要分布区域，文化遗产对城市发展的影响在贡献和负面影响两方面都十分明显**。测算技术路线基本沿用2013年、2014年蓝皮书中测算大遗址对经济社会影响的、兼顾正负两方面的技术路线（见图技2－1）。但新区建设的特殊性又要求对原技术路线进行创新：新区城市建设刚刚起步，大遗址对房地产、旅游业等关联产业的带动作用短期内无法充分显现，该数值不大；单个大遗址可采用原技术路线进行测算，但新区范围内多个品级较高、体量较大的大遗址，会形成集群效应，极大地提升该地区文化遗产的品牌效应，在经济社会贡献上产生“1＋1＞2”的效果，因此在计算时可采用系数加权方式予以凸显。

1.5　测算技术路线说明

1.5.1　直接经济贡献

文物系统增加值＝劳动者报酬＋生产税净额＋固定资产折旧＋营业盈余

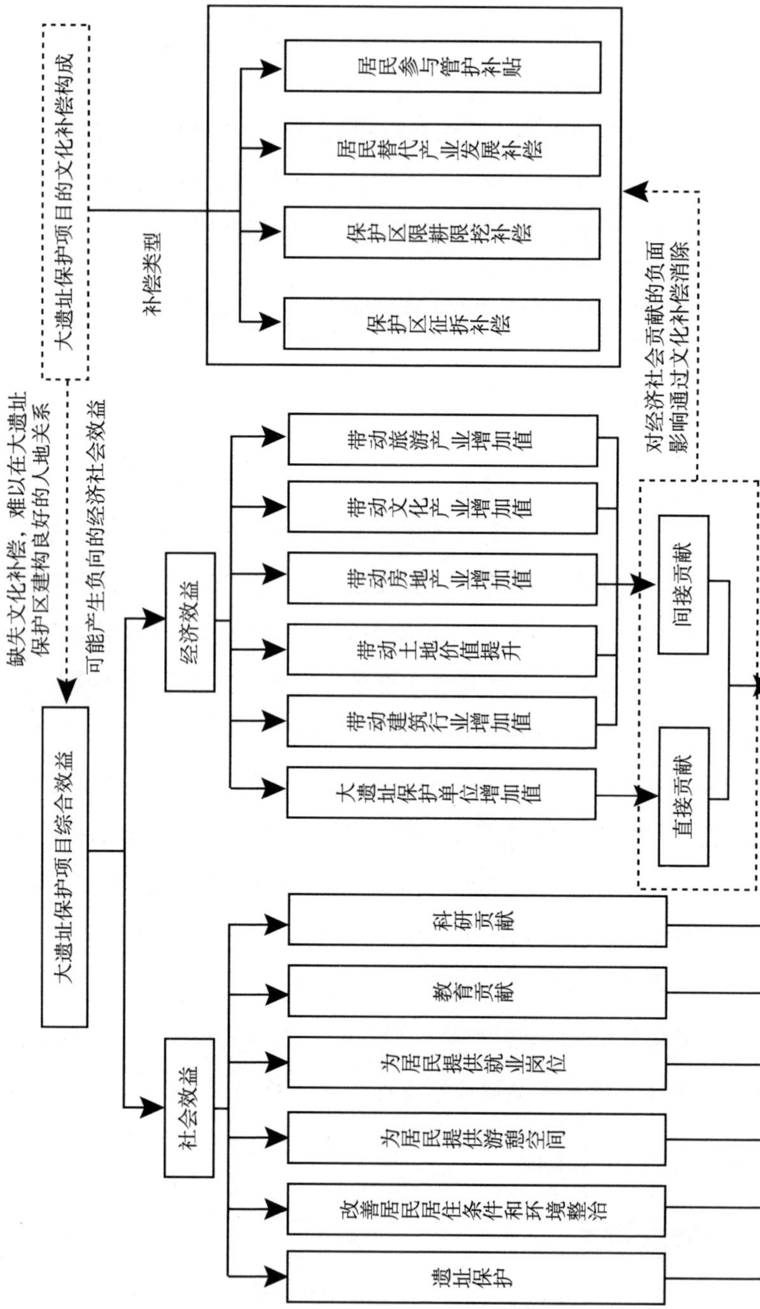

图技 2-1　大遗址保护项目经济社会贡献测算的技术路线

1.5.2　间接经济贡献

（1）带动其他行业的增加值

对整个文物系统及博物馆而言，带动其他行业的增加值主要指文物保护维修支出带动的建筑业增加值。这个文物保护维修支出仅限于纳入财政经常性预算的“财政拨款”中的相关资金，不包括项目资金和博物馆等基础设施建设资金。不可移动文物的保护维修必然涉及大量与土木工程和设备安装等相关的工作，因此文物系统的日常工作也就和建筑业之间发生了直接和间接的经济联系。通常用于文物系统保护维修的资金主要有两个来源，一个是纳入财政经常性预算的保护维修支出，另一个是文物系统实际可支配的国家重点文物保护专项补助经费（该经费主要用于对全国重点文物保护单位进行维修，“九五”以来，维修经费基本占整个投入的70%以上）和相关基础设施建设资金（主要用于博物馆等的建设资金）。这些项目资金同样作为保护维修支出且数额巨大，在有的省（如西藏）还是主要资金，且具有跨年度拨付、资金到位滞后、数据来源不可靠等特点。然而，文物局或其他相关统计部门并没有针对后一个来源的款项规定统一的统计口径并将其纳入每年的统计工作中去。

对大遗址保护项目而言，不仅可带动建筑业的增加值，还可带动周边土地价值的提升，带动大遗址项目范围内及周边房地产行业的增加值，以及带动文化产业的增加值：

大遗址项目带动建筑业增加值＝大遗址保护维修支出×建筑业增加值率

大遗址项目带动土地价值的提升＝大遗址项目规划范围内经营性土地地价款×大遗址文化对土地价格的贡献率×土地增值收益率

大遗址项目带动房地产业增加值＝大遗址项目规划范围内房地产销售收入×大遗址文化对房地产销售价格的贡献率×房地产行业增加值率

大遗址项目带动文化产业增加值＝大遗址项目规划范围内文化创意产业产值×大遗址文化对文化创意产业的贡献率×文化产业增加值率

（2）文物流通经营增加值

民间收藏是近年来的社会热点且已发展为影响越来越大的经济活动，是文化遗产事业与民生关联的领域之一。但中国《文物保护法》规定只有文物商店和文物拍卖企业可以经营文物，其他任何机构包括旧货市场在内均不可以经营文物，加之民间收藏产生的增加值受益主体复杂且隐蔽，因此在文物流通经营增加值中不计入这一块。另外，考虑到文物商店增加值已计入直接贡献中的文物系统增加值，**故本报告中的文物流通经营增加值只包括文物拍卖企业的增加值**。大遗址项目的间接经济贡献不包括文物流通经营增加值部分。

（3）带动旅游业增加值

对于文物系统整体及博物馆而言，带动旅游业增加值计算方法如下：

观光旅游总收入＝城镇人均观光旅游消费×观光旅游者中的城镇人数＋农村人均观光旅游消费×观光旅游者中的农村人数＋国际旅游（外汇）收入×口岸调查入境旅游者中以观光旅游为目的的比例

文物贡献观光旅游收入＝观光旅游总收入×文物吸引力因子①

文物旅游增加值＝文物贡献观光旅游收入×旅游业增加值率

对于大遗址项目而言，带动旅游业增加值的计算过程有所区别，有三种不同的计算方法：

方法一：

大遗址项目带动旅游业增加值＝当地观光旅游收入×大遗址保护区域全年接待旅游人次占当地的比例×旅游收入的增加值率

方法二：

大遗址项目带动旅游业增加值＝大遗址项目规划范围内全年接待观光旅游人次×大遗址旅游吸引率×旅游人次平均旅游消费×旅游收入的增加值率

① “文物吸引力”，也可以叫作“文物旅游吸引力”或“文化遗产旅游吸引力”。提出这个概念的目的，是将旅游业收入中主要依托文化遗产资源的部分剥离出来，以精确衡量文化遗产事业在这方面的间接经济贡献。

方法三（保守算法）：

大遗址项目带动旅游业增加值 = 大遗址项目规划范围内全年接待观光旅游人次 × 人均旅游消费 × 旅游收入的增加值率

1.5.3　对国民经济的全部贡献

文物遗产对国民经济的全部贡献 = 直接贡献 + 间接贡献（扣除重复计算）

大遗址项目对国民经济的全部贡献 = 直接贡献 + 间接贡献（扣除重复计算）

2　文化遗产事业的直接经济贡献和间接经济贡献测算

2.1　文物系统对国民经济的贡献测算

2.1.1　直接经济贡献

顺承蓝皮书的惯例，本年度作为直接经济贡献的文物系统增加值的数据仍为直接引用数据的加和①，相关数据来源于《中国文化文物统计年鉴》和《全国文物业统计资料》。该项统计数据为收入法核算，包括四项构成：劳动者报酬、生产税净额、固定资产折旧、营业盈余。通过总产出和收入法增加值的公式②之间

---

① 具体的原因说明参见2008年蓝皮书主题报告第二章，此处不再赘述。

② 《全国文化文物统计报表制度》具体规定如下：

a）行政事业单位总产出 = 经常性业务支出 + 固定资产折旧 + 经营税金 +（经营收入 - 经营支出）

其中：

- 经常性业务支出 = 工资福利支出 + 商品和服务支出 + ［对个人和家庭补助支出 - 助学金 - 抚恤金 - 生活补助 - 救济金 - 退职（役）费］
- 固定资产折旧 = 固定资产原价 × 折旧率（4%）

b）行政事业单位收入法增加值 = 劳动者报酬 + 固定资产折旧 + 生产税净额 + 营业盈余

其中：

- 劳动者报酬 = 工资福利支出 + 劳务费 + 取暖费 + 出国费 ×6.4% + 差旅费 ×6.4% + ［对个人和家庭补助支出 - 助学金 - 抚恤金 - 生活补助 - 救济金 - 退职（役）费］
- 生产税净额 = 经营税金
- 固定资产折旧 = 固定资产原价 × 折旧率（4%）
- 营业盈余 = 经营收入 - 经营支出

的对比可以看出，两者的四项构成中后三项相同，差异主要体现在第一项，总产出中的经常性业务支出的范围要大于收入法增加值中的劳动者报酬的范围，差额部分为中间消耗。

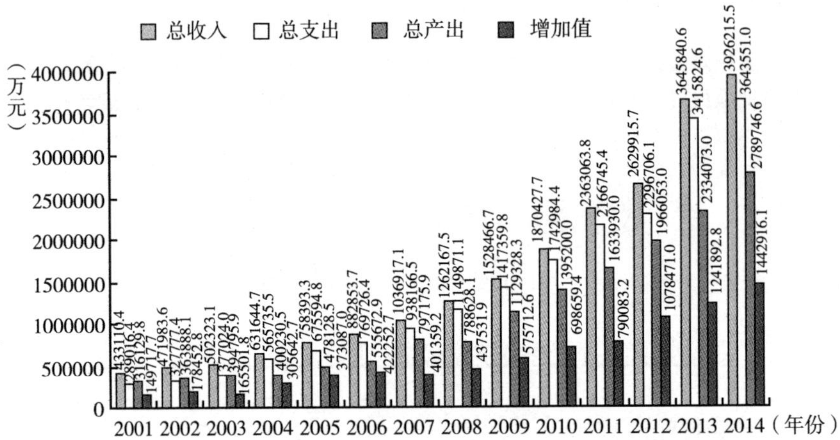

图技 2－2　2001～2014 年全国文物系统总收入、总支出、总产出和增加值比较

如图技 2－2 所示，2001～2003 年文物系统总产出略高于总支出，2004～2014 年文物系统总支出略高于总产出，但总的来看二者较为接近。另外，从文物统计报表制度来看，这四个概念仍有着本质的不同，总收入与总支出相对应，总产出与增加值相对应。在蓝皮书初稿征询意见的过程中，有专家建议：对于某些非营利性的服务业及某些政府部门行政事业单位来说，上述生产法、收入法都存在漏算，最好用计算其总费用支出的办法来近似代替其总产出，即采用成本法（或支出法）核算其增加值①。不过，从目前国内 GDP 核算体系来看，收入法和支出法只是方法选择上的差异，核算结果是基本一致的。鉴于全国文物系统总支出要大于收入法增加值，从保守估计的角度，对于直接贡献部分，

① 中国社会科学院和国家统计局的专家关于蓝皮书中“文物系统增加值”测算有如下建议：文物系统增加值计算公式，是收入法核算公式，适用于市场化的营利性服务业。而文物系统中存在规模可观的非市场化运行的事业单位，由国家财政支持。对于某些非营利性的服务业及某些政府部门行政事业单位来说，上述生产法、收入法都无法使用，只能用计算其总费用支出的办法来近似代替其总产出，即采用成本法（或支出法）核算其增加值。

我们仍直接选用来源于《中国文化文物统计年鉴》的收入法增加值。2001 ~2014年全国文物系统增加值（收入法）年度构成及变化情况详见表技 2 –1。

总的来看，全国文物系统增加值保持了较好的增长势头，从 2001 年的15.0 亿元增长至2014 年的144.3 亿元，名义上增长了8.6 倍（按2001 年可比价格计算，实际增长近4.6 倍），年均名义增长率为 19.0%（实际增长率高达 14.2%）；除2003 年可能受“非典”疫情影响较上年有所回落、2007年由于营业盈余有明显下滑而较上年略有减少外，其余年份均呈上升态势。从不同时期对比情况来看，绝对数量上，“十一五”期间增加值是“十五”期间的约2.2 倍（按可比价格计算为 1.7 倍）；相对增速上，“十一五”期间增加值的平均增速（年均名义增长率为 12.3%，实际增长率仅为 7.7%）远远低于“十五”期间（年均名义增长率为 21.1%，实际增长率为17.1%）；“十二五”时期，增加值从 2010 年的 69.9 亿元增加到 2014 年的144.3 亿元，年均名义增长率为 19.9%，实际增长率为 15.4%，远远高于“十一五”期间的平均增速。分析“十一五”时期增加值增速下降的原因，主要有两点：一是 2008 年开始实施博物馆全面免费开放，有相当数量的博物馆为了适应这个新举措，采取了先闭馆整修准备的做法，由此直接或间接带来了博物馆门票收入的大幅减少；二是 2008 年下半年开始蔓延全球的金融危机，直接导致了文物系统门票收入的减少。正是文物系统门票收入的减少直接导致了文物系统营业盈余的下滑，从而直接影响了“十一五”中后期文物系统增加值的增长速度。进入“十二五”时期后，随着原有博物馆的陆续开放和新一批博物馆的建成，以及金融危机的缓解重新刺激了文物旅游需求，文物系统的增加值开始逐渐回升。

2.1.2 间接经济贡献

（1）文物系统支出带动其他行业的增加值

2001 ~2014 年全国文物系统保护维修支出情况详见表技 2 –2。需要说明的是，由于前述原因①，表技 2 –2 中统计的保护维修支出费用并未包括

① 详见本章基本测算方法说明部分。

表技 2-1 2001~2014 年全国文物系统增加值（收入法）综合情况

单位：万元，%

项目	"十五"期间						"十一五"期间						"十二五"期间			
	2001 年	2002 年	2003 年	2004 年	2005 年	合计	2006 年	2007 年	2008 年	2009 年	2010 年	合计	2011 年	2012 年	2013 年	2014 年
总产出	316129. 8	363888. 1	394795. 9	400230. 5	478128. 5	1953172. 8	555672. 9	797175. 9	788628. 1	1129328. 3	1395200. 0	4666005. 2	1633930. 0	1966053. 0	2334073. 0	2789746. 5
中间消耗	166412. 1	185435. 2	229294. 1	94587. 8	105041. 5	780770. 7	133420. 2	395817. 1	351096. 1	553615. 7	696540. 6	2130489. 7	843846. 8	887582. 0	1092180. 2	1346830. 5
增加值（收入法）	149717. 7	178452. 9	165501. 8	305642. 7	373087. 0	1172402. 1	422252. 7	401358. 8	437532. 0	575712. 6	698659. 4	2535515. 5	790083. 2	1078471. 0	1241892. 8	1442916. 1
其中：劳动者报酬	79538. 1	101060. 4	107708. 9	167351. 9	194506. 4	650165. 7	225339. 4	295653. 7	317045. 8	444233. 9	514510. 5	1796783. 3	629724. 1	802450. 7	924046. 3	1073620. 3
生产税净额	4736. 7	5410. 2	4932. 5	9268. 7	8866. 4	33214. 5	8511. 5	7884. 6	42439. 4	12445. 1	21040. 7	92321. 3	36088. 6	70599. 4	81297. 5	94457. 0
固定资产折旧	30387. 8	22988. 2	26975. 3	29651. 5	36583. 4	146586. 2	41976. 0	15074. 0	44049. 8	78156. 1	86538. 5	265794. 4	113958. 6	166599. 8	191845. 0	222898. 7
营业盈余	35055. 1	48994. 1	25885. 1	99370. 6	133130. 8	342435. 7	146425. 8	82746. 5	33997. 0	40877. 5	76569. 7	380616. 5	10311. 9	38821. 1	44704. 0	51940. 2
增加值率（%）	47. 4	49. 0	41. 9	76. 4	78. 0	60. 0	76. 0	50. 3	55. 5	51. 0	50. 1	54. 3	48. 4	54. 9	53. 2	51. 7

注：表中数据来源于《中国文化文物统计年鉴》（2001~2009 年）。由于 2009 年以后年鉴中不再统计文物系统增加值的具体分类数值，因此 2010 年和 2011 年的数据来源于文化部发布的文化产业增加值综合年报。2012~2014 年的数据根据以往数据外推得出。

表技 2-2 2001~2014 年全国文物系统支出情况

单位：万元，%

项目	"十五"期间						"十一五"期间						"十二五"期间			
	2001 年	2002 年	2003 年	2004 年	2005 年	合计	2006 年	2007 年	2008 年	2009 年	2010 年	合计	2011 年	2012 年	2013 年	2014 年
总支出	289016. 4	327777. 4	377024. 0	565735. 5	675594. 8	2235148. 1	769726. 4	938166. 5	1149871. 1	1417359. 8	1742984. 4	6018108. 2	2166745. 4	2296706. 1	3415824. 6	3643551. 0
其中：保护维修支出	41878. 0	51557. 6	72079. 7	62898. 5	64288. 2	292702	53258. 4	89932. 3	126084. 6	172249. 2	472964. 7	914489. 2	257424. 9	501083. 5	575566. 4	703205. 3
所占比例	14. 5	15. 7	19. 1	11. 1	9. 5	13. 1	6. 9	9. 6	11. 0	12. 2	27. 1	15. 2	11. 9	21. 8	16. 9	19. 3

数据来源：《中国文化文物统计年鉴》（2001~2015 年）。

任何国家重点文物保护专项补助经费和相关基础设施建设资金。因此，表技2－4所计算的文物系统保护维修支出带动建筑业增加值仅是一种不完全统计。

我们先将全国文物系统保护维修支出近似地作为所带动的建筑业的总产值，再乘以历年建筑业增加值率（见表技2－3），就能近似地得到文物系统保护维修支出所带动建筑行业的增加值（见表技2－4）。

总的来看，“十一五”期间全国文物系统保护维修支出带动建筑业增加值有较快增长，2011年有所回落，2012年、2013年有较快增长，从2001年的1.1亿元增长至2014年的14.1亿元，名义上增长了11.8倍（按2001年可比价格计算，实际增长近6.8倍），年均名义增长率为21.6%（实际增长率高达16.8%）；除2004年、2006年、2011年较上年有所回落外，其余年份均呈上升态势。从不同时期对比情况来看，绝对数量上，“十一五”期间增加值是“十五”期间的2.9倍（按可比价格计算为2.2倍）；相对增速上，“十一五”期间增加值的平均增速（年均名义增长率为76.0%，实际增长率为66.2%）远远高于“十五”期间（年均名义增长率仅为4.3%，实际增长率为0.8%）；进入“十二五”时期，文物系统保护维修支出带动建筑业增加值从2010年的9.6亿元增加到2014年的14.1亿元，名义增长率为10.1%（按2001年可比价格计算，实际增长率为5.9%）。由于2008年全国范围开始逐步推行博物馆免费开放政策，国家和地方财政加大了对免费开放博物馆的财政拨款力度，博物馆在资金使用上也增加了修缮方面的支出。有些博物馆还专门闭馆整修为免费开放做准备，因而直接带动了建筑业增加值在“十一五”时期内快速增长。进入“十二五”时期，相当数量的博物馆陆续整修完毕，削减了在修缮方面的支出，因此造成建筑业增加值大幅度下降①。

① 需要说明的是，保护维修支出费用中并未包括任何国家重点文物保护专项补助经费和相关基础设施建设资金，因为这些项目资金不仅数额巨大（如“十一五”期间，“大遗址”专项资金就涉及100个项目和数十亿元经费。“十二五”期间，这方面的财政投入进一步增多。因此，本书构建了测算大遗址保护项目对国民经济贡献的技术路线，并选取案例进行测算），且具有跨年度拨付、资金到位滞后、数据来源不可靠等特点，不宜进行年度间的纵向比较。

表技 2－3　2001～2014 年全国建筑业经济指标

单位：亿元，%

项目	“十五”期间						“十一五”期间						“十二五”期间			
	2001 年	2002 年	2003 年	2004 年	2005 年	合计	2006 年	2007 年	2008 年	2009 年	2010 年	合计	2011 年	2012 年	2013 年	2014 年
建筑业总产值	15361. 6	18527. 2	23083. 9	29021. 5	34552. 1	120546. 2	41557. 2	51043. 7	62036. 8	76807. 7	95205. 8	326651. 2	117059. 65	137217. 9	159313. 0	176713. 4
建筑业增加值	4023. 6	4698. 3	4654. 7	5615. 8	6899. 7	25892. 0	8116. 4	9944. 4	11911. 7	15619. 8	19269. 8	64862. 1	22071. 0	35491. 3	38995. 0	35270. 2
增加值率	26. 2	25. 4	20. 2	19. 4	20. 0	21. 5	19. 5	19. 5	19. 2	20. 3	20. 2	19. 9	18. 9	25. 9	24. 5	20. 0

注：表中建筑业总产值、增加值数据来源于《中国统计年鉴》（2001～2015 年）；建筑业增加值率＝建筑业增加值/建筑业总产值×100%。

表技 2－4　2001～2014 年全国文物系统保护维修支出带动建筑业增加值

单位：亿元

项目	“十五”期间						“十一五”期间						“十二五”期间			
	2001 年	2002 年	2003 年	2004 年	2005 年	合计	2006 年	2007 年	2008 年	2009 年	2010 年	合计	2011 年	2012 年	2013 年	2014 年
保护维修支出	4. 2	5. 2	7. 2	6. 3	6. 4	29. 3	5. 3	9. 0	12. 6	17. 2	47. 3	91. 4	25. 7	50. 1	57. 6	70. 3
带动建筑业增加值	1. 1	1. 3	1. 5	1. 2	1. 3	6. 4	1. 0	1. 8	2. 5	3. 5	9. 6	18. 3	4. 9	13. 0	14. 1	14. 1

注：保护维修支出来源于表技 2－2；带动建筑业增加值＝保护维修支出×建筑业增加值率。

（2）文物流通经营增加值

参考 2001～2014 年全国艺术品拍卖公司（不完全统计）增加值率（见表技 2－5），综合参考了中国拍卖行业协会发布的《中国文物艺术品拍卖市场统计年报》（2010～2014 年）和 AMRC 统计的同期全国艺术品拍卖市场成交额数据（见图技 2－3）①，粗略估算出同期全国文物艺术品拍卖企业增加值（见表技 2－6）。

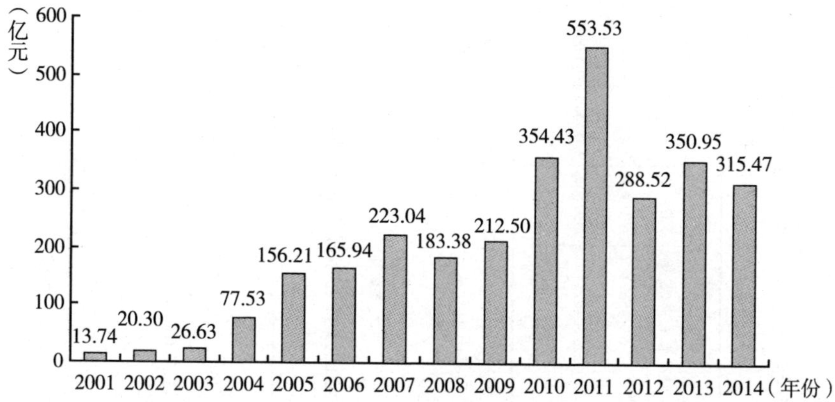

图技 2－3　2001～2014 年全国文物艺术品拍卖市场成交额

从图技 2－3 来看，2001～2004 年全国文物艺术品拍卖市场成交总额呈现平缓上升的走势，基本保持在数十亿元。2005 年，中国书画的成交热带动了艺术品拍卖市场的整体发展，市场规模跃升至百亿元以上。即便 2008 年受到全球金融危机的影响，成交额略有下降，也仍然达到 183.38 亿元。总体来看，截至 2009 年，中国艺术品拍卖市场处于相对平稳的高匀速发展

① 因为这个数值是不完全统计，所以不同渠道公布的略有不同。2011 年、2012 年《中国文物艺术品拍卖市场统计年报》，由商务部流通业发展司、国家文物局博物馆与社会文物司和中国拍卖行业协会（以下简称中拍协）联合发布，改变了以往由中拍协单独发布的状况。政府部门的介入使数据的准确度和权威性大大提高。因此，本书中 2010 年、2011 年的“文物艺术品拍卖市场成交额”采用 2011 年年报中公布的数据。其他年份数额在 2008 年、2009 年蓝皮书中采用的是文化部文化市场司公布的数据，从数据延续性、可比性角度考虑，本书仍然沿用这个渠道公布的数据。

表技 2－5　2001～2014 年全国艺术品拍卖公司经济指标

单位：万元，%

项目	“十五”期间						“十一五”期间						“十二五”期间			
	2001 年	2002 年	2003 年	2004 年	2005 年	合计	2006 年	2007 年	2008 年	2009 年	2010 年	合计	2011 年	2012 年	2013 年	2014 年
营业收入	7737. 2	15543. 0	2884. 9	2244. 4	8965. 0	37374. 5	1909. 5	28767. 5	36671. 7	57211. 8	74592. 9	199153. 4	95212. 3	321600	334500	309400
增加值	2660. 6	3100. 5	1577. 2	1166. 7	4039. 0	12544. 0	571. 0	11002. 2	16231. 1	24928. 2	32758. 3	85490. 8	43702. 4	144398. 4	150190. 5	138920. 6
增加值率	34. 4	19. 9	54. 7	52. 0	45. 1	33. 6	29. 9	38. 2	44. 3	43. 6	43. 9	42. 9	45. 9	44. 9	44. 9	44. 9

注：全国艺术品拍卖公司营业收入和增加值数据来源于《中国文化文物统计年鉴》（2001～2009 年）；2010 年、2011 年数据根据 2006～2009 年数据外推并与相关研究报告数据比对校正；2012～2014 年营业收入数据来自《中国文物艺术品拍卖市场统计年报》，增加值数据根据与营业收入相关关系外推所得。

表技 2－6　2001～2014 年全国文物艺术品拍卖企业增加值

单位：亿元

项目	“十五”期间						“十一五”期间						“十二五”期间			
	2001 年	2002 年	2003 年	2004 年	2005 年	合计	2006 年	2007 年	2008 年	2009 年	2010 年	合计	2011 年	2012 年	2013 年	2014 年
成交额	13. 74	20. 30	26. 63	77. 53	156. 21	294. 41	165. 94	223. 04	183. 38	212. 50	354. 43	1139. 29	553. 53	288. 52	350. 95	315. 47
营业收入	2. 75	4. 06	5. 33	15. 51	31. 24	58. 89	33. 19	44. 61	36. 68	42. 50	70. 9	227. 88	110. 7	57. 7	70. 2	63. 1
增加值	0. 95	0. 81	2. 91	8. 06	14. 09	26. 82	9. 92	17. 04	16. 25	18. 52	31. 1	92. 83	50. 8	25. 9	31. 5	28. 3

注：营业收入＝成交额×20%，增加值（调整算法之后）＝营业收入×增加值率。

中。从目前数据来看，文物艺术品拍卖行业仍然是“朝阳产业”，发展空间巨大，2010 年、2011 年成交额分别为 354. 43 亿元和 553. 53 亿元，攀升速度明显提升；2012 年成交额同比下滑 265. 01 亿元，下降幅度达 47. 9%，是 2008 年金融危机之后首次出现大幅下降。2012 年成交额的“腰斩”是市场规范性调整的必然阵痛，是增强艺术品拍卖市场持续增长潜力的必要成本。2013 年、2014 年成交额分别为 350. 95 亿元和 315. 47 亿元，呈现回暖趋势。

总的来看，2001 ~2014 年，全国文物艺术品拍卖企业增加值保持了高速增长，从 2001 年的 1. 0 亿元增长至 2014 年的 28. 3 亿元，名义上增长了 27. 3 倍（按 2001 年可比价格计算，实际增长 15. 6 倍），年均名义增长率为 29. 3%（实际增长率高达 24. 1%）；除 2002 年、2006 年、2008 年、2012 年、2014 年较上年有所回落外，其余年份均呈上升态势。从不同时期对比情况来看，绝对数量上，“十一五”期间增加值是“十五”期间的 3. 5 倍（按可比价格计算为 2. 8 倍）；相对增速上，“十五”期间增速（年均名义增长率高达 96. 2%，实际增长率为 89. 7%）高于“十一五”期间（年均名义增长率为 33. 1%，实际增长率为 26. 4%），但均属于快速增长；与“十一五”末期相比，“十二五”时期增加值年均下降 2. 3%（实际下降 1. 9%），主要由于 2012 年成交额出现明显下降，同比下滑 265. 01 亿元，下降幅度达 47. 9%，增加值也出现相应下降（与 2010 年相比，名义下降率为 8. 7%，实际下降率为 12. 9%）。在 2013 年增加值出现明显回升之后，2014 年增加值又呈现小幅回落。“十二五”时期是文物艺术品拍卖市场震荡调整的时期，未来文物艺术品拍卖行业将在经营机构的数量、经营范围的种类、拍卖业绩的提高等诸多方面继续保持快速发展的态势，整体上的规范性和发展潜力将进一步增强①。

① 《2014 中国文物艺术品拍卖市场统计年报》中指出，虽然受经济形势和投资环境影响，市场对高价位拍品的关注度在经历 2012 年腰斩后尚未回暖。但文物艺术品拍卖市场随着大环境进入“新常态”，市场规模、行情持续走实，市场结构方面呈现“品类热点多元化”“价位结构平衡化”“购买需求合理化”三大特点。这是“新常态”下拍卖市场理性的重要表现，也是拍卖业态自我优化的过程。

需要说明的是，考虑到文物商店增加值已计入直接贡献中的文物系统增加值中，故本报告中的文物流通经营增加值只包括文物拍卖企业的增加值。

（3）文物旅游增加值

- 观光旅游总收入情况

总的来看，全国以观光旅游为目的的旅游收入从2001年的2449.9亿元增长至2014年的7388.8亿元，名义上增长了2.0倍（按2001年可比价格计算，实际增长0.8倍），年均名义增长率为8.9%（实际增长率为4.5%）。这14年中，除2003年、2008年、2014年较上年有所回落外，其余年份均呈上升态势（见表技2－7）。“十五”期间平均增速要略高于“十一五”期间：“十五”期间的年均名义增长率为10.4%（实际增长率为6.7%），“十一五”期间的年均名义增长率为10.3%（实际增长率为4.7%）。“十二五”时期，前三年年均名义增长率为15.6%（实际增长率为11.4%），远远高于前十年平均增速。2014年，全国以观光旅游为目的的旅游收入出现较大幅度下降，原因主要是旅游市场结构持续调整，以观光旅游为目的的人群比例下降较快，与此同时度假休闲娱乐比重显著上升——2014年以度假休闲娱乐为目的的城镇游客比例为50.1%（2013年为28.1%），农村游客比例32.8%（2013年为16.6%），导致整体上观光旅游收入出现下降。

- 文物吸引力因子

本年度蓝皮书仍然采用以往蓝皮书中提出的三种方法来确定文物吸引力因子。[①]

① 国家旅游局和中国科学院地理科学与资源研究所的专家对2008年以来蓝皮书从旅游业产值划分文物旅游贡献的关键指标“文物吸引力因子”有如下建议：“文物吸引力要靠游客在相关文博单位的旅游时间来确定。一般而言，游客去某一地区旅游，会按次序游遍包括文物景点在内的所有景点。如果用人数相除没有意义，不能将接待人数的比值看成是该文博单位的吸引力。既然大多数景点游客都会去，按照逗留时间来判断对游客的吸引程度也许更准确。”我们认为，游客逗留时间确实能够从一定程度上反映出该景区对游客的吸引力大小，但尚未被纳入统计局和旅游局官方常规统计，而且即便在某个地区或景区进行抽样调查，也无法反映出全国的整体水平。今后可以考虑，在国内若干个省份进行试点，通过抽样调查的方法，来从局部估计全国整体水平，作为原先方法的一个补充。

表技 2－7　2001～2014 年全国观光旅游收入情况

项目	分项	“十五”期间						“十一五”期间						“十二五”期间			
		2001 年	2002 年	2003 年	2004 年	2005 年	合计/平均	2006 年	2007 年	2008 年	2009 年	2010 年	合计/平均	2011 年	2012 年	2013 年	2014 年
国内城镇观光旅游情况	城镇人均观光旅游消费（元/人次）	868.3	836.3	725.4	847.8	858.3	827.2	887.4	1037.3	1072.7	1029.2	1211.2	1047.6	1212.58	1168.4	1126.5	1265.0
	城镇旅游人次（亿人次）	3.74	3.85	3.51	4.59	4.96	20.65	5.76	6.12	7.03	9.03	10.65	38.59	16.87	19.33	21.86	24.83
	旅游者中以观光旅游为目的比例（%）	39.3	41.4	41.8	45.0	44.9	42.7	42.6	42.8	27.3	28.9	32.9	34.0	29.5	28.0	28.1	14.2
	观光旅游人次（万人次）	14698.2	15939.0	14671.8	20655	22270.4	88234.4	24537.6	26193.6	19191.9	26096.7	35038.5	131058.3	49766.5	54124.0	61426.6	35258.6
	以观光旅游为目的旅游收入合计（亿元）	1276.2	1333.0	1064.3	1751.1	1911.5	7336.1	2177.5	2717.1	2058.7	2685.9	4243.9	13883.1	6034.6	6323.9	6919.7	4460.2
国内农村观光旅游情况	农村人均观光旅游消费（元/人次）	1154.5	1111.2	1160.6	1198.3	1319.7	1188.9	1383.3	1487.4	1435.4	1435.4	1435.4	1435.4	832.8	838.4	884.4	1188.7
	农村旅游人次（亿人次）	4.10	4.93	5.19	6.43	7.16	27.81	8.18	9.98	10.09	9.99	10.38	48.62	9.54	10.24	10.76	11.28

续表

项目	分项	"十五"期间						"十一五"期间						"十二五"期间			
		2001 年	2002 年	2003 年	2004 年	2005 年	合计/平均	2006 年	2007 年	2008 年	2009 年	2010 年	合计/平均	2011 年	2012 年	2013 年	2014 年
国内农村观光旅游情况	旅游者中以观光旅游为目的比例(%)	14.3	12.1	11.4	13.3	11.1	12.3	11.5	12.5	8.0	8.4	8.4	9.8	18.5	19.4	18.8	6.5
	观光旅游人次(万人次)	5867.1	5965.3	5916.6	8551.9	7947.6	34248.5	9382.5	12475.0	8082.1	8391.6	8719.2	47050.4	17649	19865.6	20228.8	7332.0
	以观光旅游为目的旅游收入合计(亿元)	677.4	662.9	686.7	1024.8	1048.8	4100.6	1297.9	1855.5	1160.1	1204.5	1251.6	6769.6	1469.9	1665.5	1789.0	871.6
入境观光旅游情况	国际旅游(外汇)收入(亿美元)	177.92	203.85	174.06	257.39	292.96	1106.18	339.49	419.19	408.43	396.75	458.14	2022.00	484.64	500.28	516.64	1053.80
	口岸调查入境旅游者中以观光旅游为目的比例(%)	33.7	28.2	28.2	30.1	28.4	29.7	28.6	25.8	26.1	28.0	25.6	26.8	32.4	31.8	31.6	31.4
	以观光旅游为目的旅游收入合计(亿元)	496.3	475.8	406.3	641.2	681.6	2701.2	774.0	832.2	740.3	758.9	794.0	3899.4	1014.2	1004.3	1011.1	2057.0
观光旅游收入合计(亿元)		2449.9	2471.7	2157.3	3417.1	3641.9	14137.9	4249.4	5404.8	3959.1	4649.3	6289.5	24552.1	8518.7	8993.7	9719.8	7388.8

注：表中观光旅游人次、以观光旅游为目的旅游收入合计和观光旅游收入合计数据为计算所得，其余数据均来源于2001～2015年《中国旅游统计年鉴》；由于2008年、2009年、2010年《中国旅游统计年鉴》缺少农村人均观光旅游消费数据，故以2006年、2007年平均值代替。

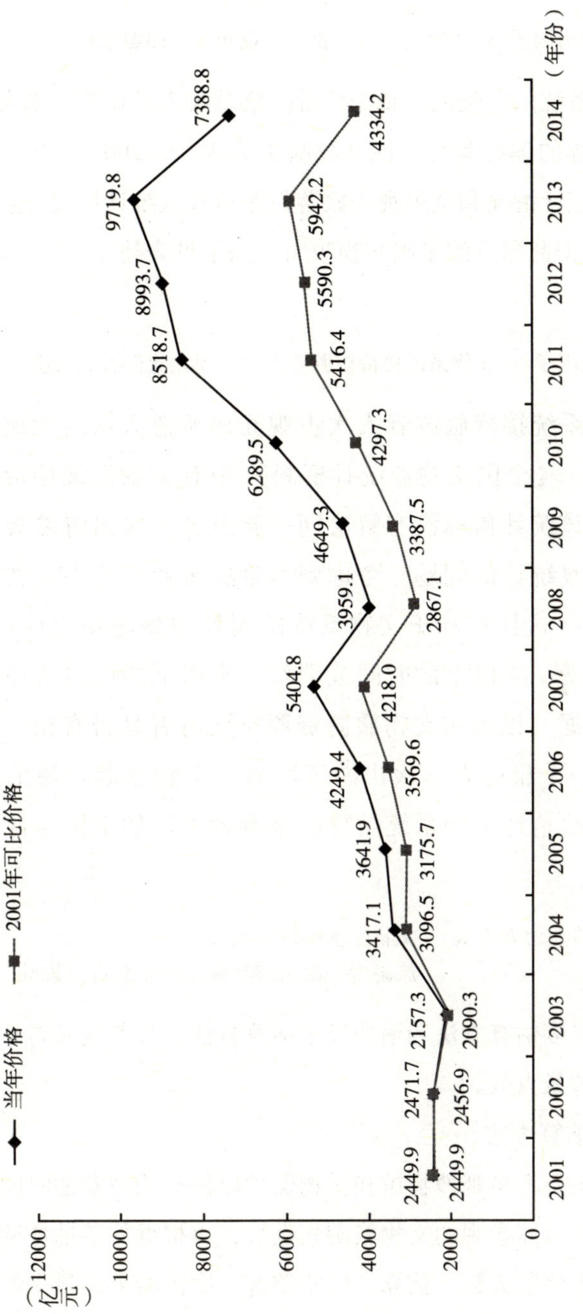

图技 2 - 4　2001 ~ 2014 年全国以观光旅游为目的的旅游收入变化情况

方法一：

文物吸引力因子 ＝ 文物系统门票收入／观光旅游门票总收入

通过计算文物系统门票收入占观光旅游门票总收入的比例，来大致判断游客对文物旅游资源的偏好程度，即文物吸引力因子。2001～2014 年全国文物系统门票收入统计情况和全国观光旅游门票总收入统计情况分别见表技2－8 和表技 2－9，据此测算的全国文物吸引力因子见表技 2－10。

方法二：

文物吸引力因子 ＝ 文物系统接待旅游者人次／观光旅游者总人次

通过计算文物系统接待旅游者人次占观光旅游总人次的比例，来判断文物吸引力因子。《全国文物业统计资料》中有文物系统接待参观人次的统计数据，但该统计指标没有解决同一旅游者一次出游参观多个文物旅游资源而被重复统计的问题。考虑到衡量旅游业产值中文物旅游的份额时宜低不宜高（这样有利于文物系统的测算被旅游系统认可），我们以旅游者是否花费一半以上的时间或消费一半以上的门票费用在文物旅游资源上作为判据（以表明文物旅游资源对旅游者是否有相对强势的吸引），由此判断一个旅游者一次出游可能参观文物旅游资源的数量上限。这样能够保守地估计文物系统接待的旅游者人次的下限。计算公式如下：

文物系统接待旅游者人次 ＝ 文物系统接待参观人次／旅游者一次出游参观文物旅游资源数量

我们采用时间尺度估算方法和消费尺度估算方法，计算旅游者一次出游平均参观的文物旅游景点数。

（a）时间尺度估算方法

通过合理估计旅游者参观博物馆和文物保护单位平均花费的时间，估计一位旅游者一天之内可能参观的文物旅游景点数，再根据旅游抽样调查统计资料中旅游者的平均停留天数，估算一位旅游者一次出游平均最多参观的文物旅游景点数，结果见表技 2－11。

表技 2-8　2001～2014 年全国文物系统门票收入统计情况

项目	"十五"期间						"十一五"期间						"十二五"期间			
	2001 年	2002 年	2003 年	2004 年	2005 年	合计	2006 年	2007 年	2008 年	2009 年	2010 年	合计	2011 年	2012 年	2013 年	2014 年
文物系统门票收入(万元)	111846.2	135543.2	109395.0	201046.0	241254.8	799085.2	262716.6	322923.3	223269.3	240607.4	348281.2	1397797.8	462661.6	663863.4	583953.5	644702.6
文物系统接待参观人次(万人次)	11315.5	11990.6	9446.3	14527.4	17657.4	64937.2	18444.3	45382.5	35733.9	42148.2	46351.1	188060.0	56686.8	67058.8	74705.6	84256.2
其中:入境参观人次(万人次)	768.4	873.0	379.5	617.6	1044.2	3682.7	898.6	903.8	943.9	984.0	1024.1	4754.4	1089.2	1183.8	1286.6	1398.3
国内参观人次(万人次)	10547.1	11117.6	9066.8	13909.8	16613.2	61254.5	17545.7	44478.7	34790.0	41164.2	45327.0	183305.6	55597.6	65875.0	73419.0	82857.9
其中:青少年参观人次(万人次)	2382.7	2634.1	2022.9	3453.5	3978.5	14471.7	4005.3	13855.2	9126.4	11953.4	12168.0	51108.3	14021.21	17325.62	20237.33	22403.10
文物旅游景点平均门票价格(元)	11.0	12.7	13.0	15.7	15.4	13.85	16.0	8.4	7.2	6.7	8.6	8.6	9.31	11.37	9.04	8.82
入境游客文物观光旅游(门票)消费(亿元)	0.8	1.1	0.5	1.0	1.6	5.0	1.4	0.8	0.7	0.7	0.9	4.5	1.01	1.35	1.16	1.23
国内游客文物观光旅游(门票)消费(亿元)	10.3	12.5	10.4	19.1	22.5	74.8	24.8	31.5	21.7	23.4	33.9	135.3	51.8	65.04	57.24	63.24

注：①文物系统门票收入及接待参观人次数据来源于《全国文物业统计资料》（2001～2014 年），其中 2007～2014 年未单独统计入境参观人次，由以往数据外推得出；②表中将文物系统接待参观人次全部作为以观光旅游为主要目的的旅游者考虑；③文物旅游景点平均门票价格 = 文物系统门票收入/（文物系统接待参观人次 - 青少年参观人次/2），青少年统一按半价计；④入境游客文物观光旅游（门票）消费 = 文物旅游景点平均门票价格 × 入境游客参观人次；⑤国内游客文物观光旅游（门票）消费 = 文物系统门票收入 - 入境游客文物观光旅游（门票）消费。

表技 2 - 9　2001 ~ 2014 年全国观光旅游门票总收入统计情况

项目	“十五”期间						“十一五”期间						“十二五”期间			
	2001 年	2002 年	2003 年	2004 年	2005 年	合计/平均	2006 年	2007 年	2008 年	2009 年	2010 年	合计/平均	2011 年	2012 年	2013 年	2014 年
入境以观光旅游为目的旅游收入(亿元)	496. 3	475. 8	406. 3	641. 2	681. 6	2701. 2	774. 0	832. 2	740. 3	758. 9	794. 0	3899. 4	1014. 2	1004. 3	1011. 09	2057. 0
游览占国际旅游收入比例(%)	4. 5	7. 0	7. 0	5. 1	4. 2	5. 6	2. 9	4. 3	5. 4	5. 2	5. 1	4. 6	5. 2	5. 1	5. 1	5. 7
入境观光旅游(门票)消费(亿元)	22. 3	33. 3	28. 4	32. 7	28. 6	145. 3	22. 4	35. 8	40. 0	39. 5	40. 5	178. 2	52. 7	51. 2	51. 6	117. 2
城镇观光旅游(门票)消费(元/次出游)	74. 3	82. 9	69. 9	73. 1	75. 4	75. 1	79. 7	89. 0	97. 3	93. 7	102. 5	92. 4	106. 8	104. 7	100. 9	120. 0
城镇观光旅游人次(万人次)	14698. 2	15939. 0	14671. 8	20655. 0	22270. 4	88234. 4	24537. 6	26193. 6	19191. 9	26096. 7	35038. 5	131058. 3	49766. 5	54124	61426. 6	35258. 6
城镇观光旅游(门票)消费(亿元)	109. 2	132. 1	102. 6	151. 0	167. 9	662. 8	195. 6	233. 1	186. 7	244. 5	359. 1	1219. 0	531. 5	566. 4	619. 8	423. 1
农村观光旅游(门票)消费(元/次出游)	104. 8	104. 8	96. 7	102. 5	145. 6	110. 9	108. 2	138. 8	123. 5	135. 9	140. 4	129. 4	75. 0	76. 5	80. 6	130. 9
农村观光旅游人次(万人次)	5867. 1	5965. 3	5916. 6	8551. 9	7947. 6	34248. 5	9382. 5	12475. 0	8082. 1	8391. 6	8719. 2	47050. 4	17649. 0	19865. 6	20228. 8	7332. 0
农村观光旅游(门票)消费(亿元)	61. 5	62. 5	57. 2	87. 6	115. 7	384. 5	101. 5	173. 1	99. 8	114. 0	122. 4	610. 8	132. 4	152. 1	163. 0	96. 0
国内观光旅游(门票)消费合计(亿元)	170. 7	194. 6	159. 8	238. 6	283. 6	1047. 3	297. 1	406. 2	286. 5	358. 6	481. 5	1829. 9	663. 9	718. 5	834. 4	519. 1

注：①游览占国际旅游收入比例数据来源于《中国旅游统计年鉴》(2001 ~ 2014 年)，城镇和农村观光旅游（门票）消费数据来源于《中国国内旅游抽样调查资料》(2001 ~ 2014 年)，2012 年没有纳入统计，用以往数据外推得出；②入境以观光旅游为目的旅游收入、城镇和农村观光旅游人次数据见表技 2 - 7；③入境观光旅游（门票）消费 = 入境以观光旅游为目的旅游收入 × 游览占国际旅游收入比例；④观光游客旅游（门票）消费 = 观光游客单次出游旅游（门票）消费 × 观光旅游人次；⑤国内观光旅游（门票）消费合计 = 城镇观光旅游（门票）消费 + 农村观光旅游（门票）消费。

表技 2 - 10　2001 ~ 2014 年全国文物吸引力因子方法一估算结果

项目		“十五”期间						“十一五”期间						“十二五”期间			
		2001 年	2002 年	2003 年	2004 年	2005 年	合计	2006 年	2007 年	2008 年	2009 年	2010 年	合计	2011 年	2012 年	2013 年	2014 年
文物系统门票收入	入境游客文物观光旅游（门票）消费（亿元）	0.8	1.1	0.5	1.0	1.6	5.0	1.4	0.8	0.7	0.7	0.9	4.5	1.0	1.4	1.2	1.2
	国内游客文物观光旅游（门票）消费（亿元）	10.3	12.5	10.4	19.1	22.5	74.8	24.8	31.5	21.7	23.4	33.9	135.3	51.8	65.0	57.2	63.2
观光旅游门票收入	入境观光旅游（门票）消费（亿元）	22.3	33.3	28.4	32.7	28.6	145.3	22.4	35.8	40.0	39.5	40.5	178.2	52.7	51.2	51.6	117.2
	国内观光旅游（门票）消费合计（亿元）	170.7	194.6	159.8	238.6	283.6	1047.3	297.1	406.2	286.5	358.6	481.5	1820.9	663.9	718.5	834.4	519.1
文物吸引力因子	文物系统入境观光旅游（门票）收入占入境观光旅游（门票）总收入比例（%）	3.6	3.3	1.8	3.1	5.6	3.4	6.3	2.2	1.8	1.8	2.2	2.6	1.9	2.6	2.2	1.1
	文物系统国内观光旅游（门票）收入占国内观光旅游（门票）总收入比例（%）	6.0	6.4	6.5	8.0	7.9	7.1	8.3	7.8	7.6	6.5	7.0	7.4	7.8	9.1	6.9	12.2

注：①文物系统门票收入数据来源于表技 2 - 9，观光旅游门票收入数据来源于表技 2 - 9；②文物吸引力因子 = 文物系统门票收入/观光旅游门票总收入 × 100%。

表技 2-11　用时间尺度估算 2001~2014 年观光游客参观文物旅游景点数

项目	“十五”期间						“十一五”期间						“十二五”期间			
	2001 年	2002 年	2003 年	2004 年	2005 年	平均	2006 年	2007 年	2008 年	2009 年	2010 年	平均	2011 年	2012 年	2013 年	2014 年
入境过夜观光游客平均停留天数（天/次出游）	5.0	5.9	5.8	5.2	5.7	5.7	6.1	5.5	6.2	5.6	5.7	5.8	5.9	5.6	6.6	7.0
城镇观光游客平均停留天数(天/次出游)	2.5	2.1	3.5	3.9	3.8	3.2	3.5	3.6	3.6	3.6	3.6	3.6	3.6	3.6	3.6	3.3
农村观光游客平均停留天数(天/次出游)	4.4	3.8	4.0	3.6	3.4	3.8	3.6	3.6	3.6	3.6	3.6	3.6	3.6	3.6	3.6	3.4
旅游者日参观文物旅游景点数(个/天)	2~5	2~5	2~5	2~5	2~5	2~5	2~5	2~5	2~5	2~5	2~5	2~5	2~5	2~5	2~5	2~5
入境观光游客参观文物旅游景点数(个/次出游)	12~30	12~30	12~29	10~26	11~29	11~29	12~31	11~28	12~31	11~28	11~28	12~29	12~30	10~28	13~33	14~35
城镇观光游客参观文物旅游景点数(个/次出游)	5~13	4~11	7~18	8~20	8~19	6~16	7~18	7~18	7~18	7~18	7~18	7~18	7~18	7~18	7~18	7~17
农村观光游客参观文物旅游景点数(个/次出游)	9~22	8~19	8~20	7~18	7~17	8~19	7~18	7~18	7~18	7~18	7~18	7~18	7~18	7~18	7~18	7~17

注：①入境过夜观光游客停留天数数据来源于《中国旅游统计年鉴》（2001~2013 年），2012~2014 年数据来源于旅游抽样调查资料（2013~2015 年）。②城镇和农村观光游客停留天数数据来源于《中国国内旅游抽样调查资料》（2001~2015 年），由于 2010 年、2012 年缺少数据，故用已有统计数据外推得到。③观光游客参观文物旅游景点数 = 观光游客停留天数 × 旅游者日参观文物旅游景点数。④估计一位观光游客一天之内可能参观的文物旅游景点数，需要有以下几个基本判断：博物馆和文物保护单位开放时间为 08:00~17:00；游客参观博物馆和文物保护单位平均花费的时间为 2h~5h（含景点间的路途时间）；根据①和②可以计算出，一个旅游者日参观文物旅游景点（文物保护单位、博物馆）数为 2~5 个。

（b）消费尺度估算方法

通过文物系统关于门票收入和接待参观人次的统计资料，可以估算出文物旅游景点平均门票价格。通过旅游抽样调查数据中城镇和农村观光旅游（门票）消费，可以估算出其旅游（门票）花费可以购买的文物旅游景点门票数，以此估计一位旅游者一次出游最多参观的文物旅游景点数，结果见表技 2－12。

（c）结果比较

时间尺度估算方法和消费尺度估算方法结果比较见表技 2－13。由表技 2－13 可见，时间尺度估算方法和消费尺度估算方法的结果基本吻合，方法之间相互印证：时间尺度估算方法从时间的角度列举出旅游者一次出游参观文物旅游景点数的合理区间，而消费尺度估算方法从消费的角度估算了在这个合理的区间范围内可能出现的参观景点数。进一步分析表技 2－13，可以发现，在 2008 年以前（2001～2007 年），消费尺度估算方法估算的游客参观文物旅游景点数往往集中在时间尺度估算方法估算的区间下限附近，表明这一时期内，消费尺度估算方法相对合理，故作为上限。而 2008 年，全国文化文物系统博物馆开始全面免费开放。博物馆全面免费开放后，数据显示这整体拉低了文物系统门票的平均价格，导致按照消费尺度估算方法计算的游客参观文物旅游景点数跳跃式增加，接近或超过时间尺度估算方法估算的区间上限。如果仍然把消费估算法的结果作为判断一个旅游者一次出游可能参观文物景点数量的上限，则明显不合理。因此，2008 年以后的测算将兼顾这两种估算方法，采用时间尺度估算结果下限和消费尺度估算结果中位数的方法进行保守估计。计算时需要注意的是，当消费尺度估算结果超出时间尺度估算结果上限时，直接取时间尺度估算区间的中位数。

将旅游者花费一半以上的时间或消费一半以上的门票费用在文物旅游景点上，作为判断一个旅游者一次出游可能参观文物旅游景点的数量的下限，可以得到 2001～2014 年全国观光游客一次出游可能参观的文物旅游景点数区间，该区间上限和下限值见表技 2－14。2001～2014 年全国文物吸引力因子方法二估算结果见表技 2－15，全国文物吸引力因子汇总结果见表技 2－16。

表技 2-12 用消费尺度估算 2001~2014 年观光游客参观文物旅游景点数

项目	“十五”期间						“十一五”期间						“十二五”期间			
	2001 年	2002 年	2003 年	2004 年	2005 年	合计/平均	2006 年	2007 年	2008 年	2009 年	2010 年	合计/平均	2011 年	2012 年	2013 年	2014 年
文物旅游景点平均门票价格(元)	11.0	12.7	13.0	15.7	15.4	13.9	16.0	8.4	7.2	6.7	8.6	8.6	9.3	11.4	9.0	8.8
入境观光旅游(门票)消费(亿元)	22.3	33.3	28.4	32.7	28.6	145.3	22.4	35.8	40.0	39.5	40.5	178.2	52.7	51.2	51.6	117.2
入境旅游人次(万人次)	8901.3	9790.8	9166.2	10903.8	12029.2	50791.4	12494.2	13187.3	13002.7	12647.6	12901.9	64233.7	13542.4	13240.5	12907.8	12849.8
口岸调查入境旅游者中以观光旅游为目的比例(%)	33.7	28.2	28.2	30.1	28.4	29.7	28.6	25.8	26.1	28.0	25.6	26.8	32.4	31.8	31.6	31.4
以观光旅游为目的入境旅游人次(万人次)	2999.7	2761.0	2584.9	3282.1	3416.3	15044.0	3573.3	3402.3	3393.7	3541.3	3305.0	17215.6	4387.8	3707.4	4078.9	4034.9
入境观光旅游(门票)消费(元/次出游)	74.3	120.6	109.9	99.6	83.7	97.6	62.7	105.2	117.9	111.4	122.5	104.0	120.1	138.2	126.5	290.5
城镇观光旅游(门票)消费(元/次出游)	74.3	82.9	69.9	73.1	75.4	75.1	79.7	89.0	97.3	93.7	102.5	92.4	106.8	104.7	100.9	120.0
农村观光旅游(门票)消费(元/次出游)	104.8	104.8	96.7	102.5	145.6	110.9	108.2	138.8	123.5	135.9	140.4	129.4	75.0	76.5	80.6	130.9
入境观光游客参观文物旅游景点数(个/次出游)	7	9	8	6	5	7	4	13	16	17	14	11	13	12	14	33
城镇观光游客参观文物旅游景点数(个/次出游)	7	7	5	5	5	6	5	11	14	14	12	10	11	9	11	14

续表

项目	“十五”期间						“十一五”期间						“十二五”期间			
	2001 年	2002 年	2003 年	2004 年	2005 年	合计	2006 年	2007 年	2008 年	2009 年	2010 年	合计	2011 年	2012 年	2013 年	2014 年
农村观光游客参观文物旅游景点数(个/次出游)	10	8	7	7	9	8	7	17	17	20	16	14	8	7	9	15

注：①文物旅游景点平均门票价格来自表技 2－8，入境观光旅游（门票）消费、城镇和农村观光旅游（门票）消费数据来自表技 2－9；②以观光旅游为目的的入境旅游人次（万人次）＝入境旅游人次（万人次）×口岸调查入境旅游者中以观光旅游为目的比例（%）；③入境观光旅游（门票）消费（元/次出游）＝入境观光旅游（门票）消费（亿元）/以观光旅游为目的的入境旅游人次（万人次）；④观光游客参观文物旅游景点数＝观光旅游（门票）消费/文物旅游景点平均门票价格。

表技 2－13　两种方法估算 2001～2014 年观光游客参观文物旅游景点数结果比较

项目		“十五”期间						“十一五”期间						“十二五”期间			
		2001 年	2002 年	2003 年	2004 年	2005 年	合计	2006 年	2007 年	2008 年	2009 年	2010 年	合计	2011 年	2012 年	2013 年	2014 年
时间尺度估算方法	入境观光游客参观文物旅游景点数(个/次出游)	12～30	12～30	12～29	10～26	11～29	11～29	12～31	11～28	12～31	11～28	11～28	12～29	12～30	10～28	13～33	14～35
	城镇观光游客参观文物旅游景点数(个/次出游)	5～13	4～11	7～18	8～20	8～19	6～16	7～18	7～18	7～18	7～18	7～18	7～18	7～18	7～18	7～18	7～17
	农村观光游客参观文物旅游景点数(个/次出游)	9～22	8～19	8～20	7～18	7～17	8～19	7～18	7～18	7～18	7～18	7～18	7～18	7～18	7～18	7～18	7～17
消费尺度估算方法	入境观光游客参观文物旅游景点数(个/次出游)	7	9	8	6	5	7	4	13	16	17	14	11	13	12	14	33
	城镇观光游客参观文物旅游景点数(个/次出游)	7	7	5	5	5	6	5	11	14	14	12	10	11	9	11	14
	农村观光游客参观文物旅游景点数(个/次出游)	10	8	7	7	9	8	7	17	17	20	16	14	8	7	9	15

表技 2-14　2001~2014 年全国观光游客一次出游可能参观的文物旅游景点数估算结果

项目		“十五”期间						“十一五”期间						“十二五”期间			
		2001 年	2002 年	2003 年	2004 年	2005 年	合计	2006 年	2007 年	2008 年	2009 年	2010 年	合计	2011 年	2012 年	2013 年	2014 年
(1)	入境观光游客参观文物旅游景点数(个/次出游)	7	9	8	6	5	7	4	13	14	14	12	12	12	11	13	24
	城镇观光游客参观文物旅游景点数(个/次出游)	7	7	5	5	5	6	5	11	11	11	10	9	9	8	9	11
	农村观光游客参观文物旅游景点数(个/次出游)	10	8	7	7	9	8	7	17	12	13	12	11	8	7	8	11
	国内观光游客参观文物旅游景点数(个/次出游)	9	8	6	6	7	7	6	14	12	12	11	10	9	8	9	11
(2)	入境观光游客参观文物旅游景点数(个/次出游)	4	5	4	3	3	4	2	7	7	7	6	6	6	6	7	12
	城镇观光游客参观文物旅游景点数(个/次出游)	4	4	3	3	3	3	3	6	6	6	5	4	5	4	5	6
	农村观光游客参观文物旅游景点数(个/次出游)	5	4	4	4	5	4	4	9	6	7	6	5	4	4	4	6
	国内观光游客参观文物旅游景点数(个/次出游)	5	4	3	3	4	4	3	7	6	6	6	5	5	4	5	6

注：①表中数据（1）是假设观光游客将全部的时间和门票花费消费在文物旅游资源上时可能参观的文物旅游景点数，其中国内观光游客参观文物旅游景点数 =（城镇观光游客参观文物旅游景点数 + 农村观光游客参观文物旅游景点数）/2；②数据（2）是假设观光游客将一半的时间和一半的门票花费消费在文物旅游资源上时可能参观的文物旅游景点数，即数据（2）= 数据（1）/2。

表技 2－15　2001～2014 年全国文物吸引力因子方法二估算结果

项目	"十五"期间						"十一五"期间						"十二五"期间			
	2001 年	2002 年	2003 年	2004 年	2005 年	合计	2006 年	2007 年	2008 年	2009 年	2010 年	合计	2011 年	2012 年	2013 年	2014 年
文物系统接待入境参观人次(万人次)	768.4	873.0	379.5	617.6	1044.2	3682.7	898.6	903.8	943.9	984.0	1024.1	4754.3	1089.2	1183.8	1286.6	1398.3
文物系统接待国内参观人次(万人次)	10547.1	11117.6	9066.8	13909.8	16613.2	61254.5	17545.7	44478.7	34790.0	41164.2	45327.0	183305.6	55597.6	65875.0	73419.0	82857.9
入境每旅游人次参观文物旅游景点数(个)	4～7	5～9	4～8	3～6	3～5	4～7	2～4	7～13	7～14	7～14	5～12	6～12	6～12	6～11	7～13	12～24
国内每旅游人次参观文物旅游景点数(个)	5～9	4～8	3～6	3～6	4～7	4～7	3～6	7～14	6～12	6～12	6～11	5～10	7～13	4～8	5～9	6～11
文物系统接待入境旅游人次(万人次)	109.8～192.1	97.0～174.6	47.4～94.9	102.9～205.9	208.8～348.1	526.1～920.7	224.7～449.3	69.5～129.1	67.4～134.8	70.3～140.6	85.3～204.8	396.2～792.4	90.8～181.5	107.6～197.3	99.0～183.8	58.3～116.5
以观光旅游为目的入境旅游人次(万人次)	2999.7	2761.0	2584.9	3282.1	3416.3	15044.0	3573.3	3402.3	3393.7	3541.3	3305.0	17215.6	4387.7	3707.4	4078.9	4034.9
文物系统接待入境观光游客人次占入境观光旅游总人次比例(%)	3.7～6.4	3.5～6.3	1.8～3.7	3.1～6.3	6.1～10.2	3.5～6.1	6.3～12.6	2.0～3.8	2.0～4.0	2.0～4.0	2.6～6.2	2.3～4.6	2.1～4.1	2.9～5.3	2.4～4.5	1.4～2.9
文物系统接待国内旅游人次(万人次)	1171.9～2109.4	1389.7～2779.4	1511.1～3022.3	2318.3～4636.6	2373.3～4153.3	8750.6～15313.6	2924.3～5848.6	3177.1～6354.1	2899.2～5798.3	3430.4～6860.7	4120.6～7554.5	18330.6～36661.1	4276.7～7942.5	8234.4～16468.8	8157.7～14683.8	7532.5～13809.7
以观光旅游为目的国内旅游人次(万人次)	20565.3	21904.3	20588.4	29206.9	30218.0	122482.9	33920.1	38668.6	27274.0	38405.8	43757.7	182026.1	67415.5	73989.6	81655.4	42590.6
文物系统接待国内观光游客人次占国内观光旅游总人次比例(%)	5.7～10.3	6.3～12.7	7.3～14.7	7.9～15.9	7.9～13.7	7.1～12.5	8.6～17.2	8.2～16.4	10.6～21.3	8.9～17.9	9.4～17.3	9.1～18.0	6.3～11.8	11.1～22.3	10.0～18.0	17.7～32.4

注：①文物系统接待入境或国内旅游人次＝文物系统接待入境或国内参观人次/入境或国内每旅游人次参观文物旅游景点数；②每旅游人次参观文物旅游景点数见表技 2－14。

表技 2-16　2001~2014 年全国文物吸引力因子

项目		"十五"期间					
		2001 年	2002 年	2003 年	2004 年	2005 年	平均
方法一	入境观光游客文物吸引力因子(%)	3.6	3.3	1.8	3.1	5.6	3.7
	国内观光游客文物吸引力因子(%)	6.0	6.4	6.5	8.0	7.9	7.1
方法二	入境观光游客文物吸引力因子(%)	3.7~6.4	3.5~6.3	1.8~3.7	3.1~6.3	6.1~10.2	3.8~6.9
	国内观光游客文物吸引力因子(%)	5.7~10.3	6.3~12.7	7.3~14.7	7.9~15.9	7.9~13.7	7.2~13.6
方法三	入境观光游客文物吸引力因子(%)	3.6~5.1	3.3~4.9	1.8~2.8	3.1~4.7	5.6~8.2	3.7~5.4
	国内观光游客文物吸引力因子(%)	6.0~8.0	6.4~9.5	6.5~11.0	8.0~11.9	7.9~10.8	7.2~10.4

项目		"十一五"期间					
		2006 年	2007 年	2008 年	2009 年	2010 年	平均
方法一	入境观光游客文物吸引力因子(%)	6.3	2.2	1.8	1.8	2.2	2.9
	国内观光游客文物吸引力因子(%)	8.3	7.8	7.6	6.5	7.0	7.4
方法二	入境观光游客文物吸引力因子(%)	6.3~12.6	2.0~3.8	2.0~4.0	2.0~4.0	2.6~6.2	3.0~4.5
	国内观光游客文物吸引力因子(%)	8.6~17.2	8.2~16.4	10.6~21.3	8.9~17.9	9.4~17.3	9.1~18.0
方法三	入境观光游客文物吸引力因子(%)	6.3~9.5	2.2~2.9	1.8~3.0	1.8~3.0	2.2~4.4	2.9~4.5
	国内观光游客文物吸引力因子(%)	8.3~12.9	7.8~12.3	7.6~15.9	6.5~13.4	7~13.4	7.4~13.55

项目		"十二五"期间			
		2011 年	2012 年	2013 年	2014 年
方法一	入境观光游客文物吸引力因子(%)	1.9	2.6	2.2	1.05
	国内观光游客文物吸引力因子(%)	7.8	9.1	6.9	12.2
方法二	入境观光游客文物吸引力因子(%)	2.1~4.1	2.9~5.3	2.4~4.5	1.4~2.9
	国内观光游客文物吸引力因子(%)	6.3~11.8	11.1~22.3	10.0~18.0	17.7~32.4
方法三	入境观光游客文物吸引力因子(%)	1.9~3.1	2.6~4.1	2.2~3.5	1.05~4.3
	国内观光游客文物吸引力因子(%)	7.8~9.1	9.1~16.7	6.9~14	12.2~25.1

注：方法三数据由方法一中结果为下限，方法二的平均数为上限。

方法三：综合方法一和方法二的估算结果。由于目前中国文物系统旅游资源相对于其他旅游资源的市场化经营程度低[①]，其门票平均价格也相对较低，因而使用方法一来判断其对文物系统旅游资源的偏好有一定程度的低估。而方法二中，以旅游者花费一半以上的时间或消费一半以上的门票费用于文物旅游景点为前提，以此估计文物系统接待入境和国内旅游人次也相对较少，因此该方法也较为保守。方法三则综合了方法一和方法二，分别取方法一的计算结果作为文物吸引力因子的下限，取方法二取值区间的中间值作为吸引力因子的上限，计算结果详见表技 2－16。

关于文物吸引力的相关研究结果比较见表技 2－17。与已有的研究[②]相比，我们的估计是保守的，结果较为合理，也易于被旅游、统计、发改委、财政等相关部门接受。

- 文物旅游及其增加值[③]

文物旅游增加值 = 观光旅游收入 × 文物系统的观光旅游吸引力因子 × 旅游业增加值率

其中，文物系统的观光旅游吸引力因子采用方法一、二、三的估算结

---

① 由于《文物保护法》的相关规定，文物系统的可开放资源较少（相对森林公园、地质公园等遗产地），从法律规定而言，不能整体交由营利性社会力量经营。

② 国家文物局曾经在 2004～2005 年组织三支队伍对文物系统的经济贡献进行预研究，其中北京化工大学课题组、中国社会科学院金融研究所课题组这两支队伍仅对其在国民经济及社会发展中的贡献进行了理论说明和定性分析，而四川省文物考古研究院课题组以四川为案例对国民经济的贡献进行了定量分析，其成果学术水准较高。不过，由于旅游收入不宜以省级行政区划分（否则会导致大量重复计算），因此四川省文物考古研究院的计算结果实际上是四川文化遗产事业对全国的旅游收入贡献，按照其算法分别计算各省份的旅游收入贡献会存在重复计算。另外，四川省文物考古研究院也没有区分文物景点对国内和入境游客的吸引力差别，未考虑文物景点接待游客中的重复计算问题，在一定程度上高估了观光旅游收入占旅游总收入的份额。

③ 国家旅游局和国家统计局的专家关于“红色旅游”部分贡献的测算有以下建议：“应在测算相关旅游业的贡献值时将红色旅游区分出来，因为红色旅游更多地体现了文化遗产事业的教育功能，行政安排色彩较浓，与普通文物的吸引力有区别。”本课题组认为，红色旅游是旅游产业的新型业态，从中央领导和国家旅游局对其的定位来看，还是将其首先作为产业看待的；而且，红色旅游的规模不大，只占全部文物旅游的小部分（全国的红色旅游挂牌旅游景点不到 200 处，且其中还有部分不属于文物系统），对文物旅游的相关经济总量影响不大。

果。为了使旅游业的增加值更加切合实际，又不产生夸大旅游业增加值率的歧义，本研究也以50%作为旅游业的增加值率①。

2001～2014年全国文物系统观光旅游收入见表技2－18，其增加值见表技2－19。

2001～2014年，全国文物旅游增加值总体上保持了较快增长，从2001年的79.2亿元增长至2014年的689.0亿元，名义上增长了7.7倍（按2001年可比价格计算，实际增长近4.3倍），年均名义增长率为18.1%（实际增长率高达13.7%）；除2003年可能受“非典”疫情影响较上年有所回落、2008年由于金融危机使入境和国内旅游收入有明显下滑而较上年略有减少外，其余年份均呈不同上升态势。从三个时期对比情况来看，绝对数量上，“十一五”期间增加值合计为1148.5亿元②，是“十五”期间562.1亿元的2.0倍，按可比价格计算为1.6倍；相对增速上，“十一五”期间增加值的平均增速（年均名义增长率仅为8.1%，实际增长率为2.6%）低于“十五”期间（年均名义增长率为19.6%，实际增长率为15.6%）；与“十一五”末期相比，“十二五”时期年均名义增长率为23.9%（实际增长率为20.5%），远远高于“十一五”期间平均增速。文物系统进一步强化文物保护单位和博物馆在公共文化服务体系中的重要作用，免费开放的范围和程度均有所拓展，降低了文物保护单位和博物馆的平均门票价格，因此测算文物对旅游的贡献值只是保守估计。随着文物旅游的人数持续增

① 这是一种比较保守的估计，有利于增强计算结果的说服力。50%这个数值不仅是业内共识——许多业内人士对旅游业的物耗率不会超过其总收入的一半的观点也持肯定意见，也有调查基础——2004年，中国社会科学院农村发展研究所李周在《旅游业对中国农村和农民的影响研究》中就这一问题进行过专题调查，调查分析结论同样如此。

② 蓝皮书在计算全国文物系统对国民经济的直接贡献时已经考虑了文物系统门票收入（通常作为事业收入），而在计算文物旅游间接贡献的文物旅游收入中也包括了文物系统门票收入，因此存在重复计算的问题。为此，我们在计算全国文物系统对国民经济全部贡献时，将这部分重复计算在文物旅游增加值中做了统一扣除，以说明文物旅游增加值的间接贡献。但需要注意的是，在专门说明文物旅游对国民经济的贡献时，应该从全口径统计而不应剔除重复计算部分。例如，“十一五”期间，文物旅游增加值扣除重复计算后为1070.2亿元（见图主2－14），全口径统计数为1148.5亿元（见图主2－11）。建议有关单位和研究者在引用蓝皮书中关于文物旅游对国民经济贡献数据时选用全口径计算结果。

表技 2 - 17　关于文物吸引力因子的相关研究结果比较

<table>
<tr><th colspan="2" rowspan="2">项目</th><th colspan="2">本报告</th><th rowspan="2">四川文化遗产事业对国民经济及社会发展贡献的研究（高大伦，四川省文物考古研究院）</th><th rowspan="2">山西文物资源对经济发展贡献（范霄文，厦门大学）</th><th rowspan="2">文化旅游与文化遗产管理（朱路平）</th></tr>
<tr><th>全国“十五”期间</th><th>全国“十一五”期间</th></tr>
<tr><td rowspan="4">文物吸引力因子</td><td>方法一
（门票收入比例）</td><td>3.7%（入境）
7.1%（国内）</td><td>2.9%（入境）
7.4%（国内）</td><td>40.99%</td><td>60%</td><td>—</td></tr>
<tr><td>方法二
（接待人次比例）</td><td>3.8%～6.9%（入境）
7.2%～13.6%（国内）</td><td>3.0%～4.5%（入境）
9.1%～18.0%（国内）</td><td>26.14%</td><td>—</td><td>—</td></tr>
<tr><td>方法三
（综合）</td><td>3.7%～5.4%（入境）
7.2%～10.4%（国内）</td><td>2.9%～4.5%（入境）
7.4%～13.6%（国内）</td><td>33.56%（方法一和方法二的平均值）
32%（方法一和方法二的因子分析方法）</td><td>—</td><td>—</td></tr>
<tr><td>抽样调查</td><td>—</td><td>—</td><td>50%（出游次数）
47.7%（不同景观类型的选择）
55.35（不同景点的选择）
32%（不同景区的花费）</td><td>—</td><td>9%（赴欧洲旅游者）
12%（赴宾夕法尼亚旅游者）
14%（赴香港旅游者）</td></tr>
<tr><td colspan="2">数据来源</td><td colspan="2">《中国文化文物统计年鉴》
《全国文物业统计资料》
《中国国内旅游抽样调查资料》
《中国旅游统计年鉴》
《中国统计年鉴》</td><td>1997～2002 年四川省部分旅游景区接待人数情况
1997～2002 年四川省部分旅游景区门票收入情况</td><td>山西省旅游局公布的 117 处主要旅游景点统计数据，采用专家评估调查得出</td><td>欧洲旅游休闲教育协会的文化旅游研究项目；美国宾夕法尼亚州自然资源与保护部委托完成了有关遗产旅游的一项研究；对中国香港文化旅游参与情况的研究中，进行了对 2066 名来自 6 个国家和地区的赴港旅游者的调查</td></tr>
</table>

表技 2－18　2001～2014 年全国文物系统观光旅游收入

单位：亿元，%

项目			“十五”期间						“十一五”期间						“十二五”期间			
			2001 年	2002 年	2003 年	2004 年	2005 年	合计	2006 年	2007 年	2008 年	2009 年	2010 年	合计	2011 年	2012 年	2013 年	2014 年
入境观光旅游	入境观光旅游收入(亿元)		496.3	475.8	406.3	641.2	681.6	2701.2	774.0	832.2	740.3	758.9	794.0	3899.4	1014.2	1004.3	1011.1	2057.0
	文物系统入境观光旅游收入(亿元)	方法一	17.9	15.7	7.3	19.9	38.2	99.0	48.8	18.3	13.3	13.7	17.5	111.6	19.3	26.1	22.2	21.6
		方法二	18.4～31.8	16.7～30.0	7.3～15.0	19.9～40.4	41.6～69.5	103.9～186.7	48.8～97.5	16.6～31.6	14.8～29.6	15.2～30.4	20.6～49.2	116～238.3	21.3～41.6	29.1～53.2	24.2～45.5	28.8～59.7
		方法三	17.9～25.1	15.7～23.3	7.3～11.2	19.9～30.1	38.2～55.6	99.0～145.3	48.8～73.1	18.3～24.1	13.3～22.2	13.7～22.8	17.5～34.9	111.5～136.8	19.3～31.5	26.1～41.2	22.2～35.4	21.6～88.5
国内观光旅游	国内观光旅游收入(亿元)		1953.6	1995.9	1751.0	2775.9	2960.3	11436.7	3475.4	4572.6	3218.8	3890.4	5495.5	20652.7	7504.5	7989.4	8708.7	5331.8
	文物系统国内观光旅游收入(亿元)	方法一	117.2	127.7	113.8	222.1	233.9	814.7	288.5	356.7	244.6	252.9	384.7	1527.4	585.4	727.0	600.9	650.5
		方法二	111.4～201.2	125.7～253.5	127.8～257.4	219.3～441.4	233.9～405.6	818.1～1559.1	298.9～597.8	375.0～749.9	341.2～685.6	346.2～696.4	516.6～950.7	2082.6～4144.8	472.8～885.5	886.8～1781.6	870.9～1567.6	943.7～1727.5
		方法三	117.2～156.3	127.7～189.6	113.8～192.6	222.1～330.3	233.9～319.7	814.7～1188.5	288.5～448.3	356.7～562.4	244.6～511.8	252.9～521.3	384.7～733.7	1527.3～3110.2	585.4～679.2	727～1334.2	600.9～1219.2	650.5～1338.3
观光旅游收入合计(亿元)			2449.9	2471.7	2157.3	3417.1	3641.9	14137.9	4249.4	5404.8	3959.1	4649.3	6289.5	24552.1	8518.7	8993.7	9719.8	7388.8
文物系统观光旅游收入合计(亿元)		方法一	135.1	143.4	121.1	241.9	272.1	913.6	337.2	375.0	258.0	266.5	402.2	1638.9	604.7	753.1	623.1	901.4
		方法二	129.7～233.0	142.4～283.5	135.1～272.4	239.2～481.8	275.4～475.1	921.8～1745.8	347.6～695.3	391.6～781.5	356.0～715.2	361.4～726.7	537.2～999.9	2172.4～4324.8	494.1～927.1	915.9～1834.8	895.1～1613.1	1307.8～2394.0
		方法三	135.1～181.4	143.4～212.9	121.1～203.8	241.9～360.4	272.0～375.3	913.5～1333.8	337.2～521.4	375.0～586.5	258.0～534.0	266.5～544.1	402.2～768.6	1638.8～3253.0	604.7～710.7	753.1～1375.4	623.1～1254.1	901.4～1854.6
文物系统观光旅游收入占观光旅游收入合计比例(%)		方法一	5.5	5.8	5.6	7.1	7.5	6.5	7.9	6.9	6.5	5.7	6.4	6.7	7.1	8.4	6.4	12.2
		方法二	5.3～9.5	5.8～11.5	6.3～12.6	7.0～14.1	7.6～13.0	6.5～12.3	8.2～16.4	7.2～14.5	9.0～18.1	7.8～15.6	8.5～15.9	8.9～17.7	5.8～10.9	10.2～20.4	8.8～16.6	17.7～32.4
		方法三	5.5～7.4	5.8～8.6	5.6～9.4	7.1～10.5	7.5～10.3	6.5～9.4	7.9～12.3	6.9～10.9	6.5～13.5	5.7～11.7	6.4～12.2	6.7～13.3	7.1～8.4	8.4～15.3	6.4～12.9	12.2～25.1

表技 2－19　2001～2014 年全国文物系统对国民经济贡献

项目			"十五"期间						"十一五"期间						"十二五"期间			
			2001 年	2002 年	2003 年	2004 年	2005 年	合计	2006 年	2007 年	2008 年	2009 年	2010 年	合计	2011 年	2012 年	2013 年	2014 年
直接贡献	文物系统增加值(亿元)		15.0	17.8	16.6	30.6	37.3	117.3	42.2	40.1	43.8	57.6	69.9	253.6	87.5	107.8	124.2	144.3
间接贡献	文物系统保护维修支出带动建筑业增加值(亿元)		1.1	1.3	1.5	1.2	1.3	6.4	1.0	1.8	2.5	3.5	9.6	18.4	4.9	13	14.1	14.1
	文物流通经营增加值(亿元)		1.0	0.8	2.9	8.1	14.1	26.9	9.9	17.0	16.3	18.5	31.1	92.8	50.8	25.9	31.5	28.3
	文物系统观光旅游收入增加值(亿元)	方法一	67.6	71.7	60.6	121.0	136.0	456.8	168.6	187.5	129.0	133.3	201.1	819.4	302.3	376.6	311.6	450.7
		方法二	64.9～116.5	71.2～141.8	67.6～136.2	119.6～240.9	137.7～237.6	460.9～872.9	173.8～347.6	195.8～390.8	178.0～357.6	180.7～363.4	268.6～500.0	1086.2～2162.4	247.5～463.5	458.0～917.4	447.6～806.6	653.9～1197.0
		方法三	67.6～90.7	71.7～106.5	60.6～101.9	121.0～180.2	136.0～187.7	456.8～666.9	168.6～260.7	187.5～293.3	129.0～267.0	133.3～272.0	201.1～384.3	819.4～1626.5	302.4～355.4	376.6～687.7	311.6～627.2	450.7～927.3
	扣除文物系统门票收入增加值(亿元)		5.3	6.6	4.6	15.4	18.8	50.7	20.0	16.2	12.4	12.3	17.4	78.3	21.7	36.4	31.1	33.3
合计(亿元)		方法一	79.4	85.0	77.0	145.5	169.9	556.7	201.7	230.2	179.1	200.6	294.3	1105.9	423.8	486.9	450.3	604.1
		方法二	76.7～128.3	84.5～155.1	84.0～152.6	144.1～265.4	171.6～271.5	560.8～972.8	206.9～380.7	238.5～433.5	228.1～407.7	248.0～430.7	379.2～610.6	1390.1～2466.4	369～585.7	568.3～1027.7	586.3～945.3	807.3～1350.4
		方法三	79.4～102.5	85.0～119.8	77.0～118.3	145.5～204.7	169.6～221.5	556.7～766.8	201.7～293.8	230.2～336.0	179.1～317.1	200.6～339.4	294.3～494.9	1105.9～1928.3	423.8～477.4	486.9～798	450.3～765.9	604.1～1080.7

注：文物系统门票收入增加值率按文物业增加值率估算；合计＝直接贡献＋间接贡献（扣除重复计算）。

长，文物旅游对酒店、餐饮、交通、文化创意产品销售等领域的间接作用将越来越重要。

2.1.3 全部贡献

总的来看，2001～2014 年，全国文物系统对国民经济全部贡献保持了较快增长，从 2001 年的 91.0 亿元增长至 2014 年的 842.4 亿元，名义上增长了 8.3 倍（按 2001 年可比价格计算，实际增长近 4.7 倍），年均名义增长率为 18.7%（实际增长率高达 14.3%）。2001～2014 年全国文物系统对国民经济全部贡献的构成及变化情况见图技 2－5 至图技 2－10。

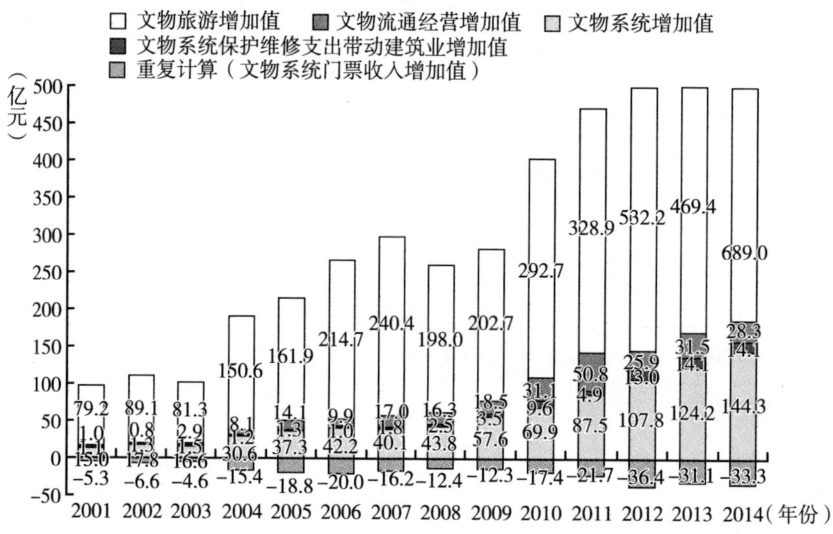

图技 2－5　2001～2014 年全国文物系统对国民经济全部贡献构成变化情况（当年价格）

如图技 2－5 所示，虽然“十五”到“十二五”期间全国文物系统对国民经济贡献的各项构成均有显著增长，但从各自所占份额来看，基本无变化。从贡献份额来看，“大头”依然是间接贡献中的文物旅游增加值——占到 74.6% 左右（扣除重复计算），其次是文物系统增加值（占 18.2% 左右），再次是文物流通经营增加值（占 5.4% 左右），占比最小的是文物系统保护维修支出带动的建筑业增加值（仅占 1.8% 左右）。

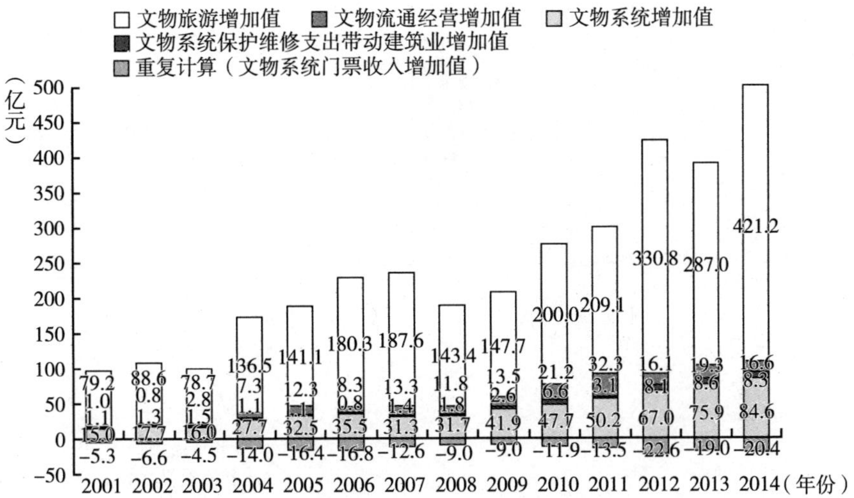

图技 2－6　2001～2014 年全国文物系统对国民经济全部贡献构成变化情况（按 2001 年不变价格计）

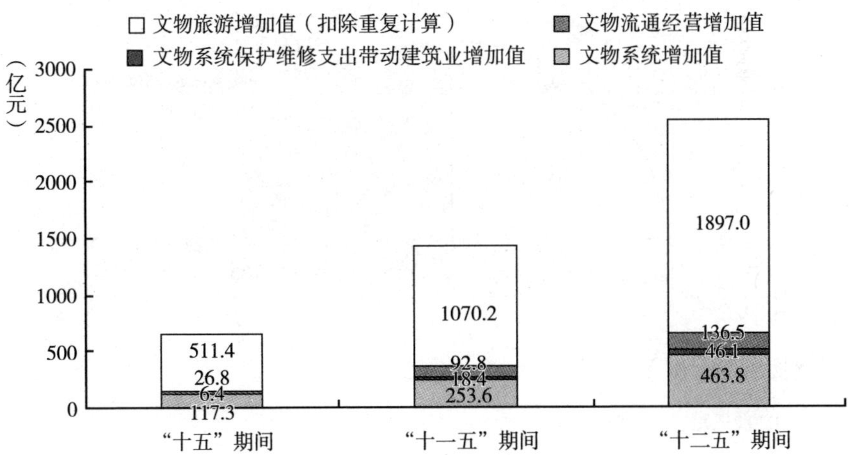

图技 2－7　“十五”“十一五”“十二五”期间全国文物系统对国民经济贡献对比

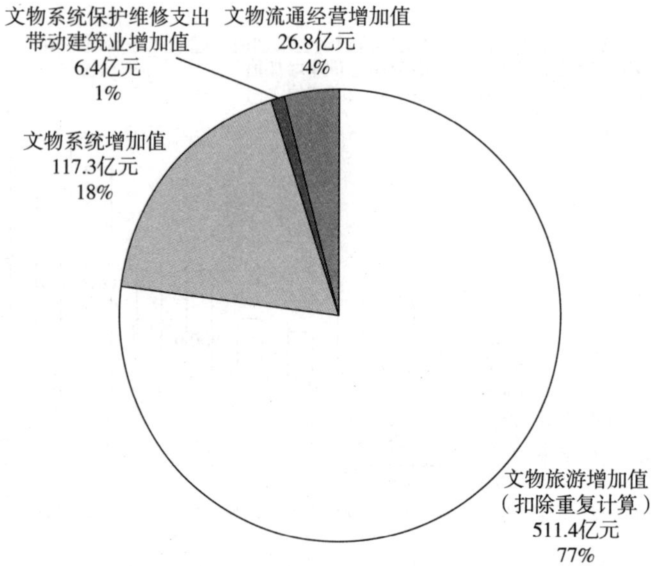

图技 2－8　“十五”期间全国文物系统对国民经济贡献构成

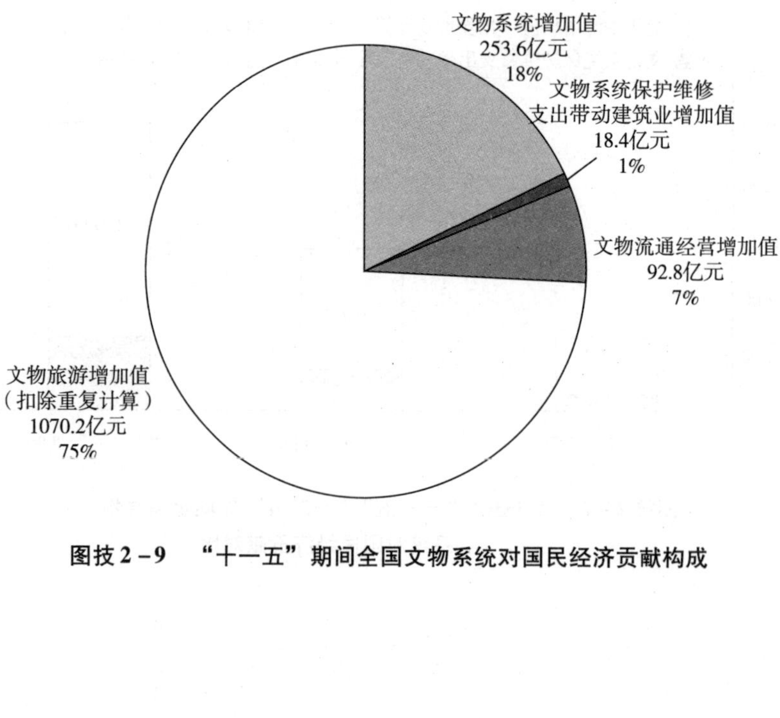

图技 2－9　“十一五”期间全国文物系统对国民经济贡献构成

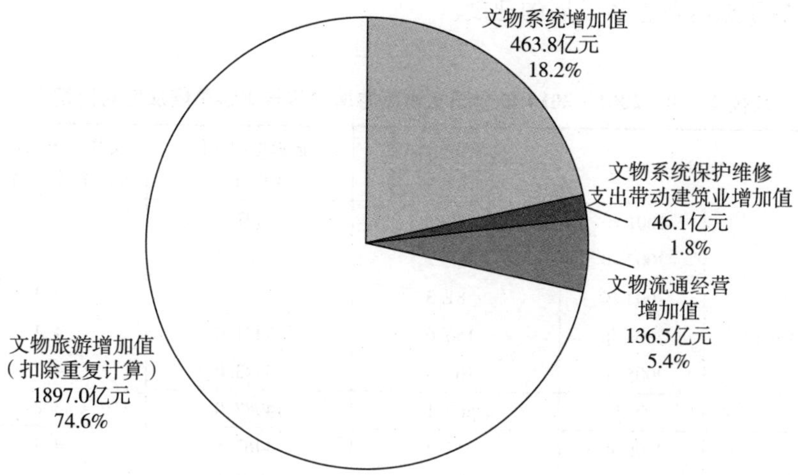

图技 2-10　“十二五”期间全国文物系统对国民经济贡献构成

另外，从三个时期对比情况来看，绝对数量上，“十二五”期间文物系统对国民经济贡献值是“十五”期间的 3.8 倍（按 2001 年可比价格计算为 2.5 倍）；相对增速上，“十一五”期间增加值的平均增速（年均名义增长率仅为 11.7%，实际增长率为 6.1%）远低于“十五”期间（年均名义增长率为 21.1%，实际增长率为 17.1%），“十二五”期间增加值的平均增速（年均名义增长率仅为 23.2%，实际增长率为 21.6%）超过“十五”期间。“十一五”期间增加值增速下降原因可能有两点：①作为文物系统对国民经济全部贡献“大头”的文物旅游受 2008 年下半年开始蔓延全球的金融危机影响，导致“十一五”中后期全国文物系统对国民经济全部贡献的增速降低；②文物旅游自身发展速度较慢：如果从文物旅游增加值占全部旅游业产值的比例来看，“十一五”期间，这个比例并未提升（参见图主 2-12 的直观显示，具体数据参见表技 2-20）。进入“十二五”时期，随着经济复苏和旅游产业的大发展，加上文物系统日益强调文物的合理利用，文物旅游明显回暖。但总体来看，文物旅游增加值占旅游总增加值的比例仍然偏低，且增长不稳定。这表明文物旅游的发展速度明显落后于旅游业整体发展的速度。

表技 2－20　2001～2014 年全国文物旅游增加值与旅游总增加值对比情况

项目		文物旅游增加值（亿元）	旅游总增加值（亿元）	文物旅游增加值/旅游总增加值（%）
“十五”期间	2001 年	79.2	2497.7	3.2
	2002 年	89.1	2783.3	3.2
	2003 年	81.3	2441.9	3.3
	2004 年	150.6	3421.0	4.4
	2005 年	161.9	3843.0	4.2
	合计	562.1	14987.0	3.8
“十一五”期间	2006 年	214.7	4467.5	4.8
	2007 年	240.4	5478.3	4.4
	2008 年	198.0	5792.9	3.4
	2009 年	202.7	6447.0	3.1
	2010 年	292.7	7840.6	3.7
	合计	1148.5	30026.2	3.8
“十二五”期间	2011 年	328.9	11217.8	2.9
	2012 年	532.2	11354.7	4.7
	2013 年	469.4	14738.9	3.2
	2014 年	689.0	15150.3	4.5

注：旅游总增加值为国内和国际旅游增加值合计数，旅游增加值率按 50% 计算。

但是，多种现象均表明文物资源在旅游市场上拥有巨大的吸引力。通过测算，2014 年文物吸引力因子占观光旅游吸引力因子的比例上，按照方法三计算入境旅游为 1.05%～4.3%，国内旅游为 12.2%～25.1%（见表技 2－16），较上一年有很大的提升。而且，用方法一或方法二来估算文物吸引力因子，都是偏保守的算法。因此即使是保守算法的前提下，文物吸引力因子也显著高于文物旅游产值占旅游产值的比例。其他相关研究所测算的文物吸引力因子，都显著高于本书采用保守算法的结果（见表技 2－17）。这表明文物吸引力因子在旅游吸引力因子中占据重要的位置，而目前文物旅游增加值占旅游总产值的比例显著低于这一比例①。其他渠道的调查也都在强化这一点。例如，2014 年 11 月由中国旅游报社发起、中国旅游舆情传播智库公布的《美国来华旅游舆情调查报告》反映：悠久历史是美国游客来华旅游最感兴趣的因素（见图技 2 - 11）。文物作为历史文化的主要载体，必然产生巨大的旅游吸引效应。在美国游客对中国主要景区的认知度上，排名第一的是长城，认知度超过 81.4%（以下比例均为被调查者的人数比例）；其次是故宫，认知度接近 50%，认知度最高的前 6 位和前 20 位中的 80% 是文化遗产（见图技 2 - 12）。在美国游客对中国主要景区的旅游意愿上，排名第一的也是万里长城，所占比例为 73.3%；其次为故宫，比例为 44.9%；比例超过 10% 的景区中除了三峡以外均为文化遗产（见图技 2 - 13）。文物吸引力因子的测算、相关认知度和旅游意愿的调查均显示，文物的旅游吸引力在整个旅游资源中占据十分重要的地位，也充分展现了文物旅游未来的发展空间。但在现阶段，这种巨大吸引力与文物旅游产值占旅游总产值比重之间还存在着较大的反差。

这种反差除了测算原因之外，还可以从制度层面得到解释。文物系统自身还存在着一系列体制机制问题。这些问题或影响了文物利用总量的提升，或造成利用效率不高，或造成利用有损保护（详见主题报告第二章第 3 节的分析）。这些都是导致文物旅游产值增速滞后于旅游总产值、与文物旅游吸引力不相匹配的重要原因。文物系统在这些体制机制上改革力度不足。这是文物旅游无法像旅游产业那样以改革创新带动高速发展的原因之一。

2.1.4　投入产出分析

2001 ~ 2014 年，中国文物系统保护资金来源即文物系统收入构成见表技 2 - 21。

---

① 以国家级风景名胜区为例，2008 年文物吸引力因子高达 0.32，即选择国家级风景名胜区作为旅游目的地的游客中，有 32% 的人出游动机主要来源于风景名胜区中文化遗产资源的吸引，相应的旅游消费应算作文化遗产的贡献。详见 2010 年蓝皮书技术报告第二章“国家级风景名胜区中的文化遗产对国民经济的贡献测算”一节。

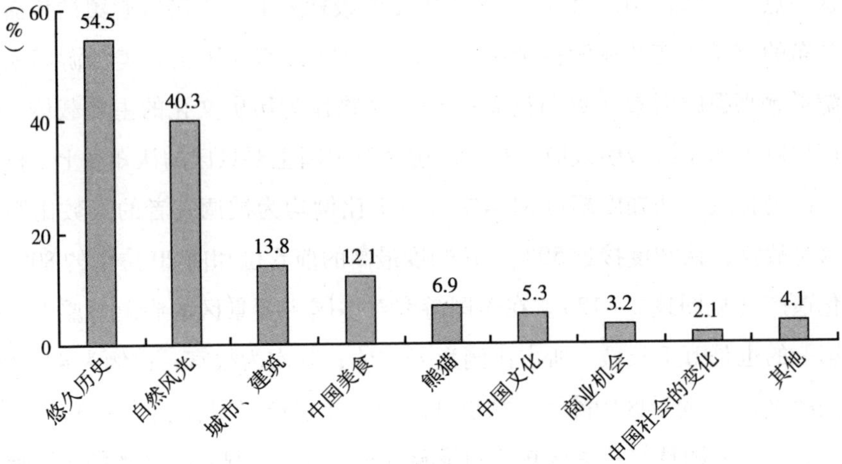

图技 2－11　美国游客到中国旅游感兴趣的因素排序

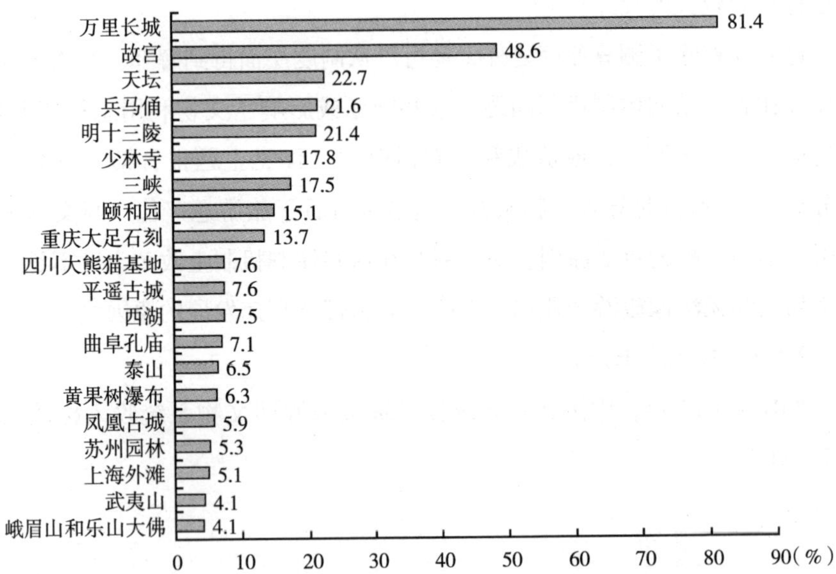

图技 2－12　美国游客对中国主要景区的认知度排序

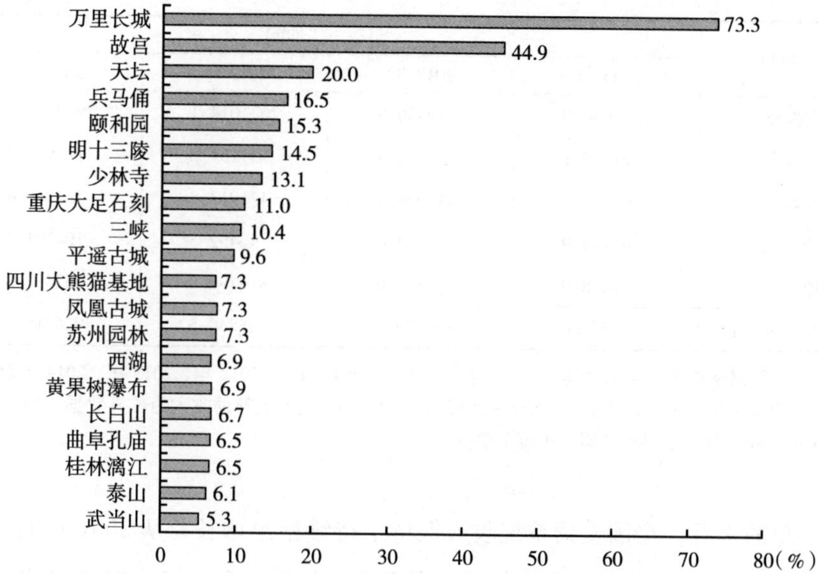

图技 2－13　美国游客对中国主要景区的旅游意愿排序

表技 2－21　2001～2014 年文物系统收入构成

单位：万元

项目	“十五”期间					
	2001 年	2002 年	2003 年	2004 年	2005 年	合计
财政拨款	206370. 5	213503. 7	250996. 3	274426. 5	309224. 6	1254521. 6
上级补助收入	16049. 8	25896. 7	18231. 9	24118. 4	27762. 3	112059. 1
事业收入	148580. 7	174887. 0	152551. 5	261433. 3	314108. 7	1051561. 2
经营收入	6546. 4	4598. 4	7932. 0	45205. 3	69686. 1	133968. 2
其他收入	55563. 0	53097. 8	72611. 4	26461. 2	37611. 3	245344. 7
本年收入合计	433110. 4	471983. 6	502323. 1	631644. 7	758393. 0	2797454. 8
项目	“十一五”期间					
	2006 年	2007 年	2008 年	2009 年	2010 年	合计
财政拨款	375934. 5	481835. 8	714051. 2	979455. 2	1224367. 1	3775643. 8
上级补助收入	37079. 8	41837. 0	51135. 0	57405. 8	178785. 5	366243. 1
事业收入	345970. 6	391870. 4	308965. 1	279000. 4	331735. 4	1657541. 9
经营收入	75042. 0	19194. 5	40617. 5	31414. 4	43715. 0	209983. 4
其他收入	48826. 8	41347. 9	147398. 7	181190. 9	91824. 7	510589. 0
本年收入合计	882853. 7	976085. 6	1262167. 5	1528466. 7	1870427. 7	6520001. 2

续表

项目	"十二五"期间			
	2011 年	2012 年	2013 年	2014 年
财政拨款	1665694.0	2180550.8	2671014.1	2958443.2
上级补助收入	71735.1	94482.8	137151.0	126580.0
事业收入	302270.1	312926.9	421913.8	383550.4
经营收入	65441.9	91493.0	96452.5	104791.3
其他收入	71408.9	90327.0	318796.9	352422.8
本年收入合计	2176550.0	2769780.5	3645840.6	3926215.5

注：数据来源于《全国文物业统计资料》（2001～2012 年），2012 年、2013 年、2014 年数据来源于《中国文化文物统计年鉴》（2013～2015），其中 2010 年上级补助收入为推算数据。2013 年和 2014 年的收入合计还包括"附属单位上缴收入"。

总的来看，全国文物系统收入保持了持续稳定增长，从 2001 年的 43.3 亿元增长至 2014 年的 392.6 亿元，名义上增长了约 8.1 倍（按 2001 年可比价格计算，实际增长 4.3 倍），年均名义增长率为 18.5%（实际增长率高达 13.7%）。从三个时期对比情况来看，绝对数量上，"十一五"期间文物系统收入合计 652.0 亿元，是"十五"期间 279.7 亿元的 2.33 倍（按 2001 年可比价格计算为 2.03 倍）；相对增速上，"十一五"期间文物系统收入的平均增速高于"十五"期间，如"十一五"期间的年均名义增长率为 20.6%（实际增长率为 13.9%），而"十五"期间的年均名义增长率为 15.0%（实际增长率为 11.2%）；"十二五"时期，文物系统收入年均名义增长率为 21.7%（实际增长率为 18.5%），高于"十五"期间的平均增速。这种持续多年的系统收入高速增长，是各级政府对文化遗产事业更加重视和中国财政收入的快速增长共同作用的结果。2001～2014 年全国文物系统收入的构成及变化情况见图技 2－14 至图技 2－19。

如图技 2－16 所示，"十五"以来全国文物系统收入中各项构成除事业收入增长较少外，其余四项均呈现明显增长，但从各自所占份额来看，财政拨款有显著增长，事业收入则随着博物馆全面免费开放的推进而明显减少。从"十二五"期间贡献份额来看，大头依然是财政拨款（占到 76% 左右），

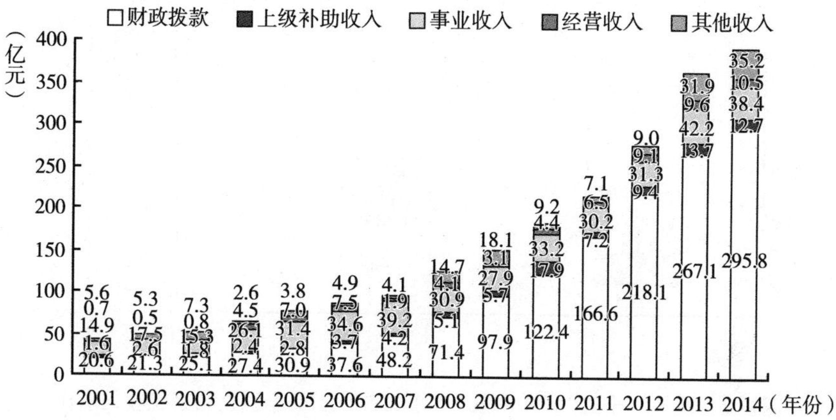

图技 2 - 14　2001 ~ 2014 年全国文物系统收入构成变化情况（按当年价格）

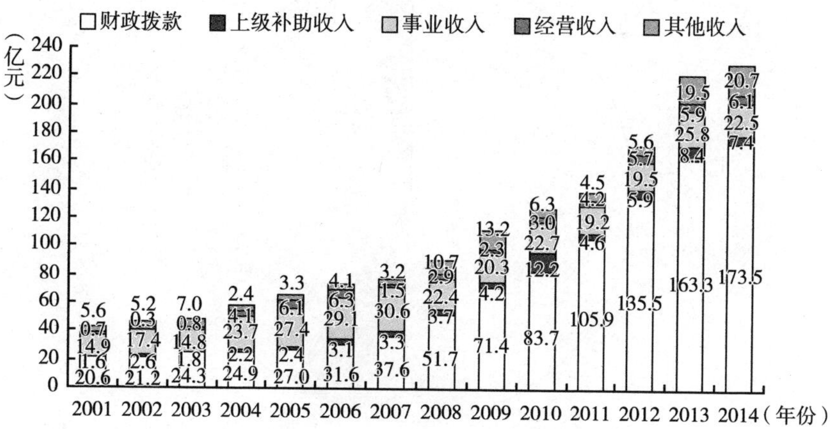

图技 2 - 15　2001 ~ 2014 年全国文物系统收入构成变化情况
（按 2001 年可比价格）

其次是事业收入（占 11.4% 左右），再次是其他收入（占 6.7% 左右），最后是上级补助收入和经营收入（分别占 3.4% 和 2.9% 左右）。

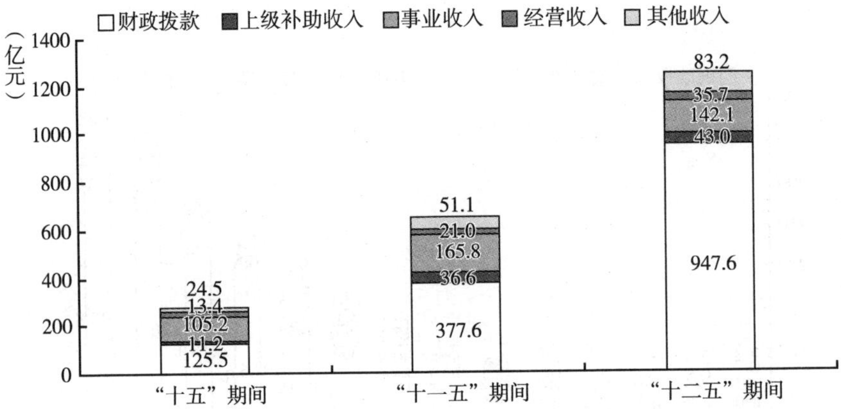

图技 2－16　“十五”“十一五”“十二五”期间全国文物系统收入对比

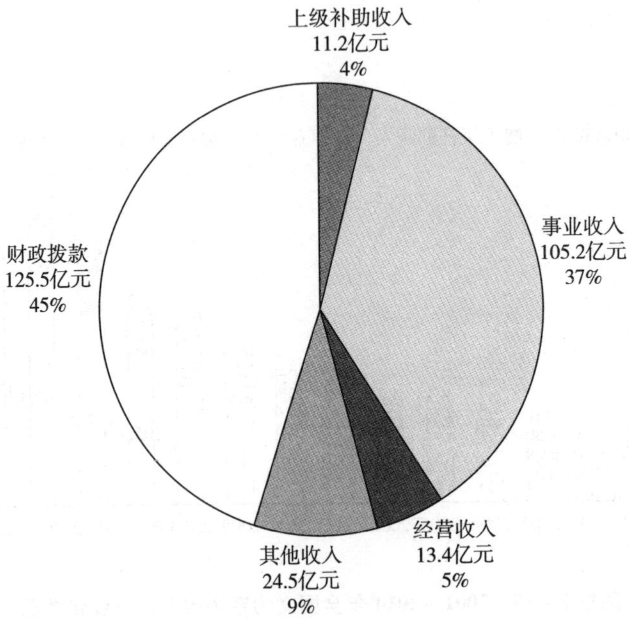

图技 2－17　“十五”期间全国文物系统收入构成

2001～2014 年全国文物系统收入情况及其与国民经济重要指标的关系见表技 2－22。

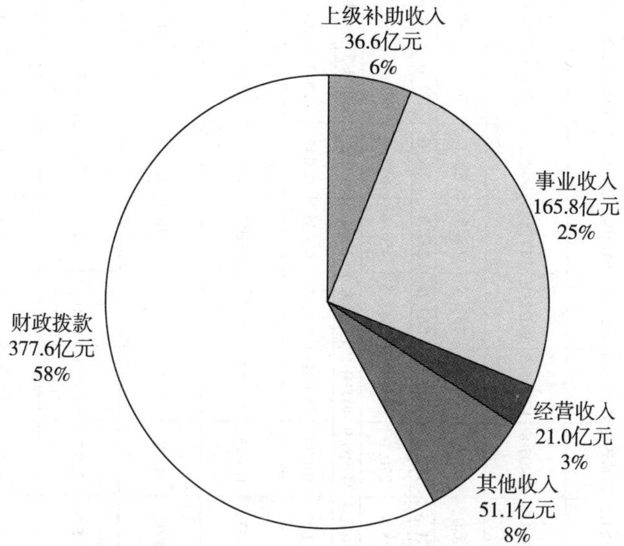

图技 2－18　"十一五"期间全国文物系统收入构成

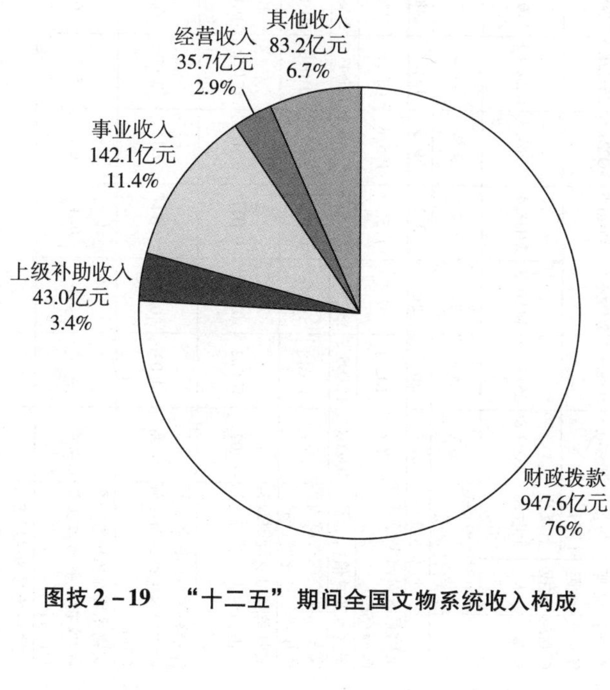

图技 2－19　"十二五"期间全国文物系统收入构成

表技 2－22　2001～2014 年全国文物系统收入情况及其与国民经济重要指标的关系

项目			“十五”期间						“十一五”期间						“十二五”期间			
			2001 年	2002 年	2003 年	2004 年	2005 年	合计	2006 年	2007 年	2008 年	2009 年	2010 年	合计	2011 年	2012 年	2013 年	2014 年
文物系统可支配财政资金	常规性财政投入	财政拨款（万元）	206370. 5	213503. 7	250996. 3	274426. 5	309224. 6	1254521. 6	375934. 5	481835. 8	714051. 2	979455. 2	1224367. 1	3775643. 8	1665694. 0	2180551. 0	2671014. 1	2958443. 2
		上级补助收入（万元）	16049. 8	25896. 7	18231. 9	24118. 4	27762. 3	112059. 1	37079. 8	41837. 0	51135. 0	57405. 8	178785. 5	366243. 1	71735. 1	94482. 8	137151. 0	126580. 0
	中央财政专项转移支付（亿元）		2. 7	2. 8	2. 8	3. 2	5. 9	17. 4	7. 2	15. 1	25. 0	48. 6	57. 5	153. 4	68. 5	82. 1	70. 2	88. 4
	小计（亿元）		24. 9	26. 7	29. 7	33. 1	39. 6	154. 1	48. 5	67. 5	101. 5	152. 3	197. 8	567. 6	242. 2	309. 6	351. 0	396. 9
文物系统对国民经济贡献（亿元）			91. 0	102. 4	97. 7	175. 1	195. 8	661. 8	247. 8	283. 1	248. 1	270. 0	394. 6	1443. 5	450. 6	642. 5	608. 1	842. 4
国内生产总值（亿元）			108068. 2	119095. 7	135174. 0	159586. 8	183618. 5	705543. 2	215883. 9	266411. 0	314045. 4	340506. 9	400041. 2	1536888. 4	472881. 6	519322. 0	568845. 2	636138. 7
文物系统财政拨款占国内生产总值比例（%）			0. 019	0. 018	0. 018	0. 017	0. 017	0. 018	0. 017	0. 018	0. 023	0. 029	0. 031	0. 025	0. 035	0. 042	0. 047	0. 047
文物系统可支配财政资金占国内生产总值比例（%）			0. 023	0. 022	0. 022	0. 021	0. 021	0. 022	0. 022	0. 025	0. 032	0. 045	0. 049	0. 037	0. 051	0. 0596	0. 0617	0. 0624
文物系统对国民经济贡献占国内生产总值比例（%）			0. 08	0. 09	0. 07	0. 11	0. 11	0. 09	0. 11	0. 11	0. 08	0. 08	0. 10	0. 09	0. 10	0. 124	0. 107	0. 132
文物系统对国民经济贡献/文物系统财政拨款（小口径）			4. 4	4. 8	3. 9	6. 4	6. 3	5. 3	6. 6	5. 9	3. 8 *	2. 9 *	3. 4 *	4. 0 *	2. 8 *	2. 9	2. 3	2. 8
文物系统对国民经济贡献/文物系统可支配财政资金（大口径）			3. 7	3. 8	3. 3	5. 3	4. 9	4. 3	5. 1	4. 2	2. 6 *	1. 8 *	2. 0 *	2. 6 *	1. 9 *	2. 1	1. 7	2. 1

注：文物系统总收入、文物系统财政拨款数据来源于《全国文物业统计资料》（2001～2011 年）；文物系统对国民经济贡献数据来源于表技 2－19 方法三的平均值；中央财政专项转移支付 2010 年、2011 年、2012 年、2013 年数据为“十一五”前四年的推算数；国内生产总值数据来源于《中国发展报告 2011》《中国统计年鉴 2013》《中国统计年鉴 2014》；＊数据为剔除博物馆免费开放后门票损失影响的修正数据，修正方法详见表技 2－36。

计算结果表明：小口径下，“十五”期间全国文物系统对国民经济贡献是同期财政投入的5.3倍，“十一五”期间为4.0倍，“十二五”期间为2.7倍。这是在苛刻的条件下计算的产出投入比，是文化遗产事业的经济贡献回报率的下限值。

2.2 博物馆对国民经济的贡献测算

“十一五”期间，博物馆全面免费开放是中国文化遗产事业在民生领域的重大亮点。本年度蓝皮书继续跟踪研究，重点体现博物馆免费开放一段时间后带来的变化。为体现方法上的延续和结果上的可比，本年度蓝皮书仍然参照文化遗产事业对国民经济贡献的核算框架和主要计算方法，仍然按照没有异议的直接经济贡献和基本没有疑义的间接经济贡献两部分来计算，但有别于整个文物系统的测算，此处不需要考虑全国文物艺术品拍卖企业的贡献。

2.2.1 直接经济贡献

2001～2014年，全国博物馆增加值情况详见表技2－23。

表技2－23 2001～2014年全国博物馆增加值情况

单位：万元

项 目	“十五”期间					
	2001年	2002年	2003年	2004年	2005年	合计
增加值	89069.7	108351.5	93552.8	171306.7	200343.0	662623.7
项 目	“十一五”期间					
	2006年	2007年	2008年	2009年	2010年	合计
增加值	227387.1	187231.0	223490.3	325290.4	380376.9	1343775.7
项 目	“十二五”期间					
	2011年	2012年	2013年	2014年		
增加值	429897.1	521862.1	633500.6	769006.4		

数据来源：《全国文物业统计资料》（2001～2014年），2013年、2014年增加值未纳入统计，故用以往数据外推得出。

总的来看，2001～2014年，全国博物馆增加值保持了较好的增长势头，从2001年的8.9亿元增长至2014年的76.9亿元，名义上增长了7.6倍

(按2001年可比价格计算，实际增长约4.1倍)，年均名义增长率为21.4%(实际增长率高达13.3%)；除2003年和2007年较上年有所减少外，其余年份均呈不同上升态势。从三个时期对比情况来看，绝对数量上，“十一五”期间增加值合计为134.4亿元，是“十五”期间66.3亿元的2.0倍(按2001年可比价格计算仅为1.6倍)；相对增速上，“十一五”期间增加值的平均增速（年均名义增长率仅为13.7%，实际增长率为8.0%）低于“十五”期间（年均名义增长率为22.4%，实际增长率为18.4%)；“十二五”期间，年均名义增长率为18.6%（实际增长率为18.2%)，高于“十一五”期间平均增速，低于“十五”期间平均增速。“十一五”期间博物馆增加值的增速下降主要是由于2008年博物馆全面免费开放直接或间接带来门票收入的大幅减少。“十二五”以来，随着博物馆财政投入的加大以及博物馆通过拓展服务范围、发展相关产业（如文化创意产品销售，文物巡展，社会文物鉴定、咨询、修复服务等）提高经营收入，全国博物馆增加值增速提升，未来博物馆的直接经济贡献还有较大的增长空间。

2.2.2 间接经济贡献

(1) 博物馆修缮费支出带动建筑业增加值

2001~2014年，全国博物馆修缮费支出带动建筑业增加值情况详见表技2-24。

表技2-24　2001~2014年全国博物馆修缮费支出带动建筑业增加值

单位：亿元

项目	“十五”期间					
	2001年	2002年	2003年	2004年	2005年	合计
总支出	18.09	20.72	22.69	26.32	31.99	119.81
其中:修缮费	2.01	2.03	3.11	1.77	2.19	11.11
带动建筑业增加值	0.53	0.52	0.63	0.34	0.44	2.46
项目	“十一五”期间					
	2006年	2007年	2008年	2009年	2010年	合计
总支出	36.35	47.21	58.18	70.07	87.90	299.71
其中:修缮费	2.51	1.56	4.03	4.22	4.98	17.30
带动建筑业增加值	0.49	0.30	0.81	0.86	1.01	3.47

续表

项　目	"十二五"期间			
	2011 年	2012 年	2013 年	2014 年
总支出	117.10	142.50	170.70	187.40
其中:修缮费	6.01	7.13	8.49	10.10
带动建筑业增加值	1.13	1.85	2.08	2.03

注：表中数据来源于《全国文物业统计资料》（2001～2014 年），其中未统计 2009 年、2010 年、2011 年、2012 年、2013 年、2014 年的修缮费用，这里按照前四年平均增长率外推得到；带动建筑业增加值＝修缮费×建筑业增加值率。

总的来看，2001～2014 年，全国博物馆修缮费支出带动建筑业增加值增长缓慢，从 2001 年的 0.5 亿元增长至 2014 年的 2.03 亿元，名义上增长了 2.8 倍（按 2001 年可比价格计算，实际增长 1.3 倍），年均名义增长率为 10.9%（实际增长率高达 6.5%）；除 2004 年和 2007 年有明显下降趋势，其余年份基本保持增长态势。从不同时期对比情况来看，绝对数量上，"十一五"期间增加值合计为 3.5 亿元，是"十五"期间 2.5 亿元的 1.4 倍（按 2001 年可比价格计算为 1.1 倍）；相对增速上，"十一五"期间增加值的平均增速（年均名义增长率为 19.8%，实际增长率为 13.1%）远远高于"十五"期间（年均名义增长率为 -4.5%，实际增长率为 -7.7%）；"十二五"时期，年均名义增长率为 21.6%（实际增长率为 18.6%），高于前两个五年计划时期。2008 年全国范围开始逐步推行博物馆免费开放政策后，国家和地方财政加大了对免费开放博物馆的财政拨款力度。博物馆在资金使用上也增加了修缮方面的支出，有些博物馆还专门闭馆整修为免费开放做准备，因而直接带动了"十一五"中后期建筑业增加值的快速增长。进入"十二五"初期，相当数量的博物馆已经修整完毕，因此削减了修缮方面的支出，使 2011 年带动建筑业增加值增速略有下降。2012 年以来，中国博物馆建设进入高速增长期，带动建筑业增加值迅速回升，未来博物馆建设对中国建筑行业的带动作用不可小觑①。

① 最新的统计数字反映，中国的博物馆数量仍在快速增长：根据《博物馆管理办法》的规定，国家文物局每年要求各省（区、市）文物行政部门报送博物馆年度检查备案结果。经过汇总审核，截至 2009 年底，全国共有 3020 个博物馆。其中，根据博物馆（转下页注）

(2) 博物馆旅游增加值

- 博物馆吸引力因子

方法一：

博物馆吸引力因子 = 博物馆门票收入/观光旅游门票总收入

类似于文物系统吸引力因子的计算方法，通过计算博物馆门票收入占观光旅游门票总收入的比例，来大致判断游客对博物馆的偏好程度，即博物馆吸引力因子。2001～2014 年全国博物馆门票收入统计情况和全国观光旅游门票总收入统计情况见表技 2－25，据此测算的全国博物馆吸引力因子见表技 2－26。

方法二：

博物馆吸引力因子 = 博物馆系统接待旅游者人次/观光旅游者总人次

通过计算博物馆接待旅游者人次占观光旅游总人次的比例来判断博物馆吸引力因子。

通过博物馆关于门票收入和接待参观人数的统计资料，可以估算出博物馆平均门票价格。通过旅游抽样调查数据中城镇和农村观光游客旅游（门票）消费，可以估算出其旅游（门票）花费可以购买的博物馆门票数，以此估计一个观光者一次出游最多参观的博物馆个数，结果见表技 2－26。使用时间尺度估算方法和消费尺度估算方法结果比较见表技 2－28。

由表技 2－28 可见，在 2008 年以前（2001～2007 年），消费尺度估算方法估算的游客参观文物旅游景点数往往集中在时间尺度估算方法估算的区

（接上页注①）举办主体分类，文物行政部门所属的国有博物馆 2193 个，非文物行政部门所属的行业性国有博物馆 499 个，民办博物馆 328 个。2009 年，全国年检合格的博物馆有 2601 个，其余 419 个博物馆与专业标准有较大差距，存在的问题主要是基础设施薄弱、尚不具备正常开放条件和登记名称不规范。2010 年底，博物馆数量增加到 3415 个。其中，文物行政部门所属的国有博物馆 2384 个，非文物行政部门所属的行业性国有博物馆 575 个，民办博物馆 456 个。2010 年，全国年检合格的博物馆共有 3252 个。《文物事业“十二五”规划》提出在“十二五”末期实现博物馆数量达到 3500 个，按照目前的建设速度，“十二五”末期将远远超过这个数。

表技 2-25　2001~2014 年全国博物馆系统门票收入统计情况

项目	"十五"期间						"十一五"期间						"十二五"期间			
	2001 年	2002 年	2003 年	2004 年	2005 年	合计	2006 年	2007 年	2008 年	2009 年	2010 年	合计	2011 年	2012 年	2013 年	2014 年
博物馆门票收入(万元)	78383.4	87605.7	68319.8	111571.6	125181.2	471061.7	138908.0	168307.5	91147.9	99044.2	191234.5	688642.1	226967.6	287600.2	290049.9	331007.0
博物馆接待参观人次(万人次)	7955.0	7980.0	6206.2	9736.4	11819.1	43696.7	12032.4	25624.9	28566.7	32715.6	40679.3	139618.9	47050.7	56401.1	63776.5	71773.8
其中:入境参观人次(万人次)	576.3	728.7	293.9	357.7	615.2	2571.8	475.5	429.8	407.5	385.2	362.9	2060.9	1142.4	1308.7	1499.2	1717.4
国内参观人次(万人次)	7378.7	7251.3	5912.3	9378.7	11203.9	41124.9	11556.9	25195.1	28159.2	32330.4	40316.4	137558.0	45908.3	55092.4	62277.3	70056.4
其中:青少年参观人次(万人次)	1905.0	1940.8	687.8	2795.7	3260.4	10589.7	3295.0	9204.5	7198.3	9978.4	11441.3	41117.5	12494.95	15543.2	18206.2	20211.9
博物馆平均门票价格(元)	11.2	12.5	11.7	13.4	12.3	12.3	13.4	8.0	3.7	3.6	5.5	5.8	5.7	5.9	5.3	5.4
入境观光游客博物馆观光旅游(门票)消费(亿元)	0.6	0.9	0.3	0.5	0.8	3.1	0.6	0.3	0.1	0.1	0.2	1.3	0.7	0.8	0.8	0.9
国内观光游客博物馆观光旅游(门票)消费(亿元)	7.2	7.8	6.5	10.7	11.8	44.0	13.3	16.5	9.0	9.8	18.9	67.5	22.0	32.5	33.0	32.2

注：①博物馆系统门票收入及接待参观人次数据来源于《中国文物统计资料》（2001~2014 年），其中 2007~2010 年及 2013~2014 年文物统计年鉴未单独统计入境参观人次，缺失数据由近年数据外推得出；②博物馆平均门票价格=门票收入/（博物馆系统接待参观人次-青少年参观人次/2），青少年统一按半价计；③入境观光游客门票消费=博物馆平均门票价格×入境观光游客参观人次；④国内观光游客门票消费=博物馆系统门票收入-入境观光游客门票消费。

表技 2-26　2001~2014 年全国博物馆吸引力因子方法一估算结果

项目		“十五”期间						“十一五”期间						“十二五”期间			
		2001 年	2002 年	2003 年	2004 年	2005 年	合计	2006 年	2007 年	2008 年	2009 年	2010 年	合计	2011 年	2012 年	2013 年	2014 年
博物馆系统门票收入	入境观光游客门票消费(亿元)	0.6	0.9	0.3	0.5	0.8	3.1	0.6	0.3	0.1	0.1	0.2	1.3	0.7	0.77	0.80	0.92
	国内观光游客门票消费(亿元)	7.2	7.8	6.5	10.7	11.8	44.0	13.3	16.5	9.0	9.8	18.9	67.5	22.0	32.5	33.0	32.2
观光旅游门票收入	入境观光旅游(门票)消费(亿元)	22.3	33.3	28.4	32.7	28.6	145.3	22.4	35.8	40.0	39.5	40.5	178.2	52.7	51.22	51.6	117.2
	国内观光旅游(门票)消费合计(亿元)	170.7	194.6	159.8	238.6	283.6	1047.3	297.1	406.2	286.5	358.6	481.5	1829.9	663.9	718.46	834.4	519.1
博物馆吸引力因子	博物馆系统入境游客门票收入占观光旅游门票总收入比例(%)	2.7	2.7	1.1	1.5	2.8	2.1	2.7	0.8	0.3	0.3	0.5	0.7	1.3	1.5	1.6	0.8
	博物馆系统国内游客门票收入占观光旅游门票总收入比例(%)	4.2	4.0	4.1	4.5	4.1	4.2	4.5	4.1	3.1	2.7	3.9	3.7	3.3	4.5	4.0	6.2

注：①博物馆系统门票收入数据来源见表技 2-25，观光旅游门票收入数据来源见表技 2-10；②博物馆吸引力因子 = 博物馆系统门票收入/观光旅游门票总收入 × 100%。

间下限附近。这表明这一时期内，消费尺度估算方法相对合理，故作为判断一个旅游者一次出游可能参观博物馆数量的上限。而从2008年开始，全国文化文物系统的博物馆开始全面免费开放。这在整体上拉低了博物馆门票的平均价格（2007年为8元，2008年迅速降低至3.7元，2009年为3.6元），直接导致了按照消费尺度估算方法计算的“游客参观博物馆数”跳跃式增加，已经接近或远远超过时间尺度估算方法估算的区间上限。如果仍然把消费估算法的结果作为判断一个旅游者一次出游可能参观博物馆数量的上限则明显不合理。因此，2008年以后将兼顾这两种估算方法，采用求时间尺度估算结果下限和消费尺度估算结果中位数的方法进行保守估计。计算时需要注意的是，当消费尺度估算结果超出时间尺度估算结果上限时，直接取时间尺度估算区间的中位数。这种折中的估算方法也符合博物馆旅游降低或取消门票后，增加了对游客的吸引力，促使旅游数量增加的事实。

若将旅游者花费一半以上的时间或消费一半以上的门票费用在博物馆旅游上，作为判断一个旅游者一次出游可能参观博物馆数量的下限，则可以得到2001～2014年全国观光游客一次出游可能参观的博物馆数量区间。该区间上限值和下限值见表技2－29。

使用方法二估算2001～2014年全国博物馆吸引力因子结果见表技2－30，全国博物馆吸引力因子汇总结果见表技2－31。

方法三：综合方法一和方法二的估算结果。

考虑到博物馆接待参观人数中除入境游客外，国内游客中有很大比例是博物馆所在地的居民，严格来说不能称为旅游者，博物馆全面免费开放后尤甚，因此，这里的博物馆吸引力因子有一定程度的高估。

方法三综合了方法一和方法二，分别取方法一的计算结果作为博物馆吸引力因子的下限，取方法二取值区间的中间值作为博物馆吸引力因子的上限，计算结果见表技2－31。

表技 2-27　用消费尺度估算 2001～2014 年观光游客参观博物馆个数

项目	“十五”期间						“十一五”期间						“十二五”期间			
	2001 年	2002 年	2003 年	2004 年	2005 年	合计	2006 年	2007 年	2008 年	2009 年	2010 年	合计	2011 年	2012 年	2013 年	2014 年
博物馆平均门票价格(元)	11.2	12.5	11.7	13.4	12.3	12.3	13.4	8.0	3.7	3.6	5.5	5.8	5.7	5.9	5.3	5.4
入境观光游客旅游(门票)消费(元/次出游)	74.3	120.6	109.9	99.6	83.7	97.6	62.7	105.2	117.9	111.4	115.7	102.6	120.1	138.2	126.5	290.5
城镇观光游客旅游(门票)消费(元/次出游)	74.3	82.9	69.9	73.1	75.4	75.1	79.7	89.0	97.3	93.7	102.5	92.4	106.8	104.65	100.9	120.0
农村观光游客旅游(门票)消费(元/次出游)	104.8	104.8	96.7	102.5	145.6	110.9	108.21	138.8	123.5	135.9	140.4	129.4	75	76.5	80.6	130.9
入境观光游客参观博物馆数(个/次出游)	7	10	9	7	6	8	5	13	32	31	21	18	21	23	24	54
城镇观光游客参观博物馆数(个/次出游)	7	7	6	5	6	6	6	11	26	26	19	16	19	18	19	22
农村观光游客参观博物馆数(个/次出游)	9	8	8	8	12	9	8	17	33	38	26	22	13	13	15	24

表技 2-28　两种方法估算 2001～2014 年观光游客参观博物馆数结果比较

项目		“十五”期间						“十一五”期间						“十二五”期间			
		2001 年	2002 年	2003 年	2004 年	2005 年	合计	2006 年	2007 年	2008 年	2009 年	2010 年	合计	2011 年	2012 年	2013 年	2014 年
时间尺度估算方法	入境观光游客参观博物馆数(个/次出游)	12～30	12～30	12～29	10～26	11～29	11～29	12～31	11～28	12～31	11～28	11～28	12～29	12～30	10～28	13～33	14～35
	城镇观光游客参观博物馆数(个/次出游)	5～13	4～11	7～18	8～20	8～19	6～16	7～18	7～18	7～18	7～18	7～18	7～18	7～18	7～18	7～18	7～17
	农村观光游客参观博物馆数(个/次出游)	9～22	8～19	8～20	7～18	7～17	8～19	7～18	7～18	7～18	7～18	7～18	7～18	7～18	7～18	7～18	7～17

续表

项目		“十五”期间						“十一五”期间						“十二五”期间			
		2001 年	2002 年	2003 年	2004 年	2005 年	合计	2006 年	2007 年	2008 年	2009 年	2010 年	合计	2011 年	2012 年	2013 年	2014 年
消费尺度估算方法	入境观光游客参观博物馆数(个/次出游)	7	10	9	7	6	8	5	13	32	31	21	18	21	23	24	54
	城镇观光游客参观博物馆数(个/次出游)	7	7	6	5	6	6	6	11	26	26	19	16	19	18	19	22
	农村观光游客参观博物馆数(个/次出游)	9	8	8	8	12	9	8	17	33	38	26	22	13	13	15	24

表技 2-29　2001~2014 年全国观光游客一次出游可能参观的博物馆数估算结果

项目		“十五”期间						“十一五”期间						“十二五”期间			
		2001 年	2002 年	2003 年	2004 年	2005 年	合计	2006 年	2007 年	2008 年	2009 年	2010 年	合计	2011 年	2012 年	2013 年	2014 年
（1）	入境观光游客参观博物馆数(个/次出游)	7	10	9	7	6	8	5	13	22	20	16	15	17	17	19	24
	城镇观光游客参观博物馆数(个/次出游)	7	7	6	5	6	6	6	11	13	13	13	12	13	13	13	11
	农村观光游客参观博物馆数(个/次出游)	9	8	8	8	12	9	8	17	13	13	13	13	10	10	11	11
	国内观光游客参观博物馆数(个/次出游)	8	8	7	7	9	8	7	14	13	13	13	12	12	12	12	11
（2）	入境观光游客参观博物馆数(个/次出游)	4	5	5	4	3	4	3	7	11	10	8	8	9	9	10	12
	城镇观光游客参观博物馆数(个/次出游)	4	4	3	3	3	3	3	6	7	7	7	6	7	7	7	6
	农村观光游客参观博物馆数(个/次出游)	5	4	4	4	6	5	4	9	7	7	7	7	5	5	6	6
	国内观光游客参观博物馆数(个/次出游)	4	4	4	4	5	4	4	7	7	7	7	6	6	6	6	6

注：①表中数据（1）是假设观光游客将全部的时间和门票花费消费在博物馆上时可能参观的博物馆数，其中国内观光游客参观博物馆数 =（城镇观光游客参观博物馆数 + 农村观光游客参观博物馆数）/2；②数据（2）是假设观光游客将一半的时间和一半的门票花费消费在博物馆上时可能参观的博物馆数，即数据（2）= 数据（1）/2。

表技2－30　2001～2014年全国博物馆吸引力因子方法二估算结果

项目	"十五"期间						"十一五"期间						"十二五"期间			
	2001年	2002年	2003年	2004年	2005年	合计	2006年	2007年	2008年	2009年	2010年	合计	2011年	2012年	2013年	2014年
博物馆接待入境参观人次数(万人次)	576.3	728.7	293.9	357.7	615.2	2571.8	475.5	429.8	407.5	385.2	362.9	2060.9	1142.42	1308.7	1499.2	1717.4
博物馆接待国内参观者人次数(万人次)	7378.7	7251.3	5912.3	9378.7	11203.9	41124.9	11556.9	25195.1	28159.2	32330.4	40316.4	137558.0	45918.2	55092.4	62277.3	70056.4
入境每旅游人次参观博物馆数(个)	4～7	5～10	5～9	4～7	3～6	4～8	3～5	7～13	11～22	10～20	8～16	8～15	9～17	9～17	10～19	12～24
国内每旅游人次参观博物馆数(个)	4～8	4～8	4～7	4～7	5～9	4～8	4～7	7～14	7～13	7～13	7～13	6～12	6～12	6～12	6～12	6～11
博物馆接待入境旅游人次数(万人次)	82.3～144.1	72.9～145.7	32.7～58.8	51.1～89.4	102.5～205.1	341.1～643.1	95.1～158.5	33.1～61.4	18.5～37.0	19.3～38.5	22.7～45.4	188.7～340.8	67.2～126.9	77.0～145.4	78.9～149.9	71.6～143.1
以观光旅游为目的入境旅游人次数(万人次)	2999.7	2761.0	2584.9	3282.1	3416.3	15044.0	3573.3	3402.3	3393.7	3541.3	3305.0	17215.6	4387.8	3707.4	4078.9	4034.9
博物馆接待入境观光游客人次数占观光旅游总人次数比例(%)	2.7～4.8	2.6～5.3	1.3～2.3	1.6～2.7	3.0～6.0	2.1～4.3	2.7～4.4	1.0～1.8	0.5～1.1	0.5～1.1	0.7～1.4	0.8～1.5	1.5～2.9	2.1～3.9	1.9～3.7	1.8～3.5
博物馆接待国内旅游人次数(万人次)	922.3～1844.7	906.4～1812.8	844.6～1689.2	1339.8～2679.6	1244.9～2489.8	5258.0～10516.1	1651.0～3302.0	1799.7～3599.3	2166.1～4022.7	2487.0～4618.6	3101.3～5759.5	11205.1～21302.1	3826.5～7653	4591.0～9182.1	5189.8～10379.6	6368.8～11676.1
以观光旅游为目的国内旅游人次数(万人次)	20565.3	21904.3	20588.4	29206.9	30218.0	122482.9	33920.0	38668.6	27274.0	38405.8	43757.7	182026.1	67415.5	73989.6	81655.4	42590.6
博物馆接待国内观光游客人次数占观光旅游总人次数比例(%)	4.5～9.0	4.1～8.3	4.1～8.2	4.6～9.2	4.1～8.2	4.2～8.4	4.9～9.7	4.7～9.3	7.9～14.7	6.5～12.0	7.1～13.2	6.2～11.7	5.7～11.4	6.2～12.4	6.4～12.7	15.0～27.4

表技 2－31　2001～2014 年全国博物馆吸引力因子

项目		"十五"期间					
		2001 年	2002 年	2003 年	2004 年	2005 年	合计
方法一	入境观光游客博物馆吸引力因子(%)	2.7	2.7	1.1	1.5	2.8	2.2
	国内观光游客博物馆吸引力因子(%)	4.2	4.0	4.1	4.5	4.1	4.2
方法二	入境观光游客博物馆吸引力因子(%)	2.7～4.8	2.6～5.3	1.3～2.3	1.6～2.7	3.0～6.0	2.2～4.3
	国内观光游客博物馆吸引力因子(%)	4.5～9.0	4.1～8.3	4.1～8.2	4.6～9.2	4.1～8.2	4.2～8.4
方法三	入境观光游客博物馆吸引力因子(%)	2.7～3.8	2.7～4.0	1.1～1.8	1.5～2.2	2.8～4.5	2.2～3.2
	国内观光游客博物馆吸引力因子(%)	4.2～6.8	4.0～6.2	4.1～6.2	4.5～6.9	4.1～6.2	4.2～6.3

项目		"十一五"期间					
		2006 年	2007 年	2008 年	2009 年	2010 年	合计
方法一	入境观光游客博物馆吸引力因子(%)	2.7	0.8	0.3	0.3	0.5	0.9
	国内观光游客博物馆吸引力因子(%)	4.5	4.1	3.1	2.7	3.9	3.7
方法二	入境观光游客博物馆吸引力因子(%)	2.7～4.4	1.0～1.8	0.5～1.1	0.5～1.1	0.7～1.4	0.8～1.5
	国内观光游客博物馆吸引力因子(%)	4.9～9.7	4.7～9.3	7.9～14.7	6.5～12.0	7.1～13.2	6.2～11.7
方法三	入境观光游客博物馆吸引力因子(%)	2.7～3.6	0.8～1.4	0.3～0.8	0.3～0.8	0.5～1.1	0.9～1.2
	国内观光游客博物馆吸引力因子(%)	4.5～7.3	4.1～7.0	3.1～11.3	2.7～9.3	3.9～10.2	3.7～9.0

项目		"十二五"期间			
		2011 年	2012 年	2013 年	2014 年
方法一	入境观光游客博物馆吸引力因子(%)	1.3	1.5	1.6	0.8
	国内观光游客博物馆吸引力因子(%)	3.3	4.5	4.0	6.2
方法二	入境观光游客博物馆吸引力因子(%)	1.5～2.9	2.1～3.9	1.9～3.7	1.8～3.5
	国内观光游客博物馆吸引力因子(%)	5.7～11.4	6.2～12.4	6.4～12.7	15.0～27.4
方法三	入境观光游客博物馆吸引力因子(%)	1.3～2.2	1.5～3.0	1.6～2.8	0.8～2.7
	国内观光游客博物馆吸引力因子(%)	3.3～8.6	4.5～9.3	4.0～9.6	6.2～21.2

注：方法三数据以方法一中结果为下限，方法二的平均数为上限。

- 博物馆观光旅游收入及其增加值

2001～2014 年全国博物馆观光旅游收入见表技 2－32，其增加值见表技 2－33。

总的来看，全国博物馆旅游增加值保持了较快增长，从 2001 年的 61.8 亿元增长至 2014 年的 383.2 亿元，名义上增长了 5.2 倍（按 2001 年可比价格计算，实际增长 2.6 倍），年均名义增长率为 15.1%（实际增长率为 10.4%）；除 2003 年、2008 年较上年略有减少外，其余年份均呈不同上升态势（见图主 2－21）。从不同时期对比情况来看，绝对数量上，"十一五"期间增加值合计为 679.1 亿元，是"十五"期间 342.4 亿元的 2.0 倍（按可比价格计算为 1.6 倍）；相对增速上，"十一五"期间增加值的平均增速（年均名义增长率仅为 12.9%，实际增长率为 6.6%）略高于"十五"期间（年均名义增长率为 9.4%，实际增长率为 5.8%）；"十二五"时期，博物馆旅游增加值年均名义增长率为 18.3%（实际增长率为 15.2%），高于"十一五"期间的平均增速。"十二五"期间，金融危机逐步缓和、博物馆旅游需求上涨，同时随着整修后的博物馆陆续开放和新一批博物馆的建成，博物馆旅游的发展逐步提速，未来五年之内仍然会处于高速增长的阶段。

2.2.3 全部贡献

总的来看，2001～2014 年，全国博物馆对国民经济全部贡献保持了稳定增长，从 2001 年的 67.5 亿元增长至 2014 年的 462.1 亿元，名义上增长了 5.8 倍（按 2001 年可比价格计算，实际增长近 3.0 倍），年均名义增长率为 15.9%（实际增长率为 11.3%）；除 2002 年、2003 年和 2008 年较上年有所回落，其余年份均呈上升态势。从三个时期对比情况来看，绝对数量上，"十一五"期间增加值合计为 777.9 亿元，是"十五"期间 381.9 亿元的 2.0 倍（按 2001 年可比价格计算为 1.6 倍）；相对增速上，"十一五"期间增加值的平均增速（年均名义增长率为 15.4%，实际增长率为 9.6%）略高于"十五"期间（年均名义增长率为 10.2%，实际增长率为 6.5%）；"十二五"期间，博物馆对国民经济贡献值年均名义增长率为 20.6%（实际

表技 2－32　2001～2014 年全国博物馆观光旅游收入

项目			“十五”期间						“十一五”期间						“十二五”期间			
			2001 年	2002 年	2003 年	2004 年	2005 年	合计	2006 年	2007 年	2008 年	2009 年	2010 年	合计	2011 年	2012 年	2013 年	2014 年
入境观光旅游	入境观光旅游收入(亿元)		496.3	475.8	406.3	641.2	681.6	2701.2	774.0	832.2	740.3	758.9	794.0	3899.4	1014.2	1004.3	1011.09	2057.0
	博物馆入境观光旅游收入(亿元)	方法一	13.4	12.8	4.5	9.6	19.1	59.4	20.9	6.7	2.2	2.3	4.0	36.1	13.2	15.0	16.2	16.5
		方法二	13.4～23.8	12.4～25.2	5.3～9.3	10.3～17.3	20.4～40.9	61.8～116.6	20.9～34.1	8.3～15.0	3.7～8.1	3.8～8.3	5.3～10.6	30.9～57.9	15.2～29.4	21.1～39.2	19.2～37.5	37.0～72.0
		方法三	13.4～18.9	12.8～19.0	4.5～7.3	9.6～14.1	19.1～30.7	59.4～90.0	20.9～27.9	6.7～11.7	2.2～5.9	2.3～6.1	3.8～8.3	35.9～46.3	13.2～22.3	15.1～30.1	16.2～28.4	16.5～55.5
国内观光旅游	国内观光旅游收入(亿元)		1953.6	1995.9	1751	2775.9	2960.3	11436.7	3475.4	4572.6	3218.8	3890.4	5495.5	20652.7	7504.5	7989.4	8708.7	5331.8
	博物馆国内观光旅游收入(亿元)	方法一	82.1	79.8	71.8	124.9	121.4	480.0	156.4	187.5	99.8	105.0	214.3	763.0	247.7	359.5	348.3	330.6
		方法二	87.9～175.8	81.8～165.7	71.8～143.6	127.7～255.4	121.4～242.7	490.6～983.2	170.3～337.1	214.9～425.3	254.3～473.2	252.9～466.8	390.2～725.4	1297.4～2597.9	427.8～855.5	495.3～990.7	557.4～1106.3	799.8～1460.9
		方法三	82.1～132.8	79.8～123.7	71.8～108.6	124.9～191.5	121.4～183.5	480.0～740.2	156.4～253.7	187.5～320.1	99.8～363.7	105.0～361.8	214.3～557.8	763.4～1947.7	247.7～641.7	359.5～743.0	348.3～836.3	330.6～1130.3
观光旅游收入合计(亿元)			2449.9	2471.7	2157.3	3417.1	3641.9	14137.9	4249.4	5404.8	3959.1	4649.3	6289.5	24552.1	8518.7	8993.6	9719.8	7388.8
博物馆观光旅游收入合计(亿元)		方法一	95.5	92.7	76.3	134.5	140.5	539.4	177.3	194.1	102.0	107.3	218.3	799.5	260.9	374.6	364.5	347.1
		方法二	101.3～199.6	94.2～190.9	77.1～152.9	138.0～272.7	141.8～283.6	552.4～1099.8	191.2～371.2	223.2～440.2	258.0～481.3	256.7～475.2	395.5～736.0	1328.3～2655.8	443～884.9	516.4～1029.9	576.7～1143.7	836.8～1532.9
		方法三	95.5～151.7	92.7～142.8	76.3～115.9	134.5～205.6	140.5～214.2	539.4～830.2	177.3～281.6	194.1～331.7	102.0～369.6	107.3～367.9	218.1～566.1	799.5～1994.0	260.9～884.9	374.6～773.1	364.5～864.7	347.1～1185.8
博物馆观光旅游收入占观光旅游收入合计比例(%)		方法一	3.9	3.7	3.5	3.9	3.9	3.8	4.2	3.6	2.6	2.3	3.5	3.1	3.1	4.2	3.8	4.7
		方法二	4.1～8.1	3.8～7.7	3.6～7.1	4.0～8.0	3.9～7.8	3.9～7.8	4.5～8.7	4.1～8.1	6.5～12.2	5.5～10.2	6.3～11.7	5.2～10.4	5.2～10.4	5.7～11.5	5.9～11.8	11.3～20.7
		方法三	3.9～6.2	3.7～5.8	3.5～5.4	3.9～6.0	3.9～5.9	3.8～5.9	4.2～6.6	3.6～6.1	2.6～9.3	2.3～7.9	3.5～9.0	3.1～7.8	3.1～7.8	4.2～8.6	3.8～8.9	4.7～16.0

表技 2－33　2001～2014 年全国博物馆对国民经济贡献

项目			“十五”期间						“十一五”期间						“十二五”期间			
			2001 年	2002 年	2003 年	2004 年	2005 年	合计	2006 年	2007 年	2008 年	2009 年	2010 年	合计	2011 年	2012 年	2013 年	2014 年
直接贡献	博物馆增加值（亿元）		8.9	10.8	9.4	17.1	20.0	66.2	22.7	18.7	22.3	32.5	38.0	134.2	43.0	52.2	63.4	76.9
间接贡献	博物馆修缮费支出带动建筑业增加值（亿元）		0.53	0.52	0.63	0.34	0.44	2.46	0.49	0.30	0.81	0.86	1.01	3.47	1.13	1.85	2.08	2.03
	博物馆观光旅游收入增加值（亿元）	方法一	47.7	46.3	38.1	67.3	70.2	269.6	88.6	97.1	51.0	53.7	109.2	399.6	130.5	187.3	182.3	173.6
		方法二	50.7～99.8	47.1～95.4	38.5～76.5	69.0～136.3	70.9～141.8	276.2～549.8	95.6～185.6	111.6～220.1	129.0～240.7	128.3～237.6	197.8～368.0	664.2～1327.9	221.5～442.5	258.2～514.9	288.3～571.9	418.4～766.5
		方法三	47.7～75.9	46.3～71.4	38.1～57.9	67.3～102.8	70.2～107.1	269.6～415.1	88.6～140.8	97.1～165.9	51.0～184.8	53.7～183.9	109.2～283.1	399.8～997.0	130.5～332.0	187.3～386.6	182.3～432.4	173.6～592.9
	博物馆门票收入增加值（亿元）		3.7	4.3	2.9	8.5	9.8	29.2	10.6	8.5	5.1	5.1	9.6	38.9	12.1	15.8	15.4	17.1
合计（亿元）		方法一	53.4	53.3	45.2	76.2	80.8	309.3	101.2	107.6	69.0	82.0	138.6	498.4	162.5	225.5	232.3	235.4
		方法二	56.4～105.5	54.1～102.4	45.6～83.6	77.9～145.2	81.5～152.4	315.6～589.5	108.2～198.2	122.1～230.6	147.0～258.7	156.6～265.9	227.2～397.4	763.0～1426.7	253.5～474.5	296.5～553.2	338.4～622.0	480.2～828.3
		方法三	53.4～81.6	53.5～78.4	45.2～65.0	76.2～111.7	80.8～117.7	309.3～454.6	101.2～153.4	107.6～176.4	69.0～202.8	82.0～212.2	138.6～312.5	498.6～1095.8	162.5～364.0	225.5～424.8	232.3～482.4	235.4～654.7

注：博物馆门票收入增加值按文物业增加值率估算；合计＝直接贡献＋间接贡献（扣除重复计算）。

增长率为 17.4%），高于“十一五”期间的平均增速。尽管 2008 年博物馆全面免费开放后，博物馆对国民经济的直接贡献暂时出现一定程度的下降，但更多通过博物馆辐射和带动相关产业的发展来实现且博物馆自身产业（如文化创意产品出售和展品交流、个性化服务等）也会逐渐发展壮大。因此，像诸多进行“博物馆之城”建设的城市一样积极寻找博物馆与其他行业的接合点和积极发展博物馆自身产业，将成为未来博物馆提升其对国民经济贡献率的关键。

2001 ~2014 年全国博物馆对国民经济全部贡献的构成及变化情况见图技 2 –20 至图技 2 –25。

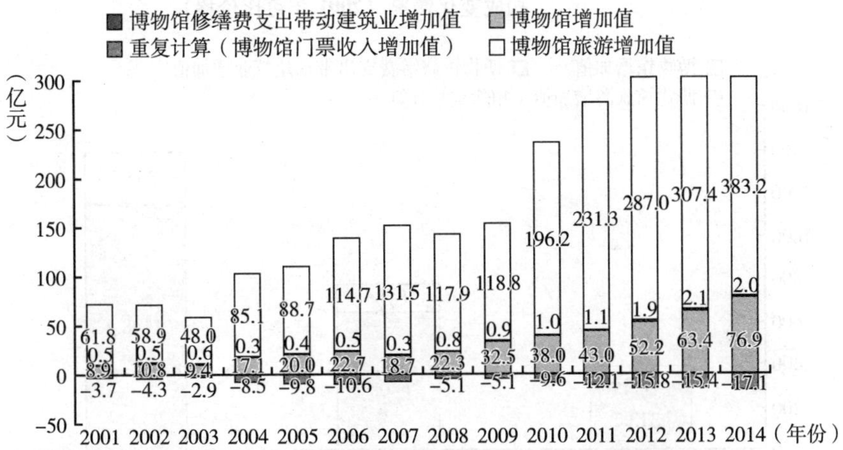

图技 2 –20　2001 ~2014 年全国博物馆对国民经济全部贡献构成变化情况（当年价格）

如图技 2 –20 所示，虽然“十五”“十一五”“十二五”期间全国博物馆对国民经济贡献的各项构成中，除博物馆修缮费支出带动建筑业增加值增长缓慢以外，其他两项均有显著增长，但从各自所占份额来看，基本无变化。从贡献份额来看，占“大头”的依然是间接贡献中的博物馆旅游增加值，占到 83% 左右（扣除重复计算）；其次是博物馆增加值，占 17% 左右；再次是博物馆修缮费支出带动建筑业增加值，仅占不到 1%。

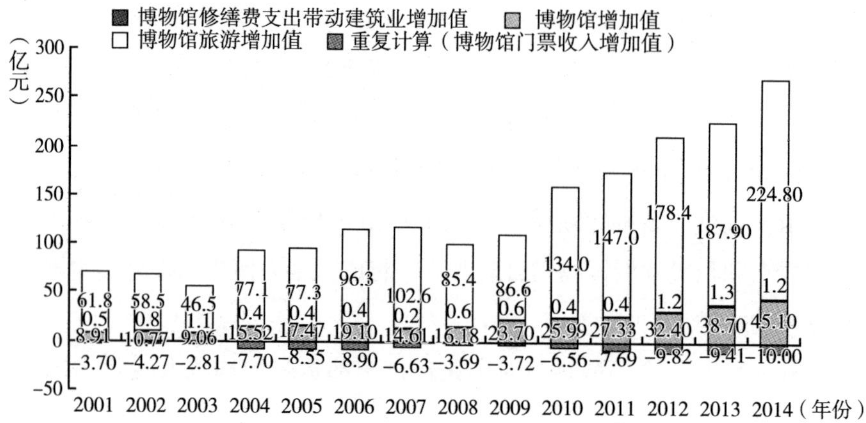

图技 2－21　2001～2014 年全国博物馆对国民经济贡献构成变化情况（2001 年可比价格）

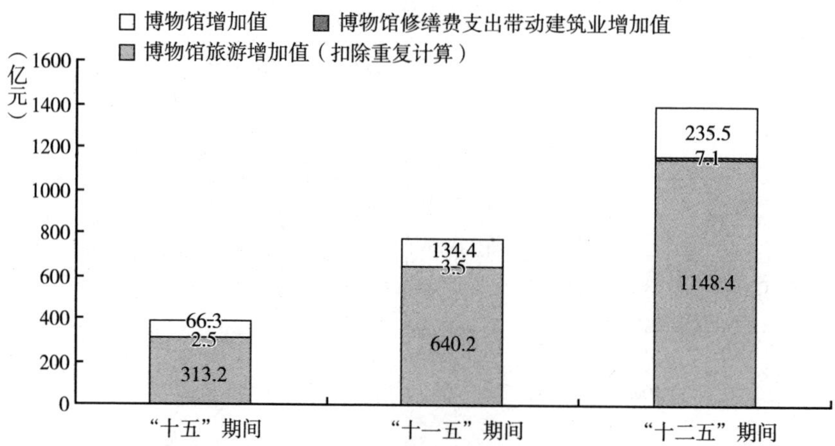

图技 2－22　“十五”“十一五”“十二五”期间全国博物馆对国民经济贡献对比

2.2.4　投入产出分析

2001～2014 年中国博物馆收入构成见表技 2－34。

总的来看，2001～2014 年，全国博物馆收入保持了持续稳定增长，从 2001 年的 20.5 亿元增长至 2014 年的 195.6 亿元，名义上增长了 8.5 倍（按 2001 年可比价格计算，实际增长近 4.6 倍），年均名义增长率为 18.9%（实际增长率高达 14.2%）。从三个时期对比情况来看，绝对数量上，“十一五”

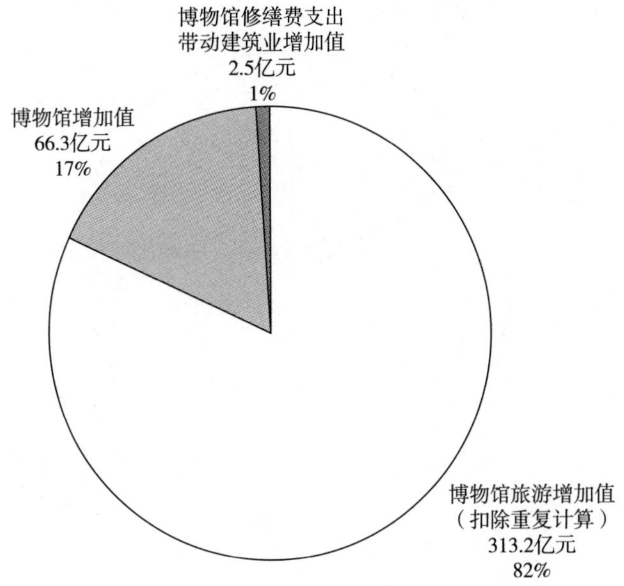

图技 2－23　“十五”期间全国博物馆对国民经济贡献构成

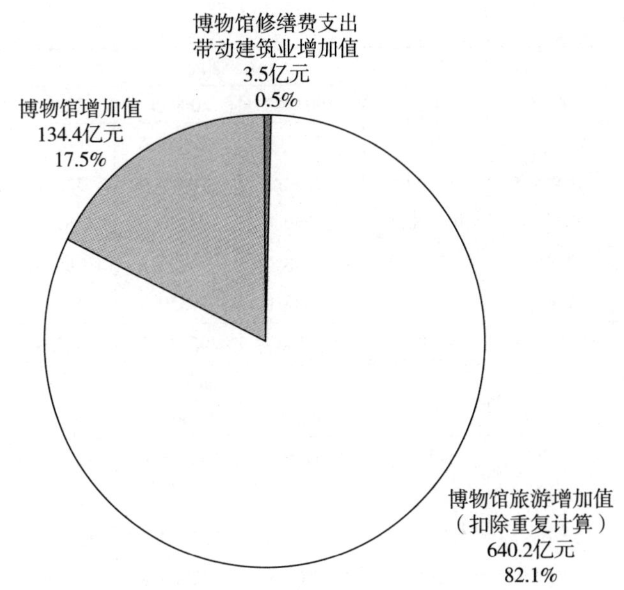

图技 2－24　“十一五”期间全国博物馆对国民经济贡献构成

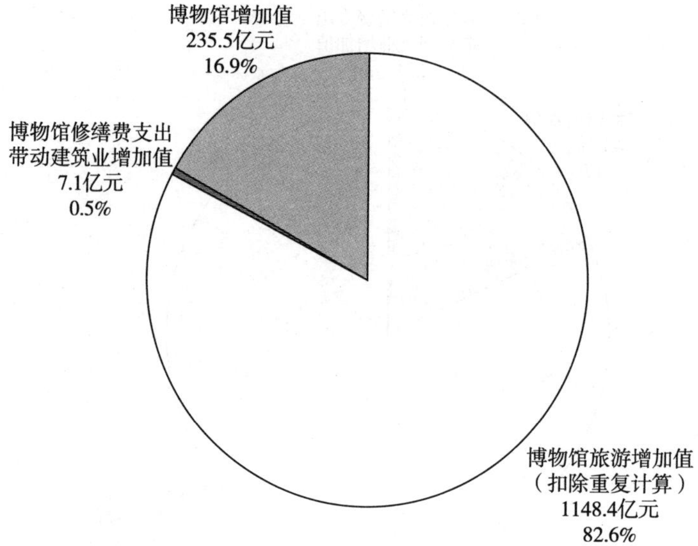

图技 2－25　“十二五”期间全国博物馆对国民经济贡献构成

表技 2－34　2001～2014 年博物馆收入构成

单位：万元

项目	“十五”期间					
	2001 年	2002 年	2003 年	2004 年	2005 年	合计
财政拨款	96899. 4	112194. 7	125001. 9	147948. 5	166731. 3	648775. 8
上级补助收入	8493. 3	16009. 2	7584. 3	10426. 6	15510. 6	58024. 0
事业收入	90290. 3	103100. 5	81259. 0	123380. 9	145107. 4	543138. 1
经营收入	2895. 2	2918. 5	3898. 0	4455. 4	4604. 8	18771. 9
其他收入	6547. 4	9361. 5	17038. 0	9559. 8	12585. 1	55091. 8
本年收入合计	205125. 6	243584. 4	234781. 2	295771. 2	344539. 2	1323801. 6
项目	“十一五”期间					
	2006 年	2007 年	2008 年	2009 年	2010 年	合计
财政拨款	203740. 3	264584. 7	435425. 8	542758. 6	728877. 1	2175386. 5
上级补助收入	18980. 3	22177. 0	30168. 8	15711. 3	26817. 6	113855. 0
事业收入	157768. 7	187617. 4	115943. 9	105499. 7	136934. 6	703764. 3
经营收入	8857. 4	6188. 1	9703. 9	10666. 4	12760. 9	48176. 7
其他收入	20579. 9	25807. 7	28706. 6	46278. 4	55785. 8	177158. 4
本年收入合计	409926. 6	506374. 9	619949. 0	720914. 4	961176. 0	3218340. 9

续表

项目	"十二五"期间			
	2011 年	2012 年	2013 年	2014 年
财政拨款	991036.4	1203788.9	1402780.7	1584668.3
上级补助收入	47503.4	56417.0	72125.0	75359.4
事业收入	92520.9	115881.0	130131.7	135244.2
经营收入	29165.5	50959.1	50695.9	59763.8
其他收入	44580.8	63769.3	99757.7	100297.6
本年收入合计	1204807.0	1490815.3	1755738.6	1955511.9

数据来源：《全国文物业统计资料》（2001～2014 年）。

期间博物馆系统收入合计为 321.8 亿元，是"十五"期间 132.4 亿元的 2.4 倍（按 2001 年可比价格计算为 1.5 倍）；相对增速上，"十一五"期间增加值的平均增速高于"十五"期间，如"十一五"期间的年均名义增长率为 23.7%（实际增长率为 16.8%），而"十五"期间的年均名义增长率为 13.8%（实际增长率为 10.0%）。"十二五"期间，博物馆收入年均名义增长率为 17.5%（实际增长率为 14.4%），低于"十一五"时期。

2001～2014 年全国博物馆系统收入的构成及变化情况见图技 2－26 至图技 2－31。

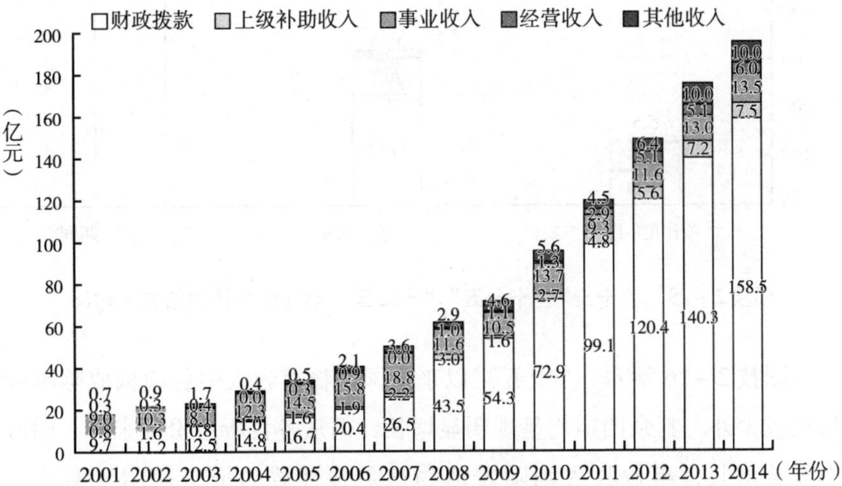

图技 2－26　2001～2014 年全国博物馆收入构成变化情况（当年价格）

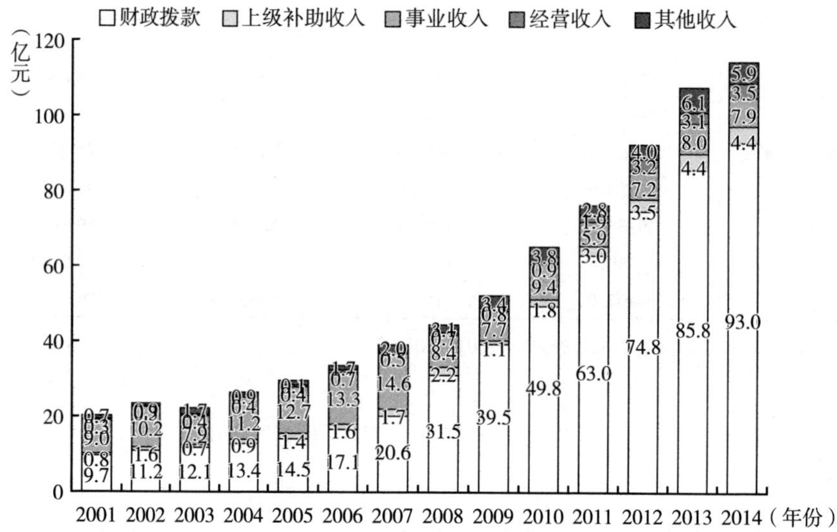

图技 2－27　2001～2014 年全国博物馆收入构成变化情况（2001 年可比价格）

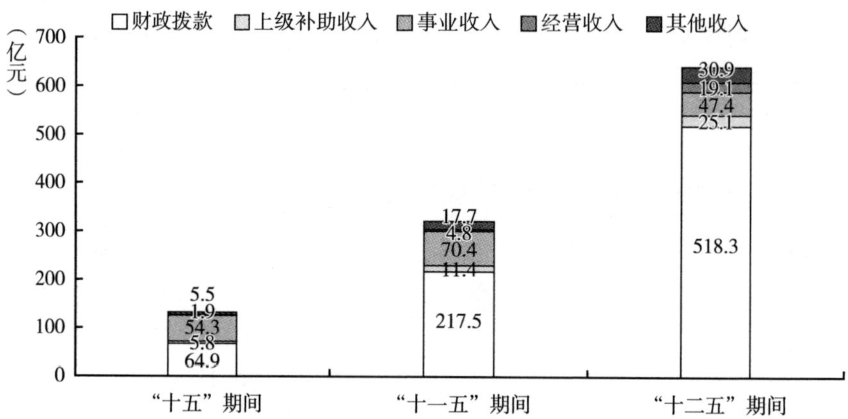

图技 2－28　“十五”“十一五”“十二五”期间全国博物馆收入对比

如图技 2－26 所示，“十五”以来全国博物馆收入中各项构成除事业收入增长较少外，其余四项均呈现明显增长，但从各自所占份额来看，财政拨款有显著增长，事业收入则随着博物馆免费开放的推进而明显减少。从“十二五”期间贡献份额来看，“大头”依然是财政拨款，占到 80.9% 左

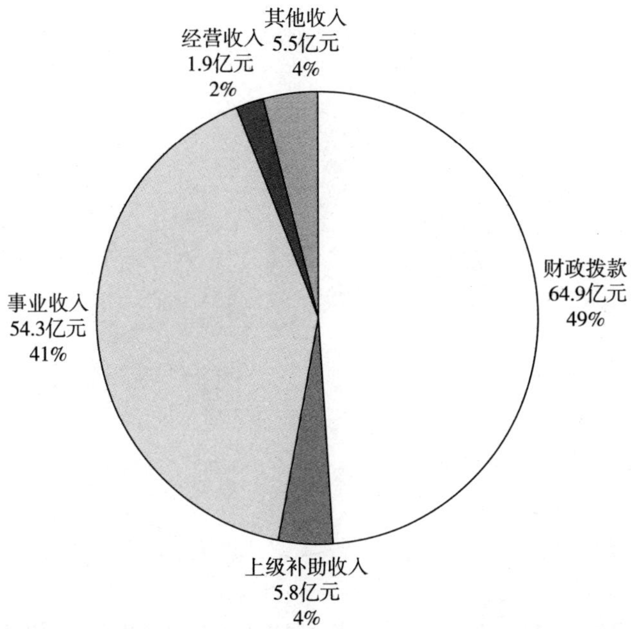

图技 2－29　“十五”期间全国博物馆对国民经济贡献构成

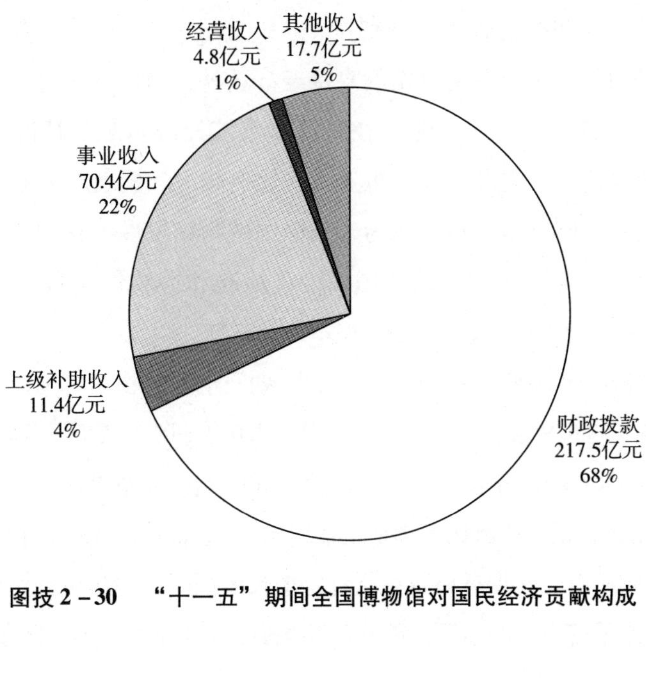

图技 2－30　“十一五”期间全国博物馆对国民经济贡献构成

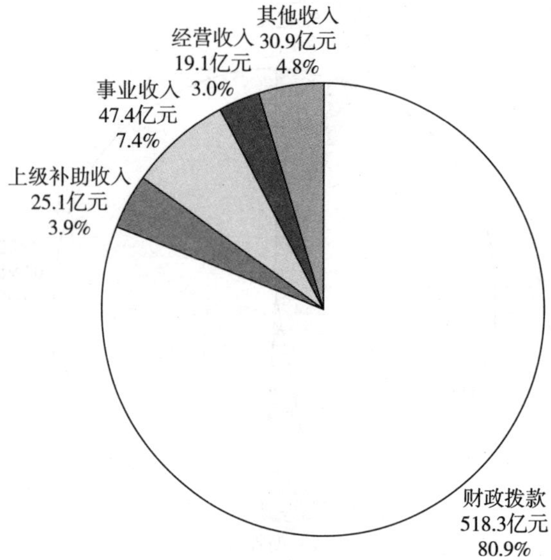

图技 2 -31　“十二五”期间全国博物馆对国民经济贡献构成

右；其次是事业收入，占 7.4% 左右；再次是其他收入，占 5% 左右；最后是上级补助收入和经营收入，分别占 4% 和 3% 左右。不过，需要特别说明的是，这里的收入仅仅是博物馆的直接经济贡献，而博物馆对国民经济贡献的“大头”是其间接经济贡献。在只计算直接经济贡献的情况下，目前中国博物馆的收入中，财政拨款和事业收入比例较大，经营收入和其他收入仍有较大的提升空间。这也可能成为未来中国博物馆发展的新增长点。

2001 ~2014 年全国博物馆和国民经济情况和博物馆免费开放前后部分指标对比情况见表技 2 -35、表技 2 -36。

本年度蓝皮书计算结果表明：“十五”期间全国博物馆对国民经济贡献是同期财政投入的 5.9 倍，“十一五”期间为 3.6 倍，“十二五”期间为 2.7 倍。总的来看，2001 ~2013 年投入与产出增速之间的倒挂，使投入产出比下降过快（随着基数增大，投入产出比下降是正常现象）。这种状况说明博物馆的经济功能发挥得还很不够。在保证财政拨款稳定增长的同时，博物馆需要审视其管理体制、管理水平等方面的不足，考虑如何通过改善管理来提高行业的产出水平。

表技 2－35 2001～2014 年全国博物馆和国民经济情况

项目	“十五”期间					
	2001 年	2002 年	2003 年	2004 年	2005 年	合计
博物馆财政拨款(万元)	96899.4	112194.7	125001.9	147948.5	166731.3	648775.8
博物馆对国民经济贡献(亿元)	67.5	65.95	55.2	94.0	99.4	382.0
国内生产总值(亿元)	108068.2	119095.7	135174	159586.8	183618.5	705543.2
博物馆财政拨款占国内生产总值比例(%)	0.0090	0.0094	0.0092	0.0093	0.0091	0.0092
博物馆对国民经济贡献占国内生产总值比例(%)	0.062	0.055	0.041	0.059	0.054	0.054
博物馆对国民经济贡献/博物馆财政拨款	7.0	5.9	4.4	6.4	6.0	5.9
项目	“十一五”期间					
	2006 年	2007 年	2008 年	2009 年	2010 年	合计
博物馆财政拨款(万元)	203740.3	264584.7	435425.8	542758.6	728877.1	2175386.5
博物馆对国民经济贡献(亿元)	127.4	142.0	136.0	147.1	225.6	778.1
国内生产总值(亿元)	215883.9	266411	314045.4	340506.9	400041.2	1536888.4
博物馆财政拨款占国内生产总值比例(%)	0.0094	0.0099	0.0139	0.0159	0.0182	0.0142
博物馆对国民经济贡献占国内生产总值比例(%)	0.059	0.053	0.043	0.043	0.069	0.052
博物馆对国民经济贡献/博物馆财政拨款	6.3	5.4	3.6*	3.0*	4.1*	3.8*
项目	“十二五”期间					
	2011 年	2012 年	2013 年	2014 年		
博物馆财政拨款(万元)	991036.4	1203788.9	1402780.7	1584668.3		
博物馆对国民经济贡献(亿元)	263.3	325.2	342.0	445.0		
国内生产总值(亿元)	472881.6	519322.	568845.2	636138.7		
博物馆财政拨款占国内生产总值比例(%)	0.0209	0.0232	0.0247	0.0249		
博物馆对国民经济贡献占国内生产总值比例(%)	0.056	0.063	0.060	0.070		
博物馆对国民经济贡献/博物馆财政拨款	2.7*	2.7	2.4	2.8		

注：博物馆财政拨款数据来源于《全国文物业统计资料》(2001～2014 年)；博物馆对国民经济贡献数据来源于表技 2－34 方法三的平均值；国内生产总值数据来源于《中国发展报告 2011》,《中国统计年鉴》(2013～2015)；*数据为剔除博物馆免费开放后门票损失影响的修正数据，修正方法详见表技 2－36。

表技 2-36 博物馆免费开放前后部分指标对比

<table>
<tr><th colspan="2" rowspan="2">项目</th><th colspan="2">博物馆免费开放前</th><th colspan="7">博物馆免费开放后</th></tr>
<tr><th>2006 年</th><th>2007 年</th><th>2008 年</th><th>2009 年</th><th>2010 年</th><th>2011 年</th><th>2012 年</th><th>2013 年</th><th>2014 年</th></tr>
<tr><td rowspan="2">机构数（家）</td><td>全体博物馆</td><td>1617</td><td>1722</td><td>1904</td><td>2252</td><td>2435</td><td>2650</td><td>3069</td><td>3473</td><td>3658</td></tr>
<tr><td>免费开放的博物馆</td><td>—</td><td>—</td><td>—</td><td>1749</td><td>1893</td><td>2115</td><td>2417</td><td>2780</td><td>2920</td></tr>
<tr><td rowspan="2">接待参观人次（亿人次）</td><td>全体博物馆</td><td>1. 2</td><td>2. 6</td><td>2. 9</td><td>3. 3</td><td>4. 1</td><td>4. 7</td><td>5. 6</td><td>6. 4</td><td>7. 2</td></tr>
<tr><td>免费开放的博物馆</td><td>—</td><td>—</td><td>—</td><td>2. 5</td><td>3. 2</td><td>3. 7</td><td>4. 4</td><td>5. 1</td><td>5. 7</td></tr>
<tr><td rowspan="2">其中：未成年人参观人次（亿人次）</td><td>全体博物馆</td><td>0. 3</td><td>0. 9</td><td>0. 7</td><td>1. 0</td><td>1. 1</td><td>1. 2</td><td>1. 6</td><td>1. 8</td><td>2. 0</td></tr>
<tr><td>免费开放的博物馆</td><td>—</td><td>—</td><td>—</td><td>0. 8</td><td>1. 0</td><td>1. 1</td><td>1. 4</td><td>1. 6</td><td>1. 7</td></tr>
<tr><td rowspan="2">门票收入（亿元）</td><td>全体博物馆</td><td>13. 9</td><td>16. 8</td><td>9. 1</td><td>9. 9</td><td>19. 1</td><td>22. 7</td><td>28. 8</td><td>29. 0</td><td>33. 1</td></tr>
<tr><td>免费开放的博物馆</td><td>—</td><td>—</td><td>—</td><td>0. 9</td><td>0. 3</td><td>0. 7</td><td>3. 9</td><td>1. 5</td><td>3. 7</td></tr>
<tr><td rowspan="2">增加值（亿元）</td><td>全体博物馆</td><td>22. 7</td><td>18. 7</td><td>22. 4</td><td>32. 5</td><td>38. 0</td><td>43. 0</td><td>52. 2</td><td>63. 4</td><td>76. 9</td></tr>
<tr><td>免费开放的博物馆</td><td>—</td><td>—</td><td>—</td><td>21. 2</td><td>25. 6</td><td>32. 9</td><td>39. 9</td><td>48. 4</td><td>58. 7</td></tr>
<tr><td colspan="2">博物馆对国民经济贡献（亿元）</td><td>127. 4</td><td>142. 0</td><td>136. 0</td><td>147. 1</td><td>225. 6</td><td>263. 3</td><td>325. 2</td><td>357. 4</td><td>462. 1</td></tr>
<tr><td rowspan="2">财政拨款（亿元）</td><td>全体博物馆</td><td>20. 4</td><td>26. 5</td><td>43. 5</td><td>54. 3</td><td>72. 9</td><td>99. 1</td><td>120. 4</td><td>140. 3</td><td>158. 5</td></tr>
<tr><td>免费开放的博物馆</td><td>—</td><td>—</td><td>—</td><td>42. 5</td><td>61. 3</td><td>80. 0</td><td>86. 8</td><td>109. 2</td><td>114. 9</td></tr>
<tr><td rowspan="2">博物馆对国民经济贡献/博物馆财政拨款</td><td>未剔除博物馆门票损失的影响</td><td>6. 3</td><td>5. 4</td><td>3. 1</td><td>2. 7</td><td>3. 1</td><td>2. 7</td><td>2. 7</td><td>2. 6</td><td>2. 9</td></tr>
<tr><td>剔除博物馆门票损失的影响</td><td>—</td><td>—</td><td>3. 6</td><td>3. 0</td><td>4. 1</td><td>2. 7</td><td>2. 7</td><td>2. 7</td><td>3. 0</td></tr>
</table>

注：2012～2014 年免费开放的博物馆增加值为外推所得。剔除博物馆门票损失的影响是指计算“博物馆对国民经济贡献/博物馆财政拨款”时，将财政拨款中直接用于弥补门票收入损失的财政拨款部分作相应扣除。博物馆免费开放带来的门票损失 = 免费开放前两年平均门票收入 - 免费开放后两年平均门票收入 =5. 85 亿元。

2.2.5 社会贡献

经保守测算的经济贡献无法完全囊括博物馆系统对国家和社会的价值。

无论是功能设定还是现实影响上，博物馆的社会功能均占据主要位置。随着经济社会发展和人民精神文化生活需求的日益多样化，特别是2008年以来博物馆免费开放的不断推进，博物馆服务于社会建设的格局和程度发生了根本性的改观。博物馆所收藏、研究、展示的文化遗产资源得以多渠道、多层次、多形式地为社会公众所共享，在“讲好中国故事，传播好中国声音”① 上发挥着举足轻重的作用。因此，有必要对博物馆的社会贡献进行概括和分析。博物馆的社会贡献主要集中在教育、科研、文化活动和城市品牌四个方面。

（1）教育贡献

促进教育是博物馆的首要功能，也是博物馆最重要的社会贡献。2015年颁布的新《博物馆条例》第一章“总则”明确了博物馆的定义——“以教育、研究和欣赏为目的，收藏、保护并向公众展示人类活动和自然环境的见证物，经登记管理机关依法登记的非营利组织”。教育在博物馆三大目的中被放在首位，表明博物馆日益凸显的教育贡献被充分认可，这也将在今后影响博物馆的运营战略。长期以来，博物馆以极低的门槛（免费和低价）面向所有人（不同年龄、阶层、职业等）开放，以多种多样的、针对不同群体的教育活动，帮助公众去体验、发现、欣赏、深化对自然和民族文化的理解。博物馆接待参观人次，从2001年的7955万人次增长到2014年的7.2亿人次，13年间增长了8倍。对于未成年人而言，博物馆成为学校教育之外的“第二课堂”，其在互动性、体验性、趣味性方面发挥着独特的优势。博物馆教育的核心在于通过藏品及提炼的信息和知识等构成有效的学习资源，以适应青少年心理特点的方式（博物馆专门辟出的学习空间、轻松愉悦的学习氛围、有趣的学习模式），激励青少年实现主动学习。2014年，青少年参观博物馆超过2亿人次，比2001年增长了9.6倍，占总参观人次的28%。2015年，国家文物局、教育部联合发表《关于加强文教结合、完善博物馆青少年教育功能的指导意见》，要求“构建中小学生利用博物馆学习

① 这是习近平总书记在2013年8月19日发表的讲话中对全国宣传思想工作战线的要求。其讲话为新形势下博物馆这一以保护和传承中华优秀文化为己任的文化机构确定了目标，指明了方向。

的长效机制”，博物馆将在青少年教育中发挥更加不可替代的作用。

（2）科研贡献

科研是博物馆的基础业务，也是提升博物馆其他功能（如教育功能）的关键所在。科研贡献包括科研成果、科研人才和科普三个方面。2014 年，全国博物馆拥有近 3000 万件（套）藏品，依托于藏品在历史、文化、考古等领域开展了大量的科研活动，产出丰富的成果。2014 年，全国博物馆系统开展省部级及以上科研课题 421 个，获得专利 53 项，出版专著或图录 924 册，发表论文 5597 篇，共获得国家奖 46 个、省部级奖 194 个。博物馆不仅要加强对藏品本身的研究，更要注重对藏品知识内涵和文化内涵的挖掘，从而不仅可以向观众介绍藏品“是什么”，还能向观众介绍“为什么”。针对藏品的研究，需要整合大量专家、学校、研究机构的参与。博物馆的科研活动往往会超出馆内限制形成一定范围的研究网络，因此博物馆往往成为一个地区的文史研究中心。科研人才上，博物馆在客观上也形成了人才培养中心。2014 年，博物馆系统拥有专业技术人才 30934 名，其中正高级职称 1350 名，副高级职称 3844 名，中级职称 12355 名。随着博物馆教育职能的拓展，馆内的研究人员和工作人员，不仅要了解藏品本身的知识，还要不断建立历史、美学、自然科学等多学科知识体系，同时要适应文化产业、旅游产业等新型学科的研究需要。博物馆科研贡献的另一个重要体现是可促进科普，通过参观活动将科研成果与公众紧密结合，特别是随着数字博物馆的兴起，通过数据库检索、数字化阅读等方式将藏品信息和知识内容囊括在内，极大地开阔了公众的科学视野，促进了知识的普及。

（3）文化活动贡献

长期以来，博物馆服务于公众的主要形式，是通过藏品的基本陈列和专题展览，服务于公众的文化生活。随着文物旅游和文化休闲的兴起，博物馆与旅游业、文化产业形成相互依存、共同发展的关系，逐渐融入公共文化服务体系之中，成为公众休闲、娱乐、举办文化活动的重要场所（由于博物馆免费开放，其绝大部分内容并不直接体现为经济贡献，而主要是社会贡献）。公众文化需求的多样性，催生了博物馆的多样化发展，涌现出生态博物馆等新的形式，同时博物馆的文化活动也日益丰富多彩：如西安博物院结合自身优势，举办了大量别出心裁的文化活动——新年鸣钟祈福活动、音乐会、古琴名家雅集、赏花会等，深受西安市民好评；部分博物馆在馆藏文物和陈列展览中选择与特定主题相关的文物与事件，制作了辅助观众了解展览及文物的“宝藏路线图”，观众拿着“路线图”在主动参与的模式下找寻相关文物、解答相关问题，在亲身体验中了解重要的历史事件和简单的文物知识，丰富业余生活。

（4）城市品牌贡献

博物馆逐渐成为展示城市独特历史文化、提升城市文化品牌价值的重要载体。2010 年 5 月，西安市委、市政府出台《关于大力发展博物馆事业的实施意见》，正式提出把西安建设成“博物馆之城”的战略目标。截至 2015 年 12 月，西安已有博物馆 113 座，基本完成“博物馆之城”的建设目标。广州、济南、武汉等城市也纷纷正式或非正式地提出建设“博物馆之城”的口号，博物馆已成为多个城市品牌建设中的关键内容。随着中国经济社会的发展变化，在新一波城市化浪潮中，城市竞争的重心将从简单的经济指标（GDP）和传统的经济要素（资金、技术）转向软实力指标（城市形象和城市品牌）和新的经济要素（高学历人才、创意人才），而后者特别是高学历人才、创意人才等的集聚与城市文化氛围、文化内涵和文化品位息息相关。各个城市越来越重视利用博物馆来挖掘、凝聚、展现城市历史中最具有深度和吸引力的元素，来构建和传播城市品牌。博物馆在这方面的贡献目前仅能通过参观人次、门票收入、带动相关产业增加值等指标予以反映，难以完全量化，但具有不容忽视的潜力。

3　大遗址对经济社会影响的案例测算——以秦汉新城为例

大遗址项目在文化遗产事业中具有鲜明的特点：既有更全面、更广泛的经济社会贡献，也可能产生暂时的、小范围的负面经济影响。在 2013 年、2014 年的蓝皮书中，我们对这些影响进行了系统的分析，并以陕西大明宫、浙江良渚为例进行了定量测算。当大遗址的规模更大乃至上升到城市规模时，大遗址群可能会影响城市的发展方式，与城市更新、新城发展有着密切的关系，即大遗址群对城市的影响可能是全局性的。因此，在这样的区域，测算大遗址的经济社会贡献，与测算单个大遗址的方法还有一些区别，需要考虑更多的因素并细化测算方法。

3.1 案例选择依据

主题报告第二章指出，文化遗产对城市发展的贡献主要体现在城市更新和新城建设两个领域。两个领域的宏观目标都是“要加强对城市的空间立体性、平面协调性、风貌整体性、文脉延续性等方面的规划和管控……留住城市特有的地域环境、文化特色、建筑风格等‘基因’”[①]，在保持城市文化遗产特色的前提下完善城市功能和提高城市宜居性。然而，城市更新面临的是已建成的城市区域，而新城大多规划在非建成区，因此文化遗产对两种城市发展的经济社会影响自然也存在明显区别。本节以西咸新区秦汉新城为例，定量测算大遗址对城市新区发展的经济社会影响，对单个大遗址的测算可以沿用2013年、2014年蓝皮书中测算大遗址对经济社会影响的技术路线，即分直接贡献和间接贡献，其中间接贡献包括建筑业增加值、土地价格增加值、房地产增加值、文化产业增加值和旅游产业增加值。但从对城市（新区）影响的角度看，原技术路线必须有所创新：①对于新城而言，大遗址对建筑业、房地产、旅游业的带动作用短期内不明显，该数值不大，其中特别是对土地价格和房地产价格的带动作用难以定量测算；②新城片区内有多个品级较高、体量较大的大遗址，会形成集群效应，极大地提升该地区文化遗产的品牌效应，在经济社会贡献上产生“1+1>2”的效果，因此在计算时可采用系数加权方式予以凸显。

3.2 直接经济贡献

直接贡献分为两个部分：建设期固定资产投资和运营期的项目经营收入

---

① 2015年中央城市工作会议文件要求。

增加值。

2014 年全年，秦汉新城完成固定资产投资 187.8 亿元。目前，秦汉新城大遗址群中对外运营的只有茂陵和阳陵遗址区。2014 年，茂陵博物馆固定资产投资 143 万元，参观人数为 55.38 万人次，经营收入 555.36 万元；阳陵参观人数为 54.27 万人次，经营收入 544.25 万元①。保守估计，2014 年大遗址群年度参观人数为 109.65 万人次，实现经营收入 1099.61 万元。按照 2014 年文物系统 51.7% 的增加值率计算可知，**秦汉新城大遗址群经营收入增加值约为 568.5 万元。**

3.3　间接经济贡献

3.3.1　秦汉新城大遗址群带动建筑业增加值

将秦汉新城大遗址群的文物保护投入资金近似作为带动建筑业的总产值，乘以西安市建筑业增加值率，就能近似得到大遗址保护所带动建筑行业的增加值。

2014 年，国家、省、市各级政府投入文物保护资金 0.63 亿元，绿化投入 1.26 亿元（长陵绿化投入 7230 万元，安陵及赵王如意墓绿化投入 5330 万元），共计 1.89 亿元。2014 年，西安市建筑业增加值为 721.06 亿元，总产值 2586.34 亿元②，因此建筑业增加值率约为 27.9%。**因此，保守估计秦汉新城大遗址群带动的建筑业增加值约为 0.53 亿元。**

3.3.2　秦汉新城大遗址群对产业发展的影响

从前述分析来看，秦汉新城的文化遗产在不同的区域有不同的产业发展影响。

首先需要分析秦汉新城的产业结构。秦汉新城的产业定位是发展文化旅游、金融商贸、总部经济、都市农业等产业。从空间分布上，秦汉新城将规划形成“一轴双核、三带四区”的总体结构，其中“四区”是指布局产业

---

① 2014 年阳陵数据缺失，由以往数据推算得出。

② 数据来源：西安市 2014 年国民经济和社会发展统计公报。

的渭河北岸综合服务区、塬北综合服务区、周陵新兴产业园区和远景拓展区四大功能区域。大遗址群对秦汉新城发展产业的作用主要有以下三种：①**以暂时的经济负面影响为主**，因限制了建设用地供给、大型基础设施建设和重化工业项目上马；②**难以精确衡量的间接正面贡献**，大遗址群可提升周边环境、改善人才工作生活条件，间接促进部分产业的发展，如总部经济、商务办公、金融保险等，但这部分影响难以量化衡量；③**可以衡量的正面贡献**，大遗址群可直接作为资源的一部分纳入产业发展，产生较为明显的正面贡献，如对文化产业、旅游产业和房地产业的贡献能够量化计算。因此，对关联产业的贡献测算主要以房地产业、文化产业和旅游产业为例。

表技 2－37　秦汉新城产业功能区

功能区域	范围面积	产业定位	重大项目
渭河北岸综合服务区	占地 23.4 平方公里	以现代服务业为主导产业，重点发展商务办公、总部经济、会议展览、金融保险、信息服务、**旅游休闲**等产业	西咸国际购物城、广州星河湾、清华附中、中科城市综合商务体等重大项目已落户
塬北综合服务区	占地 13.7 平方公里	发展高新技术产业，以及科研培训、综合服务、**文化娱乐**、**生态居住**等相关产业	第四军医大学医教研产业园等项目已落户
周陵新兴产业园区	毗邻西安咸阳国际机场，总体规划面积 973 公顷	包括轨道交通设备产业园、大众民用汽车产业园和住宅产业化园三个功能区	园内新竹、凝远、华秦、电缆厂等 12 个产业项目已全面动工建设
远景拓展区	西部预留区域	未来产业的主要承载区	无

（1）秦汉新城大遗址群对土地价格和房价的贡献

秦汉新城的住宅项目正处在建设中，无法直接测算贡献值。**而且，大遗址群对土地价格和房价增值暂时体现为负面影响**：以 2014 年开盘的秦岭北麓商品房项目为例，2014 年 10～12 月秦岭北麓项目销售均价为 5800 元/平方米，同期西安市和西咸新区商品房销售均价分别为 7500 元/平方米和 8000 元/平方米。原因在于，长期以来对大遗址的保护限制了周边基础设施和产业项目的建设，使居住配套环境相比同地价地区处于劣势，同时大遗址的建设控制地带对周边建筑物高度和风貌存在一定的限制要求，限高会影响建设用地的容积率，产生的直接经济影响是负面的。

但这种负面影响是暂时的。2012 年蓝皮书中已经对大明宫案例做了分析，表明大遗址项目的保护、规划和建设，将带动城市社会、经济的协调发展。随着秦汉新城大遗址群经济带动和辐射能力的日益增强，周边市政配套服务设施日趋完善，新兴产业发展日益成熟。这些因素的变化将对秦汉新城土地价值产生积极影响，提升房地产溢价空间。

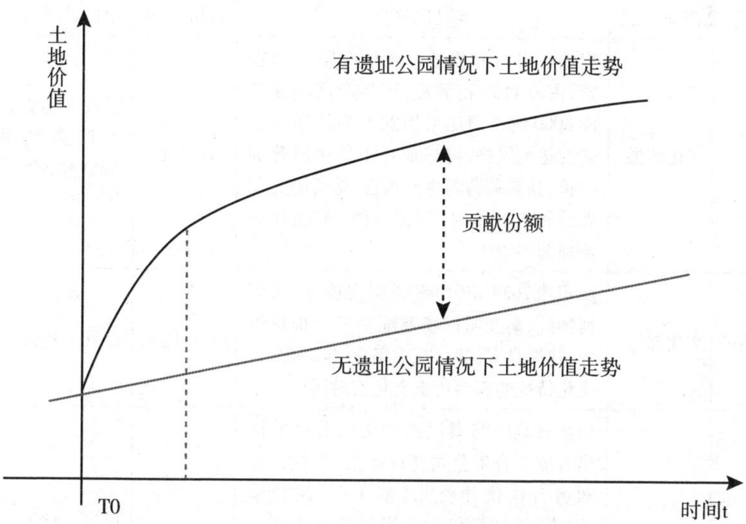

图技 2－32　大遗址项目建设前后土地价值变化

（2）秦汉新城大遗址群带动文化产业增加值

秦汉新城目前在建的重点文化产业项目主要有大秦文明园、新丝路 · 数字文化创意（产业）基地、梦回大秦视觉光影秀、际华园、张裕瑞那城堡酒庄等。其中，张裕瑞那城堡酒庄已正式运营，主营高档葡萄酒生产，兼营葡萄酒文化展示、休闲娱乐、文化旅游业务，其文化产业产值部分以年度总产值的 5% 估计为 0. 3 亿元。秦汉新城现有项目全部建成后，预计能够实现文化产业产值 150 亿元以上（保守估计为 100 亿元）。

带动文化产业增加值 = 大遗址群规划范围内文化创意产业产值 ×
对文化创意产业的贡献率(30%,估算值) ×
文化产业增加值率(按50%计算)

按照上述公式计算，得到现阶段**秦汉新城大遗址群带动文化产业增加值为0.045亿元**。秦汉新城正在大规模建设文化产业项目，目前这一数值只能体现现阶段的不完整贡献。按照现有项目可实现产值100亿元计算，5~8年内**秦汉新城大遗址群将带动文化产业增加值15亿元以上**。

表技2-38 秦汉新城重点文化产业项目

项目名称	产业领域	项目情况	投资金额	项目进展及未来产值
张裕瑞那城堡酒庄	文化旅游	由烟台张裕葡萄酿酒股份有限公司投资,占地1100亩酒庄,可年产高档葡萄酒3000吨。酒庄采用意大利托斯卡纳式的建筑风格,将建成一个集优质葡萄种植、高端葡萄酒生产销售、葡萄酒文化展示和旅游休闲"四位一体"的国际一流葡萄酒酒庄	6亿元	已投入运营,预计年生产高档葡萄酒3000吨,全部产值6亿元
大秦文明园	文化旅游	面积约7628亩,由秦咸阳宫遗址、咸阳博物院、秦文明广场及配套三大板块组成,建设具有国际化、市场化、生态化、人文化特征的新型历史文化旅游园区	81.6亿元	已开工建设
新丝路·数字文化创意(产业)基地	休闲娱乐、文化创意、传媒影视等	由惠普集团与秦汉新城集团公司共同出资成立合资公司建设运营,依托国际知名合作伙伴资源(梦工厂、派拉蒙等),重点建设以数字媒体渲染为核心技术的数字媒体制作云平台、数字媒体库和旅游文化在线传播平台、运营服务和招商平台等内容,促成传媒、娱乐、旅游等新文化产业的一体化支撑,打造"产业孵化""服务传播""展示交易""旅游娱乐"为主要环节的文化创意全产业链	50亿元	已开工建设。建成后预计聚集文化创意、传媒影视、数字创作企业300家,总产值超过100亿元
梦回大秦视觉光影秀	文化演艺	以秦咸阳宫遗址为依托,通过现代光影技术,打造高端文化体验项目,穿越三千年历史岁月,让观众通过手摸、耳听、眼看等方式,体验秦统一六国的壮美历史篇章,为帝陵注入新的文化内涵	6亿元	已组建团队进行设计

续表

项目名称	产业领域	项目情况	投资金额	项目进展及未来产值
际华园	休闲娱乐、文化旅游	由时尚购物中心、运动体验中心、特色酒店餐饮服务以及休闲配套设施四部分构成，力图打造融合世界高端品牌折扣消费、餐饮休息、休闲娱乐、室内极限运动、文化产业、旅游消费等衍生功能的一体化的大型商业综合体和现代服务业态	25 亿元	已签订战略合作协议。建成后预计年收入超过 38 亿元

（3）秦汉新城大遗址群带动旅游业增加值

对秦汉新城而言，其旅游业正在起步，观光旅游收入并没有被纳入常规统计渠道，且酒店、餐饮、娱乐、衍生品等旅游配套服务和产品较缺乏，旅游消费潜力尚待挖掘。秦汉新城的旅游资源以大遗址群为主，没有其他有吸引力的旅游资源，游客中以大遗址为主要旅游目的地的比例可达 90% 以上。在大遗址参观上，目前正式对外经营且纳入统计范畴的仅有茂陵和阳陵两处，因此本研究以茂陵和阳陵接待人次作为年度旅游人次估算值。综合考虑，大遗址带动旅游业增加值采用下列公式进行保守估计：

大遗址带动旅游业增加值 = 大遗址群全年接待观光旅游人次（茂陵、阳陵接待人次）× 旅游人次平均旅游消费（按照陕西省国内旅游一日游游客花费的 50% 估算）× 旅游收入的增加值率（50%）

2014 年，茂陵共接待参观 55.38 万人次，阳陵共接待参观 54.27 万人次。2014 年，陕西省国内旅游一日游游客平均花费 1221.58 亿元，按照 50% 估算为 610.79 元。按照上述公式计算，得到现阶段**秦汉新城大遗址群带动旅游业增加值为 3.35 亿元**。

3.4　全部贡献

2014 年秦汉新城大遗址群对经济的全部贡献 = 直接贡献 + 间接贡献（去除重复计算）。其中，直接贡献 0.075 亿元，间接贡献 3.925 亿元（其中包括秦汉新城大遗址群带动建筑业增加值 0.53 亿元，带动文化产业增加值 0.045 亿元，带动旅游业增加值 3.35 亿元），**因此 2014 年秦汉新城大遗**

址群对经济的全部贡献约为 4.001 亿元。

值得说明的是，目前秦汉新城正处在起步阶段，所以大遗址群的间接经济效益不显著，甚至出现部分负面效益。**①带动建筑业增加值较低。**秦汉新城大遗址群目前基本处在预留式保护阶段，相关保护性设施和展览展示设施建设尚未全面启动，其文物保护投入资金带动建筑业增加值较低，仅为 0.53 亿元。**②对土地价格和房价增值暂时体现为负面影响。**大遗址的建设控制地带，对周边建筑物高度和风貌存在一定的限制要求，限高会影响建设用地的容积率，产生的直接经济影响是负面的。**③对相关产业带动作用尚不明显。**秦汉新城的产业发展目前正处在规划和招商阶段，产业受惠于大遗址资源的效应并没有全面显现。因此，本部分测算的仅仅是起步阶段并不明显的贡献值。

这一贡献值并不能反映大遗址群对秦汉新城发展的全面作用。但长远来看，大遗址具备这些方面的效益，大明宫、良渚等较成熟遗址的这些效益已经得到充分的显现。从大明宫的例子可以看出，大遗址建设控制地带以外是受益区，将显著提升周边土地价值：对控制地带以内建筑物的限高，降低了外部整体区域的容积率，显著提升了视野；遗址保护的视觉表现形式在很多情况下是绿地，有的遗址（如大明宫）还成为市民的公共活动中心，改善了整体区域的人居环境。同时，在控制地带以外，随着大遗址经济带动和辐射能力的日益增强，市政配套服务设施将日趋完善，文化和商业市场环境将日益成熟。这必将推动旅游业、文化产业等新兴产业的发展，大遗址对产业增加值的贡献也将有显著的提升。根据建设中的文化产业园区项目，未来 5~8 年仅文化产业一项，**秦汉新城大遗址群将带动文化产业增加值 15 亿元以上。**

由于秦汉新城与大明宫的区别在于新城区域内的建设用地并不多（不在老城区范围内），仅靠常规方式很难发挥文化遗产在市场价值上的正效益，**因此秦汉新城的发展路径包括两个层面：①强化文化遗产保护的升级。**通过全面规划、合理布局、特色发展，在依法保护的前提下完成资源—产品—商品的升级，实现“保护好了，要见效益”，从而真正实现“四个好”。

②还需要其他创新——凸显秦汉新城在区域主体功能中的地位。依托于关中城市群，将秦汉新城打造成为具有文化遗产特色的、以行政服务功能为主的城市副中心，是创新城市发展方式、探索发挥文化遗产正外部性而非盲目工业化的重要尝试。秦汉新城未来可以充分发挥国家级新区的政策突破权，建设城市副中心，集聚高端产业、高端人群，从而全面体现文化遗产保护的效益。同时，还需要在其发展涉及的国家公园体制建设、自然资源资产产权制度改革、领导干部环保责任终身追究制度等领域深化改革，以改革为新城的特色发展指引方向、保驾护航。这样的新区会因为改革而“新”，其发展方式也具备可推广性。换言之，对秦汉新城来说，直接的土地增值是少的，改变区域主体功能、体现多种贡献才是大头。

（本章主要作者：卓杰、王蕾、汤澄、张颖岚、白海峰）

B.6
第三章
文化遗产保护背景下的国家级新区发展模式创新
——以秦汉新城为例

主题报告第三章已经分析了新型城镇化背景下文化遗产是城市实现特色发展的重要资源，并说明了城市更新和新城建设是文化遗产服务城市发展的两个重要领域，其中国家级新区又是新城建设的重中之重。国家级新区在新型城镇化中具有“新”的先导和示范作用，在目前遗产保护和城市发展的融合还面临诸多障碍的情况下，亟须在理念、制度和政策上创“新”，才可能实现文化遗产保护和城市发展“双赢”。本章以西咸新区中的秦汉新城为例，系统分析文化遗产对新城建设带来的挑战和机遇，并从规划和制度的角度，探讨如何发挥文化遗产的作用，实现文化遗产保护背景中的国家级新区发展模式创新。

1　国家级新区的发展目标及其与文化遗产事业的关系

“十三五”期间，在新型城镇化的大方向下，城市怎么实现“创新、协调、绿色、开放、共享”发展并体现“山水乡愁”？这个问题有一个可能的答案：**有文化遗产特色的国家级新区，文物系统如果能实现“小局”带动全局并优化全局的发展，将文化遗产资源用好、使文物全方位活起来乃至“火”起来，就可能成为这种新型城镇化的优先体现者。**可以从以下两方面来理解这种判断。

1.1　文化遗产是实现新型城镇化战略目标不可或缺的组成部分

文化遗产与新型城镇化的关系，尤其是互促式发展关系，文物系统对此有传统的认识，而中央的相关文件和规划则在近些年给出了系统的指示。

从文物系统的角度看，文化遗产对城市发展有多方面的贡献：物质和非物质文化遗产形成城乡记忆的有力物证，是城乡价值的重要体现，是避免城乡记忆消失的有力保障。“让文化遗产融入现代生活”，是避免城乡面貌趋同、深化历史积淀、彰显城乡个性、提升城乡品位的重要抓手。文化遗产融入现代生活，旨在增加文化的厚重感、民族的归属感和百姓的获得感，有利于带动旅游业、文化创意产业发展。中国的文化遗产和山、水等生态环境密切相关、融为一体①，以文化遗产为载体的文化特色是城镇化中真正的“乡愁”所在：山、水、乡愁目标，使文化遗产在新型城镇化中的地位凸显且不可替代。

这些认识从全局而言并未形成共识，直到“十二五”以来中央的相关文件给出各种角度的明示。将“十二五”期间的相关文件和《“十三五”规划纲要》中与文化遗产相关的部分罗列如下，就易于发现中央认可的文化遗产与新型城镇化战略目标之间的关系。

——2013 年中央城镇化工作会议文件指出，在新型城镇化中要“提高历史文物保护水平”，要“让居民望得见山、看得见水、记得住乡愁；要融入现代元素，更要保护和弘扬传统优秀文化，延续城市历史文脉……要传承文化，发展有历史记忆、地域特色、民族特点的美丽城镇”。

——2015 年中央城市工作会议文件指出，要加强对城市的空间立体性、平面协调性、风貌整体性、文脉延续性等方面的规划和管控，留住城市特有的地域环境、文化特色、建筑风格等“基因”；要保护弘扬中华优秀传统文化，延续城市历史文脉，保护好前人留下的文化遗产；要结合自己的历史传承、区域文化、时代要求，打造自己的城市精神，对外树立形象，对内凝聚

① 中国的文化和自然遗产水乳交融，具体可参看 2013 年蓝皮书图技 1－1。

人心。

——《“十三五”规划纲要》指出，提高城市开放度和包容性，加强文化和自然遗产保护，延续历史文脉，建设人文城市……加强对城市空间立体性、平面协调性、风貌整体性、文脉延续性的规划管控。

——《国务院关于进一步加强文物工作的指导意见》（国发〔2016〕17号）指出，为促进经济社会发展服务，发挥文物资源在文化传承中的作用，丰富城乡文化内涵，彰显地域文化特色，优化社区人文环境；发挥文物资源在促进地区经济社会发展、壮大旅游业中的重要作用，打造文物旅游品牌，培育以文物保护单位、博物馆为支撑的体验旅游、研学旅行和传统村落休闲旅游线路。

总之，文化遗产是实现新型城镇化战略目标不可或缺的组成部分。但也必须认识到，中国的多数城市存在较多的历史包袱，利用文化遗产资源实现有特色的新型城镇化存在许多操作障碍。真正易于主要依托文化遗产实现新型城镇化的城市，应该是具备文化遗产资源特色的国家级新区——既有资源又少包袱。

1.2　国家级新区是新型城镇化的重要空间载体，其“地域新”“机构新”“机制新”更易使文物“活”起来

从战略地位上说，国家级新区的成立乃至开发建设都属于国家决策，由国务院统一规划和审批其发展定位和目标，同时在辖区内实施特殊优惠政策，赋予其更大的管理权限，鼓励新区进行各项制度改革与创新的探索。1992年10月上海浦东新区成立后，到“十二五”末期，国务院又先后批准设立了天津滨海新区、重庆两江新区、浙江舟山群岛新区、甘肃兰州新区、广州南沙新区、陕西西咸新区、贵州贵安新区、青岛西海岸新区、大连金普新区、四川天府新区、湖南湘江新区、南京江北新区、福建福州新区、云南滇中新区14个国家级新区。随着十八届三中全会《决定》的出台，中国进入全面深化改革的新时期，而国家级新区成为新一轮改革的实验区和先行区。

总结《新型城镇化规划》和这 15 个新区的发展目标，国家级新区的“新”主要体现在三方面。

（1）地域新

国家级新区建设通常选取在中心城区以外的区域，用以吸引经济要素从中心城区转移，形成新的经济增长极，以减轻中心城区的压力。这些区域大多建成区比例较低、城乡人口相对较少、自然环境较好。如，西咸新区规划控制范围 882 平方公里，涉及 7 个县区的 23 个乡镇和街道办事处，人口仅为 89. 3 万人。建成区和人口少意味着发展的包袱小、空间大，各项国家和区域发展战略易于落地。

（2）机构新

国家级新区管理机构通常按大部制架构并高配，浦东新区、滨海新区、两江新区为副省级，陕西西咸新区虽为正厅级，但由副省级领导“挂帅”。同时，国家级新区通常着力破除行政级别限制和部门藩篱，促进政府的职能转变和效能提速。浦东新区整合了范围内的区县，在区级机构中较早实行大部制改革，区级职能部门仅相当于其他区县的 2/3，万人行政编制数不到上海市平均数的 1/2。滨海新区撤销了塘沽、汉沽、大港三区工委和管委会，由新区统一领导街镇，减少了行政层级。级别高配、行政区划整合和大部制改革，使各新区机构管理统筹力度增强。

（3）机制新

国家级新区拥有更大的权限进行机制创新，国务院明确要求新区所在省市必须下放省级权限，充分贯彻国家级战略和新区发展需要，新区实质均拥有副省级管理自主权。同时，国家级新区获得更大的支持政策，国家级新区的获批意味着将在税收、土地和重大项目审批等方面有“特区”性政策，这使各新区大多采用新的管理体制并积极进行体制机制改革试点，更容易破解制度藩篱并形成正确的政绩观。

国家级新区的“新”与文化遗产事业发展的目标息息相关。国家级新区要在各项发展领域成为其他地区的典型示范，在新型城镇化日益重视文化遗产的背景下，探索文化遗产事业创新发展机制也自然成为国家级新区重要的“新”。客观条件上，国家级新区在地域、机构和机制上的特点，对文物“活”起来有三方面作用：

“地域新”降低了文化遗产事业的发展包袱。国家级新区内建成区面积小、人口较少，客观上文化遗产保护可能面临的包袱小，如考虑原住民发展需求并进行相关产权调整的难度低、因文化遗产保护要求进行征地拆迁和相关补偿的资金需求量低。

“机构新”保障了文化遗产事业的统筹力度。国家级新区的机构高配，文化遗产保护能够居于更重要的地位并有机构保障。新区内实行的行政区划整合和大部制改革，使政府对文化遗产在土地、政策、资金等领域的协调能力明显提升，提高了决策效率和资源集中度。

“机制新”促进了文化遗产体制机制的改革。国家级新区拥有更大的管理权限和改革创新自由度，更有条件探索文化遗产管理体制的改革创新，突破文化遗产领域面临的深层次制度障碍。国家战略的要求，使新区更有可能形成超越单一经济指标的正确政绩观，将文化遗产纳入发展政绩考核的重要内容。

从应然角度而言，国家级新区范围内的文化遗产能够得到更加妥善的保护，也能够充分发挥其价值，而有文化遗产特色资源的国家级新区最有可能让文物部门“小局”带动全局并形成新区有文化遗产特色的“新”。

2　文化遗产在破解秦汉新城发展障碍中的作用分析

虽然有文化遗产特色的国家级新区在实现新型城镇化的过程中可能有独到的优势，但这样的特色如何从发展的角度彰显出来？文化遗产对城市发展存在两方面的影响①，如何从发展思路及其配套制度建设角度“兴利除弊”、破解发展障碍？以国家级新区中文化遗产特色最明显的陕西西咸新区秦汉新城为例来对这些问题进行分析求解。

① 参见主题报告第三章图主3－1。

2.1　西咸新区秦汉新城的文化遗产特色

陕西西咸新区是国家设立的第七个国家级新区（与贵州的贵安新区同一批），其“新”显然应该体现《国家新型城镇化规划》中的“新”[①]，与浦东、滨海等“老牌新区”含义有别但要求更高[②]。从新区的发展情况上看，这一批设立的国家级新区的发展基础相对薄弱，缺乏创新经验，又面临着快速赶超的压力。同时，在新区增多的情况下，政策红利逐渐减弱。部分新区依靠政策支持，不注重发展模式创新，出现了规划执行力不足、土地利用效率较低、产业雷同、城市建设缺乏特色、体制机制创新滞后等问题。

而且，国家级新区实际上还承担了国家赋予的解决共性问题、探索发展新路的任务，许多新区在这方面创新较少。对共性问题，《国家新型城镇化规划》中这样总结：“自然历史文化遗产保护不力，城乡建设缺乏特色。一些城市景观结构与所处区域的自然地理特征不协调，部分城市贪大求洋、照搬照抄，脱离实际定位‘建设国际大都市’，‘建设性’破坏不断蔓延，城市的自然和文化个性被破坏。一些农村地区大拆大建，照搬城市小区模式建设新农村，简单用城市元素与风格取代传统民居和田园风光，导致乡土特色和民俗文化流失。”同时，《国家新型城镇化规划》还给出了方子：“文化传承，彰显特色。根据不同地区的自然历史文化禀赋，体现区域差异性，提倡形态多样性，防止千城一面，发展有历史记忆、文化脉络、地域风貌、民族特点的美丽城镇，形成符合实际、各具特色的城镇化发展模式。”显然，按国家的药方，这样的国家级新区只有依据特色资源找准发展定位，大胆寻求发展模式创新，走特色化和差异化的发展道路，才能实现预期目标。这个药方从地方官员的角度理解起来，其实就是：保护有力要和形成特色结合起

---

① 西咸新区获得国务院批复与国家发布《国家新型城镇化规划》均在 2014 年初，《国家新型城镇化规划》的目的是“努力走出一条以人为本、四化同步、优化布局、生态文明、文化传承的中国特色新型城镇化道路”。显然西咸新区在这些方面应率先有所作为。

② 国家级新区的开发建设上升为国家战略，总体发展目标、发展定位等由国务院统一进行规划和审批，相关特殊优惠政策和权限由国务院直接批复，在辖区内实行更加开放和优惠的特殊政策，鼓励新区进行各项制度改革与创新的探索工作。

来，即**保护成果要体现为城镇化特色发展**，这样才能保证保护的广泛参与和可持续。再通俗化一点，就是：**保护好了，要见效益**。

具体到西咸新区，因为其资源特色和发展基础，“文化传承，彰显特色”的要求就更强一些。国务院《关于同意设立陕西西咸新区的批复》中明确指出：“要把西咸新区作为深入实施西部大开发战略的重要举措，探索和实践以人为核心的中国特色新型城镇化道路，推进西安、咸阳一体化进程，为把西安建设成为富有历史文化特色的现代化城市、拓展我国向西开放的深度和广度发挥积极作用。”国家发改委下发的《关于推动国家级新区深化重点领域体制机制创新的通知》中要求，西咸新区“重点围绕推进‘一带一路’建设，创新城市发展方式和以文化促发展的有效途径展开探索”。陕西省委、省政府对西咸新区也提出“创新城市发展示范、建设现代田园城市”的要求。因此，不论从实现后发赶超还是响应上级号召，如何“保护好了，要见效益”，这是西咸新区需要考虑的核心问题。

保护好了能见什么效益呢？这需要横向比较分析西咸新区的区位和资源特点。

综合比较15个国家级新区，拥有数量较多、品质较高的文化遗产是西咸新区最大的特色：新区范围内县级以上文物保护单位有37处44个点，其中国家重点文物保护单位10处17个点、省级重点文物保护单位13处、市县级文物保护单位14处。在国家文物局公布的“十二五”期间150处重点大遗址中，西咸新区就有秦咸阳城遗址、阿房宫遗址、丰镐遗址、汉长安城遗址、西汉帝陵5处入选，是拥有大遗址数量最多的地区。其中，秦汉新城是西咸新区规划的“一区五城”中的重要组成部分，是面积最大的组团，也是文化遗址资源的主要分布区域。秦汉新城的遗址无论从存量上、品位上、级别上，都位于全国前列。而在其他4个新城中，也存在各种典型的文物遗址。西咸新区的文化遗产资源基本覆盖了周、秦、汉、唐等历史盛世时期，集中展现了中国古代农业文明的辉煌文化，是具有世界影响力的文化象征。

“保护好了”显然是要最大限度地保护好西咸新区的文化遗产特色，那么“能见效益”从哪些方面可以体现呢？**15个国家级新区中，西咸新区有**

别于其他新区的效益可以从产业和资金渠道两个方面来体现。

一是产业选择上，西咸新区有条件利用文化遗产发展新兴产业。各个国家级新区纷纷依托资源禀赋和地理位置谋划产业体系：依托大城市的要素外溢发展高新技术产业（如浦东新区、滨海新区）、依托交通条件发展新型工业（两江新区、兰州新区、天府新区、湘江新区、江北新区等）、依托沿海优势发展海洋经济（舟山群岛新区、南沙新区）、依托对外开放优势发展外向型经济（金普新区、福州新区）等（见表技 3－1）。西咸新区作为唯一拥有数量众多、品质较高大遗址群的新区，也是新区中唯一有条件通过文化遗产来发展新兴产业（如文化产业、旅游产业）的新区，如何彰显和利用文化遗产的影响力应该是其新城发展的重要内容。

二是资金渠道上，西咸新区有可能获得国家生态建设和生态补偿资金投入。按照遗产类型，秦汉新城组团是文化与自然混合型的遗产地[①]。因此，秦汉新城具有生态和文化双重功能（既是建设地，也是保护地），也相当于较大范围的国家级保护地，可能获得两方面的国家投入。其一，国家生态补偿资金。财政部于 2011 年即颁布实施了《国家重点生态功能区转移支付办法》（财预〔2011〕428 号），对类似于秦汉新城这样的限制开发区域和禁止开发区域有可能实施转移支付优惠政策[②]。其二，国家公园建设专项资金。目前，秦汉新城的大遗址群能够获得较多的中央重点文物保护单位专项补助资金。在国家公园建设日益加速的背景下，秦汉新城将来有条件纳入国家公园体系，获得国家公园建设相关的专项资金。这两方面的资金投入，是西咸新区有别于其他国家级新区的重要特征。

从发展机遇和资源禀赋上看，西咸新区只要构建了合适的发展模式，完全有条件实现“保护好了，要见效益”的愿景，但在目前规划建设的实际目标中，并没有凸显其在产业选择和资金渠道上的两方面优势。

---

① 中国遗产地按照类型划分，可以分为文化遗产地、自然遗产地和文化与自然混合遗产地（具体参见 2013 年蓝皮书技术报告第一章），秦汉新城的大遗址也包括了面积广阔的建设控制地带，其中水系、绿地、森林等自然生态禀赋良好。

② 具体参见 2010 年蓝皮书特别关注二。

表技 3－1　十五个国家级新区发展基本情况对比

名称	地理范围	发展定位	主要产业	资金渠道
上海浦东新区	原川沙县，上海县的三林乡，以及中心城区杨浦、黄浦、南市的浦东部分	围绕建设成为上海国际金融中心和国际航运中心核心功能区的战略定位，在强化国际金融中心、国际航运中心的环境优势、创新优势和枢纽功能、服务功能方面积极探索、大胆实践，努力建设成为科学发展的先行区、“四个中心”（国际经济中心、国际金融中心、国际贸易中心、国际航运中心）的核心区、综合改革的试验区、开放和谐的生态区	汽车装备制造业、电子信息、生物医药、新能源、民用航空、文化产业等	以用地供给和产业投资为主
天津滨海新区	塘沽区、汉沽区、大港区、天津港和高新技术产业园区范围	依托京津冀、服务环渤海、辐射“三北”、面向东北亚，努力建设成为中国北方对外开放的门户、高水平的现代制造业和研发转化基地、北方国际航运中心和国际物流中心，逐步成为经济繁荣、社会和谐、环境优美的宜居生态型新城区	电子通信、石油开采与加工、海洋化工、现代冶金、机械制造、生物制药、食品加工等。	以用地供给和产业投资为主
重庆两江新区	江北区、北碚区、渝北区三个行政区的部分区域	依托重庆及周边省份，服务西南，辐射中西部。统筹城乡综合配套改革试验的先行区，内陆重要的先进制造业和现代服务业基地，长江上游地区的经济中心、金融中心和创新中心等，内陆地区对外开放的重要门户，科学发展的示范窗口	轨道交通、电力装备、新能源汽车、国防军工、电子信息五大战略性产业	以用地供给和产业投资为主
浙江舟山群岛新区	舟山群岛	首个以海洋经济为主题的国家级新区。中国大宗商品储运中转加工交易中心、东部地区重要的海上开放门户、中国海洋海岛科学保护开发示范区、中国重要的现代海洋产业基地、中国陆海统筹发展先行区	临港工业、港口物流、海洋旅游、海洋医药、海洋渔业等	以用地供给和产业投资为主
甘肃兰州新区	位于秦王川盆地，是兰州、白银两市的接合部，地处兰州、西宁、银川 3 个大城市共生带的中间位置	西北地区重要的经济增长极、国家重要的产业基地、向西开放的重要战略平台和承接产业转移示范区，带动甘肃及周边地区发展、深入推进西部大开发、促进中国向西开放	战略性新兴产业、高新技术产业、石油化工、装备制造、新材料、生物医药、现代农林业、现代物流仓储和劳动密集型产业等	以用地供给和产业投资为主

续表

名称	地理范围	发展定位	主要产业	资金渠道
广州南沙新区	广州南沙区，下辖横沥、万顷沙、大岗、东涌等多个乡镇，现有面积527.65平方公里，其中陆域面积339.5平方公里	立足广州、依托珠三角、连接港澳、服务内地、面向世界，建设成为粤港澳优质生活圈和新型城市化典范、以生产性服务业为主导的现代产业新高地、具有世界先进水平的综合服务枢纽、社会管理服务创新试验区，打造粤港澳全面合作示范区	高端服务业、科技智慧产业、临港先进制造业、海洋产业、旅游休闲健康产业等	以用地供给和产业投资为主
陕西西咸新区	位于西安市和咸阳市建成区之间，区域范围涉及西安、咸阳两市所辖7县（区）23个乡镇和街道办事处，规划控制面积882平方公里	把建设西咸新区作为深入实施西部大开发战略的重要举措，**探索和实践以人为核心的中国特色新型城镇化道路**，推进西安、咸阳一体化进程，为把西安建设成为**富有历史文化特色的**现代化城市、拓展中国向西开放的深度和广度发挥积极作用	现代农业、高新技术、先进装备制造业、临空产业、仓储物流业、**生态文化旅游业**和高端现代服务业等	以用地供给和产业投资为主，**但以大遗址保护为主的秦汉新城有条件获得国家生态和文物补偿**
贵州贵安新区	贵安新区位于贵阳市和安顺市结合部，区域范围涉及贵阳、安顺两市所辖4县（市、区）20个乡镇，规划控制面积1795平方公里	把建设贵安新区作为深入实施西部大开发战略、探索欠发达地区后发赶超路子的重要举措，加快推进体制机制创新，发展内陆开放型经济，努力推动贵州经济社会又好又快发展	大数据、高端电子信息制造、高端特色装备制造、高端文化旅游养生、高端服务业等	以用地供给和产业投资为主
青岛西海岸新区	青岛市黄岛区全部行政区域，其中陆域面积约2096平方公里、海域面积约5000平方公里	新区担负海洋强国和改革开放的双重使命，深入推进“经济转型、社会转型、体制转型”，努力在西海岸实现“三个再造”，即再造一个升级版的青岛港、再造一个升级版的青岛经济总量、再造一个升级版的青岛新城区，建设创新、开放、幸福国家级新区，打造山东半岛蓝色经济区的战略支点和全国海洋经济发展的示范平台	先进制造业基地、海洋新兴产业、港口航运、石油化工、家电电子、船舶海工、汽车及零部件、机械等	以用地供给和产业投资为主
大连金普新区	大连市中南部，范围包括大连市金州区全部行政区域和普兰店市部分地区，总面积约2299平方公里	建设大连金普新区，有利于进一步深化改革开放，引领辽宁沿海经济带加速发展，带动东北地区振兴发展，进一步深化与东北亚各国各领域的合作	电子信息产业、生物制药、新材料、新能源产业、高端装备制造业、生产性服务业、高端生活服务业等	以用地供给和产业投资为主

续表

名称	地理范围	发展定位	主要产业	资金渠道
四川天府新区	四川天府新区位于成都市主城区南偏东方向，其区域范围涉及成都、眉山、资阳3市所辖7县（市、区），规划面积1578平方公里	建设四川天府新区作为深入实施西部大开发战略、积极稳妥扎实推进新型城镇化、深入实施创新驱动发展战略的重要举措，天府新区为发展内陆开放型经济、促进西部地区转型升级、完善国家区域发展格局等发挥示范和带动作用	电子信息、新能源装备制造、新材料、生物技术、汽车研发制造、航空航天、工程机械以及节能环保设备制造等	以用地供给和产业投资为主
湖南湘江新区	包括长沙市岳麓区、望城区和宁乡县部分区域	中部地区第一个国家级新区。设立并建设好湖南湘江新区，是实施国家区域发展总体战略和长江经济带重大国家战略的重要举措，对于促进中部地区崛起、推进长江经济带建设、加快内陆地区开放发展具有重要意义	高端制造业、新材料、电子信息产业、新能源与节能环保产业、医药产业、现代服务业、文化产业等	以用地供给和产业投资为主
南京江北新区	南京市长江以北，包括南京市浦口区、六合区和栖霞区八卦洲街道，规划面积788平方公里	建设南京江北新区是贯彻落实《国务院关于依托黄金水道推动长江经济带发展的指导意见》的重要举措，充分发挥南京江北新区在创新驱动发展和新型城镇化建设等方面的示范带动作用，推动苏南地区现代化建设和长江经济带更好更快发展	以智能制造、生命健康、新材料、高端装备四大产业为主，辅以工业设计、现代物流等相关产业	以用地供给和产业投资为主
福建福州新区	福州新区位于福州市滨海地区，初期规划范围包括马尾区、仓山区、长乐市、福清市部分区域，规划面积800平方公里	设立并建设好福州新区是实施国家区域发展总体战略、贯彻落实国家支持福建省经济社会发展一系列重大政策的重要举措，对于实现在更高起点、更广范围、更宽领域推进海峡两岸交流合作，推动福建积极参与、全面融入"一带一路"战略实施，努力培育新的经济增长极、与平潭综合实验区实现一体化发展具有重要意义	高端服务业、先进制造业、电子信息、机械装备、石油化工、纺织服装等重点支柱产业，大力发展海洋产业和都市现代农业等	以用地供给和产业投资为主
云南滇中新区	云南滇中新区位于昆明市主城区东西两侧，是滇中产业聚集区的核心区域，初期规划范围包括安宁市、嵩明县和官渡区部分区域，面积约482平方公里	中国面向南亚、东南亚辐射中心的重要支点、云南桥头堡建设重要经济增长极、西部地区新型城镇化综合试验区和改革创新先行区	先进制造业、以生物制药为代表的高技术产业和以沿边金融为代表的现代服务业	以用地供给和产业投资为主

一是产业选择上，没有充分利用文化遗产特色，也没有体现新型城镇化的发展方向。从产业布局上看，西咸新区在所规划发展的产业中，面临着与其他新区高度雷同的现象，高新技术、先进装备制造业、临空产业、仓储物流业等产业类型在各个国家级新区中都有所体现，产业发展面临着较为严重的竞争。西咸新区以文化遗产和生态环境为特色的生态文化旅游业的重要地位并不突出，在产业支撑上难以实现创新城市发展的效果。虽然国务院文件明确指出要在西咸新区“探索和实践以人为核心的中国特色新型城镇化道路”，但西咸新区及秦汉新城在实际发展中仍然延续传统城镇化的模式，以工业化为动力，以土地城镇化为标识，随着城市建设的迅速拓展反而造成了文化遗产面临日益严峻的破坏风险；遗址资源被产业用地、城乡住宅、交通设施挤占的现象十分明显，并没有“保护好”。

二是资金渠道上，目前的资金渠道不完善，难以突破强调经济发展的老路。秦汉新城作为最有条件探索新型发展模式的功能区，并没有获得新区、陕西省乃至国家的政策倾斜，在资金渠道上仍然以产业投资为主，国家对其作为特殊功能区的补偿渠道没有建立起来。这导致秦汉新城的发展难以突破强调经济和产业发展的老路。省市各级政府纷纷在基础设施建设、招商引资、产业项目上加大投入，强化以经济指标为主的考核机制。在这种氛围下，秦汉新城的文化遗产和生态环境优势难以凸显，资金渠道难以“见效益”。

2.2　文化遗产在破解秦汉新城发展障碍中的作用

西咸新区应该充分利用其国家级新区的政策优势和发展包袱少、统筹能力强、机制灵活等方面的优势，探索以人为本的新型城镇化发展方向，凸显文化遗产和生态资源相结合的特色，才能实现“保护好了，要见效益”的新区建设目标。为此，首先要明确文化遗产对西咸新区造成哪些方面的发展障碍，如何最大限度地发挥文化遗产的正面贡献，“先知禁区、再造新区”，才能走出一条适合西咸新区的发展道路。

2.2.1　文化遗产对秦汉新城发展造成的障碍

图主 3 - 2 总结了文化遗产对城市发展可能带来的暂时的经济负面影响，

具体到秦汉新城，体量大、价值高的文化遗产资源，在客观上也暂时形成了两方面的发展障碍。

（1）造成用地限制

秦汉新城的区划面积为302.2平方公里，是西咸新区5个新城中最大的，但是大量且广泛分布的遗址使可开发利用的土地面积并不多：首先，大遗址本地占地面积大，同时因为周边大量的土地划入建筑控制地带，难以实现开发利用；其次，大遗址密集分布，分割土地，破坏了土地连片利用的完整性，产业开发难以在土地上实现集聚规模效应；第三，在土地性质等方面都受到秦汉帝陵保护的约束，多处区位条件较好的地块在规划中难以成为工业用地和建设用地。遗址的存在对秦汉新城造成了较多的用地限制，302.2平方公里中有超过三分之一的面积属于遗址区非建设用地，难以实现常规的开发利用。

（2）造成产业限制

西咸新区诸多传统产业属于“三高”型产业，如重化工业、装备制造等，极容易对遗址区的文物、生态环境造成永久性破坏。这部分产业将受到相关法律法规的严格限制，难以在秦汉新城落地。同时，由于遗址区对用地的限制，秦汉新城难以在大型基础设施（如高速路、交通枢纽）上实现突破，这导致新城内难以发展对交通、物流要求较高的第三产业，如大型批发市场等。遗址区对产业的限制，使秦汉新城难以像其他新城一样，通过布局传统的优势产业来获得快速发展，必须在产业谋划上探索全新的道路。

2.2.2 以文化遗产资源为特色破解发展障碍的三方面创新

基于区位和资源特色，秦汉新城未来发展可以有三方面的创新：第一，从“保护好”的角度，创建国家公园体制试点区，促使遗产管理模式向国家公园转化；第二，从“见效益”的角度，发挥文化和生态优势发展特色产业；第三，从功能升级的角度，依托国家级新区建设打造具有文化遗产特色的城市副中心。如果从空间角度看这三方面的创新，即对于文化遗产保护背景明显的国家级新区，其特色发展路径就是“三区发展”：国家公园体制试点区、特色产业发展区、高品位城市发展区。

（1）国家公园体制试点区：推动遗产管理向国家公园体制转化

秦汉新城发展必须首先考虑遗址如何“保护好”的问题。秦汉新城是典型的遗产地和生态结合较好的地区。这类混合遗产地面临的共性问题是缺乏顶层设计，在各地政府以块状管理为主的体制下，其管理并未充分考虑资源性质和遗产使命上的差异，难以实现统筹和规范管理。条块分割、多头管理导致遗产产权主体不明确，很多遗产地缺乏有必要权属且专职的公益性机构行使权能，造成一地多牌多主、各据一方的现象。同时，部门利益常常超越公益性。管理不健全，遗产地也难以构建完善的资金机制、经营机制、监督机制，遗产的主要功能难以充分发挥。

国家公园是国内外公认的解决混合遗产地管理和发展问题的最佳模式。随着中国国家公园体制建设的深入，秦汉新城的遗产管理向国家公园转化也有了试点基础。国家发改委等 13 部委共同颁发的《建立国家公园体制试点方案》确定了北京、吉林、黑龙江、浙江、福建、湖北、湖南、云南、青海共 9 个国家公园体制试点省（市），要求每个试点省（市）选取 1 个区域开展试点。2015 年 3 月，国家发改委又发布了《建立国家公园体制试点 2015 年工作要点》及《国家公园体制试点区试点实施方案大纲》。首批国家公园体制试点区域如何选择、如何建立已经有了明确的规范，标志着国家公园体制的建立开始启动。

基于此，可以明确秦汉新城遗产管理向国家公园转化路径：争取设立国家公园体制试点区，建立统筹力度较强的管理机构对各类遗产进行综合管理，省级政府保障其经费来源，将来向国家公园管理机构对接。构建多元化的资金投入渠道，政府规范专项资金的使用办法，同时设立国家公园建设基金，合理利用国家公园有形和无形资源探索特许经营、金融债券、社会捐助等多种方式，解决资金问题。构建社会多元参与、透明公开的监督机制，健全监督反馈机制。

（2）特色产业发展区：以特色产业助推新区产业结构升级

对西咸新区大遗址经济社会贡献的测算表明，**大遗址显著提升了周边环境品位，间接促进了高新技术、总部经济、商务办公等以高层次人才为核心**

的产业类型，同时直接推动了房地产业、文化产业、旅游产业、生态观光农业等产业的发展。秦汉新城要重点发展以上类型的产业，在不适合发展的产业项目上严格把关、禁止准入，才能将遗产资源优势充分发挥出来。

秦汉新城各种适合的产业类型中，最有潜力的产业是旅游产业。文化遗产只是一种资源，要使其从资源转化为市场需要的产品再到商品，需要“加工”——只有通过文物旅游等方式，在依法保护的基础上对文化遗产进行“加工”，才能使文化遗产中的文化成为国民的文化生活。2014 年蓝皮书阐述了文物旅游与一般旅游业态相比的特殊性：文物旅游活动是以产业而非事业的方式进行的，既要符合文化遗产事业的政策法规，又要符合旅游产业的基本规律①。秦汉新城要充分把握文物旅游发展的机遇和规律，建立和完善促进文物旅游发展的相关制度，以文物旅游业为龙头带动新型产业的崛起。

第一，创新文物利用的经营机制和资金机制。①经营机制首先必须明确两个范围：经营的空间范围、业务范围。其一，要根据遗产的具体情况，明确文物经营的空间范围，明确什么区域内必须实行严格保护、禁止经营性活动的进入，什么区域可以允许市场主体进行适当开发。其二，要确定业务范围，明确市场和政府的边界，明确严格禁止的和可以适当经营的业务种类。涉及文物本体保护的核心业务和公益性较强的业务类型（如文物本体的参观、展览），只能由政府承担；消费弹性较大的餐饮、住宿、休闲和衍生品等业务，允许市场参与经营。市场主体的参与可采用特许经营的方式，但必须出台规范，建立详细的分类技术标准，对交易方式、经营空间范围和业务范围、经营主体身份等做出详细的规定。②资金机制上保障财政投入，扩大市场和社会渠道的资金来源，并执行“收支两条线”。文物管理机构的上级行政管理单位不能下达创收指标，相关经营收入可以部分上缴国家相关部门，其余只能用于改善旅游地的管理（不完全的收支两条线）。对特许经营的收入，要执行严格的“收支两条线”，并将其纳入财政预算管理。

---

① 具体说明参见 2013 年蓝皮书主题报告第三章。

第二，促进文物旅游管理体制的统一和规范改革。首先，要构建“统一管理、权责明确”的管理成员框架。明确文物旅游发展中各类事权的负责部门，通过“三定”方案和发展规划等明确文物部门和旅游部门的相应地位和权力，精简管理成员的数量。建立充分的协商机制，针对文物旅游发展所涉及的方方面面的问题，吸纳其他相关部门和社会力量参与管理。其次，要制定针对文物旅游的规范且系统的法律法规和行业标准。各个部门应参照统一的法规标准进行管理，明确管理成员与相应权责。继续细化各相关部门的管理范围与相应权责，尤其要明确、细化发生冲突时的协商与解决方式。对基层文物机构，要从规范机构、提升级别、加强职能、扩大编制四个方面着手，增强权能和强化保护基础工作，在文物妥善保护的基础上探索扩大文物利用的范围。

第三，促进馆藏文物利用效率的提升。在秦汉新城现有场馆中改革体制机制，扩大馆藏文物合理利用的范围，并提升其利用效率。①创造条件，有序开放文物库房。构建库房开放的管理制度，加强文物的规范化和标准化管理，提升文物的鉴定、编目、检索和流通效率，为文物库房开放奠定基础。建构博物馆信息资源数字化平台，使文物的管理从人工走向数字化、网络化。②建立健全馆藏文物共享机制和文物策展人人事制度。对于国有博物馆中的文物，通过调拨、交换、借用等方式实现流动，优化馆藏结构，保持开放的心态，出台有针对性和可操作性的实施细则，实行规范化运作。对于在交流、巡展和贡献文物方面贡献突出的单位，出台相应的鼓励和奖励措施。从人事管理机制入手，建立策展人人事制度：明确策展人在博物馆人才体系中的地位，将其纳入培训计划，建立相应的学术组织、人才库、专家库；建立外部人才与正式人员相对等的激励机制。探索博物馆与社会力量联合策展的新模式。

（3）高品位城市发展区：推进具有文化遗产特色的城市副中心建设

建设城市副中心是缓解大城市核心区“城市病”的重要方式，也是转变城市群发展模式的重大战略创新。城市副中心建设能够有助于秦汉新城创新城市发展方式，即依托于文化遗产保护的正外部性，直接服务市民的生产生活，促进城市发展特色的形成和凸显，探索依托特色资源而非盲目上马工业项目的发展道路。这方面可借鉴上海临港新城的经验，构建特别机制和特殊政策，推动秦汉新城成为国家级新区中的“特区”。

特别机制包含四条：

创新管理和考核机制。将秦汉新城建设融入国家战略，成立国家级协调规划机构统筹推动。全面取消以 GDP 为主要指标的考核模式，建立以生态和文化为指标的考核体系。

构建文物补偿机制。在执行生态补偿机制基础上，构建完善的文物相关补偿机制。补偿由中央财政承担重要事权，统筹生态补偿和文物补偿多种渠道专项资金，用于秦汉新城的发展。其主要是两方面：对限制了其生产资源的用途或使用强度的情况进行补偿，如建控地带的保护性征拆安置、限耕限挖、产业限制等；对保护人员付出的劳务成本进行补偿，如社会参与文物保护的管护成本和私人文物保护的成本等。出台文物相关补偿的具体规范，针对不同的补偿对象实施不同的补偿目标和标准。文物相关补偿需要其他相关制度（如土地产权制度、不动产登记制度以及遗址管理机构的管理单位体制等）进行配套调整。

构建“多规合一”试点。建立“多规合一”试点，优化新城土地利用规划，形成更加科学合理的“产城文”融合规划布局。

构建优势互补、多元开发机制。大力吸引资金充裕、经验丰富的开发主体依照相关法律和规定参与新城土地开发、遗产保护等。

特殊政策包含四条：

加大资金支持。在税收上执行特殊政策，产业企业缴纳的新增税收市级、省级税收部分，经省政府批准后用于新城发展资金。地方土地出让方收入，在扣除国家及省级规定计提的专项资金后，全部用于支持秦汉新城发展。

加大用地政策支持。创新土地利用方式，提高土地节约、集约利用水平，实行土地指标单列，在全省范围内统筹实施耕地占补平衡。

加大对新型产业的支持。对与文化遗产保护和利用相关的文化旅游、生态旅游、文化创意、高端居住等产业，鼓励优先在秦汉新城布局。省市级财政安排产业发展专项资金加大扶持力度。

加大人才吸引和集聚政策的支持力度。加大资金支持，强化全过程服务，优化创业和居住环境，加快吸引创新创业人才。对秦汉新城引进的紧缺急需人才，可以直接落户。对秦汉新城企业、重点机构引进的紧缺急需专业人才和高技能人才，可以申办人才居住证。

通过执行特别机制和特殊政策，推动秦汉新城在功能定位、管理权限、政策支持方面都成为国家级新区中的“特区”。

总结起来，秦汉新城未来创新城市发展的路径包含构建国家公园体制、发展特色产业功能区、打造文化遗产特色城市副中心三个方面。这三个方面都建立在遗产资源“保护好了”的基础之上，能够突破文化遗产给新区造成的发展限制，**在各个领域都“要见效益”**。

一是构建国家公园体制，可以获得数额较大的国家公园建设资金、中央和省级的各项生态补偿资金以及文物系统的中央重点文物保护专项补助资金，依托国家公园建立完善的特许经营制度可以吸引市场主体参加公园建设。

二是发展特色产业，能够充分发挥西安、咸阳在旅游产业、文化产业等领域的优势，吸引各类开发主体，在不破坏资源的情况下实现地区生产总值和财政税收的增长。

三是打造城市副中心，能够在税收、土地出让收益、土地指标上获得上级更大力度的支持，在人才、医疗、教育等各项制度领域享有特殊政策（见图技 3－1）。

2.3　作用测算方法及测算结果

在秦汉新城发展起步阶段，文化遗产的正面贡献还未完全体现。对地方政府来说，在处理保护与发展的关系时，首先要明晰文化遗产保护可能给新城发展带来的暂时的、小范围的负面影响。而往年蓝皮书已经论述了，消除文化遗产负面影响最直接有效的方式就是构建合理有效的补偿机制，在此基础上才能通过合理定位城市功能和选取适当的产业发展在更大空间范围内将

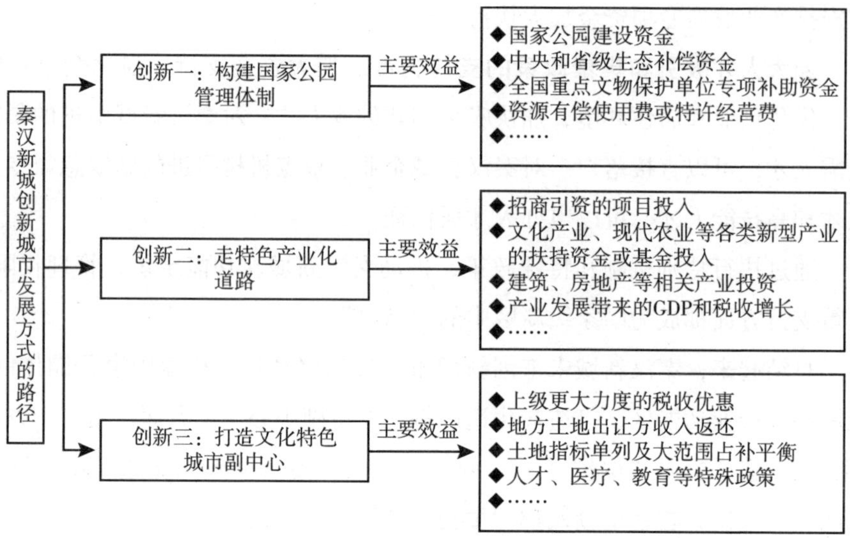

图技 3－1　秦汉新城创新城市发展方式的路径和主要效益

文化遗产保护的正外部性体现为真实的、属地化的经济效益和更广泛的社会效益。必须首先建立科学的测量标准和方法，对该文化遗产对秦汉新城用地和产业方面的负面影响做一个科学测算，用该测算值来估算补偿资金的大致规模，以利于综合性的区域发展决策和规划。

如前所述，文化遗产保护给秦汉新城发展带来的暂时的、小范围的负面影响，主要体现在造成用地限制和产业限制两个方面。用地限制直接影响到产业和城市发展空间，产业限制则意味着保护存在机会成本。另外，还会产生两个方面的保护费用：①在文化遗产保护中，在大遗址的某些重点保护区，还必须搬迁人口及地上附着物，这就涉及征地拆迁、居民安置的费用；②为了保护文化遗产，还需支付人力成本（如支付给业余文保员的补贴）。从管理者角度来说，这些也是负面经济影响。这些负面影响必须准确测算并区分事权范围，才可能从不同的资金渠道和政策渠道获得相应的补偿。

综上所述，负面影响测算主要包括以下三个方面。

（1）保护所必需的征地拆迁、移坟迁墓和居民安置耗费的成本

——根据年度的征地拆迁计划，计算出需要征地拆迁的量。根据征地拆迁计划和各个大遗址保护管理机构的规划，确定必须搬迁的农户、企事业单位及构筑物数量；按照集体土地和国有土地的类型分别统计地上民宅、人口、户数、面积，非住宅企业个数、面积、清单，以及其他需补偿的地上附着物（包括民间非保护的坟墓）。

——结合当地所制定的征拆补偿标准，进行成本测算。对于需要安置的，以当地管理部门所制定的最新土地补偿费、拆迁安置费用等征拆标准，进行测算。根据这些标准，结合需要征拆安置的量，进行成本核算。

根据秦汉新城管委会所提供的数据，**2014年度征地拆迁、移坟迁墓和居民安置耗费的成本约为5亿元。**

（2）保护对土地用途的管制导致的农业机会成本

大遗址对周边土地实施的限耕限挖，会导致部分农业生产方式难以发展。同时，不同等级的保护区域对土地利用的限制程度不同，应该按照不同的系数进行折算——重点保护区按1.0折减、一般保护区按0.5折减、建设控制地带按0.1折减。由于数据的限制，将一般保护区和建设控制地带综合起来考虑，统一按照0.3折减。按照不同种植物（主要分蔬菜水果和粮食两类）每公顷的产出×价格×种植面积×折减系数这一公式，**最终得到重点保护区的机会成本为6803.6万元，一般保护区和建设控制地带的机会成本为700.8万元，机会成本总和为7504.4万元。**

（3）大遗址保护对产业用地的限制所导致的机会成本

通过与咸阳市中心城区建设用地面积比重的比较，大致测算秦汉新城各类用地的减损情况，然后以各类用地的平均产值为标准测算产业发展的机会成本。

根据《咸阳市城市总体规划（2010～2020）》，咸阳市中心城区形成“一城两区一带”的布局形态，由主城区、泾渭新区和沣渭新区（咸阳部分）、渭河生态景观带共同构成。2020年，咸阳市中心城区用地规模控制在196平方公里，城市建设用地规划面积为95平方公里，建设用地面积占总用地面积的比重为48.5%。秦汉新城未来要打造成为西安、咸阳的城市副中心，按照国内外经验，其建设用地面积占总用地面积比重，应为中心城区

表技 3－2 秦汉新城大遗址的用途管制所导致的农业机会成本测算

	重点保护区	**一般保护区**	**建设控制地带**
土地用途管制	禁止破土区	挖深限制区	动土申报区
保护要求	应当采用必要技术措施与设施，保持文物遗址，限制游人活动，不得开展和建设与保护文物无关的项目与设施。当地居民活动应当有利于保护文物	可以适度地利用资源，安排参观游览项目。开展健康有益的游览观光和文化娱乐活动，普及历史文化和科学知识	允许原有土地利用方式的生产活动继续存在，建设符合文化遗产保护规划要求的经营管理等设施
折减系数	1.0	0.3	
耕地面积（公顷）	2330	800	
蔬菜水果种植面积（公顷）	466	160	
蔬菜水果单位产出（公斤/公顷）	40000		
蔬菜水果单位价格（元/公斤）	2.9		
粮食种植面积（公顷）	932	320	
粮食单位产出（公斤/公顷）	6000		
粮食单位价格（元/公斤）	2.5		
机会成本（万元）	6803.6	700.8	

类似比重的一半左右，才能有效地承载城市功能。因此，按照这一经验推算，理想状态下秦汉新城的建设用地面积比重应为 24.25%。秦汉新城实际建设用地 50 平方公里，占总用地比重为 16.6%，大致减损的建设用地比重为 7.65%，即 23 平方公里。目前，在秦汉新城 50 平方公里建设用地中，产业规划涉及的各类用地面积：工业用地 7.861 平方公里（占比 15.7%）、住宅用地 11.820 平方公里（占比 23.6%）、商业用地 4.237 平方公里（占比 8.5%）。**秦汉新城因大遗址保护损失的建设用地为工业用地 3.611 平方公里、住宅用地 5.428 平方公里、商业用地 1.955 平方公里。**

根据《咸阳市市区城镇土地基准地价公告》（2013 年发），秦汉新城各类用地的基准地价适用二级土地标准进行估算。按照每单位地价 10 倍产值的比例进行推算，秦汉新城各类用地的平均产值为：工业用地 35.0 亿元/平方公里、住宅用地 116.7 亿元/平方公里、商业用地 156.0 亿元/平方公里。将平均产值分别乘以秦汉新城因大遗址保护损失的各类建设用地面积，**得到产业发展的机会成本为 1064.8 亿元，其中：工业用地成本 126.4 亿元，住宅用地成本 633.4 亿元，商业用地成本 305.0 亿元。**

表技 3－3 咸阳市市区城镇土地级别基准地价

单位：万元/亩

类 别	一级	二级	三级	四级	五级
商业用地	143.2	104.0	80.4	49.8	38.0
住宅用地	101.3	77.8	60.1	41.9	32.0
工业用地	32.0	23.3	17.2	12.7	—

表技 3－4 秦汉新城对产业用地限制所导致的机会成本测算

	工业用地	住宅用地	商业用地
面积(平方公里)	7.861	11.820	4.237
占建设用地比重(%)	15.7	23.6	8.5
占总用地比重(%)	2.6	3.9	1.4
因大遗址保护所减损的建设用地面积(平方公里)	23		
因大遗址保护所减损的各类用地面积(平方公里)	3.611	5.428	1.955
秦汉新城各类用地平均产值(估算值,亿元/平方公里)	35.0	116.7	156.0
产业机会成本(亿元)	126.4	633.4	305.0

3 从规划和制度建设角度如何实现城市特色发展——以秦汉新城为例

从操作层面而言，凸显文化遗产特色的城市发展思路（如秦汉新城的“三区发展”思路），必须通过三个方面的措施才能落地：①进入法定规划体系并使文化遗产保护和利用的相关要求体现到各层级规划控制手段中；②

相关发展思路项目化，使文化遗产的主体完成资源—产品—商品的全过程转化；③相关支撑制度配套化，即形成有关支撑项目的资金机制、土地管理制度、经营机制、绩效考核制度等。这其中，规划是前置性的、基础性的措施。

3.1 区域主体功能定位体现到城市规划中的障碍和出路

国家级新区的总体规划，均有明晰的主体功能定位。但这些规划还要与空间结合起来、与相关规划结合起来并构建配套制度，才可能落地。从秦汉新城的具体情况来看，除了全国重点文物保护单位确定的104平方公里保护范围，其他的相关发展思路，即便形成了系统的规划，也难以在区域发展中成为前置性、约束性规划——没有法律依据，在规划中难以确定位阶。

有些地方通过试点，初步实现了文化遗产特色发展与城市总体规划的结合。如重庆市，在“十二五”期间实现了主城区文保单位与城市规划的“一张图”管理制度，365处文保单位的保护范围和建设控制地带四至界线进入控制性规划和电子政务平台，控制性规划中专门增加了文保单位图层。这使文物保护的空间和强度要求获得法定城市规划的刚性支持，也使相关区域的城市发展“放开了手脚”——明晰了空间范围和管制要求后，其他方面的城市发展就没有了禁区，且周边区域可以突出的文化特色、整合的资源有了明晰的技术指导①。

这个案例给我们的启发是：必须确保文化遗产特色发展方式通过“多规合一”落地②。《关于开展市县“多规合一”试点工作的通知》中的“多规合一”指推动国民经济和社会发展规划、城乡规划、土地利用规划、生态环境保护规划（也包括文物保护规划）等多个规划相互融合，融合到一

① 具体参见2014年蓝皮书主题报告第一章“文物工作如何响应国家大势”。

② 2014年8月，国家发改委、国土资源部、环保部和住建部四部委联合下发《关于开展市县“多规合一”试点工作的通知》（以下简称“多规合一”文件）。强化政府空间管控能力，实现国土空间集约、高效、可持续利用，也是改革政府规划体制，建立统一衔接、功能互补、相互协调的空间规划体系的重要基础。“多规合一”文件确定了28个试点城市，其中云南省大理市、甘肃省敦煌市等都是文化遗产资源富集的区域，但这些区域的“多规合一”工作尚未将文物保护规划“合”进去。

张可以明确边界线的市县域图上，实现一个市县一本规划、一张蓝图，解决现有的这些规划自成体系、内容冲突、缺乏衔接协调等突出问题。从已经开展试点的市县来看，其理解是：以城乡规划为基础，以经济社会发展规划为目标，以土地利用总体规划提出的用地为边界，以生态红线为底线，实现全市县一张图、市县域全覆盖。如果秦汉新城这样的文化遗产资源占据主体实现文物保护规划与其他发展规划的"多规合一"，就能使文物局这样的"小局"在规划这种最前置、最基础的环节参与到全局工作中，并对其他工作产生约束性作用和引导性作用。这在文化遗产资源富集的区域尤为重要。

3.2　文化遗产特色发展方式进入"多规合一"的技术路线

作为国家战略和创新发展区域，国家级新区是国家和地区进行空间治理和优化的主要平台。无论是体制改革还是规划整合，国家级新区在规划编制和实施的过程中都具备"多规合一"的良好条件。这样的新区，应确立目标上以发展规划为导向、规模上以土地规划为依据、空间上以城市规划为主导并严格落实文物保护规划和生态功能区划的"多规"衔接原则，通过基础数据衔接、规模总量衔接、空间布局衔接和建设时序衔接，形成"多规合一"的总体框架。这样，才可能发挥规划的引领和导向作用，从而以统一的发展目标、统一的规划指标，协调空间布局和协调空间管制，确保区域内文化遗产和生态环境的保护和可持续发展。

具体到秦汉新城，其"多规合一"基础较好，已经有两个方面的前期工作基础。①2006 年，咸阳市政府下发了《关于进一步加强基本建设中文物保护工作意见的通知》，规定所有在文物密集区的基本建设项目在报建设规划部门审批之前，必须依法履行文物保护报批程序和考古勘探程序，并将全市包括五陵原西汉帝陵保护在内的文物保护工作纳入基本建设审批程序。2011 年 6 月，咸阳市和秦都区文物稽查队依法成功制止了秦都区汽车产业园涉及平陵邑保护范围与建设控制地带的部分项目，使这些建设项目最终按照文物部门的意见和建议改变了用地规划。②咸阳五陵原作为一个历史文化区域整体，在迅猛发展的城市化进程中，需要及时将正在编制的西汉帝陵保护规划与咸阳市、西咸新区的城市规划充分衔接，避免出现文物保护规划与城市规划衔接不到位导致的西安半坡“天坑”现象。正是基于这方面的考虑，陕西省文化遗产保护规划设计研究院在编制帝陵保护规划时引入了城市规划中的“紫线”概念，以便于该规划与城市规划对接。无论是正在制定的“帝陵保护条例”，还是着手编制的“汉唐帝陵整体保护规划”，都需要对帝陵周边建设项目的性质、规模、布局和建筑高度给予明确的限制性和控制性规定，严格限制帝陵与帝陵之间的各类建设项目，保持帝陵之间的视线通透和环境风貌的完整性；控制帝陵区南北两侧的建筑高度和规模，使人们站在五陵原上北望嵯峨（山）、九嵕（山），南眺渭水、秦岭的“乡愁感受”不至于成为一种奢望。

事实上，从前期重庆等地的尝试、近期国家的文件中，已经可以整理出文化遗产特色发展方式进入“多规合一”的技术路线。多规融合的关键，是在底线思维下，把控关系到秦汉新城空间发展的核心内容，通过多部门认同的控制边界和控制手段形成控制底线和发展导向，避免规划“打架”。**这条技术路线，概括起来就是：明确城市增长边界控制线、产业区块控制线、文化和自然遗产控制线、基本农田控制线等四条控制边界，在考虑产权关系、管理关系、建设指标约束、文化和自然遗产保护要求的基础上，由新区管委会组织各主要职能部门和基层地方政府共同参与，构建“一张图”管理平台。**

以秦汉新城为例，这条技术路线可用图技 3－2 来呈现：通过将秦汉新城区域内的各个规划叠加，发现其间存在的差异斑块，对总体规划层面的“主体功能区规划”“土地总规”和文物保护规划，与各专项规划，如“文物保护规划”“生态功能区划”“旅游发展规划”等在用地规模和用途上的矛盾和差异进行协调，对于同为建设用地的非冲突地区，在不违背国土基本政策的前提下，对生态用地进行规模挖潜，即建设用地规模调出（以下简称“调出”）。根据“调出”的建设用地规模，对近期重点建设项目中落入非建设用地（生态管控区和遗址管控区）的部分，根据项目排序情况进行建设用地规模再分配，即建设用地规模调入（以下简称“调入”）。最终，使“调入”与“调出”在数量上保持一致，在不突破土地总量规模的前提下，实现建设用地布局与用途的优化。

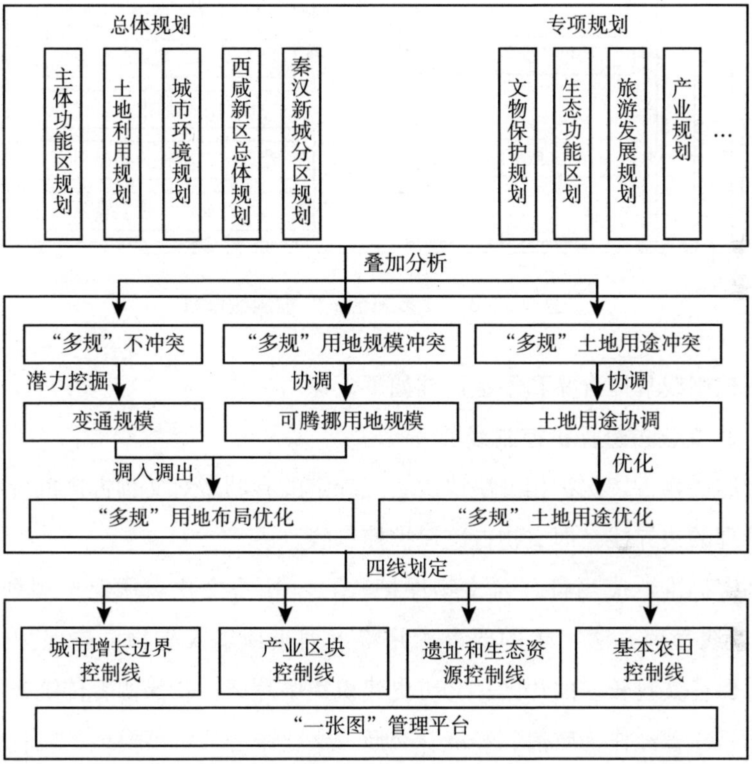

图技 3－2　文化遗产特色发展方式进入“多规合一”的技术路线

综合国家“多规合一”相关文件的四线划定标准，结合自身特色及国家公园体制试点区、特色产业发展区、高品位城市发展区“三区”发展要求，秦汉新城“多规合一”工作中的空间管制体系可以细化为“文物古迹保护控制线”“生态安全控制线”“永久性基本农田控制线”“重大基础设施廊道控制线”“建设用地规模控制线”“建设用地增长边界控制线”“产业区块控制线”等 7 条控制界线。“三区”发展和 7 条控制线之间的关系如图技 3－3 所示。

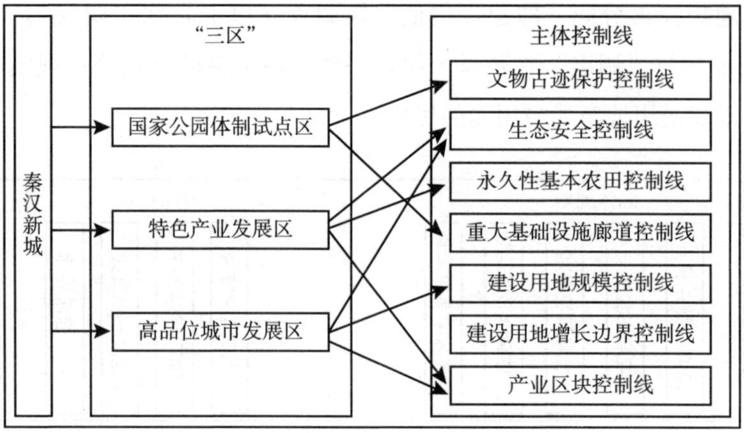

图技 3-3　"多规合一"控制线体系

各控制线具体含义和划定标准如下。

（1）文物古迹保护控制线

依照文物古迹保护相关法律、法规确定的有利于对文物古迹进行特殊保护和管理的边界线，即文物古迹保护控制线。

划定标准：应当符合《文物保护法》《历史文化名城保护规划规范》《城市紫线管理办法》等的要求，并将下列土地纳入文物古迹保护控制线内：①保存文物较多的片区；②历史建筑集中片区；③保留着传统格局风貌的片区；④曾经作为政治、经济、交通、文化中心或军事要地，或者曾发生重要的历史事件，或者其发展的传统产业及曾经建设的重大工程对本地区的发展产生较大影响，或者能够反映本地建筑文化特色、民族特色的各类区域；⑤需要予以特殊保护的人文景观、遗迹等保护区域。

（2）生态安全控制线

指为保障秦汉新城内基本生态安全，维护区域生态系统稳定、完整、连续，防止城市过度膨胀，并在充分考虑区域生态环境承载力的前提下，按照相关法律、法规文件所划定的控制线。

划定标准：将自然保护区、一级水源保护区、森林公园、郊野公园、坡度大于25%的山地和林地、主干河流、水库、湿地，以及具有维护生态系统完整性功能的生态廊道和隔离绿地等用地边界线确定为生态安全控制线。

（3）永久性基本农田控制线

依据国土部门土地利用数据库所确定的秦汉新城内永久性基本农田保护区的边界线，即永久性基本农田控制线。

划定标准：应以国土部门最新的土地利用数据库为基础，以数据库中该类用地的边界为准进行划定。应当在永久性基本农田控制线内的土地类型如下：①经国务院主管部门或县级以上地方政府批准确定的粮、油、棉、蔬菜生产基地范围内的耕地；②具备良好的水利设施及水土保持设施的耕地，处于改造中或已被列入改造计划的中、低产田地；③用于农业科研与教学的实验田地；④集中连片程度相对较高的耕地；⑤城市间、组团间和交通干线间绿色隔离带的耕地；⑥为农田生产和建设服务的农村道路、水利设施、农田防护林和其他农业设施的土地，及农田间的零星土地。

（4）重大基础设施廊道控制线

为保障城镇重大基础设施顺利建设和安全运营而划定的建设控制地带外围的边界线，即重大基础设施廊道控制线。划定该控制线对城乡远期发展具有很好的作用，可避免重大基础设施布置不当对城乡发展的阻碍。

划定标准：该廊道控制线应根据城乡未来的发展方向而定，对重大水源的引入、重大排水管线的走向、重大电力和燃气等管线的可能走向均应预留基础设施廊道。具体包括铁路、高速公路、一级公路、高架快速路、三至五级航道、架空 220 千伏（含）以上电力线等相关设施及两侧需要控制的区域。

（5）建设用地规模控制线

指按照秦汉新城一定期限内的建设用地规模指标，在落实国民经济和社会发展规划确定的重点发展区域、产业园区和重点建设项目基础上，协调城乡规划和土地利用总体规划的建设用地布局，在一定期限内划定的允许建设的统一控制线。

划定标准：应当统筹考虑各城镇建设用地的实际需求，协调城乡规划和土地利用总体规划的建设用地布局进行综合划定。

（6）建设用地增长边界控制线

秦汉新城一定时期内在城市规划区范围内划定的可进行城镇开发建设与不可进行城镇开发建设的用地界线，即建设用地增长边界控制线。

划定标准：应当包括中心城区规划建设用地、与中心城区连绵发展的产业园区，以及下辖城镇的规划建设用地。此外，增长边界在特殊情况下，可以与建设用地规模控制线重合。

（7）产业区块控制线

指为优化秦汉新城产业空间布局，促进产业高效集聚发展而划定的控制线，可为产业项目的选址提供依据。

划定标准：应根据国民经济和社会发展规划确定的工业园区、高技术产业园区和物流园区，对秦汉新城产业现状、发展基础、支撑条件、未来发展方向和前景预测以及在区域经济发展中承担的职能分工等多方面内容进行研究分析，综合确定产业发展空间布局。依此划定由产业园区组成的用地集中区的边界线，即产业区块控制线，作为“工业仓储类”新增工业制造及仓储项目选址区域，用于推动工业项目集聚发展。

总之，秦汉新城是以文化遗产富集为资源特色的国家级新区。针对其独特的“三区发展”路径，应设置不同的主体控制线，在“三区”内形成各自的控制线体系，以引导“三区”协同发展，落实空间管制。

表技 3－5　以文化遗产资源为特色的国家级新区规划控制发展路径

区域名称	主体控制线体系
国家公园体制试点区	控制线体系由政策约束线和发展引导线两大类构成 政策约束线的重点是对不可进行城乡开发建设的文化遗产保护用地、生态用地和基本农田进行控制，具体包括文物古迹保护控制线、生态安全控制线和永久性基本农田控制线 发展引导线具体包括建设用地规模控制线（主要针对土地利用规划的约束性指标，在指标上不能突破）、文物保护范围和建设控制地带控制线、城市生态绿地控制线、非城乡建设用地线、有条件建设区（为满足特定条件而允许开展建设的用地，为城市发展预留弹性）、产业区块控制线（作为引导文创产业及其他商业集聚发展的控制线）等

续表

区域名称	主体控制线体系
特色产业发展区	划定重大基础设施廊道控制线和公益性设施用地控制线，保障民生设施配套。主要包括文化、教育、卫生、体育等方面的公共设施用地，保障性住房用地，城市绿地，重要交通设施用地，城市重大市政基础设施用地，城市防灾工程用地和城市文化遗产保护用地等 划定产业区块控制线，形成成片经营性用地，引导产业用地集聚发展。用于文创、商业、旅游、娱乐、金融、服务业、商品房等经营性项目的用地，作为经营性项目选址区域
高品位城市发展区	对“多规”的空间管制进行协调，确定在“三区”（建设规模控制区、城市生态绿地区以及有条件建设区）内，划定建设用地规模控制线、产业区块控制线、生态安全控制线 建设用地规模控制线细分为建设用地规模控制线、村庄发展控制线、城市生态用地控制线、非城乡建设用地控制线、建设用地增长边界控制线、城市增长终极规模控制线 划定产业区块控制线时，将“居住区—居住小区—城市居住用地”三级构成的居住社区控制线，作为城市房地产开发项目选址区域，保障城市居住用地供应，推进“产城融合”发展

3.3　以秦汉新城为例看“多规合一”的配套制度建设

通过“多规合一”，从空间管控角度使城市实现特色发展只是第一步，要想在现实中使这种发展路径可行，还需要形成项目化支撑和制度化支撑。具体到秦汉新城，对于特色产业发展区和高品位城市发展区，需要通过项目来带动制度建设，即通过规模较大的投资项目，逐渐使相关的资金机制、土地管理制度、经营机制和干部绩效考核等方面的制度体现出新区的“新”；而对于国家公园体制试点区，则需要相关制度体现出特区的“特”，从而使其成为生态文明八项基础制度优先配套落地区。

对于秦汉新城，如果“多规合一”仅是一个协调后的共识规划，并不能直接作为规划审批依据。规划实施需要制度保障，所以“一张图”的管理实施必须借助于相应管理制度、行政审批制度以及各种政策的支持。首先应在“一张图”的基础上搭建“一个平台”协同管理，构建秦汉新城统一的空间信息管理协同平台，实现建设项目、规划、国土资源管理信息，以及文物、环保、林业、水利、交通、教育、农业等部门规划信息资源的共享共用，实现各部门业务的协同办理。其次是推动审批制度改革，再造审批流程，推行“一张表”受理。依托协同平台，按照建设项目的流程进行阶段优化，全面推动审批制度改革，推动政府职能转变，进一步促进科学决策、民主决策和依法决策。最后，实行党政一把手亲自抓、上下联动，这是保障。“多规合一”是一项改革，是加快转型升级，理清政府与市场、政府与社会关系的平台，是秦汉新城内规划、发改、国土、环保、文物、农业、林业、水利、交通等多部门的横向协同创新，也是秦汉新城内行政体系纵向管理体制的同步改革。因此，要做好这项工作，必须实行党政主要领导主责主抓，上下密切联动、左右通力协作，以形成推进系统改革的强大合力，定期召开专题会议，协调解决“多规合一”工作中的突出矛盾，逐项落实文物保护控制线、生态控制线方案和建设项目的取舍。同时，主动向国家部委和省直有关部门汇报工作情况，商请协调解决重大问题，以得到大力支持。这些都可为“多规合一”工作的深入推进提供保障。

总结起来，“多规合一”的落地和相关制度建设就是：在规划范围上，以国家批复的空间范围为边界，按照上层次土地利用规划确定建设用地控制范围，根据文物保护规划和生态功能区划划定文化遗产和生态保护区，利用城市规划技术划定生态控制区范围和产业功能区范围；确定“多规合一”的指导思想、规划目标、产业发展、增长边界、文物保护边界、生态保护边界、空间管制分区、用地规模、空间结构和功能布局等内容，以近期启动地区和重大项目为核心，构建综合发展的规划实施平台，保证年度资金项目安排与空间发展相协调，强化政府公共投资对城市发展的引导和调控作用。通过建立“多规”联合审批制度，实行多部门联合审查，在各部门规划达成共识的基础上，编制共同的项目库，以项目库为主构建规划实施管理监督平台，实时监测各类规划实施情况。

对秦汉新城不同的建设区域，还应建立相应的配套制度，使城市副中心的功能定位在秦汉新城真正落到实处，具体而言体现在管理单位体制、资金机制、土地管理制度、经营机制、干部政绩考核制度等方面。可用表技3-6和表技3-7来分别总结不同区域的制度建设要点。

表技 3-6　特色产业发展区和高品位城市发展区的相关制度特点

	创新点	难点	说明
资金机制	设立特色产业发展区和高品位城市发展区发展专项基金 推动形成“新城钱新城用”的财税机制 推动融资平台整合 试行服务业要素价格改革	专项基金的设立涉及多方利益，协调较困难 “新城钱新城用”是重大财政政策突破，同时资金返还后，基础设施的出资等后续问题争议较大；新城缺乏有实力的融资平台，难以实现可持续发展	目前特色产业发展区和高品位城市发展区的基础设施建设需求大，资金缺口也大 目前的政策导向和形势使城市建设资金的筹措渠道变窄
土地管理制度	加强新城建设用地保障 加快推动集体建设用地流转和利用 增强用地灵活性 拓展用地供地方式	土地指标的转移需要全省调剂，建设控制地带相关土地指标的转换需要国家文物局审批 重大项目可申请先行用地再配置指标的方式，涉及审批制度突破，实现难度较大	充足的建设用地是秦汉新城承接特色产业和城市功能转移、重大项目落地实施的基础。秦汉新城面临着建设用地指标不足、用地效率低、遗产约束强等制约因素，土地政策创新应包括保障用地指标需求、增强用地灵活性、拓展供地方式等
经营机制	建立健全空间范围和业务范围明确的遗产资源开发经营机制	遗产资源的类型和情况差别较大，因此经营的空间范围和业务范围需要国家文物局出台相关划分标准	在划定经营的空间范围和业务范围基础上引入市场主体，在确保保护的情况下规范经营和提高经营效率
干部政绩考核制度	全面取消以 GDP 为主要指标的考核模式，建立以生态和文化为指标的考核体系	破除以经济指标为主的考核指标体系，涉及行政管理和干部管理的调整，需要中央支持和省委、省政府的大力协调	省市各级政府纷纷在基础设施建设、招商引资、产业项目上强化以经济指标为主的考核机制，没有形成推动有文化遗产特色的新区转型发展的考核制度

表技 3-7　国家公园体制试点区的相关制度特点

	创新点	难点	说明
管理单位体制	省级垂直管理，指标由省统筹解决	机构规模、指标数量等受中央约束	垂直管理是解决目前遗产管理“九龙治水”“多头分割”问题的关键
资金机制	以国家公园建设资金、中央和省级各项生态补偿资金以及文物系统的中央重点文物保护专项补助资金为主，强化中央支持 依托国家公园建立完善的特许经营制度，实现经营收入反哺公园建设	已有的重点文物保护单位专项补助资金须调整使用范围	国家公园的资金机制必须由中央承担主要支出责任，才能有效保证公益性

续表

	创新点	难点	说明
土地管理制度	对试点区内土地等自然资产进行确权登记。确定全民所有和集体所有各自的产权结构，集体所有资源可通过征收、流转、出租、协议等方式进行调整。建立土地流转、遗产保护、生态保护的经济补偿方案	文物补偿涉及复杂的文物类型和大量利益主体，补偿标准测算难度较大	通过征收、流转等多种方式解决国家公园复杂的土地权属问题，并对因生态和遗产保护产生的负面效应予以补偿，以平衡多方利益，实现国家公园可持续发展
经营机制	实行特许经营。特许经营收入实行收支两条线管理，门票收入、特许经营收入等要上缴省级财政，各项支出由省级财政统筹安排	需国家出台特许经营的业务范围和相关技术标准	特许经营是保证公益性和提升经营效率的重要方式，特许经营的范围和程度均要有严格的限制
干部政绩考核制度	实行以生态和文化为核心的考核指标	涉及行政管理制度调整，需中央支持和省委、省政府大力协调	必须改革以经济指标为主的考核机制，才能充分发挥国家公园的文化遗产和生态“双优势”

对于特色产业发展区和高品位城市发展区而言：

资金机制上：**①设立专项基金**。加强财政支持力度，由省市出资，建立特色产业发展区和高品位城市发展区发展专项基金，用于基础设施、公共服务和生态环境建设，并对利于特色产业和高品位城市品牌形象树立的新迁入企业或项目给予奖励。**②推动形成“新城钱新城用”的财税机制**。秦汉新城年新增财政收入全额用于新城建设，推动土地收益返还并定向用于基础设施建设。**③推动融资平台整合**。鼓励金融机构在风险可控的条件下，将贷款审批权限下放至支行，争取金融机构扩大对新城的信贷规模。在国家法规和政策允许范围内，通过注入资源、注入股权、赋予特许经营开发权等方式，进一步扩大已有新城开发建设集团的资产规模，增强融资能力。加强融资平台整合，成立由政府主导的、市场化运作的综合性投融资集团。**④试行服务业要素价格改革**。在新城试行服务业水、电、气、热等要素使用价格与工业同价。

土地管理制度上：**①加强新城建设用地保障**。给予新城建设的基础设施、公共服务、重大产业项目建设用地指标适度倾斜，耕地占补平衡全省统筹或者跨区域平衡，将新城范围内城市发展备用地调整为建设用地。**②加快**

推动集体建设用地流转和利用。设立农村集体建设用地流转改革试验区，允许农村集体建设用地通过转让、出租等方式流转，为区域发展提供更多土地。部分区域允许新增部分城镇建设用地，即一定比例的建设用地采用征为国有的土地出让方式，以平衡自身的拆迁建设成本，或者允许在集体土地上拆旧与建新，按增减挂钩相关政策实行整体审批，不再单独办理农用地转用手续，并允许在集体土地上建设部分集体产业用房；**③增强用地灵活性**。将新城作为土地利用年度计划改革试点，制定 3 ~ 5 年的土地利用计划，统筹安排跨年度、用地规模大的重点项目，使用地指标在时序上根据重点项目安排进行配置，增强土地利用的灵活性。对于国家重点、基础设施、民生工程等因季节或工期要求等特殊原因而急需开工的重大工程，可申请先行用地，再配置指标，以保障重点项目及时落地，避免因用地预审、用地审批时间过长延误开工建设。**④拓展用地供地方式**。推动部分土地协议定向出让给文化创意、研发等产业发展。试行高端服务业土地年租金制，使其不用缴纳土地出让金即可租用土地，降低土地使用成本。

经营机制上：**建立健全遗产资源开发经营机制**。经营机制首先必须明确空间范围和业务范围。其一，要根据遗产的具体情况，明确文物经营的空间范围，明确什么区域内必须实行严格保护，禁止经营性活动进入；什么区域可以允许市场主体进行适当开发。其二，要确定业务范围，明确市场和政府的边界。明确严格禁止的和可以适当经营的业务种类。涉及文物本体保护的核心业务和公益性较强的业务类型（如文物本体的参观、展览），只能由政府承担；消费弹性较大的餐饮、住宿、休闲和衍生品等业务，允许市场参与经营。市场主体的参与可采用特许经营的方式，但必须出台规范，建立详细的分类技术标准，对交易方式、经营空间范围和业务范围、经营主体身份等做详细的规定。资金机制上保障财政投入，扩大市场和社会渠道的资金来源并执行“收支两条线”。

干部政绩考核制度上：**全面调整政绩考核指标**。将依托大遗址的建设融入国家战略，全面取消以 GDP 为主要指标的考核模式，建立以生态和文化为指标的考核体系。

对于国家公园体制试点区而言：**管理单位体制上，**建立统一的国家公园管理机构，实现省级垂直管理。**资金机制上，**一方面强化中央支持，以国家公园建设资金、中央和省级各项生态补偿资金以及文物系统的中央重点文物保护专项补助资金为主，明确中央支出责任；另一方面依托国家公园建立完善的特许经营制度，实现经营收入反哺公园建设。**土地管理制度上，**多手段解决土地权属复杂的问题，对试点区内土地等自然资产进行确权登记，确定全民所有和集体所有各自的产权结构，集体所有资源可通过征收、流转、出租、协议等方式进行调整，在国家出台补偿标准的前提下建立土地流转、遗产保护、生态保护的经济补偿方案。**经营机制上，**实行特许经营，特许经营收入实行收支两条线管理，门票收入、特许经营收入等要上缴省级财政，各项支出由省级财政统筹安排。**干部政绩考核制度上，**对国家公园体制试点区取消经济指标考核，构建包括生态和文化保护状况、公益性水平、公园建设服务水平等重点内容的考核指标体系。

（本章主要执笔人：卓杰、陈曦、白海峰、李红）

评估报告

Assessment Reports

评估报告要点：

1. 2015～2016年评估报告紧扣年度主题，遵循第三方评估的视角和方法，结合中央领导的重要指示（让文物说话、让文物活起来）和中央巡视组指出的文物系统的突出问题（被动保护），设计了指标（从制度创新、数字化方式展示手段运用情况、文化创意衍生品开发情况和文化教育项目推进情况等方面设置指标），从文物系统行政资源投入水平、供需相称维度的分配效率和投入产出维度的使用效率三个方面定量评估了以文物系统为代表的文化遗产事业的管理水平，对标《国务院关于进一步加强文物工作的指导意见》的重要举措以及《国务院关于加强文化遗产保护的通知》《2020年文物事业发展目标体系》的发展目标，对这些目标（包括阶段性目标）的完成程度进行评估，并以西安博物院为典型案例，尝试对文物活起来的情况进行评估。

2. 2013～2014年，文物机构数、文物业从业人员数、对文物系统的财政资金投入等持续显著增长。其中，宁夏、西藏、安徽、吉林等18个省份的文物系统投入保持增长，青海、安徽、上海、吉林等16个省份的文物系统投入增速高于同期地区生产总值增速；北京、上海、宁夏、海南、湖南、吉林、江西等18个省份按文物机构数平均的事业费投入有所增长，但总体来看平均资金投入仍然不足；文物系统从业人员总量相对稳定，但各省份从业人员的人才质量差距明显，2014年，全国文物机构中具有中高级职称的从业人员所占比例约为17.62%，比“十二五”初期（2011年）有所降低，仅有海南、上海、云南、广东等12个省份的文物业中高级职称从业人员所占比例有所上升。

3. 从供需相称维度的管理水平评价情况来看，相对于可移动文物的保护需求而言，山东、四川、湖北、甘肃、安徽、河南等省份的相关行政资源投入不足，存在管理空缺；相对于不可移动文物的保护需求而言，山西、陕西、安徽、福建、新疆等省份的相关行政资源投入不足，存在管理空缺。需要从调整行政资源空间配置角度优先解决上述地区行政资源投入不足的问题，尤其是加强对陕西、湖北、安徽等省份的文物事业费投入和安徽、四川、江苏、湖南、福建等省份的文物系统人才队伍建设工作，以更好地实现“让文物说话”。

4. 从投入产出维度的管理水平评价情况来看：博物馆方面，宁夏、青海等省份的保护绩效较高，上海、山东等省份的教育功能和经济功能发挥较好，北京、山东等省份的科研功能发挥较好；重点文物保护管理机构方面，海南、青海等省份的保护绩效较好，黑龙江、广东等省份的教育功能发挥较好，北京、黑龙江等省份的经济功能和科研功能发挥较好。上述各省份在文物系统行政资源的投入产出上呈现较高的管理水平，为让文物活起来奠定了较好的基础。

5. 对西安博物院的案例评估表明，其在藏品征集、文化教育项目等方面的工作成果较为显著，开放比例和数字化方式展示手段创新应用水平较高，文物利用渠道得到拓展，获得较高的公众关注度和参与度，初步成为城市文化平台和实现了“让文化遗产融入现代生活”；然而，相对于国家一级博物馆的平均水平，其在藏品修复、科研水平等方面仍存在一定的差距。总体来看，西安博物院基本具备国家文化公园的雏形，今后应按照让文物活起来的要求，进一步挖掘历史文化内涵，对标纽约大都会艺术博物馆，充分发挥城市文化平台的作用，争取建成首批国家文化公园。

B.7 第一章 面向“十三五”的阶段性评估重点及其对编制“十三五”规划的参考作用

1　评估要点

蓝皮书自2008年起就定位为“第三只眼”，评估报告是其中的定量评估部分。2015～2016年，这个报告无意中成为从中央部署工作而言“先意承志”的工作：2015年1月，中共中央办公厅、国务院办公厅联合发布了《关于加强中国特色新型智库建设的意见》，明确了智库第三方评估在政策过程中的作用和改革方向①。这既使蓝皮书的超前工作契合了改革方向，也为蓝皮书深化相关评估指出了方向。智库参与政策过程的意义，也不仅仅是发挥决策咨询作用，对体制改革也有直接的促进作用②。这样，国务院发展研究中心牵头的蓝皮书相关工作，对文化遗产事业的作用也有望更加全面，

---

① 其中第二十条：建立健全政策评估制度。除涉密及法律法规另有规定外，重大改革方案、重大政策措施、重大工程项目等决策事项出台前，要进行可行性论证和社会稳定、环境、经济等方面的风险评估，重视对不同智库评估报告的综合分析比较。**加强对政策执行情况、实施效果和社会影响的评估**，建立有关部门对智库评估意见的反馈、公开、运用等制度，健全决策纠错改正机制。**探索政府内部评估与智库第三方评估相结合的政策评估模式，增强评估结果的客观性和科学性**。第二十三条：高度重视智库建设。各级党委和政府要充分认识中国特色新型智库的地位和作用，**把智库建设作为推进科学执政、依法行政、增强政府公信力的重要内容，列入重要议事日程。**

② 智库在国家治理中发挥着越来越重要的作用，日益成为国家治理体系中不可或缺的组成部分，是国家治理能力的重要体现。全面深化改革，完善和发展中国特色社会主义制度，推进国家治理体系和治理能力现代化，推动协商民主广泛多层制度化发展，建立更加成熟更加定型的制度体系，必须切实加强中国特色新型智库建设，充分发挥智库在治国理政中的重要作用……

也有利于与文物系统相关研究和评估比对。

在这样的背景下，本年度的评估报告是这样安排的：**结合中央领导的重要指示①和文物系统的突出问题②设置或修改指标，考虑文物系统既有评估的不足之处（或不便之处）进行专项分析**——这也正是蓝皮书的评估方法可以胜任的。在2013年蓝皮书对定量分析内容进行调整后，其后的蓝皮书评估报告基本涵盖了对文物系统行政资源投入、资源配置效率和使用效率的定量评价，不仅可反映文物系统使用行政资源的效率变化，也重视横向比较，有利于有针对性地解决现实工作中文物系统地区间行政资源配置效率不高等问题。本年度蓝皮书的评估报告延续了2013年和2014年蓝皮书的体例调整，除了保留原有的文物系统行政资源投入状况分析、基于GAP分析方法③的供需相称角度的资源配置效率评估、基于DEA分析方法④的投入产出维度的资源使用效率评估三个方面的内容以外，为体现让文物活起来和保护方面的主动性，在设置评估指标时加强了针对性，还结合国家一级博物馆运行评估情况，增加了对典型案例（西安博物院）的阶段性评估和分析。所有这些，最后体现为对行业“十三五”规划的建议。

2　可量化部分的评估重点

对文物系统相关工作开展定量评估和分析，必须以权威发布的统计数据

---

① 如“让文物活起来”。

② 如中央巡视组向国家文物局党组反馈专项巡视情况时提到的“文物保护被动局面没有扭转”。

③ GAP分析方法，即保护空缺分析方法，是保护生物多样性的地理学方法（A Geographic Approach to Protect Biological Diversity）的简称。

④ DEA分析是处理具有多个输入（输入越小越好）和多个输出（输出越大越好）的多目标决策问题的方法，可用于评价具有多个输入、多个输出的相同类型的决策单元（Decision Making Units，DMU）间的相对有效性，是基于同类型决策单元集合中各元素间的比较，可以证明DEA有效性与相应的多目标规划问题的帕累托有效解（或非支配解）是等价的，可避免主观确定权重带来的分歧（考虑到文化遗产事业具有三大功能，而这三大功能在不同的发展时期有不同的侧重，所以我们调整过的DEA分析方法仍然需要赋以权重，但是通过同类对比可以避免简单的主观确定权重带来的偏颇），并且能够根据观测值来估计有效生产前沿面，不需要构造生产函数。

资料为基础。一直以来，《全国文物业统计资料》是蓝皮书评估报告的重要数据来源①。要实现对文物系统相关工作的定量评估，必须首先关注全国文物统计工作的发展和新变化。

2.1　文化文物统计指标调整情况

2013 年，为使统计报表填写更加全面、准确反映文物事业发展状况，按照国家统计局关于部门统计制度管理办法的有关规定，国家文物局对文物统计制度进行了修订，进一步完善了《全国文化文物统计报表制度》中的文物部分，建立了切实可行的文物统计指标体系，并设计了新的文物统计指标框架体系。针对独立的文物行政部门、一套人马两块牌子的行政部门、文化部门内设机构均有了不同的统计标准，取消了由国家文物局本级掌握的全国性指标，如全国重点文物保护单位情况年报、大遗址情况年报、世界文化遗产地情况年报、考古发掘情况年报、中央财政专项补助资金数、审批出国展览数等，取消了部分参考价值不大的指标，增加了对工作指导意义较大的指标②。

具体来说，结合评估报告所选取的评价指标，也可以对照找出文物统计口径的些许变化。通过与《全国文物业统计资料》（2012 年）的比较，可以发现主要的变化情况③：

2.1.1　指标调整

第一，文物机构的统计口径：将文物行政主管部门纳入文物机构统计范围，因此，2013 年这一指标值涨幅最大（增长约 26.34%）。

第二，专业技术人才的统计口径：文物管理机构人员不再评技术职称，统一纳入“从业人员”进行统计。

第三，将“财政拨款”指标修改为“财政补助收入”（《2013 年度全国文物事业发展概况》中称为“文物事业费”），相关表述均有调整。

① 蓝皮书评估报告的数据来源主要是《全国文物业统计资料》和《中国文物统计提要》。

② 资料来源：《2013 年度全国文物事业发展概况》。

③ 资料来源：《2013 年度全国文物事业发展概况》。

第四，考古、科研相关的统计内容进行了细化。

2.1.2 新增指标

在文物保护管理机构和博物馆统计表中均增加了“登记注册志愿者人数”“文物保护规划和方案设计数”“国保单位保护维修项目数”等指标①，有针对性地反映了提高社会参与度、文物利用率和加强文物保护等方面的进展情况。

考虑到部分指标的调整和修订，在进行年度间的对比分析时，需要注意相关指标统计口径的变化和衔接。特别需要注意的是，关于博物馆的统计，与以往《全国文物业统计资料》中区分“各地区博物馆综合情况”和“各地区文化部门博物馆综合情况”不同，《2015 中国文物统计提要》中只有“全国各地区博物馆基本情况”表。但是，鉴于《全国文化文物统计报表制度》（文物部分）的统计范围，《2015 中国文物统计提要》的相关资料也只能统计到文化文物系统的博物馆②，因此，**评估报告中以《2015 中国文物统计提要》为资料来源的博物馆相关数据，如无特殊说明，均指“文化文物系统博物馆”**。

2.2 量化评估的重点

在对统计指标变化情况进行梳理之后，就可以明确量化评估的重点内容：①根据文物统计指标体系的变化情况，再次调整并优化不同维度的文物管理水平评价指标，沿用 2014 年蓝皮书的评价方法开展全国范围的文物系统行政资源投入总量对比分析、省级基本单元的 GAP 分析和 DEA 分析。②结合技术报告第三章对西咸新区秦汉新城在文化遗产保护背景下进行的国家级新区发展模式创新的分析，设置评价文物活起来的特征指标，并选取数据

① 但《2015 中国文物统计提要》未收录“登记注册志愿者人数”“文物保护规划和方案设计数”“国保单位保护维修项目数”等相关数据，因此暂时无法对相关情况进行比较和分析。

② 虽然《博物馆条例》2015 年已经颁布，但尚未建立完整的行业管理系统，科技类博物馆等仍然没有将信息归集并共享给文物管理部门，民办博物馆的信息也不完整，而这些在条例里并没有法定强制办法，因此，目前文物统计资料的统计对象仍然仅限于文化文物系统的机构。

条件较为成熟的典型案例，对文物活起来的程度进行分析，并据此分析文物系统在保护和利用上的主动性。

囿于管理体制，本研究难以对文化遗产事业的全貌进行评估和分析，目前对文化遗产事业行政资源投入、配置效率、投入产出效率等的评估仍然只能以文物系统评估替代——以文化文物系统博物馆和重点文物保护管理机构为主要研究对象，对评估结果的解读也必须限定在"文物系统"范围内。但是，文化遗产不是仅指文化文物系统管理下的文化遗产，而是一个更宽泛的概念，理应包含更广泛的参与度。因此，有必要将具备数据支撑的文物机构尽可能地纳入评估范围。作为"让文物活起来""让文物多说话"的重要途径，城市文化平台建设更是离不开博物馆的广泛参与。随着文物统计体系进一步完善、统计资料逐步完备，将目前评估对象中的"文化文物系统博物馆"调整为"博物馆"指日可待，以更全面地反映博物馆事业的发展和工作成效。

3　阶段性评估对专项资金的重要意义

2014 年是实现"十二五"文物事业发展目标的关键之年。对照《2020 年文物事业发展目标体系》（以下简称《2020 年目标体系》）、《国家文物博物馆事业发展"十二五"规划》（以下简称《文物"十二五"规划》）和《博物馆事业中长期发展规划纲要（2011～2020 年）》（以下简称《博物馆规划》）等确定的发展目标，评估截至 2014 年底的文物工作进展程度，在"十二五"收官之年对文物系统"瞻前顾后"具有重要的意义。

优化资金机制、确保资金投入是文化遗产事业可持续发展的基本保障。《2020 年目标体系》《文物"十二五"规划》《博物馆规划》虽然在发展目标设置方面各有侧重，但是相同点在于都将保障经费投入、加强从业人员队伍建设等作为事业发展的重要保障措施予以明确和强调。在经费保障方面，国家层面规划性文件的具体要求如表评 1－1 所示。

表评 1－1　《2020 年目标体系》等规划性文件有关经费保障要求的完成情况

主要内容	《2020 年目标体系》	《文物“十二五”规划》	《博物馆规划》	完成情况
完善经费保障机制	完善中央、地方财政共担经费保障机制，公共财政对文物事业投入的增长幅度大于财政经常性收入增长幅度	健全以政府公共财政投入为主、多渠道筹措文物博物馆经费的机制，加大经费投入。中央政府和地方政府按照属地管理、分级负担的原则，将文物保护经费列入各级人民政府财政预算，落实其法定增长要求	健全以政府投入为主、积极探索多渠道筹集经费的体制，实行以举办者投入为主、博物馆设立基金接受社会捐赠等多途径筹措经费的机制，大幅度增加博物馆投入	2014 年国家重点文保专项补助资金安排 81 亿元，同比大幅度超过 2013 年；中央财政安排经费 6.6 亿元，用于可移动文物修复和博物馆藏品预防性保护。2013 年全国省以下政府文物事业费共 252.12 亿元，较 2012 年增加 46.43 亿元，增长 22.57%
经费投入渠道多元化	形成多元化的文物保护和利用资金渠道，社会资金投入、社会捐赠大幅增加	推动设立文物保护员和文物保护志愿者专项补助经费、文物工作奖励专项经费。支持社会力量和社会资金设立公益性文物保护基金，鼓励企业、个人和其他社会组织兴办博物馆，以及对文物博物馆事业进行公益性捐助捐赠	完善财政、税收、金融和土地等优惠政策，鼓励和引导行业、企业及其他社会力量捐资、出资办馆。完善捐赠博物馆激励机制，落实个人博物馆公益性捐赠支出在所得税税前扣除规定	颁布《博物馆条例》，明确“国家鼓励企业、事业单位、社会团体和公民等社会力量依法设立博物馆”，“国家鼓励设立公益性基金为博物馆提供经费，鼓励博物馆多渠道筹措资金促进自身发展”，“博物馆依法享受税收优惠。依法设立博物馆或者向博物馆提供捐赠的，按照国家有关规定享受税收优惠”
经费使用管理	完善专项资金使用监督检查制度和财政投入绩效评价制度，资金使用效益显著提升	加强中央财政文物保护专项资金支持与各省、自治区、直辖市文物博物馆事业发展预期绩效的对接，推动将文物保护专项资金使用绩效纳入文物保护责任目标管理的制度建设。树立文物保护成本意识，建立文物保护经费使用绩效评估制度，加强文物保护经费使用监督审计工作	建立经费使用绩效评价制度，加强重大项目经费使用考评。坚持勤俭办馆，严禁铺张浪费，建设节约型博物馆	开展央地共建博物馆运行评估和博物馆免费开放绩效考评；修订《国家重点文物保护专项补助资金管理办法》，制定《专项补助资金预算绩效管理暂行办法》和《中央补助地方博物、馆纪念馆免费开放专项资金管理暂行办法》

续表

主要内容	《2020 年目标体系》	《文物“十二五”规划》	《博物馆规划》	完成情况
其他扶持政策	—	中央文物保护财政专项资金优先扶持西部地区、边远贫困地区、民族地区、革命老区的文物博物馆事业发展。推动建立国家公共财政资金对非国有文物保护维修的资助政策。健全国家公共财政资金对民办博物馆发展的扶持政策	进一步明确各级政府提供博物馆公共文化服务职责，保障博物馆经费的稳定来源和增长。博物馆免费开放全面纳入财政保障范围，进一步完善中央财政和地方财政分项目、按比例分担的经费保障机制，提高保障水平。进一步加大地市县级博物馆、民族地区博物馆投入，加强关键领域和薄弱环节，解决突出问题	2013 年中央财政累计安排博物馆、纪念馆免费开放专项资金 30.86 亿元，为民办博物馆安排奖励资金 1 亿元；西藏 27 处重点文物保护工程开工建设，累计下达资金 4.4 亿元，完成投资 3 亿元。印发《关于推进国有博物馆对口支援民办博物馆工作的意见》

近年来，全国文物事业费保持稳定增长态势，2013 年全国文物事业费 267.10 亿元，较 2012 年增加 49.04 亿元，增长约 22.49%。2014 年全国文物事业费 295.84 亿元，较 2013 年增加 28.74 亿元，增长约 10.76%，略高于同期全国一般公共财政收入的增速（8.6%），从全国层面来看，基本达到《2020 年目标体系》提出的“公共财政对文物事业投入的增长幅度高于财政经常性收入增长幅度”的要求。然而，对照这一要求来看各省份的文物事业费投入情况，可谓喜忧参半。如图评 1－1 所示，只有宁夏、青海、安徽、上海、吉林、江西、北京等 14 个省份 2013～2014 年文物事业费增速高于同期地区一般公共财政收入增速。

按照 2011 年执行的《全国文化文物统计报表制度》，文物机构的“本年收入”按渠道可划分为财政拨款[①]、上级补助收入[②]、事业

① 财政拨款：反映填表单位本年度实际收到的本级财政拨款。包括一般预算财政拨款和政府性基金预算财政拨款。一级预算单位收到的应拨给下级单位使用的款项，年终时尚未拨出的，在编制财务决算表和填报统计报表时，应列为本单位的财政拨款。根据 2013 年新修订的文物统计指标框架体系，该项指标调整为“财政补助收入”。

② 上级补助收入：反映填表单位从行政主管部门和上级单位取得的非财政补贴收入。

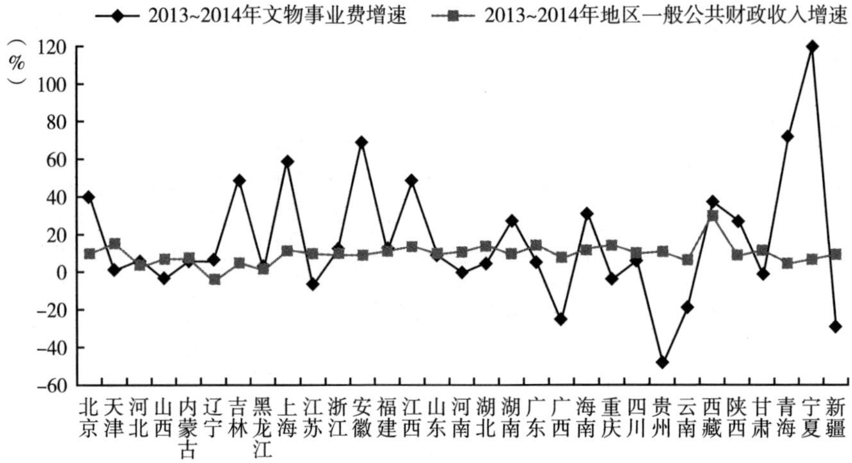

图评 1－1　2013～2014 年各省份文物事业费增速与地区一般公共财政收入增速情况

收入[①]、经营收入[②]、附属单位上缴收入[③]和其他收入[④]六大类。其中，“其他收入”反映填表机构取得的除前述几类以外的各项收入，包括投资收益、利息收入、捐赠收入、直接收到的非本级财政拨付的专项或补贴经费等。根据近年来的统计资料，即便是将文物机构的“其他收入”都视为社会捐赠收入（2013 年全国文物业其他收入占年度总收入的比重约为 8.74%，2014 年这一比重约为 12.21%，有增长的趋势），从总体来看，文物业社会渠道的资金投入占比也是少之又少。

在经费使用管理方面，国家层面也出台了促进国有和非国有文物机构统筹协调发展、提高资金使用效率的制度规范。2013 年，国家文物局与财政

① 事业收入：反映事业单位开展专业业务活动及辅助活动取得的收入。

② 经营收入：反映事业单位在专业业务活动及辅助活动之外开展非独立核算经营活动取得的收入。

③ 附属单位上缴收入：反映填表事业单位拥有附属的独立核算机构，按有关规定上缴的收入。

④ 其他收入：反映取得的除上述规定以外的各项收入，包括投资收益、利息收入、捐赠收入等。各单位从其他部门取得的财政拨款和非本级财政拨款均填列在本项内。

部修订了《国家重点文物保护专项补助资金管理办法》[①]，扩大了资金支持范围，对文物系统外和非国有国保单位给予适当补助；国家文物局还制定了《专项补助资金预算绩效管理暂行办法》，进一步加强了对经费使用的绩效管理；同年，财政部配合印发《中央补助地方博物馆、纪念馆免费开放专项资金管理暂行办法》，中央财政为民办博物馆安排奖励资金1亿元。

在经费投入渠道方面，除了博物馆行业第一个全国性法规文件——《博物馆条例》[②] 对社会力量参与博物馆事业予以明确规定以外，《国务院关于创新重点领域投融资机制鼓励社会投资的指导意见》[③] 也提出“鼓励社会资本加大社会事业投资力度”“进一步完善落实非营利性教育、医疗、养老、体育健身、文化机构税收优惠政策”[④] 等政策安排。在全面贯彻落实习近平总书记等中央领导同志关于加强文物保护重要指示精神的新形势下，要实现“让文物活起来”“让居民望得见山、看得见水、记得住乡愁”，就要真正调动全社会的力量积极参与其中。对于文物行政管理部门而言，应当

---

① 2013年，中央财政累计安排全国文物保护资金140亿元，较2012年增长10%。其中，国家重点文物保护专项补助资金70.22亿元，用于保护项目，重点支持对长城、明清皇陵、丝绸之路、大运河、承德避暑山庄及周围寺庙等世界文化遗产，老司城、唐崖土司、曲阜鲁国故城、海龙囤等大遗址，定陶王陵、伪满皇宫及日伪军政机构旧址、黄田村古建筑群、花山岩画等全国重点文物保护单位的维修保护，以及考古发掘、可移动文物保护项目等。

② 2015年3月，国务院颁布《博物馆条例》，将博物馆事业纳入法制轨道，不仅将规范和推动博物馆等公共文化服务机构的健康发展，更是在文化文物系统推进依法治国的重要表现。

③ 基本原则是：实行统一市场准入，创造平等投资机会；创新投资运营机制，扩大社会资本投资途径；优化政府投资使用方向和方式，发挥引导带动作用；创新融资方式，拓宽融资渠道；完善价格形成机制，发挥价格杠杆作用。

④《国务院关于创新重点领域投融资机制鼓励社会投资的指导意见》中与文化文物系统相关的主要是“**鼓励社会资本加大社会事业投资力度**”部分，具体包括：（二十五）加快社会事业公立机构分类改革。积极推进养老、文化、旅游、体育等领域符合条件的事业单位，以及公立医院资源丰富地区符合条件的医疗事业单位改制，**为社会资本进入创造条件，鼓励社会资本参与公立机构改革。**（二十六）**鼓励社会资本加大社会事业投资力度。通过独资、合资、合作、联营、租赁等途径，采取特许经营、公建民营、民办公助等方式，鼓励社会资本参与教育、医疗、养老、体育健身、文化设施建设。**……各级政府逐步扩大教育、医疗、养老、体育健身、文化等政府购买服务范围，各类经营主体平等参与。（二十七）完善落实社会事业建设运营税费优惠政策。**进一步完善落实非营利性教育、医疗、养老、体育健身、文化机构税收优惠政策。**

在国家政策指引下，进一步完善资金机制，通过设立文物保护专项资金、文物保护公益基金[①]等方式拓宽经费投入渠道。只有这样，才能真正形成文物保护的主动局面。

4 对文物活起来程度的测算和阶段性评估

通过近年来国际博物馆协会对博物馆定义的修订和调整可以看出，国际博物馆界对博物馆功能定位相关认识的变化，特别是对教育功能的重视。国际博物馆协会成立时的章程中提出：博物馆是指为公众开放展示美术、工艺、科学、历史以及考古学藏品的机构，也包括动物园和植物园。此后，国际博物馆协会又多次对博物馆定义进行了讨论修改。直到 1974 年，国际博物馆协会第十一届大会通过的章程，才明确规定：博物馆是一个不追求盈利的、为社会和社会发展服务的、向公众开放的永久性机构，为研究、教育和欣赏的目的，对人类和人类环境的见证物进行搜集、保存、研究、传播和展览。2001 年，国际博物馆协会将博物馆定义为“一个为社会及其发展服务的、向公众开放的非营利性常设机构，为研究、教育、欣赏的目的征集、保护、研究、传播并展出人类及人类环境的物证”。**到 2007 年，国际博物馆协会将博物馆定义中三大目的的位置进行了调整，具体来看，将“教育”置于“研究”和“欣赏”之前**。调整后的完整定义为：“博物馆是一个为社会及其发展服务的、向公众开放的非营利性常设机构，为教育、研究、欣赏的目的征集、保护、研究、传播并展出人类及人类环境的物质及非物质遗产。”由此足见国际博物馆协会对博物馆“教育”功能的重视。2015 年 2 月，国务院正式颁布《博物馆条例》[②]，其对博物馆的界定与国际博物馆协

① 在中国文物保护基金会第三届理事会第一次会议上，与会代表就指出，随着社会的发展、财富的积累以及人们文化与道德水平的提高，公益性的基金会将成为社会资源与财富配置的重要方式，在提高社会资源的使用效率、推动公益性事业发展方面将发挥越来越重要的作用。

② 《博物馆条例》自 2015 年 3 月 20 日起施行。这是中国博物馆行业第一个全国性法规文件。

会的定义基本一致①。

2011 年 12 月,《博物馆规划》提出“到 2020 年，基本形成特色鲜明、结构优化、布局合理的博物馆体系，基本实现博物馆管理运行的现代化，基本建立运转协调、惠及全民的博物馆公共文化服务体系，博物馆文化深入人心，进入世界博物馆先进国家行列”。《纲要》在“发展战略”部分提出，要“加强博物馆能力建设，创新发展理念和运行模式，**使博物馆‘收集和保护’、‘教育和研究’、‘开放和服务’三种内在职能统一化、组织化，大幅度提升专业化水准**”。让文化遗产活起来，意味着要使遗产的保护、遗产价值的展示、遗产所承载的优秀传统文化的传承和弘扬真正得到社会的广泛关注、热情支持和积极参与，使文化遗产成为带动社会优秀文化建设的文化空间和精神源泉②。让文化遗产活起来，归根结底就是要在保护的前提下，提高文化遗产资源的利用水平，充分发挥文化遗产在教育、研究、开放和服务等方面不可替代的作用。虽然文化遗产的形态、种类、文化价值各异，对不同类别文化遗产资源的保护和利用也有不同的方式和不同的层次，但是，无论是对可移动文物，还是对不可移动文物，评估其活起来程度的基本思路是共通的——以其各项功能发挥情况为基础，以实现在保护中利用，在利用中不断提升保护水平，从而在保护、利用的互动中不断实现传承，最终实现文物工作的长效化、可持续发展③。

当然，为实现让文物活起来所做的努力，也是促进文物有效保护、高效利用、完好传承的过程。这种良性互动和协调发展必然会推动实现文物经济

---

① 《博物馆条例》第二条明确指出，“本条例所称博物馆，是指以教育、研究和欣赏为目的，收藏、保护并向公众展示人类活动和自然环境的见证物，经登记管理机关依法登记的非营利组织”。

② 资料来源：吕舟《让文化遗产活起来》，http：//www. sach. gov. cn/art/2015/1/10/art_ 722_ 115927. html。

③ 资料来源：李耀申《文物工作应在保护、利用、传承的互动中实现可持续发展》，《中国文物报》2015 年 7 月 30 日。

贡献和社会贡献的最大化[①]。近年来，国家一级博物馆运行评估[②]受到博物馆界的普遍认同和社会各界的广泛关注，很多博物馆将国家一级博物馆运行评估标准作为管理指南，对推动形成持续、常态的博物馆社会评价体系起到积极作用。然而，如果从促进文化遗产功能实现角度考虑活起来的标准，目前文物系统传统的评价方式虽然对相关内容有所涉及，但不一定能够全面反映博物馆的社会贡献，体现博物馆文物利用的特色。从技术报告第二章的分析可以看出，“十五”以来，文物系统对国民经济的贡献一直处于较高水平[③]，在深入推进新型城镇化建设的新形势下，文化遗产事业在城市发展进程中有了更多体现经济社会贡献的机会[④]。在新的发展形势下，文物系统必须有更大的开放性，更紧密地与“民生”结合[⑤]，这样才能通过公众和社会资金更大的参与度、更高的关注度让文物活起来[⑥]。因此，评估报告第六章将在对文物博物馆事业中长期规划发展目标的完成程度进行阶段性评估的基础上，从促进“文物活起来”的角度选取特征指标，以西安博物院为典型案例[⑦]，结合国家一级博物馆运行评估结果进行对标分析，从“收集和保护”“教育和研究”“开放和服务”三个方面对其“活起来”的程度进行分析和评估。

---

① 有关文化遗产事业及相关产业对国民经济贡献的测算，详见技术报告第二章。

② 根据《全国博物馆评估办法（试行）》，“博物馆评估工作每三年开展一次。具体申报时间由国家文物局确定”。根据《国家一级博物馆运行评估规则》，“国家文物局定期组织一级博物馆运行评估。评估工作由中国博物馆学会负责实施”。

③ 技术报告第二章的测算结果表明，在小口径下，“十五”期间全国文物系统对国民经济贡献是同期财政投入的5.3倍，“十一五”期间为4.0倍，“十二五”期间为2.7倍（这是在苛刻的条件下计算的产出投入比，是文化遗产事业经济贡献回报率的下限值）。

④ 详见技术报告第二章，在2014年蓝皮书所构建的测算大遗址项目经济社会贡献技术路线基础上，选取秦汉新城进行大遗址对城市发展贡献测算的案例分析。

⑤ 例如，西安市大力实施博物馆之城计划，已累计建成各类博物馆100多家，并免费向社会公众开放，成为传承文明、传播文化的重要渠道和提升城市品位、丰富市民生活的城市文化平台。

⑥ 详见技术报告第三章。

⑦ 将西安博物院作为典型案例，是基于技术报告第一章提到的西安博物院的特点。第一是资源特色。西安博物院以千年古塔园林式遗迹休闲景区以及古都西安现代型历史博物馆而闻名，在国内博物馆（院）中独树一帜（世界文化遗产、全国重点文物保护单位、国家一级博物馆）。第二是博物院与公众的关系。西安博物院位于市中心，对城市来说有反映其辉煌历史的地标，有较大的园林景观，还有较好的群众活动基础。

5　评估结论在文物事业“十三五”规划中的体现方式

正所谓“行百里者半九十”。在“十二五”接近尾声之际，根据《2020年目标体系》《文物“十二五”规划》《博物馆规划》等提出的发展目标对2014年的文化遗产事业发展情况进行阶段性评估，从不同维度以省级行政区域为基本单元对文物系统管理水平进行评估，有利于及时发现问题、查找不足，从而推动文物系统相关工作顺利开展，促使各项发展目标如期实现，同时也为制定文物事业“十三五”规划提供参考和借鉴。

在全面推进依法治国的大背景下，文化法治建设虽然取得可喜进展，但是相对于经济、政治、社会和生态环境等领域仍然比较滞后，主要存在六个方面的突出问题①：一是文化领域的立法数量总体偏少②；二是文化立法层次仍然较低③；三是文化建设各领域立法不平衡④；四是文化执法的保障仍然不够充分⑤；五是文化知识产权工作开展力度不够⑥；六是专业化的文化法治队伍尚不健全⑦。因此，深入推进中国特色社会主义文化法治建设，使文化法治滞后的局面得到明显改观，是今后一定时期文化文物系统的重要工作内容。

---

① 资料来源：《文化部部长雒树刚：力争5年内使文化法治滞后局面明显改观》，国家文物局网站。

② 据不完全统计，截至2016年1月，我国法律法规共有38000多件，其中文化法律法规有1042件，占法律法规总量的2.7%，其中文化法律仅占全部法律的1.7%。

③ 文化领域的立法大部分为法规和规章，权威性、系统性、针对性不够，一方面对相关权益的保障力度不够，另一方面由于处罚权限、处罚力度有限，执行难度很大，对违法违规者往往起不到约束和震慑作用。

④ 现行文化相关法律法规主要集中在文化遗产保护和文化市场管理方面，保障公共文化服务、发展文化产业、促进文化交流等方面的立法还很少甚至空白，对新型文化业态缺乏及时回应。

⑤ 文化综合执法队伍的法律身份仍然没有通过法律法规得到确认，执法的有效性受到影响。部分文化法规操作性不强、部门联合执法机制不畅，影响了执法的有效性。

⑥ 文化系统知识产权意识整体上仍然薄弱，文化知识产权保护力度不足，在现有法律制度下，文化领域知识产权侵权成本低，举证和维权难度大。

⑦ 各级文化行政部门中，具有法律专业背景的人员偏少，而且其中一些人长期不从事法律工作，在政府职能转变的大背景下，难以满足文化发展对文化法治工作的需求。

总的来看，将评估报告的相关结论体现在文物事业“十三五”规划中主要包括如下几个方面。

第一，体制机制层面，以《2020 年目标体系》《文物“十二五”规划》等规划的发展目标为标杆，结合落实《国务院关于创新重点领域投融资机制鼓励社会投资的指导意见》①，根据文物系统工作实际进行对标分析②，从加强文化法治建设、完善资金机制等方面提出建议。

第二，文物工作层面，以近几年的 GAP 分析和 DEA 分析结论为基础，提出优化文物系统资源配置效率、提高资源使用效率的建议；以阶段性评估结论为基础，提出提高文物资源利用效率等相关建议，促进减少文物利用的“不够”和“不当”问题，推动文化遗产各项功能有效发挥。

第三，规划编制方面，《文物“十二五”规划》提出 5 项约束性发展指标和 10 项预期性发展指标，中期评估结果显示 5 项约束性发展指标基本接近或达到规划中期预期，预期性发展指标中的 88% 达到或超过规划中期预期，事业发展基本实现了预期目标。但在评估过程中可以发现，发展指标中大部分为绝对数值，其提出的科学性和合理依据有待考量。建议在量化目标时统筹考虑事业发展情况，尽量设置能够体现在现有工作基础上提升程度的相对指标，同时进一步完善文物系统的统计报表制度，使之更加全面、准确地反映文物事业发展情况。

① 基本原则是：实行统一市场准入，创造平等投资机会；创新投资运营机制，扩大社会资本投资途径；优化政府投资使用方向和方式，发挥引导带动作用；创新融资方式，拓宽融资渠道；完善价格形成机制，发挥价格杠杆作用。

② 对标管理起源于 20 世纪 70 年代的美国。最初，人们利用对标寻找差距，把它作为企业管理领域一种调查比较的基准方法。后来，对标管理逐渐演变成为寻找最佳案例和标准，加强内部管理的一种方法。

B.8

第二章 重点评估的方法

本章是评估报告的"说明书"。与以往蓝皮书相比，除了文物系统行政资源投入水平评估、行政资源供需相称维度的管理水平评估和行政资源投入产出维度的管理水平评估这三方面定量评估以外，本年度蓝皮书评估报告还增加了对文物活起来的案例评估。以蓝皮书"第三只眼"的定位开展上述评估工作，既考虑了国家大政方针的衔接，又比较看重文物事业发展效率。特别需要指出的是，由于文物系统在2013年修订了文物统计报表制度，部分指标的统计口径有了变化[①]，因此更需要对上述几项评估内容的评价指标进行再梳理和调整，以保证评估结论的科学性和可比性。但是，上述几方面所评估的内容不同，方法也有所区别。从方法到结果，理解起来都需要花工夫，文物系统的工作人员也不熟悉，所以本章将专门作为"说明书"。以下将对评估的方法及特点逐一介绍[②]，以使读者在看到评估结果时既知其然也知其所以然。

1 各类重点评估

1.1 文物系统行政资源投入水平评估

文物系统行政资源投入水平评估[③]主要是对中国文物系统人力、财力投

① 详见评估报告第一章第2节有关文物统计的说明。

② 必须说明，评估报告中选用这些方法都是综合考虑合理性和可行性的结果。例如，评价文物保护管理机构在科研水平上的投入产出比，有的方法更合理但没有数据来源。

③ 囿于管理体制，还难以涉及文化遗产事业的全部，对文化遗产事业行政资源投入情况的评估仍只能以文物系统评估替代。因此，对评估结果的解读也必须限定在"文物系统"范围内。

入的总体情况和各省份按文物机构数平均后的人力、财力投入相对情况[①]进行分析。鉴于文物统计工作的新变化，文物系统行政资源投入水平评估的部分评估方法和指标也略有调整。

在评估方法方面，考虑到不同省份的文化遗产资源数量差别较大，行政资源尤其是财力资源投入总量悬殊，为增强省份间财力投入的可比性，前几年的蓝皮书评估报告根据各省份经济发展水平（以 GDP 总量为代表）和物质文化遗产资源量（以文物机构数为代表）进行聚类分析，将这两个维度上情况比较相近的地区放在同一类别中进行比较和分析。但是，2013 年文物系统统计报表制度调整后，新的统计制度将文物行政主管部门纳入“文物机构”统计，导致文物机构数大幅增长，也就是文物系统平均人力、财力投入的基数发生了重大变化，以目前统计口径计算得到的“按文物机构数平均的人力、财力投入”与之前几年蓝皮书评估报告相关数据已无可比性，再基于聚类分析结果进行各年度间的比较已无必要。因此，本年度的评估报告对这部分内容简化处理，着重对统计指标体系修订后的相关数据（即 2013 年和 2014 年）进行计算和对比，不再对各省份先归类，而是按地理区域进行分类作图和比较。

在评价指标方面，按照修订后的文物统计报表制度，部分评价指标也做相应调整。例如，由于文物机构的统计口径发生变化（将文物行政主管部门纳入文物机构统计），且原统计报表制度中的“财政拨款”修订为“财政补助收入”[②]，在进行年度对比分析时，将“分省份按机构数平均经济投入情况[③]”调整为“分省份按机构数平均文物事业费情况”。

---

① 按单位性质分，文物机构主要包括文物科研机构、文物保护管理机构、博物馆、文物商店和其他文物机构等五类。考虑到文物保护管理机构和博物馆的各类统计数据在文物业整体中占绝对多数（以 2013 年为例，全国文物系统共有各类文物机构 7737 个，其中，文物科研机构 115 个，占文物机构总数的 1.49%；文物保护管理机构 2809 个，占文物机构总数的 36.31%；博物馆 3473 个，占文物机构总数的 44.89%；文物商店 71 个，占文物机构总数的 0.92%；其他文物机构 1269 个，占文物机构总数的 16.40%），以及数据资料可获得性等情况，评估报告重点关注文物保护管理机构和博物馆的相关情况。

② 统计指标调整情况详见评估报告第一章第二节。

③ 在之前年度的蓝皮书评估报告中，“文物系统平均经济投入”是用文物系统财力投入总量（财政投入和固定资产增值的总和）除以各省份文物机构数得到的。

1.2　文物系统供需相称维度管理水平评估的现实意义和技术路线

在当前的管理体制和文化遗产事业发展形势下，人力、财力等行政资源不可能完全实现实时的“按需分配”，资源配置总会有一定的滞后性和空间错位。因此，在行政资源稀缺的前提下，要提高文化遗产事业的管理水平，最可行的解决思路就是，把稀缺的资源投向文物保护需求最迫切的地方，以优先解决这部分地区投入不足的问题。在这一过程中，要提高行政资源配置的精确度和效率，就需要通过科学的分析来确定“空缺”地区，以及这些地区究竟哪些行政资源的投入欠缺、哪些方面的工作存在不足。保护空缺分析（GAP 分析）方法就为此提供了思路，可以实现从供需相称角度对文物系统管理水平的定量评估。GAP 分析可以通过对 31 个省份的文物系统管理工作现状和文物保护需求进行评价、排序和对比，找出保护需求迫切但是行政资源投入不足、管理水平较低的地区，然后根据评价指标体系进行梳理，从而确定导致资源配置效率低下的关键指标，有针对性地提出改进工作的建议，以有效地提高资源配置和管理的效率。

考虑到不可移动文物与可移动文物在保护需求方面的差异以及管理体系的相对独立，根据 GAP 分析的技术要求，也为了更深入地分析各省份文物系统行政资源的供需现状，我们对博物馆和重点文物保护管理机构分别进行定量评价，并将 GAP 分析的结论与文物系统投入产出分析进行对照。同样，根据文物统计报表制度的新变化，针对统计口径有调整的评价指标，供需相称维度的管理水平评估指标也按照第一章第二节的相关内容进行了替换或调整，此处不再赘述。

1.2.1　GAP 分析方法的基本原理

在 2008 年蓝皮书中，我们根据不可移动文物与自然保护区在资源分布状态、保护要求上的共通性，尝试性地将 GAP 分析方法应用于不可移动文物评价中，来分析不可移动文物保护的空缺；在 2009 年蓝皮书中，我们通过改进指标体系，又将这一方法应用于可移动文物保护管理的空缺分析中。通过这几年蓝皮书的分析实践，GAP 分析方法、指标体系等不断完善，为文物系统行政资源配置效率评价分析提供了很好的量化手段。

GAP 分析方法的雏形来自 Burley。他于 1988 年第一次提出保护空缺（conservation gaps）这个概念。该方法的基本原理是通过系统梳理遗产资源的分布和保护现状，找出目前保护和管理上存在的空缺，为改善行政资源调配、加强有效管理提供科学依据。该方法的优点在于能够通过整理各方面基础信息，获得较大尺度范围（国家或区域）的量化的、直观的遗产资源现状、管理现状，从而给相关政策、规划的制定提供依据。从结果应用的角度来看，针对目前中国文化遗产管理过于粗放、缺少全面系统的量化分析的现状，将 GAP 分析方法用于研究文物系统管理正好可以弥补这一缺陷。从研究的效果来看，GAP 分析方法能够从宏观上对各区域文物管理水平和保护需求进行全面的分析，对影响文物管理水平的资金、人员等行政资源的空间配置进行直观分析，进而发现文物系统行政资源配置与保护需求的差距，为文物保护和管理的供需协调提供合理建议和决策依据。

1.2.2 GAP 分析方法的技术路线

考虑到不可移动文物与可移动文物在保护需求方面的差异以及管理体系的相对独立，根据 GAP 分析的技术要求，也为了更深入地分析各省份文物系统行政资源的供需现状，我们对博物馆和重点文物保护管理机构分别进行定量评价，并将 GAP 分析的结论与文物系统投入产出分析进行对照。

将 GAP 分析方法应用于供需相称维度的文物管理水平评估，其基本思路是：运用熵权系数法分别对各省份博物馆和重点文物保护管理机构行政资源供需状况进行定量评价，将评价结果在 GIS 件中绘制成图，以省份为基本单元，以图中各省份所在区域颜色的深浅来显示相对等级的高低。博物馆和重点文物保护管理机构的保护与管理情况示意图分别记为：

a. 可移动文物保护需求相对等级图；

b. 博物馆人员管理的相对等级图；

c. 博物馆资金管理的相对等级图；

d. 博物馆管理水平的相对等级图；

e. 不可移动文物保护需求相对等级图；

f. 重点文物保护管理机构人员管理的相对等级图；

g. 重点文物保护管理机构资金管理的相对等级图；

h. 重点文物保护管理机构管理水平的相对等级图。

然后，将 b、c、d 图分别与 a 图叠加，f、g、h 图分别与 e 图叠加，就可以找出相对于可移动文物和不可移动文物保护的需求而言，在人员管理、资金管理等方面存在空缺的地区，通过横向比较找出文物系统管理工作中的薄弱环节——也就是在全国范围内文物保护和管理需要优先解决的问题。

GAP 分析方法选用的指标均用于分析各省份文物系统行政资源供需的相对情况，可以很好地评估文物系统供需相称角度的资源配置效率。但是，在分析过程中，也仅是从保护的需求、行政资源及管理的供给角度选取指标，尚未全面反映文物系统事业发展水平和文化遗产各项功能发挥的情况，如科研功能、教育功能等。这些不足之处在进行投入产出维度的管理水平评价时将得到弥补。

1.3　投入产出维度管理水平评估的现实意义和技术路线

对文物系统行政资源投入总量进行分析之后，各省份文物系统如何更好地使用这些资源，更有效地促进文化遗产资源的功能发挥，提高“产出”水平，更好地促进实现让文物活起来？这就需要从投入—产出的角度评估文物系统内部的行政资源使用效率。具体来讲，从横向来看，我们可以比较在同一时间点不同地区的文物系统发展状况，准确判断指定时期不同地区文物管理水平提升的空间。这样，效率评价值较低的地区能够通过与相同规模在某方面具有优势的地区进行比较，调整行政资源使用的方向，以提高管理水平。从纵向来看，我们可以比较在不同时期的文物系统发展效率的变化，以便及时调整发展方向，从而扬长避短。

根据这一基本思路，我们发现，宏观经济分析常用的 DEA 分析方法能够很好地满足上述要求。DEA 分析方法是按照多指标投入和多指标产出对同类型单位（企业或部门）进行相对有效性评价的一种新方法。从统计分析的角度看，它又是一种新的非参数的统计分析方法，在相对效率评价方面有比较好的适用性。当然，在有效性的评价方面，除了 DEA 分析方法以外，还有其他一些方法，但是那些方法几乎仅限于单输出的情况。相比之下，DEA 分析方法处理多输入特别是多输出问题的能力是具有绝对优势的；并且，DEA 分析方法不仅可以用线性规划来判断决策单元对应的点是否位于有效生产前沿面上，同时可获得许多有用的管理信息，因此相对于其他方法而言更优越，用途也更广泛。

综上所述，我们运用 DEA 分析方法，沿用“三投入、四产出”的评价指标体系，从投入产出维度对各省份文物系统行政资源使用效率进行评估。需要说明的是，DEA 分析方法主要用于评价相对效率，有一套相对成熟的技术体系和模型结构，为避免混淆，评估报告将横向分析（即同一时间点不同地区）的文物系统发展相对效率称为“静态效率”，将纵向分析（即不同时期相同地区）的文物系统发展相对效率称为“动态效率”。总的来看，投入产出维度的文物系统管理水平评估的技术路线与前四本蓝皮书“效率评估”的体例基本一致，着重从横向和纵向两个方面对文物系统发展效率进行比较分析，其技术路线如图评 2－1 所示。

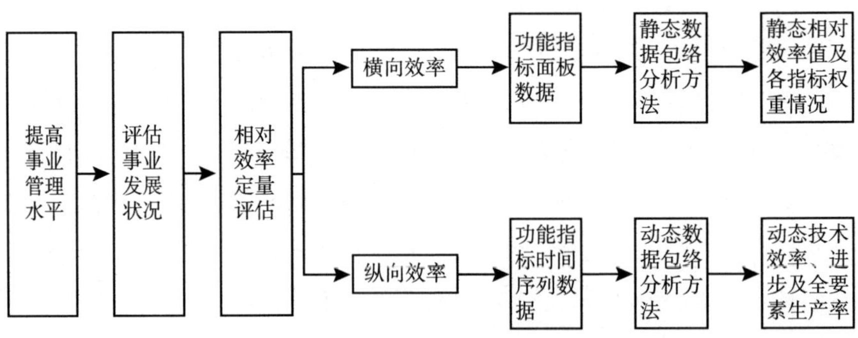

图评 2－1　投入产出维度的文物系统行政资源使用效率评估技术路线

该评估方法和数据来源与往年蓝皮书评估报告基本一致：在方法上，沿用 DEA 分析方法衡量文物系统行政资源的投入产出效率；在资料来源上，数据主要来源于《2015 中国文物统计提要》。根据文物系统统计报表制度的新变化，投入产出维度的管理水平评估同样按照第一章第二节的相关内容对部分评价指标进行了替换或调整，此处不再赘述。从投入产出分析的角度看，DEA 分析方法是用来评价具有多个输入，特别是具有多个输出（生产函数的一种推广）的“生产部门”既“规模有效”又“技术有效”的方法。它的静态模型有着丰富的发展历程，在此基础上发展起来的动态模型，也恰好满足我们从横向、纵向两方面进行文物系统发展效率评估的思路①。下面对两种基本模型做简单介绍。

1.3.1　静态模型

DEA 分析方法最基本的模型是 C^2R 模型，假设有 n 个决策单元，每个决策单元都有 m 种“输入”，以及 s 种“输出”，分别表示该单元“耗费的资源”和“工作的成效”。它们可由图评 2－2 给出。

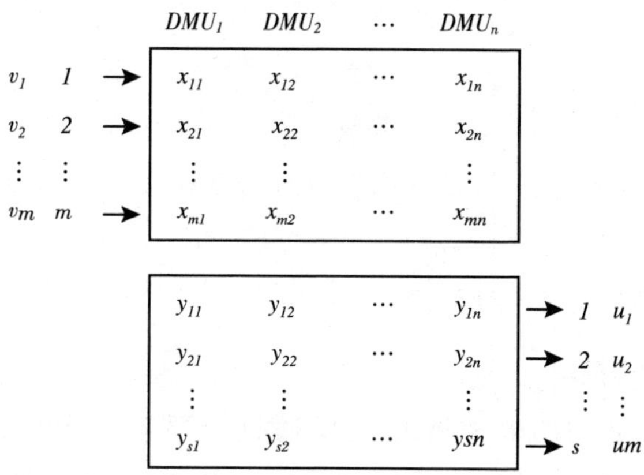

图评 2－2　DEA 基本模型

其中，x_{ij}为第 j 个决策单元对第 i 种输入的投入量；y_{rj} 为第 j 个决策单元对第 r 种输出的产出量；v_i 为对第 i 种输入的度量（权重）；u_r 为对第 r 种输出的度量（“权重”）；而且 $x_{ij} > 0$，$y_{rj} > 0$，$v_i \geqslant 0$，$u_r \geqslant 0$，$i = 1,2,\cdots,s$；$j = 1,2,\cdots,n$。

记 $X_j =（x_{1j}, \cdots, x_{mj})^T$，$Y_j =（y_{1j}, \cdots, y_{sj})^T$，$j=1, \cdots, n$，则可用

① 2008 年蓝皮书评估报告已经论证了 DEA 分析方法是符合文化遗产事业评估标准的相对比较方法，在多投入、多产出分析中能避免权重选取的主观性和比较变量间的相关性等问题。

(X_j, Y_j) 表示第 j 格决策单元 DMU_j（Decision Making Unit）。

对应于权系数 $v=(v_1, \cdots v_m)^T$，$u=(u_1, \cdots u_s)^T$，每个决策单元都有相应的效率评价指数：

$$h_i = \frac{u^T Y_j}{v^T X_j}, j = 1,2,\cdots,n$$

我们总可以适当地选择权系数 v 和 u，使其满足 $h_i \leqslant 1, j = 1,2,\cdots,n$。

现在对第 j_0 个决策单元进行效率评价。简记 DMU_{j_0} 为 DMU_0，(X_{j_0}, Y_{j_0}) 为 (X_0, Y_0)，h_{j_0} 为 h_0，$1 \leqslant j_0 \leqslant n_0$。在各决策单元的效率评价指标均不超过 1 的条件下，选择权系数 u 及 v，使 h_0 最大。于是构成如下的最优化模型：

$$\begin{cases} \max h_0 = \dfrac{u^T Y_0}{v^T X_0} \\ s.t.\ h_j = \dfrac{u^T Y_j}{v^T X_j} \leqslant 1, j = 1,2,\cdots,n \\ v \geqslant 0 \\ u \geqslant 0 \end{cases}$$

1.3.2 动态模型

不同决策单元的效率变化主要通过全要素生产率的变化，也称 Malmquist 生产率变化指数来反映。在假定规模报酬不变的前提下，全要素生产率的变化是通过距离函数来实现的，即某样本的数值与基期的生产前沿面的相对距离。定义“全要素生产率”公式为：

$$TFP_{t,t+1} = \left[\frac{d_0^t(y_{t+1}, x_{t+1})}{d_0^t(y_t, x_t)} \times \frac{d_0^{t+1}(y_{t+1}, x_{t+1})}{d_0^{t+1}(y_t, x_t)}\right]^{1/2}$$

该生产率可以分解为：

$$TFP_{t,t+1} = \frac{d_0^{t+1}(y_{t+1}, x_{t+1})}{d_0^t(y_t, x_t)} \times \left[\frac{d_0^t(y_t, x_t)}{d_0^{t+1}(y_{t+1}, x_{t+1})} \times \frac{d_0^t(y_{t+1}, x_{t+1})}{d_0^{t+1}(y_t, x_t)}\right]^{1/2}$$

其中 d_0 代表距离函数，上标是数据参考的基期，括号中 x 和 y 是数据计算点。上式中：$TE_{t,t+1} = \frac{d_0^{t+1}(y_{t+1},x_{t+1})}{d_0^t(y_t,x_t)}$ 代表技术效率的变化；而 $TC_{t,t+1} = \left[\frac{d_0^t(y_t,x_t)}{d_0^{t+1}(y_{t+1},x_{t+1})} \times \frac{d_0^t(y_{t+1},x_{t+1})}{d_0^{t+1}(y_t,x_t)}\right]^{1/2}$ 代表技术进步。计算每一个距离函数的线性规划如下：

$$
\begin{aligned}
&[d_0^t(y_t,x_t)]^{-1} = \max_{\varphi,\lambda}\varphi, && [d_0^{t+1}(y_{t+1},x_{t+1})]^{-1} = \max_{\varphi,\lambda}\varphi,\\
&-\varphi y_{it} + Y_t\lambda \geqslant 0, && -\varphi y_{i(t+1)} + Y_{t+1}\lambda \geqslant 0,\\
&x_{it} - X_t\lambda \geqslant 0, && x_{i(t+1)} - X_{t+1}\lambda \geqslant 0,\\
&\lambda \geqslant 0. && \lambda \geqslant 0.\\
&[d_0^t(y_{t+1},x_{t+1})]^{-1} = \max_{\varphi,\lambda}\varphi, && [d_0^{t+1}(y_t,x_t)]^{-1} = \max_{\varphi,\lambda}\varphi,\\
&-\varphi y_{i(t+1)} + Y_t\lambda \geqslant 0, && -\varphi y_{it} + Y_{t+1}\lambda \geqslant 0,\\
&x_{i(t+1)} - X_t\lambda \geqslant 0, && x_{it} - X_{t+1}\lambda \geqslant 0,\\
&\lambda \geqslant 0. && \lambda \geqslant 0.
\end{aligned}
$$

我们针对已有程序将上述规划化为对偶规划，令 $\theta = -\varphi$，那么模型变为求 θ 的最小值，与静态的 DEA 模型进行对比，得到对偶模型如下：

$$
\begin{cases}
\max(-v'x_{it}),\\
u'y_{it} = 1,\\
u'Y_{it} - v'X_{it} \leqslant 0,\\
u,v \geqslant 0
\end{cases}
\qquad
\begin{cases}
\max(-v'x_{it+1}),\\
u'y_{it+1} = 1,\\
u'Y_{it+1} - v'X_{it+1} \leqslant 0,\\
u,v \geqslant 0
\end{cases}
$$

$$
\begin{cases}
\max(-v'x_{it+1}),\\
u'y_{it+1} = 1,\\
u'Y_{it} - v'X_{it} \leqslant 0,\\
u,v \geqslant 0
\end{cases}
\qquad
\begin{cases}
\max(-v'x_{it}),\\
u'y_{it} = 1,\\
u'Y_{it+1} - v'X_{it+1} \leqslant 0,\\
u,v \geqslant 0
\end{cases}
$$

将各省份看作类型相同的决策单元，投入指标为人力、物力、财力，产出指标为经济、教育、科研功能和保护绩效的大小，就可以将各省份文化遗产的效率评估问题与 DEA 模型要解决的问题对应起来，利用上述模型进行权重系数的求解。

当然，DEA 分析虽然在相对效率评价方面具有较好的适用性，能够满足我们从投入产出维度对文物系统管理水平进行评估的需求，但在具体应用时，特别是在静态效率评价时，为对应解决不同发展阶段的主要问题设置了不同的功能发挥偏好（经济强偏好、教育强偏好、科研强偏好、保护强偏好），形成了不同的偏好矩阵，在应用评估结果进行分析时需要充分考虑文物系统相关管理问题的针对性。

1.4 对文物活起来的阶段性评估方法和数据来源

2014 年文化遗产日的主题是“让文化遗产活起来”。“让文化遗产活起来”，是由习近平总书记在中央政治局集体学习时的重要讲话中提出来的。让收藏在禁宫里的文物、陈列在广阔大地上的遗产、书写在古籍里的文字都活起来，努力展示中华文化的独特魅力，是文物部门和广大文博工作者应该肩负的历史责任，是建设社会主义文化强国的应有之义[①]。让文化遗产活起来，意味着要使遗产的保护、遗产价值的展示、遗产所承载的优秀传统文化的传承和弘扬真正得到社会的广泛关注、热情支持和积极参与，使文化遗产成为带动社会优秀文化建设的文化空间和精神源泉[②]。由于文化遗产具有多样性，不同类别的文化遗产形态、种类、文化价值各异，因此对其的保护和利用也有不同的方式和不同的层次，评估其活起来的程度绝非易事。但是，从发挥文化遗产功能的角度来看，让文化遗产活起来，归根结底就是要在保护的前提下，提高文化遗产资源的利用水平，充分发挥文化遗产在教育、研究、开放和服务等方面不可替代的作用。也就是说，对于可移动文物和不可移动文物而言，其根本目的是一致的，只是在管理机制、实现形式、组织方式等具体操作层面存在差异。

考虑到阶段性评估的数据要求，本年度评估报告先就可移动文物活起来的阶段性评估进行尝试，对于不可移动文物，可以按照类似的思路，结合不可移动文物保护、利用和管理等工作实际，对相应指标进行调整。由于对文化遗产活起来的阶段性评估需要反映文化遗产利用、社会参与等基础数据，而目前的文物统计资料恰恰缺少相关的统计内容，仅有展览陈列

---

① 《让文化遗产活起来》，http：//culture. ifeng. com/gundong/detail_ 2014_ 04/21/35906684_ 0. shtml，《中国文化报》2014 年 4 月 21 日。

② 吕舟：《让文化遗产活起来》，http：//www. sach. gov. cn/art/2015/1/10/art_ 722_ 115927. html。

数、参观人次等一般意义上反映文化遗产资源教育功能发挥情况的指标，尚不能满足以省份为基本单元开展阶段性评估的基础数据要求，因此，只能选取数据条件成熟的典型案例，以案例分析的形式进行试点评估。

阶段性评估主要采用对比分析和对标分析①的方法。按照评估报告第一章提出的对文化遗产活起来进行阶段性评估的思路，运用对比分析的方法从“收集和保护”“教育和研究”“开放和服务”三个方面反映西安博物院在“十二五”期间相关功能发挥情况，据此分析和评估其让文化遗产活起来的程度和趋势。同时，以国家一级博物馆运行评估相关结果为“标杆”，运用对标分析的方法与西安博物院的相关情况进行对照和比较，找出文物系统传统评价方式在全面反映博物馆社会贡献等方面的优势和不足之处。阶段性评估资料主要来源于《国家一级博物馆运行评估报告》《西安博物院工作报告》以及文物系统典型案例②，主要围绕以下三个方面的内容开展。

第一，收集和保护方面。加强保护是有效利用的前提。评估内容包括：制度创新、藏品征集数量、藏品修复数量、经费保障情况等。

第二，教育和研究方面。对可移动文物而言，教育和服务已经成为当代博物馆的首要职能；对不可移动文物而言，其同样承担着印证历史、教育人民、培育社会主义核心价值观、带动社会优秀文化建设、展示中华文化独特魅力的重要作用。开展研究的成果可以促进提升文物保护和利用的科技水平。评估内容包括：文物展出率、新增展品数量、传统展览陈列数量、数字化方式展示手段运用情况、文物科研项目数量等。

第三，开放和服务方面。开放和服务的水平如何，会直接影响甚至决定观众走进博物馆、纪念馆的第一感觉，因为这是观众最先接触和最先

① 所谓“对标”，就是对比标杆找差距。对标分析又叫标杆管理（benchmarking），也称基准管理，是指一个组织瞄准一个比其绩效高的组织进行比较，以便取得更好的绩效，不断超越自己，超越标杆，追求卓越，组织创新和流程再造的过程。对标分析一般包括四个基本步骤：对标因素的确立，对标企业的选择，对标因素比较研究，对标因素结果分析。

② 国家文物局编《让文物活起来——文物合理利用经验集萃》，文物出版社，2014。

体验的内容。对开放和服务进行评估，主要关注文物机构开放程度、对外合作交流和创新文物利用方式等方面。评估内容包括：开放面积所占比例、新增开放面积、藏品交换数量（调拨、交换、借用等）、考古新成果的展示数量、文化创意衍生品数量、文化创意衍生品产值、文化教育项目数量等。

2　GAP 分析与 DEA 分析的指标体系构建

如前所述，鉴于文物统计工作的新变化，部分统计指标的统计口径已与以往不同。因此，GAP 分析和 DEA 分析在沿用 2014 年蓝皮书指标体系的基础上，还需要根据全国文物统计指标体系的修订情况进行微调。

2.1　供需相称维度管理水平评价的指标体系

2.1.1　供需相称维度管理水平评价指标

在行政资源稀缺的前提下，要提高文物保护单位的管理水平，最可行的解决思路就是，把稀缺的资源投向文物保护需求最迫切的地方，以优先解决这部分地区在文物保护和管理方面存在的问题。要实现这一目的，提高资源配置的精确度和效率，就需要通过科学的分析来确定“空缺”地区，以及这些地区究竟哪些行政资源的投入欠缺、哪些方面的工作存在不足——GAP 分析可以较好地解决这一问题（见表评 2－1）。

表评 2－1　供需相称维度的文物系统管理水平（GAP 分析）评价指标

评价内容	可移动文物	不可移动文物
文物保护需求相对等级	相对多度、相对丰度、相对稀有度、相对价值度、相对濒危度	相对多度、相对丰度、相对保护等级度、相对稀有度、相对价值度、相对濒危度
管理水平	人员管理方面：平均从业人员数、具有中高级职称人员比例、平均安全保卫人员数	人员管理方面：平均从业人员数、具有中高级职称人员比例
	资金管理方面：平均财政补助收入、人均直接经济贡献、年度收支比	

严格来讲，文物系统行政资源的供给、需求并不涉及教育功能的发挥情况①。因此，从供需相称角度评价文物系统的管理水平时，我们沿用2014年蓝皮书的处理方法，除了反映文物保护需求的指标以外，只保留人员、经费两方面的指标，对可移动文物和不可移动文物的保护和管理水平分别进行分析。此外，志愿者是现代文化遗产事业发展，特别是博物馆事业发展的重要组成部分，但是，由于GAP分析的研究对象是文物系统的行政资源配置，因此从这个角度来看，不宜将其作为评价内容②。

2.1.2　供需相称维度管理水平评价的指标解释

文化部制定的《全国文化文物统计报表制度》自2011年12月1日起执行，是对全国文化部门（含文化系统和文物系统）主办的或实行行业管理的文化及相关产业，以及文化部门主办的非文化及相关产业等定期进行全面调查的统计报表制度，是蓝皮书评估报告定量分析的重要依据。2013年，为使统计报表更加全面、准确反映文物事业发展状况，按照国家统计局关于部门统计制度管理办法的有关规定，国家文物局对文物统计制度进行了修订，进一步完善了《全国文化文物统计报表制度》中的文物部分，建立了切实可行的文物统计指标体系，并设计了新的文物统计指标框架体系。根据供需相称维度的文物系统管理水平评价指标设计，基于修订后的文物统计指标体系，表评2－1的各项评价指标可以从行政资源需求和供给角度对各省份文物系统的文物保护需求相对等级、供需相称维度的管理水平进行评价，兼具科学性和合理性。各项指标解释和计算方法如下。

（1）相对多度

可以将“文物相对多度”粗略而直观地理解为某省份相对地域面积文物数量的多少。这个指标在反映不可移动文物的资源分布上具有重要意义，

---

① 教育贡献的情况将在投入产出维度的文物系统管理水平评估（DEA分析）中得到反映。

② 为了更全面地反映文化遗产事业的人力投入情况，“登记注册志愿者人数”可作为投入产出维度管理水平评价时反映“人力投入”的一项指标。但是，《2015中国文物统计提要》中没有反映2014年度各省份重点文物保护管理机构或博物馆登记注册志愿者的数据，因此，这一考虑在本年度的评估报告中难以实现。

但应用于博物馆馆藏文物时，由于博物馆管理的差异而必须进行调整。

对于可移动文物，相对多度是按各省份人口数平均的博物馆馆藏文物数量的相对值，是从文物与社会公众的关系角度来反映馆藏文物资源的分布情况。

对于不可移动文物，其相对多度即 Margalef 指数的相对值，反映了各省份不可移动文物数量的相对多少，计算公式为：

$$D' = \frac{S-1}{LnN}$$

式中，D′为文物相对多度，S 为某省份不可移动文物的数量，N 为所有不可移动文物的数量。

（2）相对丰度

文物相对丰度是在分别计算各省份文物 Shannon – Wiener 指数①后，再计算其相对值得到的。

对于可移动文物，博物馆馆藏文物有金属、石质、陶瓷、纸质、纺织品、竹木漆器和其他七类，根据各类的数量计算 Shannon – Wiener 指数，进而求得相对丰度。

对于不可移动文物，不可移动文物分为古建筑、古墓葬、古遗址、近代现代重要史迹及代表性建筑、石窟寺及石刻等和其他六类，根据各类的数量计算 Shannon – Wiener 指数，进而得到相对丰度。

（3）相对稀有度

文物相对稀有度反映各省份各类文物的综合稀缺程度。如前所述，馆藏文物主要分为七类，不可移动文物主要分为六类，分别按照下列公式计算：

$$R' = \sum_{i=1}^{7}[1-(T_i/T)]N_i \quad \text{（博物馆馆藏文物）}$$

---

① 该指标的计算方法在 2008 年蓝皮书中已有介绍。Shannon – Wiener 指数是描述种的个体出现的紊乱程度和不确定性的指标，不确定性越高，多样性也就越高。Shannon – Wiener 指数的大小取决于两个重要因素：种类数目（即丰富度）和种类中个体分配上的平均性或均匀性。种类数目多，可增加多样性；同样，种类之间个体分配的均匀性增加也会使多样性提高。

$$R' = \sum_{i=1}^{6}[1 - (T_i/T)]N_i \quad (\text{不可移动文物})$$

式中，R'为文物相对稀有度，T_i 为某一类文物的数量，T 为文物的总数量，N_i 为某省份某一类文物的数量。

（4）不可移动文物的“相对保护等级度”

这一指标反映了一个地区各级保护文物的分布状况以及该地区重点文物保护单位的相对数量。由于不可移动文物的研究对象全部为国家重点保护文物，因此没有权重问题，可直接简化为各省份的全国重点文物保护单位数量占全国重点文物保护单位总数的相对值。公式简化为：

$$V' = N/T$$

式中，V'为文物相对保护等级度，N 为各省份的全国重点文物保护单位数量，T 为全国重点文物保护单位总数。

（5）相对价值度

文物相对价值度为各省份的综合文物价值，根据文物不同价值等级确定，反映了一个地区文物的价值和数量。

对于可移动文物，通常根据各省份博物馆馆藏的一级品、二级品、三级品数量分别赋权 0.5、0.3、0.2，然后加权汇总得出相对值。

对于不可移动文物，主要根据文物不同价值等级确定，计算方法与 2008 年蓝皮书中该指标的确定方式相同。计算公式为：

$$V' = V_aW_a + V_bW_b + V_cW_c$$

其中，V'为不可移动文物相对价值度，V_a 和 W_a 为价值极高不可移动文物的数量和权重（为 0.75），V_b 和 W_b 为价值较高不可移动文物的数量和权重（为 0.50），V_c 和 W_c 为价值一般不可移动文物的数量和权重（为 0.25）。价值极高、较高和一般的判断主要依据全国重点文物保护单位的历史沿革和价值描述信息。如果在全国重点文物保护单位信息库中无法得到有关不可移动文物价值描述的信息，就只能参考可移动文物相对价值度的计算方法，根据《2015 中国文物统计提要》中全国各省份重点文物保护管理机构统计表中文物数量的数据进行计算。

（6）相对濒危度

文物相对濒危度是用于反映文物保存现状，也体现了各省份文物保护的完善程度，取决于相关管理措施是否有效、配套设施是否齐全、城市建设是否协调、历史上是否发生过较大规模的文物破坏活动等诸多地方管理因素。

对于可移动文物，鉴于无最新的保存状况数据可供使用，我们仍将2005年“全国馆藏文物腐蚀损失专项调查”中博物馆馆藏文物的相关信息单独择出计算分析。这不仅因为迄今并无其他数据，也因为中国可移动文物大多数收藏于博物馆[①]，博物馆馆藏文物的保存状况可近似看作可移动文物的保存现状。根据“全国馆藏文物腐蚀损失专项调查”结果，我们将博物馆馆藏文物的濒危等级划分为四级：基本完好、中度腐蚀、重度腐蚀和濒危，分别赋予权重为0、0.25、0.5、0.75，据此确定各省份可移动文物的相对濒危度。

对于不可移动文物，我们以第一至七批全国重点文物保护单位信息库对保存状况的描述为依据，根据文物领域专家确定的标准确定其保存状况的分级：保存完好、基本完好、保存较好、保存一般、保存较差，分别赋予权重为0、0.25、0.5、0.75、1，据此确定各省份不可移动文物的相对濒危度。

（7）平均从业人员数

是指各省份按博物馆或重点文物保护管理机构数平均的从业人员数。

（8）具有中高级职称人员比例

是指各省份具有正高级职称、副高级职称、中级职称的专业技术人才数量占博物馆（或重点文物保护管理机构）从业人员数的比重。

（9）平均安全保卫人员数

由于目前在全国文物统计资料中没有各省份重点文物保护管理机构的安全保卫人员统计数据，因此，“平均安全保卫人员数”只作为评价可移动文物人员管理情况的一项指标。平均安全保卫人员数是指按各省份博物馆数量平均的安全保卫人员相对数量，反映各省份可移动文物安全防范能力建设中

① 还有少数可移动文物收藏于文物保护单位管理机构、文物科研机构等。

“人防”资源配备情况。

（10）平均财政补助收入

用各省份博物馆数量（或重点文物保护管理机构数）对年度财政补助收入进行平均①，就能从文化遗产事业发展的经费保障角度反映文物系统的平均财政资金投入情况。

（11）人均直接经济贡献

是用某省份博物馆（或重点文物保护管理机构）的年度增加值除以从业人员数量计算得到的，以反映文化遗产事业经济功能发挥的实际情况。

（12）年度收支比

用各省份博物馆（或重点文物保护管理机构）的“年度总收入”除以对应的“年度总支出”得到的年度收支比，以反映文物系统资金管理效率的总体情况。

（13）文物保护需求相对等级

用于衡量各省份文物保护需求的相对迫切程度。

对于可移动文物，根据各省份可移动文物相对多度、相对丰度、相对稀

① 在2009年和2012年的蓝皮书中，课题组专门对文物系统财政资金投入的计算口径进行了梳理。通常而言，政府用于文物保护的经费有三大块：一是文博部门或单位正常的行政事业经费，二是常态性文物保护专项经费，三是临时性或突发性文物保护专项经费。除了《全国文物业统计资料》中常规核算登记的制度性的“财政拨款”之外，对文物系统的资金投入还包括大量的中央财政专项经费以及地方财政专项经费。2009年蓝皮书主题报告第四章已经提到，探讨文物系统财政资金计算方面的遗漏问题首先需要明确“文物系统可支配财政资金”这一概念：文物系统可支配财政资金不仅包括《全国文物业统计资料》中的“财政拨款”，还包括文物系统实际可支配的专项转移支付资金和相关基础设施建设资金。具体来看，“财政拨款”这一项指标只是各省份文物系统在财政经常性预算口径内获得的资金总额，而并非各省份文物系统的可支配财政资金。这种纳入财政经常性预算的资金是制度性、常规性的，因此具有较好的连续性和稳定性。但是，该指标并不包含各省份以项目申请形式所获得的大量专项转移支付资金。为了避免从不同渠道获得的专项资金数据由于统计口径不一致对文物系统常规的资金投入信息造成干扰、形成偏差，反复权衡之后，课题组仍然决定在评价资金投入和使用效率时仅采用《全国文物业统计资料》或《中国文物统计提要》中的常规统计数据。这样的处理尽管低估了文物系统的经费投入，但因为对行政资源供需情况的分析是对各省份这方面情况进行相对比较，所以这种处理不仅具可行性也更具公平性。

有度、相对价值度、相对濒危度5项指标的计算结果进行加权求和，作为衡量可移动文物保护需求相对等级的指标。

对于不可移动文物，根据各省份不可移动文物相对多度、相对丰度、相对保护等级度、相对稀有度、相对价值度、相对濒危度6项指标的计算结果进行加权求和，作为衡量不可移动文物保护需求相对等级的指标。

最后，为了方便对各省份文物保护需求进行比较，我们采用线性函数转换公式对评价值分别进行归一化处理，计算公式为：

$$y = \frac{x - \mathrm{Min}Value}{\mathrm{Max}Value - \mathrm{Min}Value}$$

式中，x、y 分别为转换前、后的值，Max*Value*、Min*Value* 分别为样本的最大值和最小值。通过上述处理方式，可以将评价值限定在0～1范围内，以便对各省份文物保护需求的相对情况进行比较分析。

2.2 投入产出维度管理水平评价指标体系

2.2.1 投入产出维度管理水平评价指标

根据“三投入、四产出”的效率评估指标结构，本年度的评估报告沿用2014年蓝皮书的指标体系，并根据文物统计工作的变化对部分指标进行调整和优化（见表评2－2）。

表评2－2 投入产出维度的文物系统管理水平评价指标

投入状况			产出状况			
资金投入	人力投入	资本投入	经济贡献	教育贡献	科研贡献	文保绩效
财政补助收入	①从业人员数 ②中高级职称人员所占比重	固定资产增加值	①经营收入 ②事业收入	①参观人次 ②举办陈列、展览数	①科研项目 ②考古项目	可移动文物保护绩效 不可移动文物保护绩效

在进行投入产出分析时，评估报告选用的指标力求更加全面地反映“投入”或“产出”的效率——“人力投入”方面的“中高级职称人员所

占比重”与“从业人员数”分别从结构和规模方面反映文物业从业人员的基本状况。“教育贡献”方面的“举办陈列、展览数”与“参观人次”分别从文物系统促进社会教育功能发挥的主观努力和社会公众参与的客观效果两个方面反映文物系统的教育贡献。

此外，基于新修订的文物统计报表制度，由于当前部分新增或调整的指标缺少分省份的数据资料，本年度的评估报告暂时无法将其纳入评估内容：从科研贡献方面，对年度科研成果和考古项目的统计内容进行了细化，“省部级及以上科研课题数”和“考古发掘面积”等均可作为反映博物馆和重点文物保护管理机构科研贡献的指标；从文保绩效方面，由于年份久远，“全国馆藏文物腐蚀损失专项调查”等相关数据已经无法反映当前可移动文物和不可移动文物保护、修复等工作的最新情况，新修订的文物统计指标体系中“文物保护规划和方案设计数”和“国保单位保护维修项目数”都是反映文物保护工作绩效的重要指标，是对文物统计体系的重要补充。随着文物统计工作的逐步改进和完善，上述数据资料将成为今后对文物系统进行全面评估的重要依据。

考虑到同一省份的博物馆和重点文物保护管理机构对文物的保护和管理存在较大差距，简单加总之后将其作为文物业整体的保护需求和管理水平相对等级容易忽略博物馆和重点文物保护管理机构各自的特色，甚至反而会在进行总体情况比较时给读者造成错觉，因此在选择研究对象时，我们进行了改进——在进行投入产出维度管理水平评价时，对博物馆、重点文物保护管理机构以及文物业整体分别进行效率评估。

2.2.2　投入产出维度管理水平评价的指标解释

通过2013年蓝皮书对评价指标和计算方法的改进和完善，表评2－2的各项评价指标能更好地评价文物系统行政资源的使用效率，更客观地从投入产出维度反映其管理水平。同样，根据修订后的《全国文化文物统计报表制度》（文物部分），需要对部分指标进行微调，调整后的指标解释及计算方法如下。

（1）反映文化遗产事业投入状况的指标

①资金投入：由于专项转移支付资金数据来源不甚明晰，以及项目时间跨度不一等原因，我们并未将其纳入财力投入，这也造成了一大部分资金投

入的缺失。但 DEA 分析方法是各省份之间的相对比较，这些数据的局限存在于全国所有省份，因此这样分析仍具有较高的实用价值。为客观评价文物系统行政资源的投入情况，同时保证评估的合理性和结果的可比性，评估报告在计算各省份文化遗产事业发展效率时，仅依据“财政补助收入”[①] 指标来反映财政资金投入状况。

②人力投入：《文物事业“十二五”规划》明确提出“充分发挥人才第一资源作用，壮大优化文物博物馆人才队伍”，博物馆从业人员的数量和质量已成为《全国博物馆评估暂行标准》的重要评选依据。“从业人员数”和“中高级职称人员所占比重”可分别从规模和结构两个角度反映文物系统的人力投入情况。

③资本投入：固定资产增加值是各省份文化遗产事业资产更新能力和工作成效的直接反映。

（2）反映文化遗产事业产出状况的指标

①经济贡献：沿用 2012 年蓝皮书评估报告的处理方法，仍选用经营收入与事业收入之和来衡量文物系统的经济贡献[②]。

②教育贡献：文化遗产事业教育功能的发挥情况显然与公众的个人感受有关，但要形成量化指标比较困难。所以，2008 ~ 2012 年蓝皮书评估报告

---

① 尽管文物系统可支配财政资金是各级政府对文物系统投入的真实体现，但从拨付方式来看，也可以说并不完全代表各级政府对文物系统的投入，因为这项资金的“大头”之一——博物馆等的建设资金是作为城市基础设施资金列支的，一次性拨付，偶然性较高，不能反映政府对文化遗产事业的正常重视程度。尽管许多地区（如西藏）相当数量的财政拨款也来自中央转移支付，但那是制度化的一般性转移支付，其资金已经纳入各地财政经常性预算。因此，为了客观评价文物系统的投入情况，同时保证评估的科学性，蓝皮书对全国各省份文物系统投入状况对比分析时，仅依据“财政拨款”的统计数据是相对合理的。对“财政拨款”指标的详细说明可参见 2009 年蓝皮书的相关内容。

② 直接经济贡献更为准确的计算方法是收入法，即文物业内增加值 = 劳动者报酬 + 生产税净额 + 固定资产折旧 + 营业盈余，但在方法层面上，数据包络分析是对各个生产单元之间的相对比较，不是绝对量的比较。某种意义上说，只要抓住了某个指标的绝大部分，就足够进行评估，采用别的方法计算最终可能对效率结果不会有太大的影响；而且我们将不同的数据进行归一化处理后，发现二者之差在万分之一的量级上，在误差允许范围内。所以，在证明了其科学性之后，为了与 2013 年的评估工作有较好的衔接，便于后续对比分析，我们仍将直接经济收入用于衡量直接经济贡献。

只能以“青少年参观人次”来体现文化遗产事业的教育贡献。然而，这一指标在文化遗产事业教育功能越来越凸显的新形势下显得愈发单薄。特别是博物馆全面免费开放后，观众结构呈现多元化趋势，其服务对象涵盖整个社会，包括各种职业背景、知识水平、年龄层次的人群，教育功能的受众并不局限于青少年。因此，从 2014 年蓝皮书开始，在确定 DEA 分析的评估指标时，将“青少年参观人次”替换为“参观人次”，以更为全面地评估文化遗产资源在公众教育方面的广泛影响力和吸引力。同时，随着免费开放政策的逐步深入，各类博物馆举办的展览数大增，活动形式更加丰富多样，其教育功能的发挥在空间上、时间上都广为延伸，不仅“弥漫”到每个人的生活中，甚至对整个城市的软实力产生较强的正外部性。除了提供文化遗产资源本体的面貌供公众参观之外，举办陈列和展览是各类文物保护管理机构发挥教育功能的基本形式，是文物系统积极展示文化遗产资源保护和管理成效的有效手段。因此，年度举办陈列和展览的数量也应成为衡量博物馆和重点文物保护管理机构在公众教育方面所发挥作用的指标之一①。

③科研贡献：根据《2015 中国文物统计提要》，选用年度科研项目和考古项目数量之和来反映博物馆和重点文物保护管理机构的科研贡献。

④文保绩效：分别由可移动文物和不可移动文物的保存状况来反映。其中，对于可移动文物，保存状况的数据仍只能沿用 2005 年“全国馆藏文物腐蚀损失专项调查”项目资料；对于不可移动文物的保护效果，暂时只能以全国重点文物保护单位的保护绩效来替代②。

---

① 文化部部长蔡武在 2011 年全国文物局局长会议上讲话时曾指出，“文物保护必须紧紧依靠人民，文物保护成果必须惠及人民。这既是实现文物价值、赢得社会尊重的现实需求，也是建设文化强国的出发点和落脚点。要充分发挥人民在文物保护中的主体地位，拓展社会参与支持文物保护的渠道；强化广大民众与文物之间的情感和关联，无论在文物保护修缮、考古发掘、博物馆建设，还是在历史文化名城名镇名村名街的保护中，积极取得广大民众的理解、参与和支持，努力使文物保护工程与改善人民物质文化生活紧密结合，成为民意工程、民生工程、民心工程”。

② 受数据基础的限制，目前的评价指标可能尚未充分体现对文物系统行政资源投入产出情况进行全面评价的要求，但是这样的处理已是目前现实数据基础下的最优选择，相信随着文物统计工作的不断改进，将有更加丰厚的数据基础可供利用和挖掘。

B.9
第三章
中国文物系统行政资源的投入状况

在分析文物系统行政资源投入状况时，为了更全面地反映文物系统整体的投入和发展状况，评估报告着重以《2015 中国文物统计提要》中“文物业”的统计资料为基础进行分析[①]。为保持与以往蓝皮书相关内容的可比性[②]，我们仍保留对各省份博物馆、重点文物保护管理机构有关情况的分析和说明，从宏观层面全面考察文物系统整体的发展情况。在之后的 GAP 分析和 DEA 分析中再对博物馆、重点文物保护管理机构分别进行分析和比较。

1 文物系统行政资源投入的总体状况

1.1 文物机构和从业人员概况

“十二五”期间，随着第三次全国文物普查全面完成、第七批全国重点文物保护单位的公布，中国文物机构数量将实现显著增长。从“十一五”

① 2014 年以及之前年份的蓝皮书评估报告在分析文物系统行政资源投入的总体状况时，是将各省份的文化文物系统博物馆和重点文物保护管理机构作为一个整体来考虑。但是，为突出本年度的主题——让文化遗产活起来，理应从更大的范围、更全面地展现文物业整体的现状和发展趋势，因此本年度蓝皮书对该部分的研究对象进行了调整，直接选取《2015 中国文物统计提要》中“文物业”的统计资料进行分析，从而更加全面、合理。

② 虽然文物系统统计报表制度进行了修订，但是人员、经费投入方面的统计指标没有实质性的修改，仅有部分指标的表述方式有所调整。例如，将“财政拨款”改为“财政补助收入”。

以来历年全国文物机构数量与上一年对比情况看，除文物商店数量逐年减少外，其他机构呈较稳定增长趋势，文物机构总量年平均增长 9.53%。由于统计口径发生变化，文物行政主管部门被纳入文物机构统计，2013 年文物机构数涨幅最大，较 2012 年增长 26.34%，较 2006 年增长 89.08%，主要因为其他文物机构数量增长较多①。根据《2015 中国文物统计提要》，2014 年，全国文物业共有各类机构 8421 个，比 2013 年（7737 个）增加 684 个，增长 8.84%（如图评 3－1）。其中，全国重点文物保护管理机构 3280 个（如图评 3－2），占文物机构总数的 38.95%；博物馆 3658 个（如图评 3－3），占文物机构总数的 43.44%。2014 年，全国文物业从业人员 148095 人，比 2013 年（137173 人）增加 10922 人，增长约 7.96%。其中，博物馆从业人员 83970 人，约占文物业从业人员总数的 56.70%；全国重点文物保护管理机构从业人员 37843 人，约占文物业从业人员总数的 25.55%。

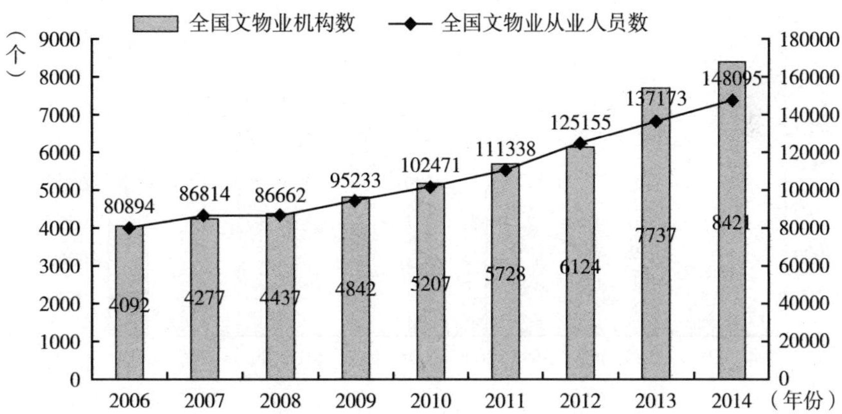

图评 3－1　全国文物机构数和从业人员数变化情况

① 资料来源：《2013 年度全国文物事业发展概况》。

图评 3-2　全国重点文物保护管理机构数及从业人员数变化情况

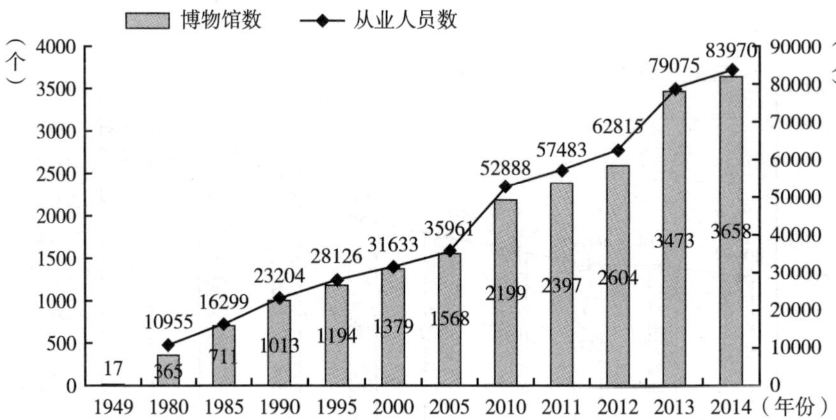

图评 3-3　全国博物馆数及从业人员数变化情况

1.2　文物业经费投入情况

2013 年，为贯彻落实党中央、国务院决策部署，中央财政调整优化支出结构，进一步加大资金投入力度①，大力支持文化遗产保护事业，促使全国文物保护经费实现较大幅度增长。2014 年，中央财政安排经费 6. 6 亿元，用于可移动文物修复和博物馆藏品预防性保护②。除了文物保护资金以外，全国文物事业费也保持稳定增长的态势（如图评 3 –4）。2014 年，全国文物事业费 295. 84 亿元，比 2013 年（267. 10 亿元）增加 28. 74 亿元，增长约 10. 76% 。

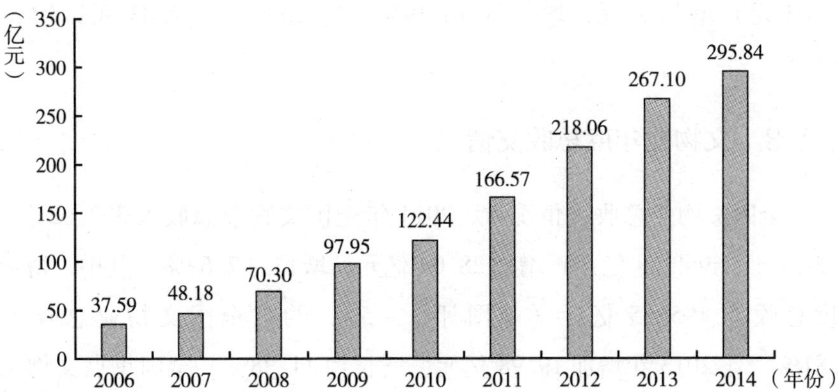

图评 3 –4　全国文物事业费变化情况

“十一五”以来，各级政府高度重视文物事业的发展。随着《国家重点文物保护专项补助资金管理办法》《中央补助地方博物馆、纪念馆免费开放

① 2013 年，中央财政累计安排全国文物保护资金 140 亿元，较 2012 年增长 10%。其中，国家重点文物保护专项补助资金 70. 22 亿元，用于保护项目，重点支持对长城、明清皇陵、丝绸之路、大运河、承德避暑山庄及周围寺庙等世界文化遗产，老司城、唐崖土司、曲阜鲁国故城、海龙囤等大遗址，定陶王陵、伪满皇宫及日伪军政机构旧址、黄田村古建筑群、花山岩画等全国重点文物保护单位的维修保护，以及考古发掘、可移动文物保护项目等；博物馆、纪念馆免费开放专项资金 30. 86 亿元，用于博物馆、纪念馆的免费开放、陈列布展等；文化与自然遗产保护性设施建设资金 11 亿元；地市级博物馆建设资金 5. 8 亿元。文物保护资金加大了对申遗项目的支持力度，对西藏、新疆等边疆、少数民族及贫困地区给予了倾斜。

② 资料来源：《2014 年文博工作热点回眸》，国家文物局网站。

专项资金管理暂行办法》的印发，第六、七批全国重点文物保护单位的公布，文物事业投入大幅度增长，2014 年文物事业费较 2006 年增加 258.25 亿元，增长近 7 倍[①]。

从文物事业费各年增长情况看，2006 年以来的 8 年间，全国文物事业费年平均增加 32.28 亿元，平均增长 29.83%，其中 2008 年的增加速度最快，达到 45.91%。同时，“十二五”时期人均文物事业费也比“十一五”时期有了显著的增长，2014 年人均文物事业费 21.63 元，比 2013 年（19.63 元）增加 2 元，增长约 10.19%，比 2006 年（2.83 元）增长约 6.64 倍。

1.3 文物业年度总收支情况

从全国文物业总收入情况看，2014 年全国文物业总收入 392.62 亿元，较 2013 年（364.58 亿元）增加 28.04 亿元，增长约 7.69%。其中，博物馆年度总收入 195.55 亿元（如图评 3 - 5），约占全国文物业总收入的 49.81%，比 2013 年增加 19.98 亿元，增长约 11.38%；全国重点文物保护管理机构年度总收入 75.73 亿元（如图评 3 - 6），约占全国文物业总收入的 19.29%，比 2013 年减少 6.23 亿元，降低约 7.60%。

从全国文物业总支出情况看，2014 年全国文物业总支出 364.36 亿元，较 2013 年（341.58 亿元）增加 22.78 亿元，增长约 6.67%。其中，博物馆年度总支出 187.42 亿元（如图评 3 - 5），约占全国文物业总支出的 51.44%，比 2013 年增加 16.73 亿元，增长约 9.80%；全国重点文物保护管理机构年度总支出 68.98 亿元（如图评 3 - 6），约占全国文物业总支出的 18.93%，比 2013 年减少 1.56 亿元，降低约 2.21%。

---

① 近年来，各级政府对文物保护事业的认识不断提高，积极贯彻实施《文物保护法》，依法将文物保护事业纳入本级国民经济和社会发展规划，将所需经费列入本级财政预算并实现逐年增长。据财政部统计，“十一五”期间，全国公共财政文物支出累计为 572.5 亿元，年均增长 37.9%，超过同期全国财政收入平均增幅 21.29% 的水平。

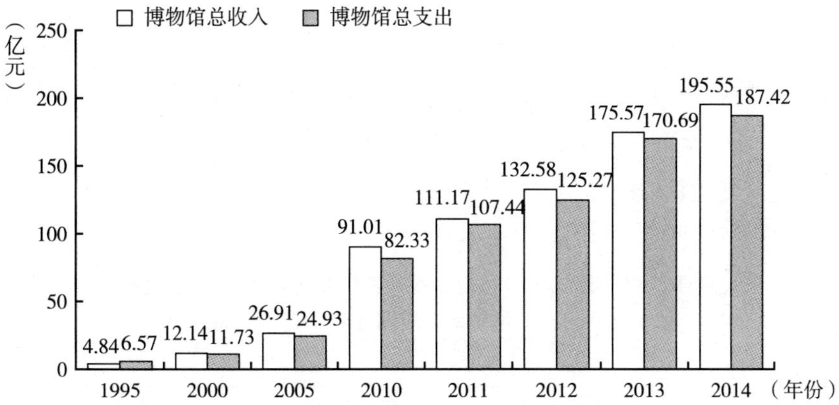

图评 3-5　全国博物馆年度总收支情况

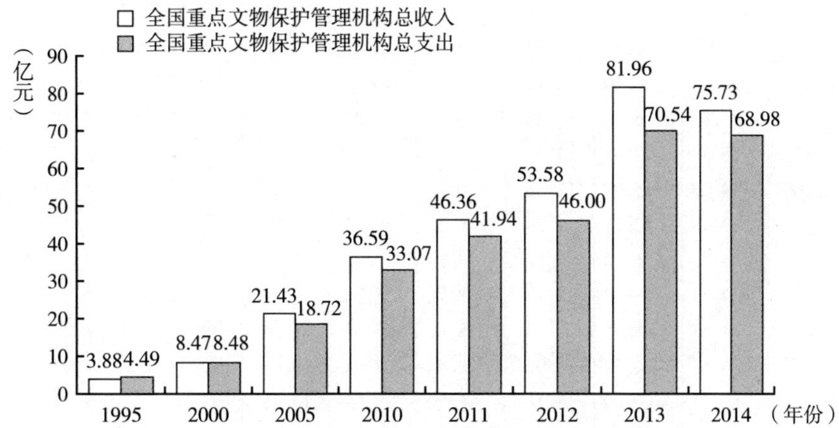

图评 3-6　全国重点文物保护管理机构年度总收支情况

1.4　文物系统投入增速与地区生产总值增速对比

考虑到文物事业费的绝对数因各省份经济水平差别较大而可比性不强，因此，我们分别计算各省份文物系统投入增长率、机构数量增长率和地区生产总值增长率，将各省份文物系统投入增长率与机构数量增长率、地区生产总值增长率比较，考察各省份对文物系统的相对重视程度。由表评 3－1 可以看出，2013～2014 年，全国有 26 个省份文物机构数量有所增长，3 个省份文物机构数量保持不变。在此期间，随着文物事业规模的变化，宁夏、西藏、安徽、吉林等 22 个省份的文物系统投入出现增长。宁夏、青海、安徽、上海、吉林等 16 个省份的文物系统投入增速高于同期地区生产总值增速。

表评 3－1　近三年分省份文物系统投入增长率、机构数量增长率及地区生产总值增长率

单位：%

省份	2012 年/2011 年			2013 年/2012 年			2014 年/2013 年		
	投入增长率	机构数量增长率	生产总值增长率	投入增长率	机构数量增长率	生产总值增长率	投入增长率	机构数量增长率	生产总值增长率
北　京	79.46	46.97	11.25	18.31	15.46	9.55	40.52	0.89	9.39
天　津	－49.31	11.54	15.14	63.54	3.45	11.52	1.00	30.00	9.41
河　北	0.18	2.47	9.69	44.65	20.48	6.50	5.71	1.00	3.96
山　西	25.32	12.50	9.12	29.99	49.33	4.04	－4.70	0.89	1.25
内蒙古	15.87	6.90	12.23	4.23	9.03	5.28	5.72	2.37	5.57
辽　宁	35.79	7.63	12.60	4.81	12.60	9.18	5.12	0.00	5.72
吉　林	－14.28	15.09	13.36	70.16	6.56	8.74	49.32	7.69	6.33
黑龙江	62.46	23.21	9.50	20.39	20.77	5.05	1.15	0.40	4.56
上　海	104.30	175.00	4.72	23.35	13.13	7.47	59.65	1.79	9.07
江　苏	32.75	63.68	11.22	38.78	18.16	9.44	－7.49	1.71	10.02
浙　江	34.67	48.65	8.14	18.60	25.82	8.56	12.01	0.29	6.88
安　徽	6.57	26.32	13.91	－2.54	7.08	10.61	69.68	5.06	9.51
福　建	80.82	0.00	13.16	－6.80	0.67	10.45	11.38	－3.33	10.55
江　西	78.01	6.86	11.78	－20.08	25.67	10.73	48.71	0.00	9.56
山　东	56.19	38.32	10.09	31.93	29.73	9.34	9.06	12.24	8.67
河　南	36.83	21.25	9.47	－8.87	56.80	7.87	－0.36	4.82	8.66
湖　北	22.08	34.59	13.55	28.33	35.98	10.87	5.01	3.09	10.94
湖　南	31.09	13.29	12.83	60.15	27.55	10.60	27.94	3.60	10.39
广　东	25.81	8.47	8.34	9.24	31.71	8.93	5.11	0.37	9.05
广　西	63.08	16.15	11.24	11.14	23.84	10.34	－25.79	0.53	9.01
海　南	39.63	20.00	13.52	33.05	0.00	10.20	32.15	8.33	11.26
重　庆	36.11	45.90	14.46	11.34	13.48	10.45	－3.88	7.92	12.71
四　川	－10.05	6.47	13.43	43.83	20.67	10.11	6.49	11.59	8.67
贵　州	24.64	19.84	19.30	260.31	27.15	17.71	－48.20	－2.60	15.54

续表

省份	2012 年/2011 年			2013 年/2012 年			2014 年/2013 年		
	投入增长率	机构数量增长率	生产总值增长率	投入增长率	机构数量增长率	生产总值增长率	投入增长率	机构数量增长率	生产总值增长率
云　南	138.86	15.30	17.81	-6.15	1.90	13.69	-19.06	1.86	9.33
西　藏	48.33	3.67	15.71	41.14	41.04	15.21	37.53	67.80	14.01
陕　西	52.97	37.58	16.62	16.25	34.54	11.03	26.99	2.85	10.25
甘　肃	66.66	7.07	12.55	25.89	45.28	10.93	-1.89	1.30	9.05
青　海	-42.03	3.92	15.28	-37.25	101.89	11.49	71.44	0.00	9.52
宁　夏	96.53	21.43	12.90	20.76	8.82	10.25	119.51	2.70	7.29
新　疆	26.66	-12.18	14.54	2.35	2.89	13.01	-28.74	3.93	8.86

注：按当年价格计算。

根据表评 3－1 的计算结果，我们对 2013～2014 年文物系统投入增长率和地区生产总值增长率情况按区域分别绘图，可以直观地展现其变化特征（如图评 3－7 至图评 3－9 所示）。

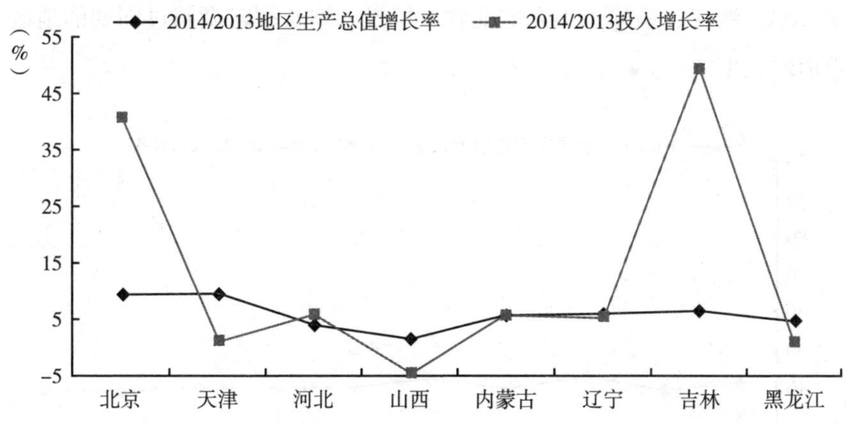

图评 3－7　2013～2014 年文物系统投入增长率和地区生产总值增长率情况（华北、东北区域）

如图评 3－7 所示，在华北和东北地区，2013～2014 年，北京、吉林的文物系统投入增长率远远超过同期的地区生产总值增长率，河北、内蒙古的文物系统投入增长率略微超过同期的地区生产总值增长率。

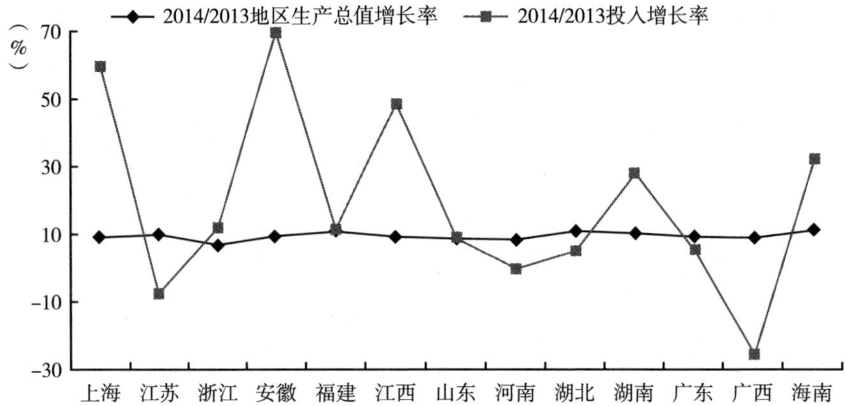

图评 3－8　2013～2014 年文物系统投入增长率和地区生产总值增长率情况（华东、华中、华南区域）

如图评 3－8 所示，在华东、华中和华南地区，2013～2014 年，上海、安徽、江西、湖南、海南的文物系统投入增长率远远超过同期的地区生产总值增长率，浙江、福建、山东的文物系统投入增长率略微超过同期的地区生产总值增长率。

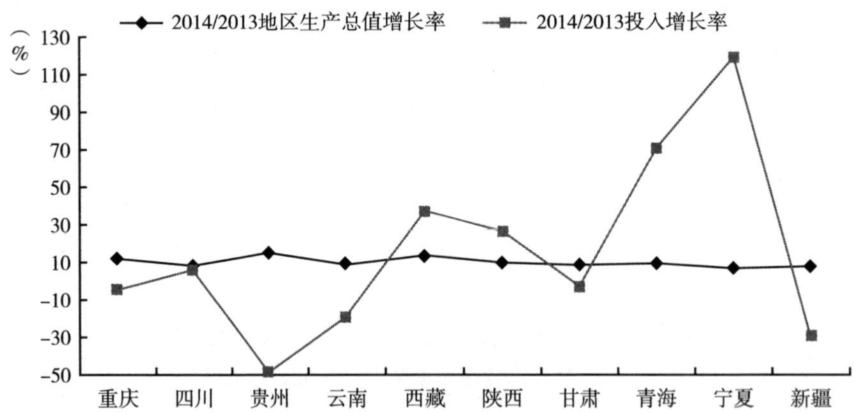

图评 3－9　2013～2014 年文物系统投入增长率和地区生产总值增长率情况（西北、西南区域）

如图评 3-9 所示，在西北和西南地区，2013~2014 年，西藏、陕西、青海、宁夏的文物系统投入增长率高于同期的地区生产总值增长率。

1.5　文物事业费增速与地区一般公共财政收入增速对比

根据《2020 年目标体系》提出的“公共财政对文物事业投入的增长幅度高于财政经常性收入增长幅度”的要求，我们对 2012~2013 年、2013~2014 年文物事业费增速情况进行了梳理（如图评 3-10 和图评 3-11）。从全国层面来看，2014 年全国文物事业费 295.84 亿元，较 2013 年增加 28.74 亿元，增长约 10.76%，略高于同期全国一般公共财政收入的增速（8.6%），基本达到《2020 年目标体系》的要求。然而，各省份的相关情况却不尽如人意。2012~2013 年，贵州、吉林、湖南、天津、河北、西藏等 18 个省份的文物事业费增速高于同期地区一般公共财政收入增速（如图评 3-10 所示）；2013~2014 年，只有宁夏、青海、安徽、上海、吉林、江西、北京等 14 个省份的文物事业费增速高于同期地区一般公共财政收入增速（如图评3-11 所示）。

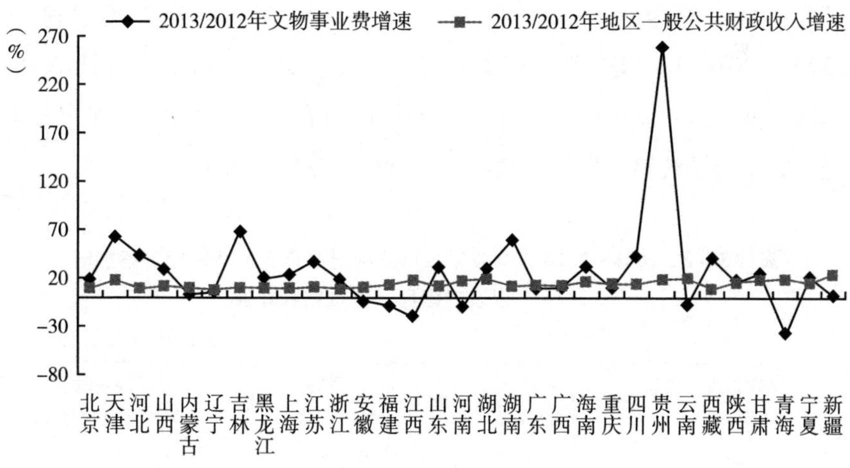

图评 3-10　2012~2013 年分省份文物事业费增速与地区一般公共财政收入增速

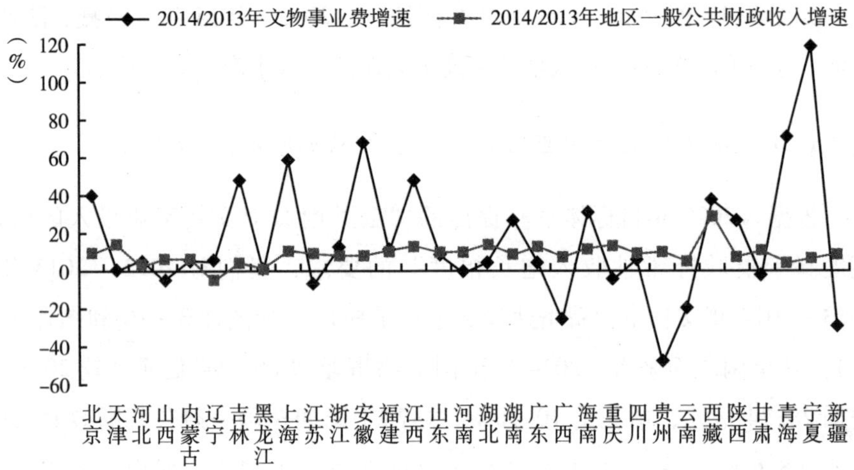

图评 3－11　2013～2014 年分省份文物事业费增速与地区一般公共财政收入增速

1.6　文物系统财政拨款、业内经济增加值及对国民经济贡献测算结果

根据技术报告第二章的测算结论（如表评 3－2 所示），2010 年文物系统可支配财政资金为 197.80 亿元，“十一五”期间的年平均增速约为 38.39%。2014 年，文物系统可支配财政资金达到 396.90 亿元，比 2010 年约增长 1 倍。从年度比较可以看出，文物系统可支配财政资金呈现明显递增的趋势，文物系统对国民经济贡献也一直保持在较高水平。

表评 3－2　2001～2014 年文物系统可支配财政资金、业内经济增加值以及对国民经济贡献测算值*

单位：亿元，%

年份	文物系统可支配财政资金	增速	业内经济增加值	增速	对国民经济贡献	增速	对国民经济贡献/文物系统可支配财政资金
2001	24.90	—	15.00	—	91.00	—	3.7
2002	26.70	7.23	17.80	18.67	102.40	12.53	3.8
2003	29.70	11.24	16.60	－6.74	97.70	－4.59	3.3
2004	33.10	11.45	30.60	84.34	175.10	79.22	5.3

续表

年份	文物系统可支配财政资金	增速	业内经济增加值	增速	对国民经济贡献	增速	对国民经济贡献/文物系统可支配财政资金
2005	39.60	19.64	37.30	21.90	195.80	11.82	4.9
2006	48.50	22.47	42.20	13.14	247.80	26.56	5.1
2007	67.50	39.18	40.10	-4.98	283.10	14.25	4.2
2008	101.50	50.37	43.80	9.23	248.10	-12.36	2.4
2009	152.30	50.05	57.60	31.51	270.00	8.83	1.8
2010	197.80	29.88	69.90	21.35	394.60	46.15	2.0
2011	242.20	22.45	87.50	25.18	450.60	14.19	1.9
2012	309.60	27.83	107.80	23.20	642.50	42.59	2.1
2013	351.00	13.37	—	—	608.10	-5.35	1.7
2014	396.90	13.08	—	—	842.40	38.53	2.1

* 增速按不变价格计算，设上年=100。测算文物系统对国民经济贡献与文物系统可支配财政资金的倍数关系时，部分数据为剔除博物馆免费开放后门票损失后的修正数据，详见技术报告第二章。测算结果表明，在小口径下，“十五”期间全国文物系统对国民经济贡献是同期财政投入的5.3倍，“十一五”期间为4.0倍，2011~2014年分别为2.8倍、2.9倍、2.3倍、2.8倍。这是在苛刻的条件下计算的产出投入比，是文化遗产事业经济贡献回报率的下限值。

从增速来看（如图评3-12所示），2010~2011年、2011~2012年、2012~2013年、2013~2014年文物系统可支配财政资金的增长率分别达到22.45%、27.83%、13.37%和13.08%，虽然存在波动，但一直保持增长趋势（以年均19.18%的速度增长）。

通过对比分析文物系统的财政资金投入状况可以看出，国家对文物事业发展的重视程度和支持力度有增无减；与同期财政资金投入相比，文物系统对国民经济的贡献也保持在较高水平。如图评3-12所示，从2006年起，国家对文物系统投入的增速已经超过业内经济增加值的增速，2011年业内经济增加值的增速首次超过国家对文物系统投入的增速，2012年国家对文物系统投入的增速再次超过业内经济增加值的增速。根据经济学的收益最大原理，在行政资源总体仍然短缺的情况下，减少投入以使边际收益等于边际成本才是各级政府最优之选。然而，随着博物馆等文博单位的免费开放，为民众提供更多免费优质的公共服务已成为文化遗产事业的主要任务，因此以事业收入和经营收入为主要来源的业内经济增加值难免暂时下降。但是，作为文化产

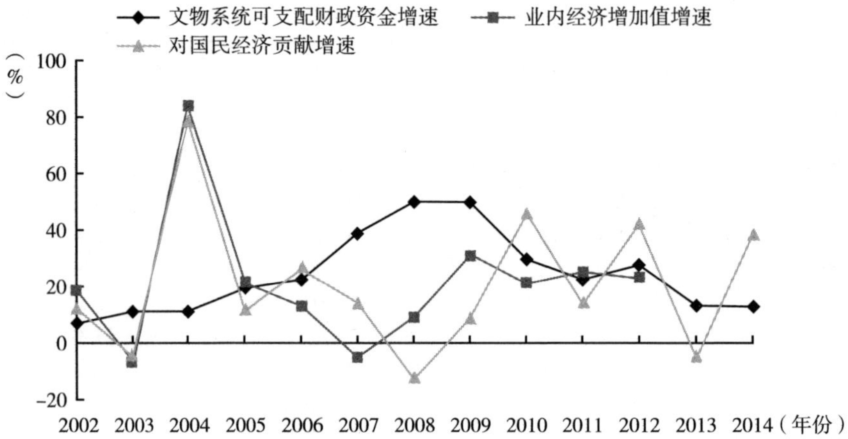

图评 3-12　2002~2014 年文物系统可支配财政资金、业内经济增加值* 以及对国民经济贡献环比增速

* 由于文物系统统计制度进行了修订，2013 年、2014 年《全国文物业统计资料》未将“增加值”纳入统计，因此，2013 年之后的“业内经济增加值增速”无法计算。

业和旅游产业的重要资源，文化遗产未来的经济功能将更多地体现在培育国民经济新的增长点、带动服务业发展等方面；而且，如图评 3-12 所示，文物系统对国民经济贡献的增速经几次波动反复之后仍然呈现上升趋势，特别是 2012 年实现了大幅度增长（42.59%）。2014 年，文物系统对国民经济贡献的环比增速达到 38.53%，文物系统对国民经济的贡献约为同期文物系统可支配财政资金的 2.1 倍，文物系统发展的后发优势正在随着投入的增加逐渐显现。

2　以文物机构数为基准的财力投入状况

根据 2013 年修订的文物统计报表制度，文物机构等统计口径发生了较大变化[①]。本年度评估报告相应地将“分省份按机构数平均经济投入”[②] 调

① 详见评估报告第一章第二节，关于文物机构的统计口径变化：将文物行政主管部门纳入文物机构统计，因此，2013 年这一指标值涨幅最大。

② 在之前的蓝皮书评估报告中，“文物系统平均经济投入”是用文物系统财力投入总量（财政投入和固定资产增值的总和）除以各省份文物机构数计算得到的。

整为“分省份按机构数平均的文物事业费投入”，重点关注“十二五”以来各省份文物事业费投入的相对情况。

如表评3-3所示，从各省份情况来看，“十二五”时期按机构数平均的文物事业费投入比“十一五”期间的平均水平有较大幅度的增长。2014年，全国有30个省份的文物事业费投入高于“十一五”期间的平均水平；其中，海南、宁夏、陕西、北京、福建、湖南、贵州等24个省份按机构数平均的文物事业费投入比“十一五”期间平均水平增加1倍以上。与2013年相比，2014年北京、上海、宁夏、海南、湖南、吉林、江西等18个省份按机构数平均的文物事业费投入有所增加；除贵州、天津、新疆以外，其余省份按机构数平均的文物事业费投入变化幅度不大。

表评3-3　分省份按机构数平均的文物事业费投入情况

单位：万元

省份	2006年	2007年	2008年	2009年	2010年	“十一五”平均	2011年	2012年	2013年	2014年
北京	317.34	238.48	508.64	748.33	962.35	555.03	932.82	1656.82	1697.62	2364.39
天津	288.36	263.11	366.30	390.30	835.63	428.74	1149.18	562.38	889.06	690.72
河北	90.77	112.22	73.70	122.28	136.69	107.13	254.86	260.44	312.69	327.29
山西	63.67	113.05	210.37	195.14	237.87	164.02	396.06	496.34	432.06	408.10
内蒙古	65.58	87.23	122.61	146.49	201.90	124.76	274.80	301.98	288.69	298.13
辽宁	87.05	103.86	133.96	234.01	309.21	173.62	381.10	537.86	500.66	526.30
吉林	89.04	78.54	127.31	117.56	127.29	107.95	183.62	144.50	230.75	319.94
黑龙江	33.60	49.23	60.74	75.22	79.85	59.73	85.76	137.98	137.54	138.56
上海	546.39	541.86	674.95	847.25	939.49	709.99	939.72	853.26	930.35	1459.23
江苏	129.42	150.96	196.30	174.98	221.30	174.59	244.34	306.61	360.13	327.55
浙江	206.07	255.87	338.11	499.89	577.14	375.42	444.25	459.04	432.71	483.27
安徽	44.01	47.59	79.67	152.30	128.40	90.39	129.04	129.50	117.85	190.35
福建	47.00	60.57	87.30	157.05	157.50	101.89	210.89	391.56	362.50	417.67
江西	38.88	45.15	95.56	97.68	135.72	82.60	150.00	264.15	167.99	249.82
山东	60.05	98.80	133.50	175.56	213.08	136.20	274.06	344.17	350.00	340.10
河南	98.48	104.28	134.28	184.75	194.22	143.20	297.33	383.48	222.89	211.88
湖北	73.16	123.97	119.27	150.79	192.28	131.89	241.61	241.19	227.62	231.84
湖南	56.03	73.99	142.23	170.01	207.66	129.98	250.41	323.24	405.84	501.21

续表

省份	2006年	2007年	2008年	2009年	2010年	"十一五"平均	2011年	2012年	2013年	2014年
广东	136.97	148.04	147.53	216.25	324.42	194.64	403.56	497.81	412.89	432.39
广西	71.66	82.72	168.72	74.59	147.13	108.96	199.87	306.52	275.08	203.05
海南	29.12	48.92	73.04	146.68	159.23	91.40	306.70	380.67	506.46	617.78
重庆	65.25	103.63	200.18	208.35	242.05	163.89	400.38	563.34	552.70	492.25
四川	52.85	74.19	104.54	176.65	258.27	133.30	325.85	287.77	342.99	327.32
贵州	27.81	31.94	92.14	103.65	103.22	71.75	166.36	179.88	509.73	271.12
云南	49.42	39.76	63.63	51.78	83.82	57.68	84.05	198.86	183.16	145.54
西藏	135.59	183.83	859.80	166.93	72.72	283.78	45.29	65.22	65.27	53.49
陕西	43.66	61.94	81.17	94.13	157.67	87.72	291.54	365.43	315.76	389.86
甘肃	86.62	83.91	170.86	169.92	178.56	137.97	243.81	396.75	343.79	332.96
青海	52.16	37.09	50.32	83.62	93.64	63.37	411.07	238.30	74.06	126.98
宁夏	65.58	69.71	189.79	182.96	201.44	141.90	201.87	361.74	401.42	857.98
新疆	73.88	120.39	128.63	162.25	141.16	125.26	252.08	370.95	369.00	253.01

注：按当年价格计算。

根据上述数据按区域分别绘图，可以直观地展示2014年各省份按机构数平均的文物事业费投入相对于2011年（"十二五"初期）的变化情况（如图评3－13至图评3－15所示）。

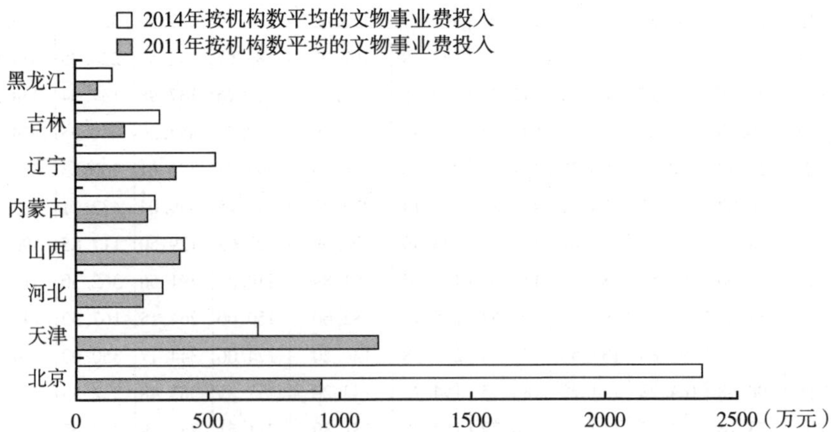

图评3－13　2011年、2014年按机构数平均的文物事业费投入情况（华北、东北区域）

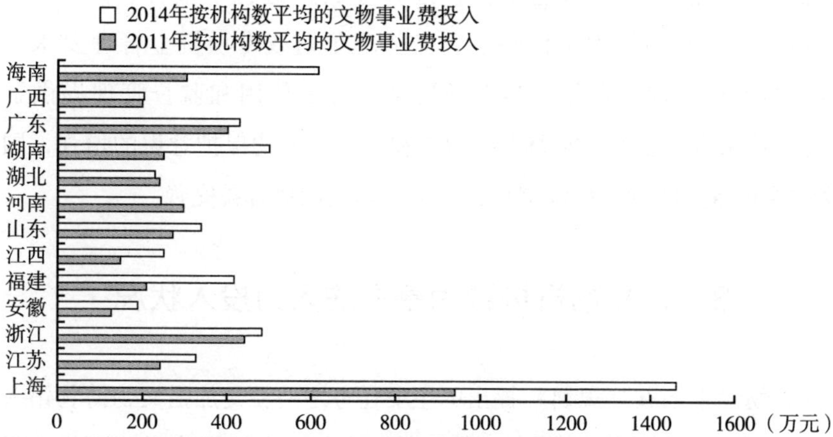

图评 3-14　2011 年、2014 年按机构数平均的文物事业费投入情况（华东、华中、华南区域）

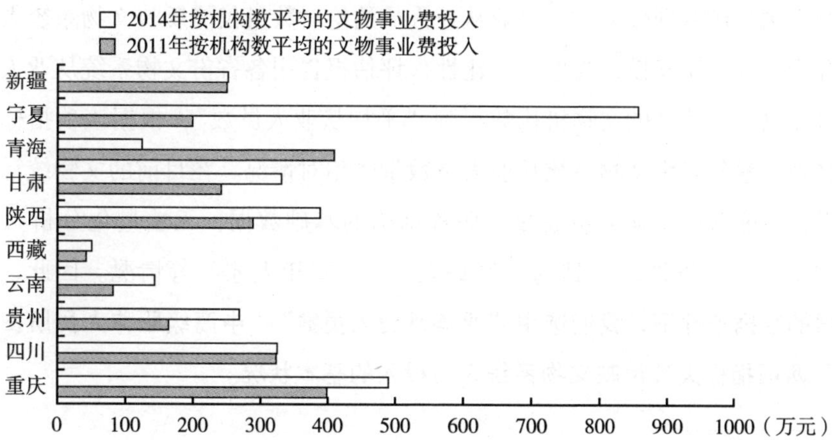

图评 3-15　2011 年、2014 年按机构数平均的文物事业费投入情况（西北、西南区域）

通过比较可以看出，相比“十二五”初期，绝大多数省份按机构数平均的文物事业费投入保持增长态势。与此同时，文物保护资金投入也稳步增长。2013 年 6 月，国家文物局会同财政部共同下发了《国家重点文物保护专项补助资金管理办法》（以下简称《办法》），对原有的《文物保护经费办法》和《大遗址保护经费办法》进行了整合、修订。《办法》既突出了文物保护工作特点，又体现了财政专项资金管理要求，同时进一步明确了各方责任，为专项资金的分配使用和监督管理提供了依据[①]。总体来看，随着国家财力的增长和全社会文物保护意识的增强，国家对文物保护事业的投入稳步增长，资金管理机制也日益完善。

3　以文物机构数为基准的人力投入状况

《文物“十二五”规划》提出的主要任务之一就是加强文物博物馆人才队伍建设——“文物博物馆人才队伍更加优化，高级人才脱颖而出，紧缺人才得到补充，青年人才稳步成长”。为评估对这一规划目标的落实情况，蓝皮书将加强对从业人员队伍规模和结构状况的比较和分析。考虑到各省份文物机构数量差别较大，文物业从业人员的绝对数量仅能反映文物系统人力资源投入的总体规模，为增强可比性，评估报告用各省份文物系统从业人员数量除以相应地区的文物机构数得到“平均从业人员数”，根据该项指标的排名来考察各省份文物系统从业人员数量的相对情况。在目前的文物统计体系下，只能获得从业人员总量、职称结构的基础数据，无法量化分析《文物“十二五”规划》提到的“紧缺人才”“青年人才”等情况。**因此，在有限的数据条件下，我们选用“平均从业人员数”“中高级职称人员所占比例”两项指标大致反映文物系统人力投入的基本状况。**

---

① 与以往相比，新修订的《办法》具有几个鲜明的特点：一是打破了国有与非国有以及行政隶属关系界限，扩大了经费的支持范围，将文物系统内外的全国重点文物保护单位，包括国有及非国有产权的国保单位统统纳入经费支持之中；二是扩大、规范了文物保护项目的支持内容，增加了国保单位和世界遗产的展示与利用、预防性保护、数字化保护等；三是建立了项目库管理制度；四是规范了项目预算申报审核流程；五是引入第三方评估机制，国家文物局与财政部通过招标确定了具有相关资质的专业评审中介机构对文物保护技术方案和项目预算控制数进行审核，以提高文物保护项目经费预算的科学性和规范性；六是强化了资金管理监督和绩效评价。新办法的实施，有利于建立分配科学、流程清晰、责任明确、便于监管的文物保护经费管理机制（资料来源：http：//www. sach. gov. cn/art/2014/6/6/art_ 1632_ 69862. html，国家文物局网站）。

3.1　分省份按文物机构数平均的从业人员情况

按照新修订的文物统计制度，在新的统计口径下，考虑到文物机构统计范围的变化，“按文物机构数平均的从业人员”只适用于2013年之后年份的对比分析，表评3-4中2012年的数据仅作为参考。根据该项指标的排名，可以考察各省份文物系统从业人员数量的相对变化情况。

表评3-4　各省份按机构数平均的从业人员数

单位：人

省份	2012年	2013年	2014年
北京	53.32	48.54	63.42
天津	31.66	29.20	24.23
河北	27.54	28.11	27.48
山西	27.14	18.44	20.40
内蒙古	12.90	12.62	12.74
辽宁	28.62	26.32	26.70
吉林	12.25	12.04	11.16
黑龙江	10.84	10.88	11.12
上海	31.96	30.54	29.54
江苏	16.61	16.54	17.06
浙江	19.40	19.00	20.29
安徽	12.02	12.24	12.27
福建	13.14	13.26	15.07
江西	18.76	16.25	17.62
山东	31.99	25.69	24.76
河南	32.34	23.50	21.81
湖北	20.25	16.20	16.43
湖南	20.38	16.30	16.86
广东	19.18	15.50	15.73
广西	13.38	11.66	11.94
海南	14.25	14.81	13.62
重庆	24.08	22.84	24.66
四川	19.17	19.57	18.26
贵州	14.34	10.34	10.01

续表

省　份	2012 年	2013 年	2014 年
云　南	8.08	7.83	8.70
西　藏	12.04	8.50	6.60
陕　西	22.87	19.39	21.30
甘　肃	20.73	16.11	20.35
青　海	7.85	6.23	6.84
宁　夏	17.91	16.76	16.50
新　疆	11.75	10.30	10.53

如表评 3－4 所示，2013 年，中国文物系统按机构数平均的从业人员数约为 17.92 人，2014 年约为 18.52 人，总体来看，比 2013 年略有增长。从各省份情况来看，2014 年，甘肃、山西、陕西、重庆、福建、江西等 20 个省份按机构数平均的从业人员数比 2013 年有所增加，其余 11 个省份的这一数值略有降低[①]。根据 2013～2014 年各省份数据按区域分别绘图，可以直观地展现各省份文物系统按机构数平均的从业人员数量变动情况（如图评3－16 至图评 3－18 所示）。

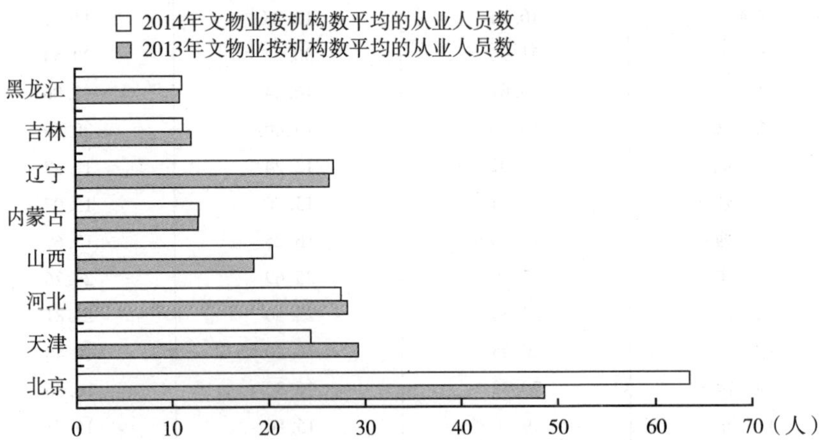

图评 3－16　2013 年、2014 年按机构数平均的从业人员数变动情况（华北、东北区域）

① 其中，宁夏、贵州、河北、吉林、山东等 10 个省份的降幅小于 2 人。

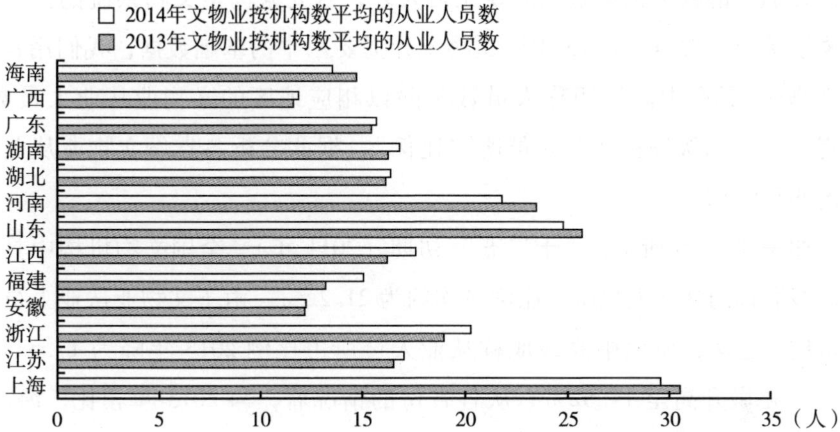

图评 3－17　2013 年、2014 年按机构数平均的从业人员数变动情况（华东、华中、华南区域）

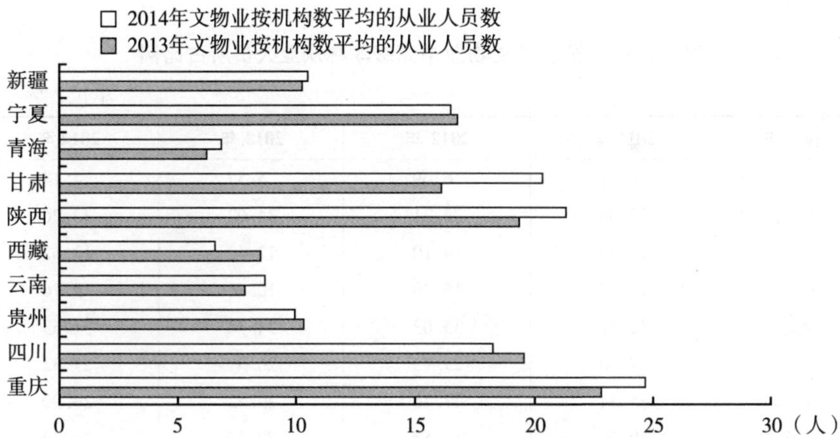

图评 3－18　2013 年、2014 年按机构数平均的从业人员数变动情况（西北、西南区域）

3.2　分省份文物业中高级职称从业人员所占比例

通常来讲，考察人才队伍的建设情况，除了关注人员规模以外，人员素质也是重要的指标。然而，由于数据所限，**我们只能将从业人员中具有**

中高级职称的视为文物系统的专业型人才，以此来衡量文物系统的人才队伍素质情况。根据《2015 中国文物统计提要》中的基础数据，我们用各省份文物业[①]具有中高级职称人员数量除以相应地区的文物业从业人员数，即得到“中高级职称从业人员所占比例”，据此分析各省份文物业从业人员的职称结构。

如表评 3 –5 所示，“十二五”初期（2011 年），全国文物机构中具有中高级职称的从业人员所占比例平均约为 21.22%。由于文物业从业人员的总量增长迅速，所以中高级职称从业人员所占比例 2013 年降为 17.54%，2014 年略微升高至 17.62%。从各省份的情况看，与 2013 年相比，海南、上海、云南、广东等 12 个省份 2014 年文物业中高级职称从业人员所占比例有所上升。与 2011 年相比较，各省份文物业中高级职称从业人员所占比例的相对情况如图评 3 –19 至图评 3 –21 所示。

表评 3 –5　分省份文物业中高级职称从业人员所占比例

单位：%

省　份	2011 年	2012 年	2013 年	2014 年
北　京	6.33	6.69	5.57	4.14
天　津	37.05	33.21	34.02	33.76
河　北	14.70	14.10	12.42	13.62
山　西	13.17	15.20	10.86	9.76
内蒙古	30.31	35.03	34.36	31.53
辽　宁	27.80	29.93	26.51	27.32
吉　林	35.34	37.26	29.52	29.90
黑龙江	39.79	35.57	29.57	29.46
上　海	26.83	27.71	23.12	25.90
江　苏	28.38	28.59	19.64	19.23
浙　江	22.84	23.85	17.76	17.60
安　徽	24.13	21.79	18.34	19.54
福　建	23.67	22.10	22.93	21.19

① 受统计资料所限，“文物业中高级职称从业人员所占比例”主要依据博物馆和全国重点文物保护管理机构的相关数据计算得到。

续表

省　份	2011 年	2012 年	2013 年	2014 年
江　西	15.62	16.78	15.30	15.24
山　东	25.12	21.93	17.73	17.32
河　南	14.29	13.44	9.12	9.73
湖　北	32.01	30.16	26.86	26.44
湖　南	16.34	13.32	12.35	12.27
广　东	18.91	19.51	17.80	19.24
广　西	24.30	22.65	18.39	19.52
海　南	9.89	8.62	6.57	9.42
重　庆	22.88	22.27	16.08	14.84
四　川	13.74	12.60	12.01	11.54
贵　州	9.81	9.84	8.41	9.56
云　南	37.85	39.83	38.06	40.82
西　藏	0.64	0.91	0.75	0.68
陕　西	13.28	13.35	10.77	9.88
甘　肃	10.84	10.55	7.62	6.65
青　海	33.70	40.00	15.59	14.89
宁　夏	17.51	19.34	18.06	17.54
新　疆	10.67	8.52	7.80	7.85

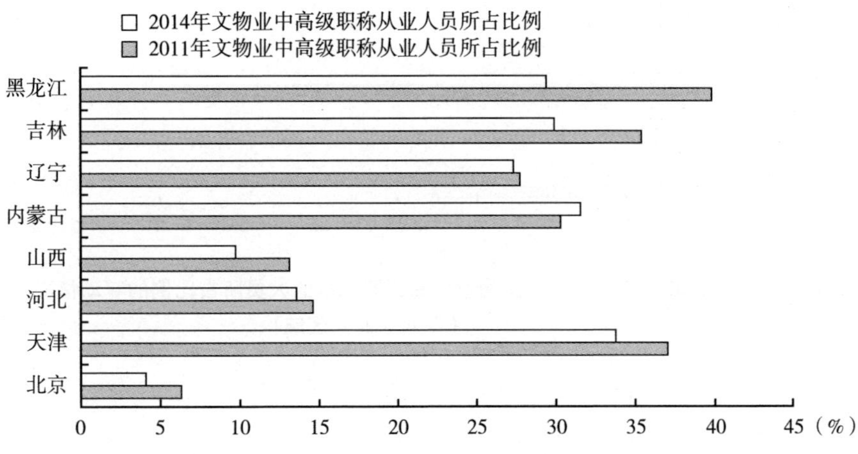

图评 3－19　2011 年、2014 年文物业中高级职称从业人员所占比例的变动情况（华北、东北区域）

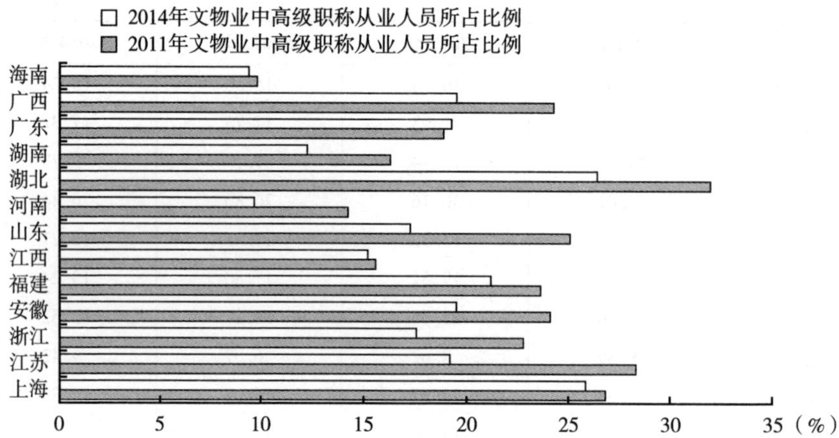

图评 3－20　2011 年、2014 年文物业中高级职称从业人员所占比例的变动情况（华东、华中、华南区域）

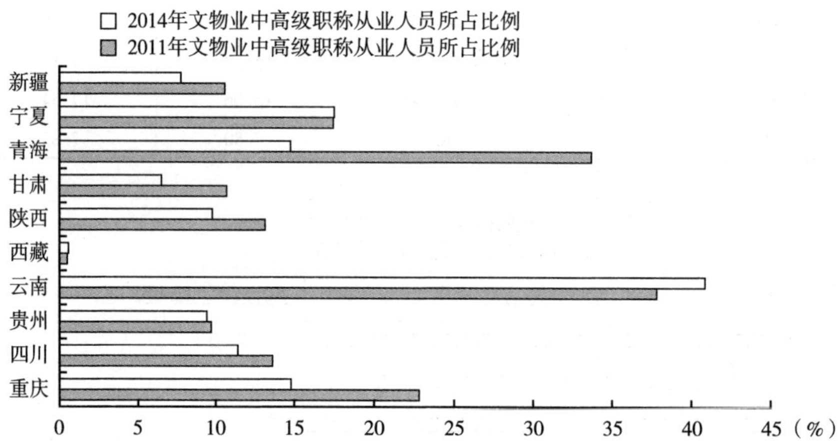

图评 3－21　2011 年、2014 年文物业中高级职称从业人员所占比例的变动情况（西北、西南区域）

B.10

第四章
供需相称角度的管理水平评估
——基于 GAP 分析

在评估报告第一章和第二章中，我们结合“让文物活起来”的年度主题，对照国家层面的文物规划计划性文件，进一步充实和完善了文物系统管理水平和发展效率评价的内容，概括梳理了对文化遗产事业发展状况开展定量评估的基本考虑。本章主要是在历年蓝皮书关于文化遗产事业管理水平的既有研究成果基础上，按照评估报告第二章构建的供需相称维度管理水平评价体系，对全国各地区博物馆和重点文物保护管理机构的管理水平进行定量评价，力求从供需相称的角度反映“十二五”期间文化遗产事业发展的阶段性特征。本章的结构仍然是在描述现状的基础上，沿用 GAP 分析方法，从行政资源供需相称角度对全国各省份文化遗产事业管理水平进行评估，分析管理水平的变化并据此提出有针对性的改进建议。

主要内容：从供需相称角度评价全国文物系统管理水平，分析文物系统行政资源的空间配置效率。

研究对象：博物馆、重点文物保护管理机构。

评价指标：聚焦文物系统行政资源的供需情况，关注文物保护需求以及人员、资金管理的相关指标，从供需相称角度分别评价可移动文物和不可移动文物的管理水平[①]。

① 评价指标选取的理由和指标解释等详见本书评估报告第二章。

1　2014年博物馆管理水平评价

考虑到分析方法的可行性，本章量化分析的可移动文物管理水平，仍然仅限于管理水平中有数据支撑且比较重要的部分——主要还只是衡量博物馆相关行政资源在空间上的配置效率。

评价对象：博物馆（以省级行政区为基本单元）。

资料来源：《2015 中国文物统计提要》。

1.1　可移动文物的保护需求相对等级分析

根据《2015 中国文物统计提要》中博物馆的年度统计数据，可计算 2014 年可移动文物的相对多度、相对丰度、相对稀有度、相对价值度、相对濒危度，继而得到各省份可移动文物的保护需求相对等级。其中，正如评估报告第二章所提到的，由于尚无反映可移动文物保存状况的最新数据可供使用，可移动文物相对丰度、相对稀有度和相对濒危度指标的相关数据无法更新，只能沿用 2005 年“全国馆藏文物腐蚀损失专项调查”项目的相关资料。以 2014 年各省份博物馆统计数据为基础，我们计算得到各省份可移动文物相对多度、相对价值度和相对重要性值，通过归一化处理，即可计算得到各省份可移动文物的保护需求相对等级（见表评 4－1）。

表评 4－1　2014 年各省份可移动文物的保护需求相对等级值

地　区	相对多度	相对丰度	相对稀有度	相对价值度	相对濒危度	相对重要性值	保护需求相对等级
北　京	0.5981	0.8866	1.0000	0.1285	0.5500	0.6327	0.8465
天　津	0.4540	0.5133	0.3613	0.2893	0.5712	0.4378	0.3201
河　北	0.0523	0.7667	0.1302	0.1221	0.6128	0.3368	0.0473
山　西	0.2264	0.5754	0.2141	0.1851	0.6036	0.3609	0.1124
内蒙古	0.2026	0.5276	0.1950	0.0471	0.6243	0.3193	0.0000
辽　宁	0.1094	0.5916	0.2076	0.3109	0.7123	0.3863	0.1811
吉　林	0.1400	0.8992	0.0715	0.0508	0.5950	0.3513	0.0864

续表

地　区	相对多度	相对丰度	相对稀有度	相对价值度	相对濒危度	相对重要性值	保护需求相对等级
黑龙江	0.1864	0.7893	0.0967	0.1014	0.6399	0.3627	0.1173
上　海	1.0000	0.8260	0.1683	0.5481	0.9049	0.6895	1.0000
江　苏	0.2224	0.7842	0.2422	1.0000	0.8718	0.6241	0.8235
浙　江	0.1981	0.7720	0.2213	0.1937	0.8586	0.4487	0.3497
安　徽	0.1210	0.5774	0.2135	0.1228	1.0000	0.4069	0.2367
福　建	0.1307	0.8891	0.0774	0.2025	0.7150	0.4030	0.2259
江　西	0.1079	0.8418	0.1788	0.1094	0.6835	0.3843	0.1755
山　东	0.1578	0.8411	0.3091	0.2704	0.7476	0.4652	0.3941
河　南	0.0999	0.8164	0.3027	0.4816	0.5389	0.4479	0.3475
湖　北	0.3350	0.8862	0.4092	0.2114	0.5056	0.4695	0.4057
湖　南	0.0846	0.8718	0.3235	0.1316	0.8059	0.4435	0.3354
广　东	0.1036	0.9264	0.2898	0.1824	0.6974	0.4399	0.3258
广　西	0.0889	1.0000	0.1090	0.1431	0.6478	0.3978	0.2119
海　南	0.0498	0.8410	0.0116	0.0056	0.7223	0.3260	0.0181
重　庆	0.2221	0.7190	0.0365	0.0645	0.5859	0.3256	0.0170
四　川	0.4147	0.8417	0.2580	0.2404	0.6812	0.4872	0.4535
贵　州	0.0339	0.9482	0.0269	0.0373	0.5756	0.3244	0.0137
云　南	0.2717	0.8239	0.1106	0.0413	0.6895	0.3874	0.1839
西　藏	0.2141	0.9393	0.0139	0.1066	0.4749	0.3498	0.0823
陕　西	0.3914	0.8310	0.2430	0.2266	0.7827	0.4950	0.4745
甘　肃	0.2159	0.8433	0.1393	0.2458	0.7998	0.4488	0.3498
青　海	0.3190	0.6519	0.0516	0.0063	0.6289	0.3315	0.0330
宁　夏	0.1245	0.8716	0.0182	0.0235	0.6837	0.3443	0.0675
新　疆	0.0845	0.9662	0.0318	0.0151	0.8287	0.3852	0.1781

将表评4－1所示的各省份可移动文物的保护需求相对等级数据导入GIS软件绘图，作为GAP分析的对照图层，记为a图（见图评4－1）。如图评4－1所示，从各省份可移动文物保护需求的相对等级情况来看，上海的可移动文物保护需求最为迫切，其次是北京、江苏、陕西、四川、湖北、山东等地区。上述地区的可移动文物数量相对较多，并且种类丰富，保护等级和价值度较高①，因此其可移动文物保护需求的相对等级较高。

① 其中，山东省博物馆文物藏品中一级品所占比例位列全国第二，仅次于西藏自治区。

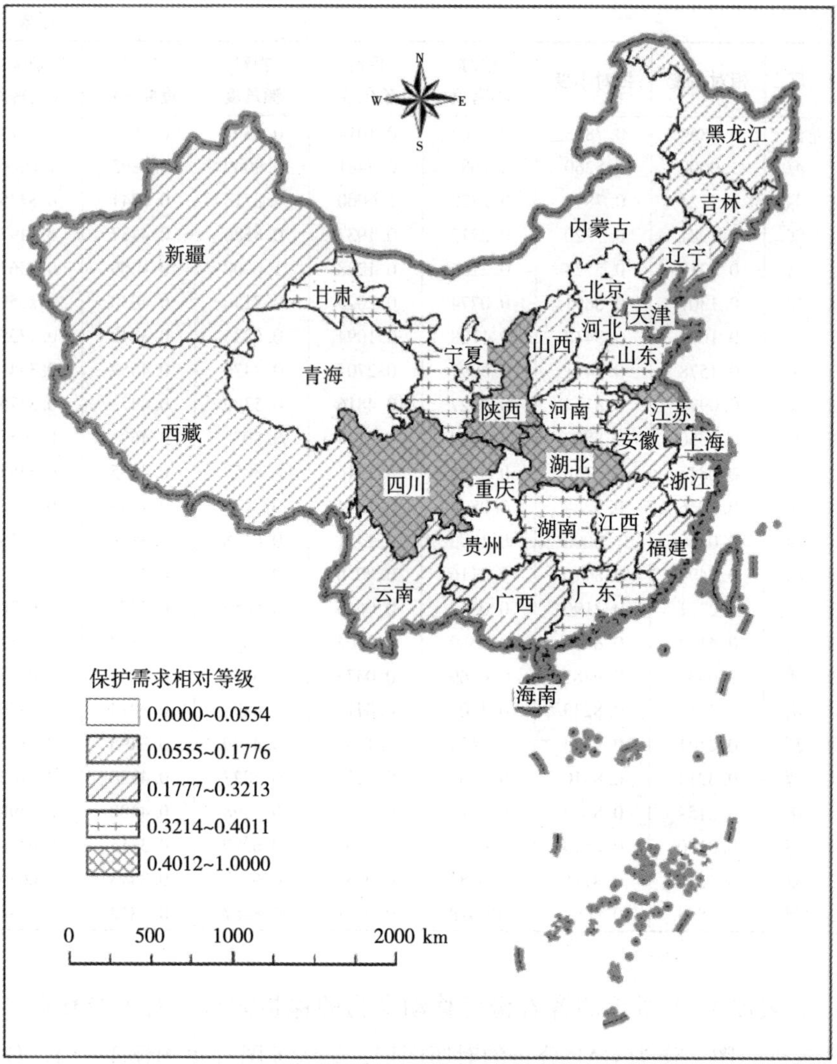

图评4-1　2012年可移动文物的保护需求相对等级图（a图）

注：由于缺少港澳台地区相应统计数据，所以在地图中未标注这三个地区。下图同。

1.2　可移动文物管理水平的相对等级分析

供需相称维度文物系统管理水平评价指标体系，从可移动文物保护和管理工作的“供给”角度，综合评估各省份博物馆的行政资源配置效率和管理的效果。据此计算，可得到博物馆管理水平评价的 6 项指标的对应数值，再运用熵权系数法[①]加权汇总得到反映各省份可移动文物管理水平的相对评价值。在此基础上，采用线性转换函数进行归一化处理，就可以得到各省份可移动文物管理水平的相对等级。然后，运用 GIS 软件绘制以省份为基本单元的可移动文物管理水平评价等级图。

根据评估报告第二章确定的供需相称维度文物系统管理水平评价指标体系，结合《2015 中国文物统计提要》可提供的数据资料情况，最终确定了用于评价可移动文物管理水平的指标，如表评 4 –2 所示。

表评 4 –2　可移动文物管理水平的评价指标

编号	指标	单位
X_1	平均从业人员数	人
X_2	中高级职称人员比例	%
X_3	平均安全保卫人员数	人
X_4	平均财政补助收入*	万元
X_5	人均直接经济贡献	万元/人
X_6	年度收支比	—

*根据 2013 年新修订的文物统计制度，在文物机构年度收入情况统计中，将原统计报表制度中的“财政拨款”调整为“财政补助收入”。

其中，X_1、X_2、X_3 是评价博物馆在人员管理方面相对水平的指标，X_4、X_5、X_6 是评价博物馆在资金管理方面相对水平的指标。

整体来看，表评 4 –2 所示的评价指标从可移动文物保护管理的“供给”角度，综合反映了各省份博物馆的行政资源配置效率和管理效果，而

① 熵权系数法（Entropic Coefficient Method）的原理来自信息论：根据一系列的计算过程，直接根据样本各指标的数值构成关系得到各指标的权重，进而得到各样本的评价值。使用熵权系数法确定各指标权重并获得评价值的过程大致分为构造初始数据矩阵、计算熵值以确定指标权重、由标准化处理后的数据矩阵得到样本的综合评价值三个步骤。由其计算过程可知，熵权系数法既能给出各指标的权重，又能给出样本的优劣排序结果，虽然计算过程相对复杂，但更加客观、科学。

且课题组在指标设计阶段就注重“研以致用”——充分考虑到与文物事业发展规划和重点工作相结合，也使评价结果能够在一定程度上反映各地区为实现“让文物活起来”的支持力度，并更好地为改进博物馆工作，尤其是博物馆的相关工作提供参考。从可行性的角度来看，所选用的6项评价指标均可以由《2015中国文物统计提要》直接获得或计算得到，可以在此基础上进行评价分析。

确定评价指标之后，课题组按照GAP分析的技术要求，基于《2015中国文物统计提要》的基础数据，运用熵权系数法加权汇总得到反映各省份可移动文物管理水平的相对评价值。在此基础上，采用线性转换函数进行归一化处理，从而得到各省份可移动文物管理水平的相对等级。然后，运用GIS软件绘制以省级行政区为基本单元的可移动文物管理水平评价等级图，分别记为b、c、d图①，以直观标示出各地区可移动文物管理水平在全国所处的相对位置，在此基础上更深入地分析各省份可移动文物管理的行政资源空间配置效率。

根据上述研究思路，我们可以依次计算得到各省份博物馆人员管理、资金管理以及管理水平的相对等级，并利用GIS软件绘图以直观地展示分析结果。

1.2.1 博物馆人员管理的相对等级

如图评4－2所示，从人员管理的情况来看，天津在博物馆人员管理方面的相对水平最高，其次是辽宁、上海、云南、湖北、河北、内蒙古等地区；而海南、贵州、新疆等地区的博物馆从业人员数量、安全保卫人员数量相对较少，加之具有中高级职称人员在博物馆从业人员总量中所占比重较低，其从业人员的规模和结构尚未较好地满足博物馆可移动文物保护与管理的工作需求，人员管理的相对等级较低。

1.2.2 博物馆资金管理的相对等级

如图评4－3所示，从博物馆资金管理的相对情况来看，上海的博物馆

① b图：博物馆人员管理的相对等级图；c图：博物馆资金管理的相对等级图；d图：博物馆管理水平的相对等级图。

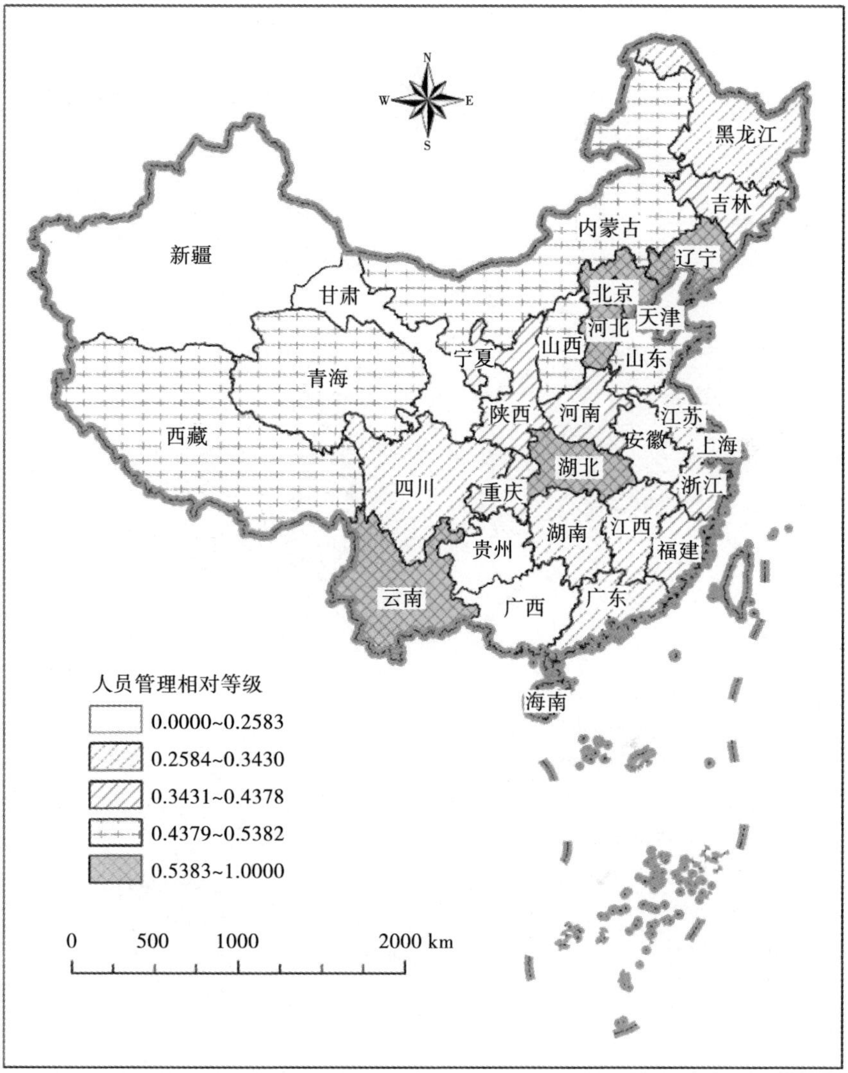

图评 4－2　2014 年博物馆人员管理的相对等级图（b 图）

资金管理水平相对最高，其次是北京、天津、西藏、辽宁、湖南等地区，上述地区按博物馆数量平均的财政资金投入水平相对较高，加之人均直接经济贡献也较高，因而资金管理相对等级位于全国前列。相比之下，河南、云南、安徽等省份的博物馆资金投入和使用效率水平相对较低，资金支持力度

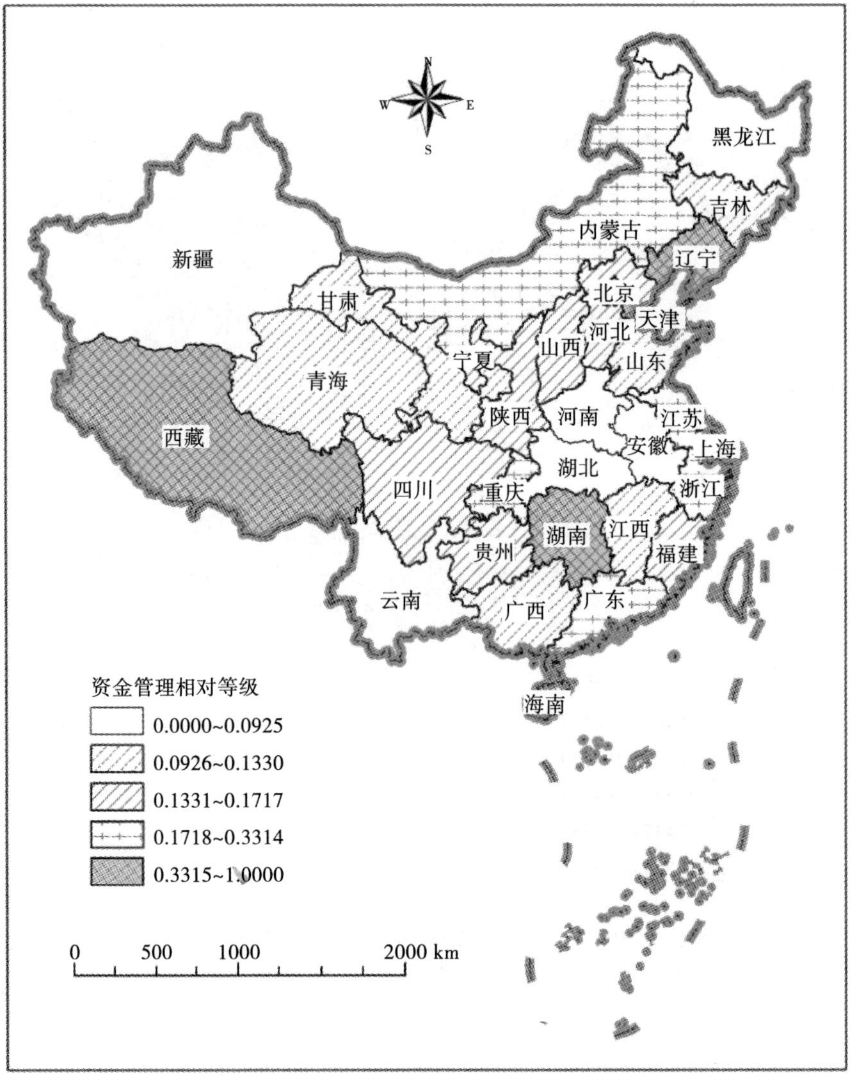

图评 4－3　2014 年博物馆资金管理的相对等级图（c 图）

和资金管理水平均有待加强。

1.2.3　博物馆管理水平的相对等级

如图评 4－4 所示，总体来看，上海的博物馆管理水平相对最高，其次是北京、天津、西藏、辽宁、湖南等地区。北京、天津、西藏、辽宁的博物

图评 4－4　2014 年博物馆管理水平的相对等级图（d 图）

馆数量相对较少①，但各项行政资源投入并不低，因此，博物馆平均的投入水平就相对较高。其中，辽宁按博物馆机构数平均的从业人员数量为全国最

① 据统计，2014 年，西藏、天津、北京、辽宁的博物馆数量分别为 4、22、41、63 个，按数量排名，位列全国后七位。

高（34.95 人），其次是天津（33.95 人）；天津、辽宁的博物馆中高级职称从业人员所占比重分别为 38.02% 和 36.65%，位列全国第三和第四位；北京按博物馆数量平均的安全保卫人员约为 7.41 人，位列全国第二；上海和湖南博物馆数量稍多（分别为 103 个和 109 个），行政资源投入总量较多，尤其是上海的博物馆年度财政补助收入为全国各省份同期最多。从平均数量看，管理水平较高的上述六个省份按博物馆数量平均的财政补助收入均位于全国前列，北京、上海、天津的博物馆人均直接经济贡献分列全国前三位，西藏的博物馆年度收支比为全国最高（2.09）。综合人员、资金管理的情况，上述地区在从业人员结构、经济功能发挥等方面具有显著的优势，管理水平的相对等级较高。相对而言，河南、安徽、新疆等地区在可移动文物管理方面还有较大的提升空间。

1.3 可移动文物管理水平的 GAP 分析

根据 GAP 分析的技术路线，对可移动文物管理水平进行 GAP 分析的基本思路是在评估各省份可移动文物保护需求和管理水平相对等级的基础上，运用 GIS 软件将可移动文物的管理水平相对等级图和保护需求相对等级图进行叠加分析，据此找出相对于可移动文物的保护需求而言在管理水平方面存在空缺的地区，即行政资源配置效率亟待改善的地区①。

1.3.1 博物馆人员管理空缺

将 b 图（博物馆人员管理的相对等级图）与 a 图（可移动文物保护需求相对等级图）进行叠加，可以找出相对于可移动文物的保护需求而言，在博物馆人员管理方面存在空缺的地区（见图评 4－5）。

对各省份可移动文物保护需求相对等级和人员管理相对等级分别排序，根据排序情况确定保护需求相对等级值排在全国前列而人员管理相对等级位列后二分之一的地区，包括福建、河南、广东、湖南、江苏、四川、安徽、

① 如前所述，GAP 分析的基本思路是：在行政资源总量一定的前提下，要提高文物保护单位的管理水平，最可行的解决思路就是，从国家层面统一调度，把稀缺的行政资源投入相对于文物保护需求而言最需要的地方，以优先解决这部分地区存在的问题。

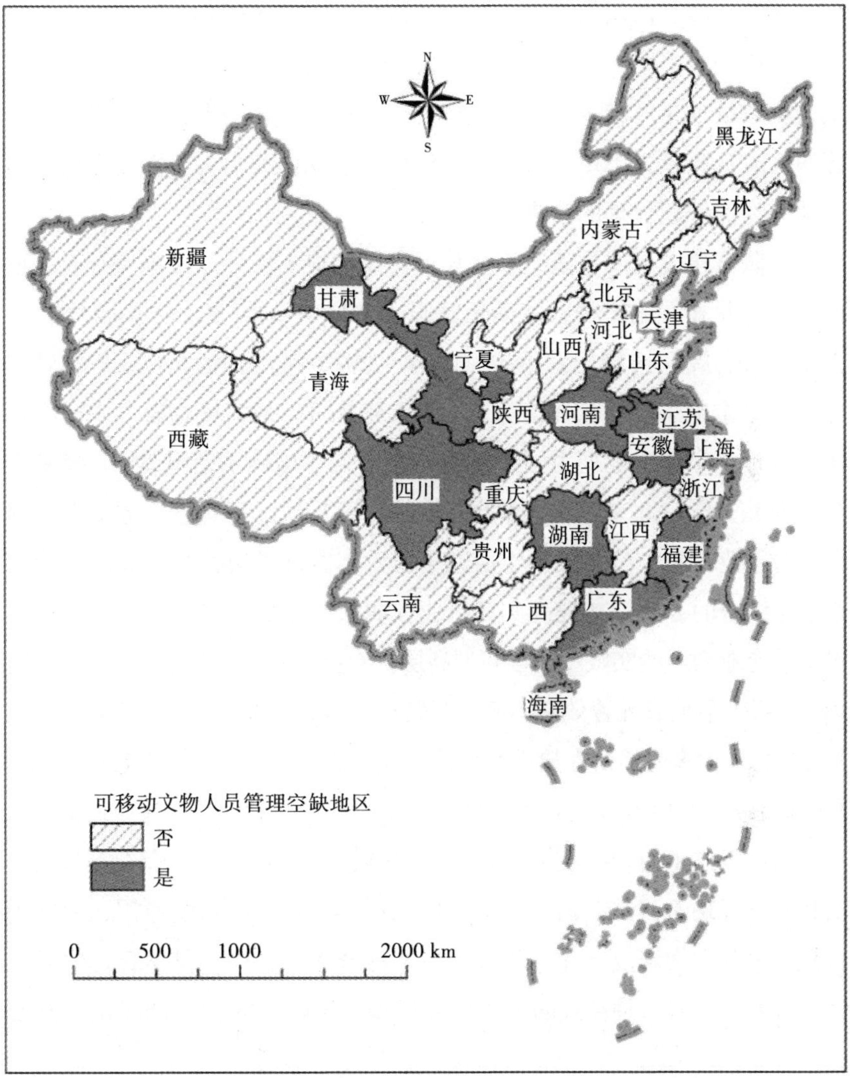

图评 4－5　2014 年博物馆人员管理空缺

甘肃，为人员管理存在空缺的地区①。从人员管理的评价指标情况来看，福建、广东、江苏、安徽、甘肃的博物馆按机构数平均的从业人员数，以及河

① 根据各省份排名情况，保护需求相对等级值大于 0.22 而人员管理相对等级值小于 0.38 的为博物馆人员管理存在空缺的地区。

南、湖南、江苏、四川、安徽、甘肃的博物馆中高级职称人员所占比重的排名在全国均相对靠后（第16位以后），加之广东、安徽的博物馆平均安全保卫人员数量也相对较少，因此，相对于可移动文物的保护需求而言，上述地区的人力资源投入不足，其从业人员整体的规模和结构未能完全满足当地可移动文物保护和管理的需求①。

人才队伍建设是文化遗产事业长远发展的根本保障，国家历来高度重视文博人才培养和文化文物人才队伍建设。2014年，国家文物局印发了《全国文博人才发展中长期规划纲要（2014～2020年）》和《国家文物局文博人才培养“金鼎工程”实施方案》；2015年4月，故宫博物院、中国文化遗产研究院等9家单位被列为国家文物局文博人才培训示范基地②。国家文物局还与西北大学、北京建筑大学合作实施“高层次文博行业人才提升计划”，面向文博行业在职人员招收硕士研究生，旨在通过学历教育与文博行业实际需求紧密结合的方式，在提高文博行业在职人员学历水平的同时，培养一批具有文博专业素养的实践型、创新型高层次专业人才③。然而，在文物工作中，人力资源投入不足或配置效率不高的问题在很多方面都有体现。当前，中国的文物保护工作大多还停留在抢救性保护阶段，其中一个重要原因就在于文物修复师的缺乏④。2014年9月，以“青铜器文物保护与利用”为主题的第十二届全国文物修复技术研讨会在四川广汉三星堆博物馆召开，与会专家认为，当前文物修复师缺乏，是中国文物预防性保护难以开展的重要原因，因此呼吁加快建立完善文物修复行业的相关规范和标准体系，构建科学合理的职业评定体系，鼓励发展多种模式的人才培养体系。2015年8月，国家文物局委托

① 根据《2015中国文物统计提要》，2014年，全国文化文物系统博物馆的平均从业人员数约为22人，其中，平均安全保卫人员数约为5人；从业人员中具有中高级职称的所占比例平均约为23%。

② 资料来源：《国家文物局召开文博人才培训示范基地暨文物保护职业教育教学指导委员会工作会议》，文化部网站，http://www.jsgxgc.org.cn/jscnt_whxw/jscnt_whjy/201509/t20150921_140340.htm。

③ 资料来源：《国家文物局关于“高层次文博行业人才提升计划”的通知（办人函〔2015〕1177号）》，国家文物局网站，http://www.sach.gov.cn/art/2015/8/18/art_8_123824.html。

④ 资料来源：《全国三千余万件馆藏文物半数破损　文物修复“最缺人才”》，四川在线。

中国文化遗产研究院开展了文物修复人员职业现状调研工作，以了解国内文物修复人员现状及行业对文物修复人才需求，研究建立文物修复师职业资格管理制度，规范文物修复人员职业管理，以逐步解决文物修复师缺乏这一问题。

1.3.2　博物馆资金管理空缺

同理，将 c 图（博物馆资金管理的相对等级图）与 a 图（可移动文物保护需求相对等级图）进行叠加，可以找出相对于可移动文物的保护需求而言，在博物馆资金管理方面存在空缺的地区（见图评 4 –6）。

对各省份可移动文物保护需求相对等级和资金管理相对等级分别排序，根据排序情况确定保护需求相对等级排在全国前列而资金管理相对等级排在全国后二分之一的地区，包括陕西、四川、甘肃、山东、湖北、安徽、河南，在博物馆资金管理方面存在空缺[①]。

根据 GAP 分析评价指标的设计思路，反映文物系统资金管理情况的指标综合了总量指标——文物事业经费投入以及效率指标——人均直接经济贡献、年度收支比[②]，可从不同角度反映各省份博物馆的资金投入情况和配置效率。从资金投入指标的情况来看，山东、湖北、安徽、河南按博物馆数量平均的年度财政资金投入在全国排名相对靠后，陕西、四川、甘肃、湖北、安徽、河南的博物馆人均直接经济贡献在全国排名相对靠后，其中，河南省按博物馆数量平均的文物事业经费投入和人均直接经济贡献在全国均最低；陕西、四川、湖北、安徽、河南的博物馆年度收支比相对较低，其中，安徽、河南的博物馆年度收支比小于 1，即年度总支出略高于同期总收入，其博物馆资金管理水平还有提升空间。从国家层面看，近年来，全国文物事业费投入呈稳步增长态势（见图评 3 –6）。2013 年，中央财政累计安排博物

---

① 根据各省份排名情况，保护需求相对等级值大于 0. 22 而资金管理相对等级值小于 0. 155 的为博物馆资金管理存在空缺的地区。

② 其中，各省份文物事业费投入的额度在一定程度上反映了政府对文物事业的重视程度。人均直接经济贡献是用各省份博物馆的年度增加值除以对应的从业人员数量，在一定程度上可以反映博物馆经济功能的发挥情况。年度收支比是由博物馆的“年度总收入”除以相应的“年度总支出”得到的，作为评价各省份博物馆资金收支总体情况的指标。

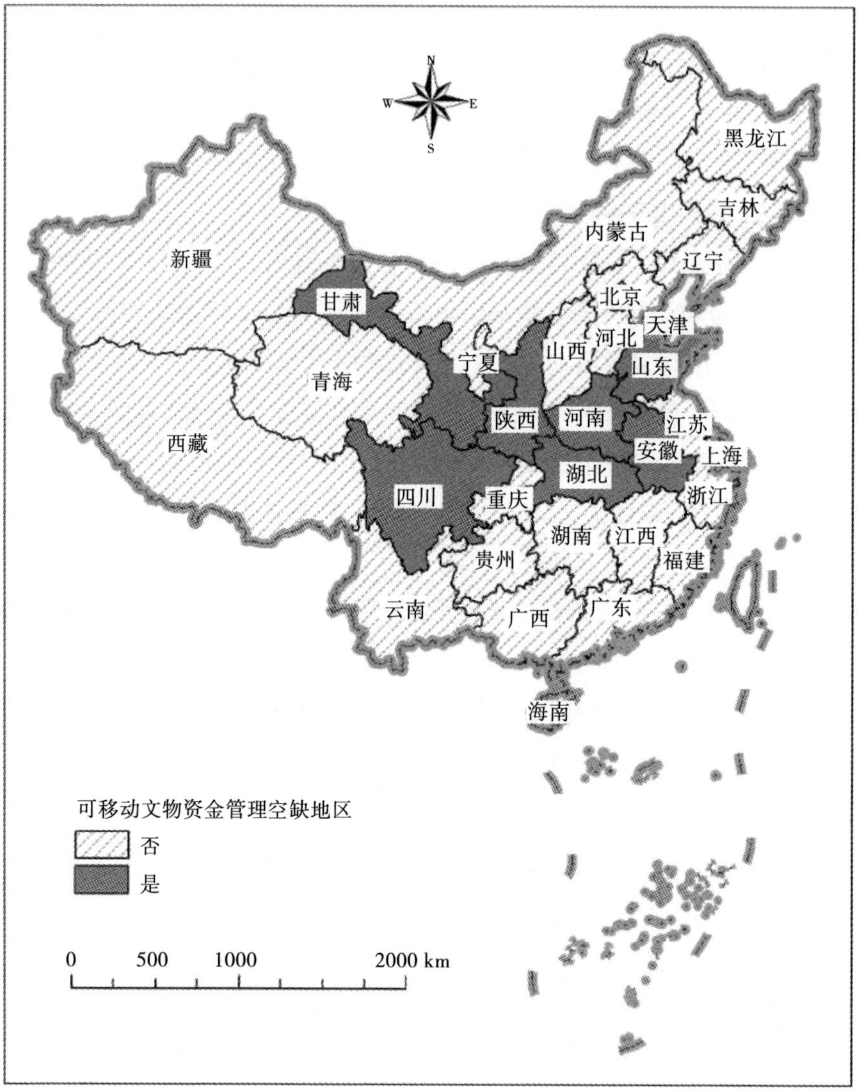

图评4－6　2014年博物馆资金管理空缺

馆、纪念馆免费开放专项资金30.86亿元，用于博物馆、纪念馆的免费开放、陈列布展等，地市级博物馆建设资金5.8亿元①。在资金管理制度建设

① 资料来源：《2013年度全国文物事业发展概况》。

方面，国家文物局与财政部修订了《国家重点文物保护专项补助资金管理办法》，扩大了资金支持范围，对文物系统外和非国有国保单位给予适当补助；同时，为规范国家重点文物保护专项补助资金管理，提高资金使用效益，还制定了《专项补助资金预算绩效管理暂行办法》，对经费投入和经费使用绩效管理进行了规范。在新形势下，无论是从公益角度还是从提高自身实力角度，上述地区都应因地制宜，进一步提升博物馆的管理水平，更好地发挥可移动文物的经济功能。

1.3.3　博物馆管理空缺

根据可移动文物管理的具体工作情况分析确定管理中的薄弱环节之后，将 d 图（博物馆管理水平的相对等级图）与 a 图（可移动文物保护需求相对等级图）进行叠加，可以找出相对于可移动文物的保护需求而言，可移动文物管理存在空缺的地区，也就是目前管理工作亟待改善的地区（见图评 4－7）。考察空缺区域与前两个分项的重合情况，分析其原因，就能找出改进工作的相应对策。对各省份可移动文物的保护需求相对等级和管理水平相对等级分别排序，根据排序情况确定保护需求相对等级值排在全国前列而管理水平相对等级排在全国后二分之一的地区①，包括山东、四川、湖北、甘肃、安徽、河南，在博物馆管理方面存在空缺②。

综上所述，可以将上述结果与 2013 年、2014 年蓝皮书评估报告中的博物馆 GAP 分析结论进行比较（见表评 4－3）。

如表评 4－3 所示，从各省份博物馆人员管理和资金管理存在空缺的情况可以看出，四川、甘肃、安徽、河南在上述两个方面的表现均不乐观，是博物馆管理存在空缺的地区。同时，除了按博物馆数量平均的文物业事业费投入水平相对较低以外，湖北、山东的博物馆相关指标在全国都处于中上游水平，但由于其可移动文物的保护需求相对等级较高（全国排名分别为第

① 根据各省份排名情况，保护需求相对等级值大于 0.22 但管理水平相对等级值小于 0.15 的为可移动文物管理存在空缺的地区。

② 2014 年蓝皮书分析结果显示：山东、河南、福建、湖北、甘肃、安徽是可移动文物管理存在空缺的地区。

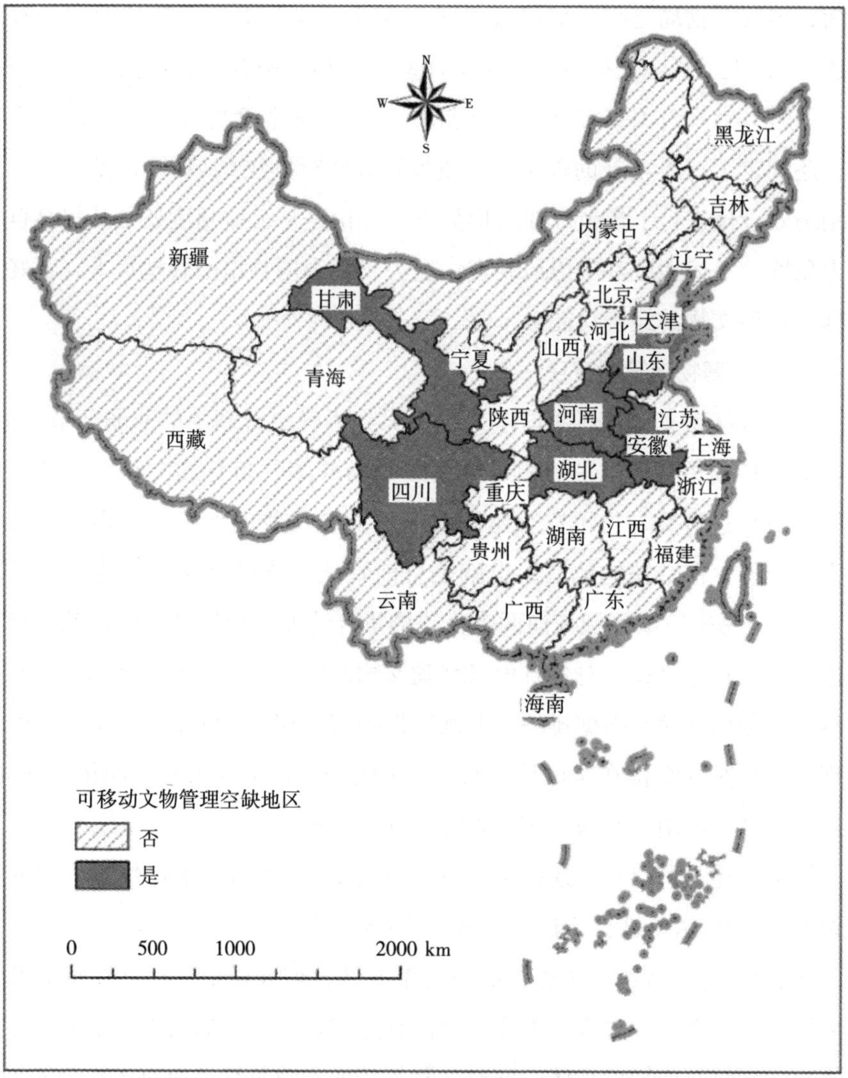

图评 4－7　2014 年博物馆管理空缺

六位和第七位)，因此，相比之下也是管理存在空缺的地区。综合考虑近三年来可移动文物管理 GAP 分析的主要结论可以发现，湖北、甘肃、安徽均是博物馆管理存在空缺的地区。因此，上述地区即全国范围内需要重视增加博物馆相关行政资源投入、提高行政资源配置效率的重点区域，需进一步提升博物馆管理水平，以增强其实现“让文物说话”“让文物活起来”的能力。

表评 4－3　可移动文物管理的 GAP 分析主要结论

类别	存在管理空缺的省份		
	2013 年蓝皮书	2014 年蓝皮书	2015～2016 年蓝皮书
人员管理空缺	湖北、湖南、福建、广东、甘肃、安徽	广东、福建、湖南、安徽、甘肃	福建、河南、广东、湖南、江苏、四川、安徽、甘肃
资金管理空缺	河南、福建、湖北、甘肃、安徽	福建、山东、河南、甘肃、湖北、安徽	陕西、四川、甘肃、山东、湖北、安徽、河南
管理空缺	湖南、**湖北**、**福建**、**甘肃**、**安徽**	山东、河南、**福建**、湖北、**甘肃**、**安徽**	山东、**四川**、湖北、**甘肃**、**安徽**、**河南**

2　2014年全国重点文物保护管理机构管理水平评价

评价对象：全国重点文物保护管理机构（以省级行政区为基本单元）。

资料来源：《2015 中国文物统计提要》。

基于《2015 中国文物统计提要》中“2014 年全国各地区文物保护管理机构基本情况”等基础数据，根据第二章确定的评价指标体系对全国 31 个省份重点文物保护管理机构的行政资源空间配置效率进行评估。其中，考虑到基础资料尚不完备①，在考察各省份不可移动文物保护需求等级时，只能延续使用 2012 年蓝皮书中的相关基础数据进行计算。

2.1　不可移动文物的保护需求相对等级分析

鉴于全国不可移动文物完整的保存状况资料无法获取，课题组在进行 GAP 分析时尽可能对其他关键指标的基础数据进行更新——对各省份的全

① 由于全国 31 个省份重点文物保护管理机构的年度常规统计中没有安全保护人员数等统计数据，并且已公布的第七批全国重点文物保护单位也未能提供不可移动文物按“古建筑、古墓葬、古遗址、近代现代重要史迹和代表性建筑、石窟寺及石刻、其他”六项分类的保存状况资料，因此，在考察各省份不可移动文物的保护需求等级时，只能延续使用 2012 年蓝皮书的相关基础数据进行计算。

国重点文物保护单位数量和类别进行了统计、核对和整理①，力求及时反映不可移动文物保护和管理的变动情况。在 2014 年不可移动文物的相对多度、相对丰度、相对保护等级度、相对稀有度、相对价值度、相对濒危度的基础上，可以计算得到各省份不可移动文物的保护需求相对等级（见表评 4－4）。将表评 4－4 的结果导入 GIS 软件绘图，作为不可移动文物管理水平 GAP 分析的对照图层，记为 e 图（见图评 4－8）。

表评 4－4　2014 年各省份不可移动文物的保护需求相对等级值

地　区	相对多度	相对丰度	相对保护等级度	相对稀有度	相对价值度	相对濒危度	相对重要性值	保护需求相对等级
北　京	0.2749	0.6486	0.2765	0.3026	0.0900	0.6986	0.3819	0.2880
天　津	0.0576	0.5848	0.0597	0.0748	0.0900	0.5086	0.2293	0.0000
河　北	0.6098	0.9200	0.6106	0.6959	1.0000	0.7190	0.7592	1.0000
山　西	1.0000	0.4962	1.0000	1.0000	0.3200	0.2716	0.6813	0.8530
内蒙古	0.3060	0.8695	0.3075	0.3767	0.1050	0.7573	0.4537	0.4235
辽　宁	0.2794	0.9558	0.2810	0.3468	0.4000	0.6235	0.4811	0.4752
吉　林	0.1619	0.8592	0.1637	0.2122	0.1450	0.8371	0.3965	0.3156
黑龙江	0.1020	0.6994	0.1040	0.1330	0.1800	0.9583	0.3628	0.2520
上　海	0.0621	0.7790	0.0642	0.0822	0.1700	0.4192	0.2628	0.0632
江　苏	0.4967	0.9768	0.4978	0.5838	0.5850	0.5823	0.6204	0.7381
浙　江	0.5078	0.9089	0.5088	0.5752	0.5750	0.7189	0.6324	0.7608
安　徽	0.2816	0.9101	0.2832	0.3238	0.2600	0.8553	0.4857	0.4838
福　建	0.3016	0.8793	0.3031	0.3400	0.4750	0.4979	0.4661	0.4470
江　西	0.2794	0.9315	0.2810	0.3282	0.2400	0.5950	0.4425	0.4024
山　东	0.4235	1.0000	0.4248	0.5209	0.5650	0.7249	0.6098	0.7182
河　南	0.7871	0.9167	0.7876	0.9313	0.2550	0.7180	0.7326	0.9498
湖　北	0.3259	0.9865	0.3274	0.4007	0.4650	0.8680	0.5623	0.6284
湖　南	0.3991	0.9899	0.4004	0.4829	0.2900	0.4719	0.5057	0.5216
广　东	0.2151	0.8398	0.2168	0.2544	0.4500	0.5342	0.4184	0.3569

① 其中，部分古建筑、古遗址是跨省份分布的，考虑到保护需求相对等级分析着重关注的是各省份不可移动文物在保护需求方面的相对重要程度，因此在计算过程中对于跨省份分布的不可移动文物，我们按照所属类别分别计入相应省份的数量统计中（参见 2013 年蓝皮书评估报告）。

续表

地　区	相对多度	相对丰度	相对保护等级度	相对稀有度	相对价值度	相对濒危度	相对重要性值	保护需求相对等级
广　西	0.1441	0.9553	0.1460	0.1780	0.2100	0.7221	0.3926	0.3082
海　南	0.0510	0.9591	0.0531	0.0648	0.0550	0.6341	0.3028	0.1389
重　庆	0.1042	0.8141	0.1062	0.1375	0.1000	0.3699	0.2720	0.0806
四　川	0.5211	0.9301	0.5221	0.6017	0.5800	0.6143	0.6282	0.7528
贵　州	0.1552	0.8852	0.1571	0.1790	0.0500	0.6658	0.3487	0.2254
云　南	0.2905	0.9953	0.2920	0.3436	0.3650	0.5317	0.4697	0.4537
西　藏	0.1197	0.6607	0.1217	0.1271	0.2900	1.0000	0.3865	0.2968
陕　西	0.5166	0.9463	0.5177	0.6117	0.7950	0.6804	0.6780	0.8467
甘　肃	0.2838	0.9931	0.2854	0.3457	0.1100	0.7565	0.4624	0.4400
青　海	0.0953	0.8787	0.0973	0.1100	0.0500	0.8630	0.3491	0.2261
宁　夏	0.0754	0.8155	0.0774	0.0887	0.1000	0.6010	0.2930	0.1203
新　疆	0.2483	0.9587	0.2500	0.3256	0.3200	0.9709	0.5123	0.5340

如图评 4－8 所示，从不可移动文物的保护需求相对等级情况来看，河北的不可移动文物保护需求最为迫切，其次是河南、山西、陕西、浙江等地区。上述地区的不可移动文物数量相对较多，种类丰富，且相对保护等级较高，因此是加强不可移动文物保护和管理的重点区域。

2.2　不可移动文物管理水平的相对等级分析

根据第二章研究确定的供需相称维度文物系统管理水平评价指标体系，用于评价不可移动文物管理水平的具体指标如表评 4－5 所示。

其中，X_1、X_2 是评价全国重点文物保护管理机构在人员管理方面相对水平的指标，X_3、X_4、X_5 是评价全国重点文物保护管理机构在资金管理方面相对水平的指标。整体来看，表评 4－5 所示的评价指标从不可移动文物保护管理工作的“供给”角度综合反映了全国重点文物保护管理机构的行政资源配置效率和管理的效果，而且课题组在指标设计阶段就注重“研以致用”——充分考虑到与文物事业发展规划和重点工作相结合，也使评价

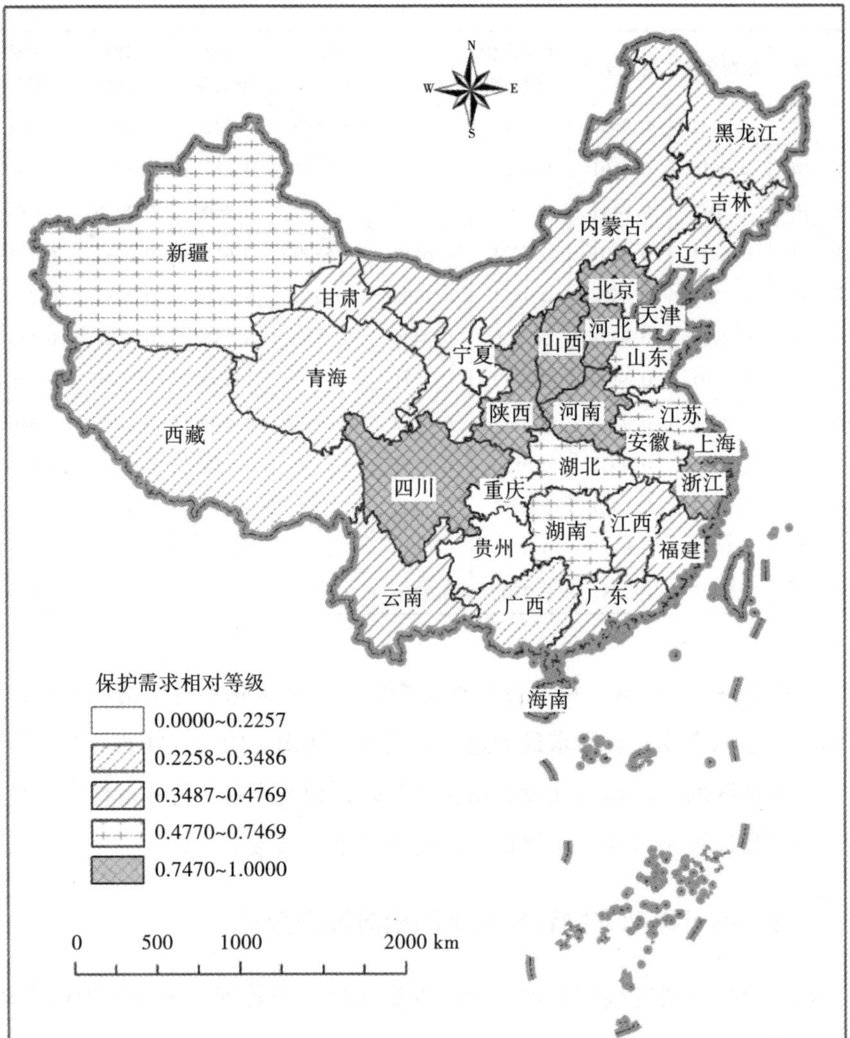

图评 4－8 2014 年不可移动文物的保护需求相对等级图（e 图）

结果能够在一定程度上反映各省份对“让文物说话”“让文物活起来”的支持力度，更好地为改进文物相关工作提供参考。从可行性的角度来看，所选用的 5 项评价指标所需数据均可由《2015 中国文物统计提要》直接获得或计算得到，可以在此基础上进行实证研究和评价。

表评4-5　不可移动文物管理水平的评价指标

编号	指标	单位
X_1	平均从业人员数	人
X_2	中高级职称人员比例	%
X_3	平均财政补助收入	万元
X_4	人均直接经济贡献	万元/人
X_5	年度收支比	1

供需相称维度文物系统管理水平评价指标从不可移动文物保护管理工作的“供给”角度，综合反映了各省份重点文物保护管理机构的行政资源配置效率和管理的效果。按照GAP分析的技术要求，基于《2015中国文物统计提要》，可以运用熵权系数法计算得到反映各省份不可移动文物管理水平的相对评价值。在此基础上，采用线性转换函数进行归一化处理，可以得到各省份不可移动文物管理水平的相对等级。最后，运用GIS软件绘制以省级行政区为基本单元的不可移动文物管理水平评价等级图，分别记为f、g、h图①，以直观标示出各地区不可移动文物管理水平在全国所处的相对位置，分析各省份不可移动文物管理的现状。

根据上述研究思路，我们可以依次计算得到各省份重点文物保护管理机构人员管理、资金管理以及管理水平的相对等级，并利用GIS软件绘图以直观地展示分析结果。

2.2.1　重点文物保护管理机构人员管理的相对等级

如图评4-9所示，从重点文物保护管理机构的人员管理情况来看，北京的重点文物保护管理机构人员管理相对等级最高，其次是山东、河北、辽宁、浙江等地区；而贵州、西藏、新疆等地区的重点文物保护管理机构从业人员数量相对较少，中高级职称从业人员所占比重相对较低，人员的总量和人才结构尚未满足当地重点文物保护管理机构文物保护与管理相关工作的需求。

① f图：重点文物保护管理机构人员管理的相对等级图；g图：重点文物保护管理机构资金管理的相对等级图；h图：重点文物保护管理机构管理水平的相对等级图。

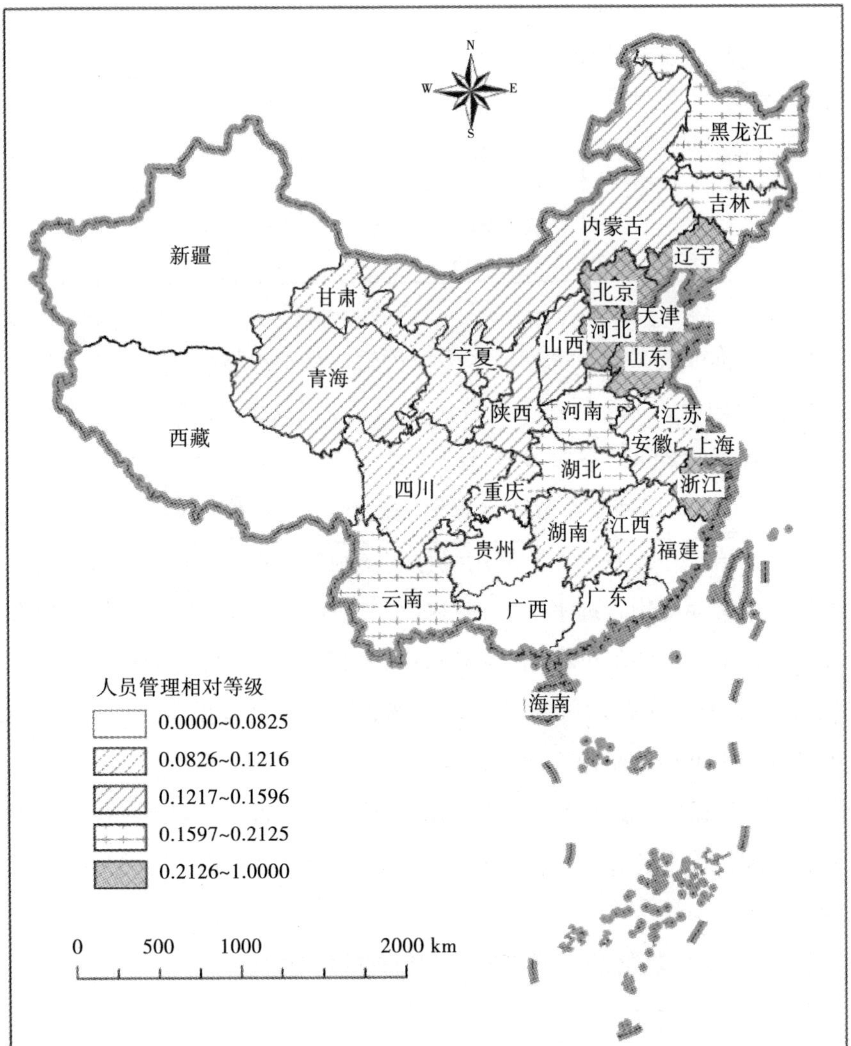

图评 4－9 2014 年重点文物保护管理机构人员管理的相对等级图（f 图）

2.2.2 重点文物保护管理机构资金管理的相对等级

如图评 4－10 所示，从重点文物保护管理机构的资金管理情况来看，北京的重点文物保护管理机构资金管理相对等级最高，其次是宁夏、上海、浙江、湖南等地区。上述地区重点文物保护管理机构的平均财政补助收入和人均直接经济贡献等指标位于全国前列。相比之下，贵州、新疆、黑龙江、西藏等省份的重点文物保护管理机构的平均财政补助收入相对较少，资金管理水平相对较低，需要进一步提高资金配置效率。

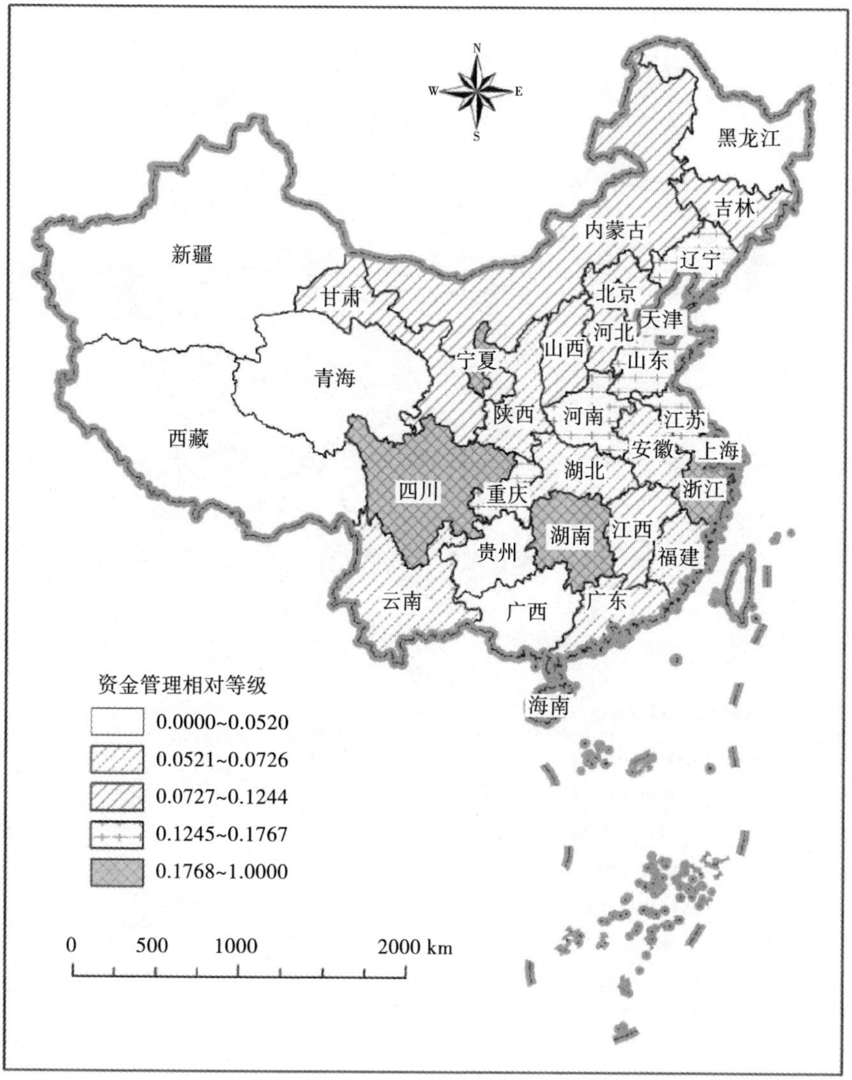

图评 4－10　2014 年重点文物保护管理机构资金管理的相对等级图（g 图）

2.2.3 重点文物保护管理机构管理水平的相对等级

如图评 4－11 所示，北京的不可移动文物管理水平相对最高，其次是宁夏、山东、浙江、上海等地区，而广西、贵州、新疆、西藏等地区的不可移动文物管理水平还有较大的上升空间。

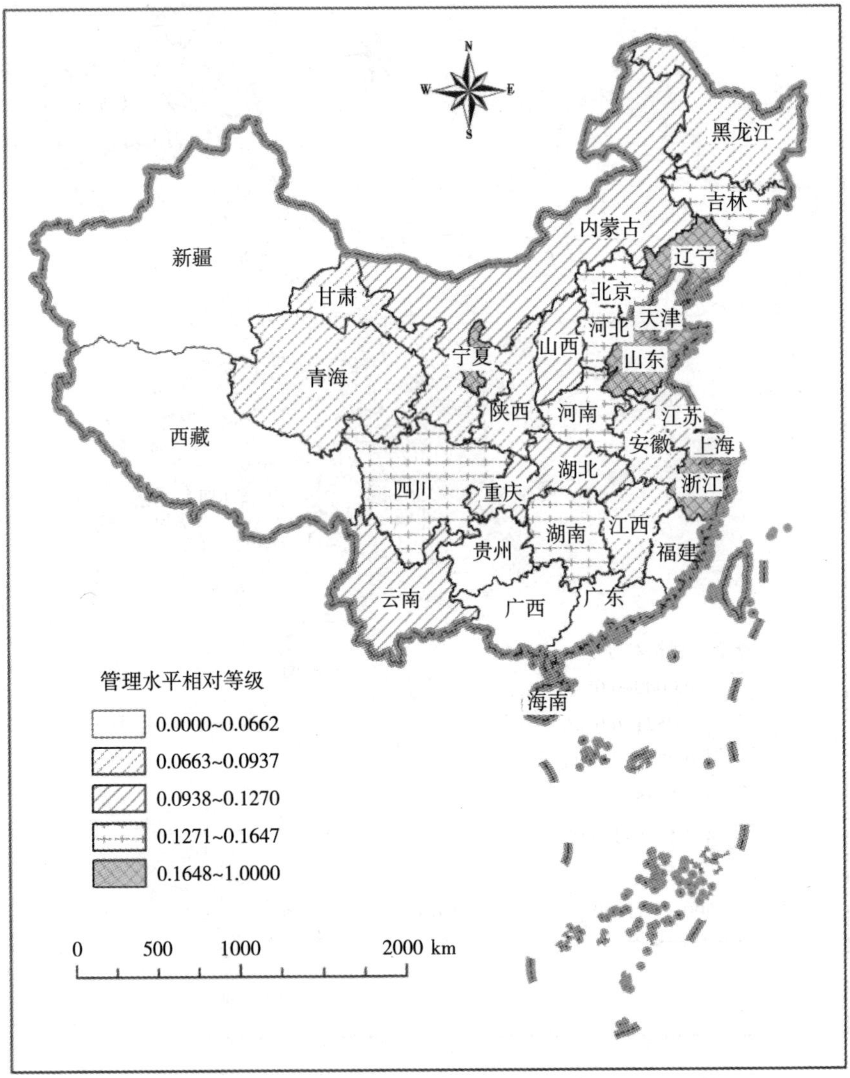

图评 4－11　2014 年重点文物保护管理机构管理水平的相对等级图（h 图）

2.3 不可移动文物管理水平的 GAP 分析

运用 GIS 软件将不可移动文物的管理水平相对等级图和保护需求相对等级图进行叠加分析，可以找出相对于不可移动文物的保护需求而言存在管理空缺的地区，即文物系统行政资源配置效率亟待改善的区域。

2.3.1 重点文物保护管理机构的人员管理空缺

将 f 图（重点文物保护管理机构人员管理的相对等级图）与 e 图（不可移动文物保护需求相对等级图）进行叠加，可以找出相对于不可移动文物的保护需求而言，在重点文物保护管理机构人员管理方面存在空缺的地区（见图评 4－12）。

对各省份不可移动文物保护需求相对等级和人员管理相对等级分别排序，根据排序情况确定保护需求相对等级排在全国前列而人员管理相对等级在全国位列后二分之一的地区，包括陕西、安徽、四川、江苏、湖南、福建、新疆，为重点文物保护管理机构人员管理存在空缺的地区①。诚然，不可移动文物种类多，体量大，管理上涉及面很多，按照“保护为主，抢救第一”的方针，文物安全是文物保护和管理工作的首要考虑②。而相对于博物馆而言，目前，“安全保卫人员”仍未纳入重点文物保护管理机构的人员统计指标，在评估人力投入水平时难免有所缺失；但考虑到 GAP 分析是基于各省份之间管理水平的比较分析，相对而言，在目前的数据条件下，评估结果客观反映了各省份重点文物保护管理机构的人力投入和人员管理情况。

安徽、四川、江苏、湖南、福建、新疆的重点文物保护管理机构平均从业人员数量在全国排名相对靠后，陕西、四川、湖南、新疆的重点文物保护

---

① 根据各省份排名情况，保护需求相对等级值大于 0.445 而人员管理相对等级值小于 0.142 的为重点文物保护管理机构人员管理存在空缺的地区。

② 2015 年 7 月，国家文物局、公安部联合发布《文物建筑消防安全管理十项规定》，从切实落实消防安全责任、建立完善专门机构和专兼职消防队伍、严格消防设施管理、严格用火管理、严格用电管理、严格危险品管理、严格大型活动管理、全面开展防火巡查检查、切实开展消防演练、认真开展消防安全宣传教育等十个方面要求文物建筑单位落实消防安全责任，严格管理措施，确保消防安全。

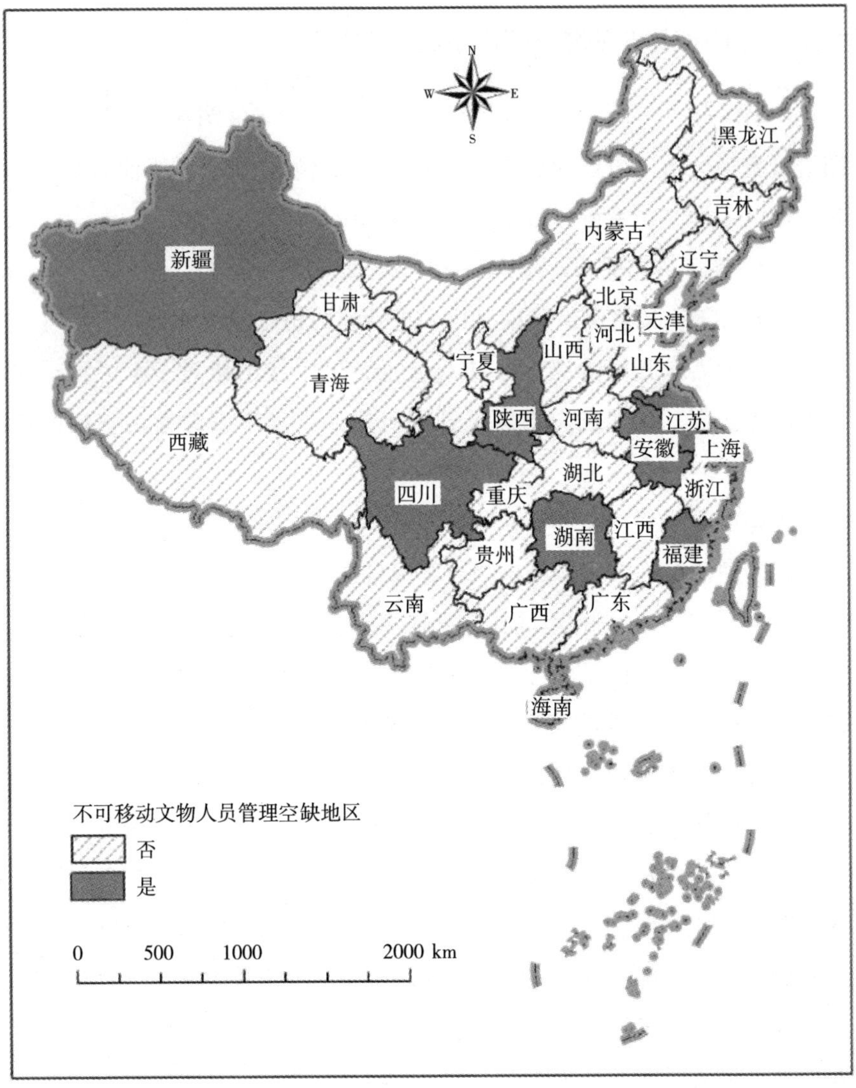

图评 4－12　2014 年重点文物保护管理机构人员管理空缺

管理机构从业人员中高级职称人员的比例相对较低（全国排名在第 20 位以后）。总体来看，上述地区的重点文物保护管理机构的从业人员数量和结构均不能满足当地不可移动文物保护和管理的需求，在人员管理方面尚存在空缺。

2.3.2　重点文物保护管理机构的资金管理空缺

将 g 图（重点文物保护管理机构资金管理的相对等级图）与 e 图（不可移动文物保护需求相对等级图）进行叠加，可以找出相对于不可移动文物的保护需求而言，在重点文物保护管理机构资金管理方面存在空缺的地区（见图评 4－13）。

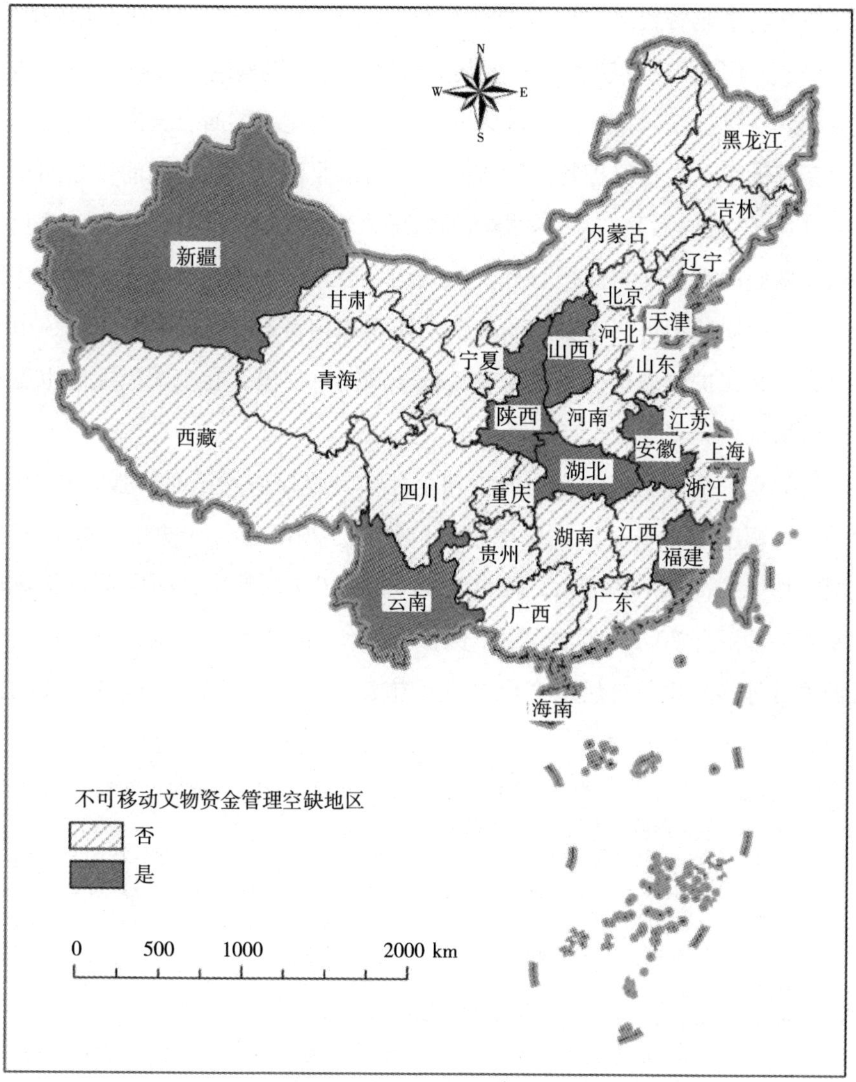

图评 4－13　2014 年重点文物保护管理机构资金管理空缺

对各省份不可移动文物保护需求相对等级和资金管理相对等级分别排序，根据排序情况确定保护需求相对等级排在全国前列而资金管理相对等级在全国位列后二分之一的地区，包括山西、福建、陕西、云南、湖北、安徽、新疆，为重点文物保护管理机构资金管理存在空缺的地区[①]。根据 GAP 分析评价指标的设计思路，反映文物系统资金管理情况的指标综合了总量指标——文物事业费投入，以及效率指标——人均直接经济贡献、年度收支比[②]，可从不同角度反映各省份重点文物保护管理机构的资金投入情况和使用效率。从资金投入指标的情况来看，山西、福建、陕西、云南、湖北、安徽、新疆的重点文物保护管理机构平均文物事业费投入在全国的排名均相对靠后（第 17 位以后）；从效率指标的情况来看，山西、陕西、云南、湖北、安徽、新疆的重点文物保护管理机构人均直接经济贡献在全国处于中等或偏低水平，表明其不可移动文物的经济功能发挥相对不足；同时，陕西、山西的重点文物保护管理机构年度总收入低于同期总支出，在全国范围内也属于极少数情况[③]。

近年来，随着国家财力的增长和全社会文物保护意识的增强，党中央、国务院大幅度增加了对文物保护事业的投入。2013 年，中央财政累计安排全国文物保护资金 140 亿元，较 2012 年增长 10%。其中，国家重点文物保护专项补助资金 70.22 亿元，用于保护项目[④]，以及考古发掘、可移动文物保护项目等；文化与自然遗产保护性设施建设资金 11 亿元。此外，文物保

---

① 根据各省份排名情况，保护需求相对等级值大于 0.445 而资金管理相对等级值小于 0.085 的为重点文物保护管理机构资金管理存在空缺的地区。

② 其中，各省份文物事业费投入在一定程度上反映了政府对文物事业的重视程度。人均直接经济贡献是用各省份重点文物保护管理机构的年度增加值除以相应的从业人员数量，在一定程度上可以反映不可移动文物的经济功能发挥情况。年度收支比是由重点文物保护管理机构的“年度总收入”除以相应的“年度总支出”得到的，作为评价各省份重点文物保护管理机构资金收支总体情况的指标。

③ 2014 年，共有 7 个省份重点文物保护管理机构的年度收支比小于 1。

④ 重点支持长城、明清皇陵、丝绸之路、大运河、承德避暑山庄及周围寺庙等世界文化遗产，老司城、唐崖土司、曲阜鲁国故城、海龙囤等大遗址，定陶王陵、伪满皇宫及日伪军政机构旧址、黄田村古建筑群、花山岩画等全国重点文物保护单位的维修保护。

护资金还加大了对申遗项目的支持力度，对西藏、新疆等边疆、少数民族及贫困地区给予了倾斜[①]。2014 年，全年启动 46 项抗战文物保护修缮和展示利用工程，安排经费 2.1 亿元；首批 51 个村落保护安排资金 7.1 亿元；国家重点文保专项补助资金安排 81 亿元，大幅度超过 2013 年[②]。在国家对文物事业投入保持稳中有增的大背景下，上述存在空缺的地区更应从公益角度和提高自身实力角度大力加强对重点文物保护管理机构的资金管理，提高行政资源配置效率，促进不可移动文物各项功能的发挥。

2.3.3　重点文物保护管理机构的管理空缺

根据不可移动文物管理的具体工作情况分析确定管理中的薄弱环节之后，将 h 图（重点文物保护管理机构管理水平的相对等级图）与 e 图（不可移动文物保护需求相对等级图）进行叠加，可以找出相对于不可移动文物的保护需求而言，不可移动文物管理存在空缺的地区，即目前管理工作亟待改善的地区（见图评 4 – 14）。考察空缺区域与前两个分项的重合情况，分析其原因，就能找出改进具体工作的相应对策。

对各省份不可移动文物保护需求相对等级和管理水平相对等级分别进行排序，根据排序情况确定保护需求相对等级值排在全国前列而管理水平相对等级排在全国后二分之一的地区[③]，山西、陕西、安徽、福建、新疆的重点文物保护管理机构管理存在空缺[④]。综上所述，可以将 2013 年、2014 年蓝皮书评估报告中的不可移动文物管理 GAP 分析结论进行比较（见表评 4 – 6）。

如表评 4 – 6 所示，结合各省份重点文物保护管理机构的人员管理空缺和资金管理空缺情况可以看出，陕西、安徽、福建、新疆在上述两个方面的

---

① 资料来源：《2013 年度全国文物事业发展概况》。

② 资料来源：《2014 年文博工作热点回眸》，http：//www.sach.gov.cn/art/2015/1/16/art_723_116239.html。

③ 根据各省份排名情况，保护需求相对等级值大于 0.445 而管理水平相对等级值小于 0.11 的为重点文物保护管理机构存在管理空缺的地区。

④ 2014 年蓝皮书 GAP 分析结论为：云南、山西、陕西、安徽、新疆、四川、福建、湖南的重点文物保护管理机构存在管理空缺。

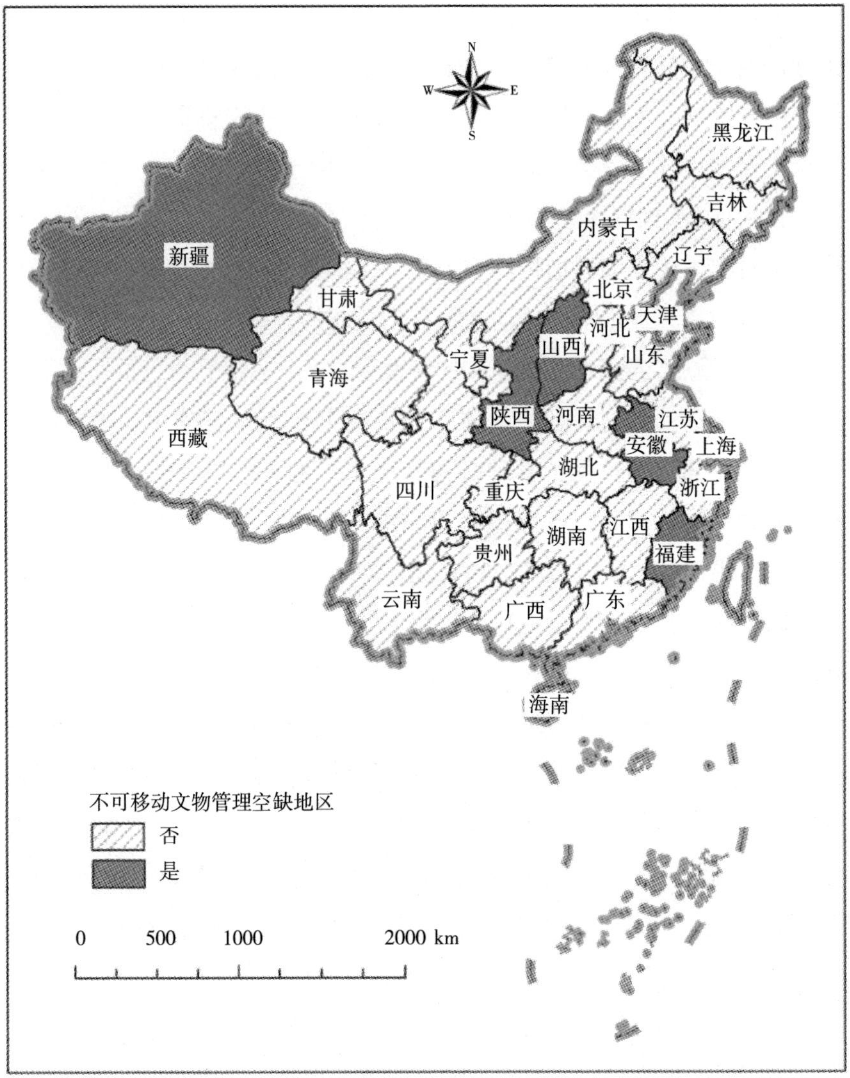

图评 4－14　2014 年重点文物保护管理机构管理空缺

表现均不乐观，是不可移动文物管理存在空缺的地区；山西的不可移动文物管理相对等级在全国处于中等水平（排名第 19 位），但由于其不可移动文物保护需求等级较高（全国排名第 3 位），因此相对而言也是存在管理空缺的地区。对比近几年蓝皮书 GAP 分析的结果可以发现，山西、安徽、陕西、福建、新疆的重点文物保护管理机构在这几年均存在管理空缺，是需要着力提升重点文物保护管理机构的管理水平、提高行政资源配置效率的重点区域，以提升其"让文物说话""让文物活起来"的能力。

表评 4－6　不可移动文物管理的 GAP 分析主要结论

类别	存在管理空缺的省份		
	2013 年蓝皮书	2014 年蓝皮书	2015～2016 年蓝皮书
人员管理空缺	安徽、江苏、四川、湖南、福建、新疆	安徽、江苏、四川、福建、湖南、新疆	**陕西**、**安徽**、四川、江苏、湖南、**福建**、**新疆**
资金管理空缺	安徽、山西、云南、湖南、陕西、福建	陕西、安徽、福建、四川、山西、湖南、云南	**山西**、**福建**、**陕西**、云南、湖北、**安徽**、**新疆**
管理空缺	四川、山西、**安徽**、陕西、**湖南**、**福建**、新疆	云南、山西、陕西、**安徽**、新疆、**四川**、**福建**、**湖南**	山西、**陕西**、**安徽**、**福建**、**新疆**

B.11

第五章

投入产出角度的管理水平评估

——基于 DEA 分析

2013 年蓝皮书对投入产出维度管理水平评估（即文化遗产事业发展效率评估）在内容设置、指标体系等方面都进行了有针对性的调整。为了呼应年度主题，找出当前文物系统在投入产出角度与“让文物活起来”“让文物说话”的差距，结合 2013 年新修订的文物系统统计制度，本章对相关评价指标进行了进一步修订和完善①。在此基础上，本章从投入产出角度评价文物系统的管理水平，分析各省份文物系统行政资源的使用效率，即分析“怎么用”的问题。鉴于博物馆和重点文物保护管理机构在保护需求和管理方面有较大差异，评估报告在进行静态效率分析时，分别对博物馆和重点文物保护管理机构进行评估。但是，为了保持与以往蓝皮书的延续性和可比性，在年度间的静态效率比较和动态效率评估时，评估报告仍对文物业整体的发展效率进行评估，以从投入产出维度更完整地反映文物业整体的效率变化，并试图发现效率变化背后的成因。

1 DEA 分析的基本步骤

根据评估目的并考虑到研究成果的可比性，本年度评估报告沿用以往蓝皮书的分析体例，按照“三投入、四产出”评价指标进行分析。由于

① 根据国家文物局 2013 年修订的文物统计报表制度，相较于 2014 年蓝皮书评估报告，本年度供需相称维度的管理水平评估略有调整，具体参见评估报告第二章。

DEA方法主要用于评价相对效率，有一套相对成熟的技术体系和模型结构，为避免混淆，本评估报告将横向分析（即同一时间点不同地区）的文物系统发展相对效率称为“静态效率”，将纵向分析（即不同时期相同地区）的文物系统发展相对效率称为“动态效率”。具体分析分为以下三步。

第一，在不对投入产出指标做任何限制（即偏好自由）时，计算出各省份文物系统的静态效率（对博物馆和重点文物保护管理机构分别计算），其效率值是各省份既定总投入下任意调整投入资源的配比，得到产出最大时相对的最高效率值。通过对投入产出指标的赋权状况，可以分别看出各省份在哪些资源上存在冗余和哪项产出带来的收益较大。

第二，计算既定政策条件下的效率值。完美状况下的计算结果可以帮助各省份了解自身优势。但由于现实中在教育、科研、经济三方面的投入缺一不可，三大功能的发挥和文物保护也不能顾此失彼，我们还需要按照国家对文物系统发展的要求和特定历史阶段的政策倾向来进行对事业发展效率的评估。因此，再将专家偏好矩阵带入模型中，考察各省份文物系统在政策既定偏好下的效率值（对博物馆和重点文物保护管理机构分别计算）。当然，德尔斐法得到的专家主观意见并不一定能完全反映各方面发展的偏好，所以我们分别突出某一项功能的重要性，对产出指标加以权重限制，再次计算效率值，来看各省份在各项功能的发挥方面取得的相对成绩。

第三，利用DEA动态模型，对博物馆、重点文物保护管理机构以及文物业整体分别计算，展示2013～2014年各省份文物事业发展效率变化情况。

2　2014年文物系统发展静态效率

在计算文物系统发展静态效率之前，根据DEA分析的指标体系设计，需要明确各省份“文物保护绩效”指标的统计口径。该指标计算方法的改进在评估报告第二章的数据说明部分已进行了解释。需要明确的是，由于数据来源的局限[①]，此处仍然只能依据 2005 年“全国馆藏文物腐蚀损失专项调查”的数据来计算可移动文物的保护绩效[②]。各省份文物系统的保护绩效计算公式如下：

各省份文物系统的保护绩效 = 各省份全国重点文物保护单位的保护率 × 重点文物保护管理机构数在该省份文物机构数中所占比例 + 各省份馆藏文物保护率 × 博物馆机构数在该省份文物机构数中所占比例

其中，对于可移动文物，根据“全国馆藏文物腐蚀损失专项调查”中文物的腐蚀程度（基本完好，中度腐蚀，重度腐蚀，濒危）来赋予相应分值（4 分，3 分，2 分，1 分），将每一类腐蚀状况下的文物数量乘以相应的分值，得到各省份馆藏文物保护效果的实际得分，再赋予各省份的所有单元 4 分，将各省份的总得分定义为所有馆藏文物都处于基本完好状态下的得分，实际得分与总得分之比即可作为该省份馆藏文物的平均保护率[③]。

对于不可移动文物，根据第一至五批全国重点文物保护单位的基本信息，将各个全国重点文物保护单位的状况分为完好、较好、一般、较差、很差五个等级，并赋予相应的分值（5 分，4 分，3 分，2 分，1 分）；然后计

① 有关馆藏文物保护状况，迄今为止只有 2005 年结束的全国馆藏文物腐蚀损失专项调查（详细情况参见 2009 年蓝皮书主题报告第一章，严格意义而言这次调查也只是一次抽样调查）能够提供相关数据。需要说明的是，数据局限使本节中的算法只是一种权宜做法，这也反映了文物系统的工作仍有“基础不牢”之处。另外，还有相当数量的馆藏文物为文物科研机构所保管，目前的常规统计和相关调查没有提供这些馆藏文物保护状况的面上数据，所以我们在本节的计算中没有将其纳入计算范围。

② 第一次全国可移动文物普查要在 2015 年前后才能得出比较准确的面上数据。考虑到真正全面的评估必须包含全国全面的可移动文物保存状况，所以目前依据“十五”末期较大规模抽样调查（即全国馆藏文物腐蚀损失专项调查）的评价是不全面的，是在文物系统基础工作存在漏洞的情况下的权宜之举。

③ 更为理想的做法是：首先获取各省份所有国有的馆藏文物按等级（一级文物，二级文物，三级文物，一般及未定级文物）划分的数量统计数据；接下来根据各个等级文物的腐蚀程度（基本完好，中度腐蚀，重度腐蚀，濒危）来赋予分值（4 分，3 分，2 分，1 分）；馆藏文物的等级不同其综合价值有所差异，因此对保护程度的要求也不同，按照等级对文物赋予不同权重，例如一件一级文物相当于 1.5 个二级文物，2 个三级文物，3 个一般或者未定级文物进行此类换算，得到各省份所有国有的馆藏文物的加权数量。但由于缺少对不同文物等级的腐蚀状况统计，因此仅对各省份文化文物系统的馆藏文物按不同腐蚀程度进行赋值计算。

算各省份的最终得分，赋予各省份的所有单元 5 分，计算出完美状况下的总分；再求出最终得分与总分的比值，作为各省份的文物平均保护率。

2.1　自由偏好下2014年各省份文物系统发展静态效率

各项基础数据完备以后，将 2014 年的各省份数据进行标准化处理，分别计算各省份博物馆、重点文物保护管理机构在自由偏好下的静态效率。

2.1.1　自由偏好下博物馆投入产出维度的管理水平评估

按照 DEA 分析的技术路线，将 2014 年各省份博物馆投入产出的各项数据进行标准化处理后代入 Matlab 程序，可以计算得到各省份自由偏好下的博物馆发展静态效率（见表评 5 -1）。

表评 5 -1　2014 年自由偏好下各省份博物馆发展静态效率

地　区	效率值	赋权状况							排名
		资金投入	人力投入	资本投入	经济贡献	教育贡献	科研贡献	保护效果	
北　京	1.0000	1.0434	15.6636	4.7196	0.1825	59.1190	0.3209	2.0504	1
天　津	0.6711	26.3312	3.4948	9.5538	0.0000	54.3478	0.0000	2.2602	29
河　北	0.7028	17.7132	0.0000	4.0731	7.6857	20.9855	0.0000	0.1210	26
山　西	0.6824	18.7192	4.5592	0.0000	0.0000	0.0000	47.3934	8.4641	27
内蒙古	0.6712	25.9079	0.0000	6.1471	9.7188	32.4882	0.0000	0.0000	28
辽　宁	0.5034	17.1267	2.3010	4.7051	4.1219	26.2811	0.2374	0.0000	31
吉　林	0.8548	27.3497	0.0000	4.0462	0.0000	10.7890	50.1279	10.7922	19
黑龙江	0.8899	21.5187	0.4640	4.9879	9.1484	25.9279	0.0000	0.0000	17
上　海	1.0000	0.6704	0.7435	0.6008	0.0776	25.4327	0.1184	5.0671	1
江　苏	1.0000	9.4684	0.5999	0.1302	2.2615	12.7741	0.0993	0.1294	1
浙　江	0.9966	13.9707	1.2969	0.0000	2.1932	14.0305	4.3381	0.0000	14
安　徽	1.0000	24.8574	0.0867	0.1282	10.5609	18.9203	5.8333	0.0281	1
福　建	1.0000	28.4663	0.6173	0.2484	2.6289	15.9632	28.4102	0.9826	1
江　西	0.7533	19.0933	0.4117	4.4257	8.1172	23.0056	0.0000	0.0000	25
山　东	1.0000	0.6868	0.7375	0.3461	17.7814	1.7966	0.9801	4.4102	1
河　南	1.0000	14.4199	0.3934	0.2477	32.2304	0.0588	1.8008	2.0119	1
湖　北	0.7919	17.1640	2.2405	0.0000	4.8677	13.5483	7.7108	0.0000	23
湖　南	1.0000	1.0004	9.1251	0.3885	0.1067	11.1099	24.2415	1.1606	1
广　东	1.0000	15.0996	0.2387	0.2289	0.7968	23.9842	0.0978	0.2094	1
广　西	0.7923	27.3344	0.5894	6.3359	11.6208	32.9352	0.0000	0.0000	22
海　南	1.0000	33.0473	1.4398	27.0958	15.0621	99.2021	51.3957	5.1602	1
重　庆	0.8538	20.5859	2.8520	5.7537	5.0369	32.0837	0.0000	0.0000	20

续表

地　区	效率值	赋权状况							排名
		资金投入	人力投入	资本投入	经济贡献	教育贡献	科研贡献	保护效果	
四　川	0.9271	7.1884	1.9286	0.0000	0.0000	0.2169	17.9767	3.1417	16
贵　州	0.9381	39.9392	2.9985	10.4603	0.0000	60.7282	10.6550	0.0000	15
云　南	1.0000	39.8605	1.7140	0.7482	45.0484	0.1986	47.5021	2.1212	1
西　藏	1.0000	19.6727	32.2764	19.6621	159.8785	14.2445	365.5862	24.7619	1
陕　西	0.5694	5.2108	1.2691	0.0000	0.0000	0.0000	13.1926	2.3561	30
甘　肃	0.7894	17.2371	2.4757	4.0042	5.3816	21.4150	3.3168	0.0000	24
青　海	0.8400	91.7971	0.0000	15.2393	188.3252	0.0000	66.6755	29.4745	21
宁　夏	1.0000	118.0705	0.9068	20.5724	330.8856	1.6481	7.3353	6.1432	1
新　疆	0.8556	38.6505	3.0601	10.1348	0.0000	58.0072	12.4489	3.2058	18

根据如表评 5－1 所示的赋权状况，给予高投入低权重、高产出高权重后，共有 13 个省份的博物馆效率值达到 1，分别为北京、上海、江苏、安徽、福建、山东、河南、湖南、广东、海南、云南、西藏、宁夏。从投入指标的赋权状况来看，宁夏、青海、贵州、云南、新疆等省份在博物馆资金投入上相对节约，取得较大的收益；西藏、北京、湖南、山西、天津等省份在博物馆人力投入方面具有明显优势；海南、宁夏、西藏、青海、贵州等省份则因为对博物馆较少的资本投入取得相对较高的效率值。从产出指标的赋权状况来看，宁夏、青海、西藏、云南、河南等省份的博物馆在经济产出方面表现突出；海南、贵州、北京、新疆、天津等省份的博物馆在公众教育方面的产出权重较高；西藏、青海、海南、吉林、云南、山西等省份的博物馆科研成果较为显著；青海、西藏、吉林、山西、宁夏等省份的博物馆可移动文物保护效果相对较好。

2.1.2　自由偏好下重点文物保护管理机构投入产出维度的管理水平评估

在自由偏好下，如表评 5－2 的赋权状况所示，给予高投入低权重、高产出高权重后，共有 11 个省份的重点文物保护管理机构效率值可以达到 1，分别为北京、天津、黑龙江、浙江、江西、广东、海南、云南、西藏、甘肃、青海。

表评 5－2　2014 年自由偏好下各省份重点文物保护管理机构发展静态效率

地区	效率值	赋权状况							排名
		资金投入	人力投入	资本投入	经济贡献	教育贡献	科研贡献	保护效果	
北京	1.0000	0.5059	1.1310	0.3698	0.0900	17.6120	0.3292	2.0156	1
天津	1.0000	2.1752	3.9873	28.7095	240.6297	0.7145	21.7373	12.3948	1
河北	0.9000	0.0000	0.0163	0.0000	15.0424	1.0928	0.0000	6.2109	14
山西	0.6254	4.7645	0.0000	0.0000	0.0000	0.0000	24.2131	9.1328	24
内蒙古	0.3884	6.5232	0.5463	6.7362	0.0000	8.1170	33.8976	0.0000	30
辽宁	0.2874	3.1375	0.0000	1.9712	20.0134	11.6845	0.0000	9.2369	31
吉林	0.6538	0.0000	3.0987	22.7809	0.0000	26.7728	86.8495	0.0000	22
黑龙江	1.0000	4.5756	7.6216	2.3942	121.0677	1.2875	14.0285	6.3072	1
上海	0.8693	0.0000	2.6213	25.9495	0.0000	30.4966	98.9295	0.0000	15
江苏	0.8252	15.6965	5.3427	2.4215	0.0000	61.3497	0.0000	0.0280	19
浙江	1.0000	4.2390	0.0559	0.1670	1.2089	20.6213	0.0604	3.0762	1
安徽	0.8268	21.9907	0.2862	0.0000	0.0000	0.0000	68.0272	0.0000	18
福建	0.8435	0.0000	3.2979	25.7960	0.0000	30.3162	98.3442	0.0000	16
江西	1.0000	22.1074	0.7499	0.0409	0.1949	0.3267	68.2737	0.1411	1
山东	0.7877	2.7521	0.0000	0.0000	0.0000	0.0000	13.9860	5.2753	20
河南	0.5074	3.0940	0.0000	0.0000	0.0000	0.0000	15.7233	5.9305	29
湖北	0.6016	14.4326	0.6603	7.6927	60.0166	0.0000	24.4918	0.0000	26
湖南	0.6517	17.2868	0.2101	0.0000	0.0000	0.0000	53.4759	0.0000	23
广东	1.0000	27.8586	2.8215	0.4757	68.8601	30.4459	14.7322	5.5764	1
广西	0.9461	1.8578	0.0000	13.5510	42.2786	8.7607	47.8822	37.4225	12
海南	1.0000	5.8745	7.7698	26.0860	99.3922	141.6856	8.1883	10.4062	1
重庆	0.7301	16.9386	1.3276	17.4917	0.0000	21.0774	88.0217	0.0000	21
四川	0.5254	7.4018	2.0568	0.0000	0.0000	25.0000	0.0000	0.0000	28
贵州	0.8318	1.6278	0.0000	18.7724	0.0000	21.5589	83.9407	38.2711	17
云南	1.0000	1.2335	3.4725	1.2454	1.5911	2.3914	47.5712	3.2508	1
西藏	1.0000	0.7760	0.8675	0.5675	65.3842	1.4619	0.1360	18.3796	1
陕西	0.5740	2.4588	0.0000	0.0000	11.3747	0.0000	5.7923	6.3471	27
甘肃	1.0000	1.6278	0.4707	4.9844	53.5711	9.7163	2.4173	21.0269	1
青海	1.0000	38.5223	15.8071	29.6198	12.5663	1.3872	765.5510	41.5171	1
宁夏	0.6047	14.0375	1.3939	14.4959	0.0000	17.4675	72.9463	0.0000	25
新疆	0.9203	0.0000	3.6497	31.7351	0.0000	37.2961	120.9865	0.0000	13

从投入指标的赋权状况来看，青海、广东、江西、安徽等省份在重点文物保护管理机构资金投入方面相对节约，且取得较大的收益；青海、海南、黑龙江、江苏等省份在重点文物保护管理机构人力投入方面具有明显优势；新疆、青海、天津、海南等省份的重点文物保护管理机构因资本投入较少而取得相对较高的效率值。从产出指标的赋权状况来看，天津、黑龙江、海南、广东、西藏等省份在重点文物保护管理机构经济产出方面表现突出；海南、江苏、新疆、上海、广东等省份的重点文物保护管理机构在公众教育方面的贡献较高；青海、新疆、上海、福建等省份的重点文物保护管理机构科研成果显著；青海、贵州、广西、甘肃、西藏、天津、海南等省份的重点文物保护管理机构不可移动文物保护效果较好。从表评 5－2 还可以看出，有些省份在自由配置资源的状况下，仍无法达到生产前沿面，例如河北、新疆、上海、福建、吉林在资金投入方面均为零赋权。这说明上述地区在 2014 年对重点文物保护管理机构的资金投入较大，但相应产出未能在短时间内得以显现，从而导致效率值相对低下。这种产出滞后性在一定程度上影响了评估结果的公正性，但这一问题只能在较长时间的评估期内得以缓解。

2.2 专家偏好下2014年各省份文物系统发展静态效率

上一节分别计算得到各省份博物馆、重点文物保护管理机构在自由偏好下的发展效率。而在具体评估时，由于发展效率评价指标中的教育、科研、经济三大功能与文物保护之间的地位在不同的时期根据发展需要会有所变化，这种变化暂时只能通过业内专家的主观认识来反映①。融入这种反映后的评估，才能体现各省份文物系统在这段时间内是否按照既定目标所需要的优先序来发展。因此，给文物系统一个符合科学发展理念的偏好，是使评估结果更贴近现实、指导工作更具可操作性的做法。为此，我们采用之前计算的专家偏好区间对各省份博物馆、重点文物保护管理机构的发展效率分别进行评估。

---

① 我们将这种认识简称专家偏好。

2.2.1 专家偏好下博物馆投入产出维度的管理水平评估

表评 5 - 3 显示了在专家偏好下，2014 年各省份博物馆的相对发展效率值。可以看出，在专家偏好下，山东、海南、西藏的博物馆发展效率值达到 1，共有 29 个省份的博物馆发展效率值在 0.5 以上。

表评 5 - 3 2014 年专家偏好下各省份博物馆发展静态效率

地区	效率值	赋权状况							排名
		资金投入	人力投入	资本投入	经济贡献	教育贡献	科研贡献	保护效果	
北京	0.6005	5.1260	2.8478	7.1176	5.4935	27.4675	9.1558	8.5433	21
天津	0.6275	14.8112	2.9622	9.3769	7.4944	37.4719	12.4906	8.8867	16
河北	0.5920	7.9139	1.5828	3.3917	2.5372	12.6859	12.5967	4.7484	22
山西	0.5874	10.0087	2.3830	4.2894	3.1989	15.9946	19.3763	7.1491	25
内蒙古	0.4389	10.8390	2.1678	6.8621	5.4845	27.4223	9.1408	6.5034	30
辽宁	0.3397	7.9883	1.5977	5.0573	4.0420	20.2102	6.7367	4.7930	31
吉林	0.7460	15.5911	3.1182	6.6819	4.9985	24.9923	24.8164	9.3546	7
黑龙江	0.6233	8.6077	1.7215	5.4156	7.0616	19.9239	7.0616	5.1646	17
上海	0.8807	2.1197	1.1776	2.9433	2.2717	11.3585	3.7862	3.5329	4
江苏	0.5899	3.5130	0.7026	2.2241	1.7776	8.8878	2.9626	2.1078	23
浙江	0.6177	5.2781	1.0556	3.3415	2.6707	13.3535	4.4512	3.1669	18
安徽	0.6163	9.7957	1.9591	4.1982	3.1405	15.7024	15.5920	5.8774	19
福建	0.6836	12.7027	2.5405	5.4440	4.0724	20.3622	20.2190	7.6216	10
江西	0.5053	9.2176	1.8435	3.9504	2.9551	14.7757	14.6717	5.5306	29
山东	1.0000	2.7702	1.0332	2.1348	4.1530	7.8542	4.4556	3.0995	1
河南	0.6347	5.6900	1.1380	2.4386	6.9445	7.8803	6.9445	3.4140	15
湖北	0.6087	7.4768	1.4954	3.2044	2.3971	11.9853	11.9009	4.4861	20
湖南	0.6889	9.1430	1.8286	3.9184	2.9312	14.6561	14.5530	5.4858	9
广东	0.5891	5.6113	1.1223	3.5525	2.8393	14.1965	4.7322	3.3668	24
广西	0.5524	13.1875	2.6375	7.0617	5.3445	26.7226	16.5575	7.9125	26
海南	1.0000	33.5395	7.1069	26.6077	22.7809	99.2134	38.6692	21.3207	1
重庆	0.6472	10.0789	2.0158	5.3971	4.0847	20.4234	12.6545	6.0473	13
四川	0.7759	4.5760	1.0895	1.9611	1.4626	7.3128	8.8589	3.2686	6
贵州	0.6781	19.9423	3.9885	10.6788	8.0820	40.4101	25.0384	11.9654	11
云南	0.7235	17.5616	3.5123	7.5264	5.6302	28.1511	27.9530	10.5370	8
西藏	1.0000	28.9004	9.6963	25.7757	107.5837	58.6454	146.5423	29.0888	1
陕西	0.5293	3.5372	0.8422	1.5159	1.1305	5.6527	6.8479	2.5266	28
甘肃	0.5467	9.1068	1.8214	3.9029	2.9196	14.5980	14.4953	5.4641	27
青海	0.6401	25.9804	5.1961	16.3456	21.3138	60.1355	21.3138	15.5882	14
宁夏	0.8766	33.4673	6.6935	23.7402	28.9855	86.9565	28.9855	20.0804	5
新疆	0.6615	19.9041	3.9808	10.6584	8.0666	40.3328	24.9905	11.9425	12

从表评5－3可以看到，海南、西藏、宁夏等省份在博物馆投入方面较为均衡，经济产出和整体效率相对突出，同时在教育功能方面的表现突出。西藏、海南、宁夏、青海、贵州、新疆等省份的博物馆以较少的人员和固定资产投入获得相对较好的保护绩效、做出较大的经济贡献。

2.2.2 专家偏好下重点文物保护管理机构投入产出维度的管理水平评估

表评5－4显示了在专家偏好下，2014年各省份重点文物保护管理机构的相对发展效率值。可以看出，在专家偏好下，北京、黑龙江、广东、海南、云南的重点文物保护管理机构效率值达到1，共有19个省份重点文物保护管理机构的相对发展效率值在0.5以上。

表评5－4 2014年专家偏好下各省份重点文物保护管理机构发展静态效率

地区	效率值	赋权状况							排名
		资金投入	人力投入	资本投入	经济贡献	教育贡献	科研贡献	保护效果	
北京	1.0000	1.3633	0.7322	1.3314	1.5632	7.2982	3.8457	2.1966	1
天津	0.7874	7.8996	4.3887	21.9434	67.5676	22.5225	67.5676	13.1660	9
河北	0.4221	1.2830	0.7128	1.2830	4.4110	2.7820	4.4110	2.1383	24
山西	0.4441	4.3844	1.0439	1.8790	2.2999	5.3665	16.0994	3.1317	23
内蒙古	0.3372	5.7646	1.1529	5.7646	4.0021	9.3383	28.0149	3.4588	28
辽宁	0.2453	2.9572	1.6429	2.9572	3.7793	10.6489	11.0034	4.9286	31
吉林	0.4528	5.6795	3.1553	15.7764	9.1715	21.4002	64.2006	9.4659	22
黑龙江	1.0000	10.0244	4.6721	9.9580	32.5863	14.2237	40.8365	14.0164	1
上海	0.7389	7.8920	4.3844	21.9221	12.7443	29.7366	89.2099	13.1533	12
江苏	0.6782	6.5314	3.6286	7.4190	4.4484	22.2420	31.1388	10.8857	16
浙江	0.7334	2.5187	0.6737	1.2126	1.9609	9.8046	3.2682	2.0211	13
安徽	0.5932	11.2580	2.2516	4.8249	5.7703	13.4641	40.3924	6.7548	18
福建	0.7392	7.5920	4.2178	21.0890	12.2599	28.6065	85.8194	12.6534	11
江西	0.7967	11.5958	2.7609	4.9696	6.0827	14.1930	42.5791	8.2827	8
山东	0.4841	1.6969	0.9126	1.6427	1.1660	5.8302	7.0468	2.7378	20
河南	0.3651	2.0512	1.1032	1.9857	1.4095	7.0476	8.5183	3.3095	27
湖北	0.5165	9.4340	1.8868	7.6093	28.8462	9.6154	28.8462	5.6604	19
湖南	0.4661	8.2158	1.6432	3.5211	3.3761	16.8805	23.6327	4.9295	21
广东	1.0000	14.3049	4.7690	10.9435	29.7163	31.7464	42.4417	14.3070	1

续表

地　区	效率值	赋权状况							排名
		资金投入	人力投入	资本投入	经济贡献	教育贡献	科研贡献	保护效果	
广　西	0.8029	9.3517	4.5831	13.4106	8.6381	20.1555	60.4665	13.7494	7
海　南	1.0000	20.8669	7.6392	20.9952	49.0315	90.0102	57.3179	22.9176	1
重　庆	0.6336	6.1864	3.4369	17.1844	9.9900	23.3100	69.9301	10.3106	17
四　川	0.2606	3.1064	0.6213	1.3313	2.2512	11.2562	3.7521	1.8638	30
贵　州	0.7069	10.7723	5.2793	15.4478	9.9502	23.2172	69.6517	15.8380	14
云　南	1.0000	4.6806	2.3899	4.8336	6.7819	10.0482	24.7798	7.1696	1
西　藏	0.3040	2.4712	1.3729	2.4712	10.6838	3.5613	10.6838	4.1187	29
陕　西	0.3898	1.8875	1.0151	1.8272	1.2970	6.4852	7.8385	3.0453	26
甘　肃	0.7010	6.0480	3.3600	6.0480	7.7293	21.7789	22.5040	10.0799	15
青　海	0.8430	9.5761	5.3201	26.6004	15.4639	36.0825	108.2474	15.9602	6
宁　夏	0.4103	3.9961	2.2200	11.1002	6.4530	15.0570	45.1710	6.6601	25
新　疆	0.7534	8.9316	4.9620	24.8100	14.4231	33.6538	100.9615	14.8860	10

从表评 5－4 可以看到，在专家偏好下，海南、黑龙江、广东、青海等省份对重点文物保护管理机构的投入较为均衡，经济产出和保护效果相对突出；海南、青海、新疆、广东、上海、福建等省份在重点文物保护管理机构教育功能方面的表现突出且综合效率较高；海南、青海、新疆、广东、黑龙江、天津等省份的重点文物保护管理机构以较少的人员和固定资产投入获得较好的不可移动文物保护绩效、做出较大的经济贡献。

2.3　社会各类偏好下2014年各省份文物系统发展静态效率

在掌握自由偏好、专家偏好下各省份博物馆、重点文物保护管理机构投入产出的静态效率情况之后，课题组进一步分析了几类特殊偏好下的静态效率值，即经济强偏好（经济/教育/科研/保护＝3/1/1/1）、教育强偏好（经济/教育/科研/保护＝1/3/1/1）、科研强偏好（经济/教育/科研/保护＝1/1/3/1）、保护强偏好（经济/教育/科研/保护＝1/1/1/3），分别计算 2014 年各省份博物馆、重点文物保护管理机构的发展效率。在此期间，对三个投入指标不做权重限制，否则将失去 DEA 计算方法的科学性。

2.3.1 经济强偏好下2014年各省份文物系统发展静态效率

(1) 经济强偏好下博物馆发展静态效率

如表评5-5所示，在经济强偏好下，上海、山东、西藏的博物馆效率值达到1，共有16个省份的博物馆发展效率值超过0.5，表明全国大多数地区的博物馆经济功能发挥相对较好。

表评5-5 2014年经济强偏好下各省份博物馆发展静态效率

地区	排名	效率值	赋权状况						
			资金投入	人力投入	资本投入	经济贡献	教育贡献	科研贡献	保护效果
北京	12	0.5457	3.5713	3.5713	3.5713	0.0000	24.6778	17.9437	10.7140
天津	13	0.5404	5.5658	5.5658	5.5658	0.0000	21.9566	40.8219	16.6974
河北	16	0.5070	2.4247	2.4247	2.4247	0.0000	9.5652	17.7837	7.2741
山西	8	0.6018	3.5992	3.5992	3.5992	0.0000	14.1986	26.3982	10.7977
内蒙古	30	0.2181	3.7095	3.7095	3.7095	0.0000	14.6338	27.2072	11.1286
辽宁	31	0.2061	2.8421	2.8421	2.8421	0.0000	11.2118	20.8451	8.5263
吉林	7	0.6570	5.0652	5.0652	5.0652	0.0000	19.9816	37.1501	15.1955
黑龙江	18	0.4485	2.8122	2.8122	2.8122	45.7848	0.0000	1.7380	8.4365
上海	1	1.0000	1.4843	1.4843	1.4843	0.0418	25.7011	0.0402	4.4530
江苏	23	0.4134	1.1023	1.1023	1.1023	2.1140	13.0943	0.0000	3.3069
浙江	22	0.4242	1.6683	1.6683	1.6683	0.0000	6.5812	12.2359	5.0049
安徽	26	0.3696	3.0473	3.0473	3.0473	0.0000	12.0212	22.3500	9.1418
福建	24	0.4029	4.2454	4.2454	4.2454	0.0000	16.7478	31.1376	12.7362
江西	29	0.3241	2.9146	2.9146	2.9146	0.0000	11.4978	21.3768	8.7437
山东	1	1.0000	1.2560	1.2560	1.2560	13.4974	5.2680	0.8516	3.7679
河南	11	0.5593	2.0360	2.0360	2.0360	33.1479	0.0000	1.2583	6.1080
湖北	17	0.4849	2.3665	2.3665	2.3665	0.0000	9.3358	17.3572	7.0996
湖南	9	0.5922	3.1368	3.1368	3.1368	0.0000	12.3743	23.0064	9.4103
广东	27	0.3525	1.8096	1.8096	1.8096	0.0000	12.5042	9.0920	5.4287
广西	28	0.3295	4.7213	4.7213	4.7213	0.0000	18.6251	34.6279	14.1639
海南	6	0.7211	18.8280	18.8280	18.8280	0.0000	74.2746	138.0921	56.4839
重庆	15	0.5293	3.3249	3.3249	3.3249	0.0000	13.1163	24.3860	9.9746
四川	4	0.7783	1.5612	1.5612	1.5612	0.0000	6.1587	11.4504	4.6836
贵州	19	0.4467	7.8087	7.8087	7.8087	0.0000	30.8048	57.2726	23.4262
云南	21	0.4367	5.9018	5.9018	5.9018	0.0000	23.2822	43.2865	17.7055
西藏	1	1.0000	22.3714	22.3714	22.3714	139.0558	13.3140	419.4936	67.1141

续表

地　区	排名	效率值	赋权状况						
			资金投入	人力投入	资本投入	经济贡献	教育贡献	科研贡献	保护效果
陕　西	14	0.5313	1.1827	1.1827	1.1827	0.0000	4.6657	8.6746	3.5482
甘　肃	25	0.3942	2.9461	2.9461	2.9461	0.0000	11.6220	21.6077	8.8382
青　海	10	0.5785	14.8345	14.8345	14.8345	241.5193	0.0000	9.1683	44.5036
宁　夏	5	0.7604	20.2775	20.2775	20.2775	330.1346	0.0000	12.5322	60.8324
新　疆	20	0.4448	7.2085	7.2085	7.2085	0.0000	28.4370	52.8705	21.6256

其中，江苏、陕西、山东等省份在博物馆资金投入和人力投入方面相对而言存在冗余，辽宁、内蒙古、福建、广西、江西等省份在博物馆经济功能发挥方面表现较弱。相对于当期产出来讲，江苏、陕西、广东的博物馆财力、人力与物力投入过大，在未来工作中不宜继续加大投入，而应着眼于提高行政资源使用效率，以促进可移动文物各项功能的发挥。其他各省份也可参照自身投入指标的赋权状况，判断未来发展效率的投入方向。

（2）经济强偏好下重点文物保护管理机构发展静态效率

如表评5－6所示，在经济强偏好下，北京、黑龙江、海南、云南、青海的重点文物保护管理机构效率值达到1，共有14个省份的重点文物保护管理机构效率值超过0.5，表明全国大多数地区的不可移动文物经济功能发挥水平尚有很大的上升空间。

表评5－6　2014年经济强偏好下各省份重点文物保护管理机构发展静态效率

地　区	排名	效率值	赋权状况						
			资金投入	人力投入	资本投入	经济贡献	教育贡献	科研贡献	保护效果
北　京	1	1.0000	0.7875	0.7875	0.7875	0.6181	15.5026	0.8402	2.3624
天　津	14	0.5202	12.1832	12.1832	12.1832	277.7778	0.0000	0.0000	36.5497
河　北	12	0.5898	1.1294	1.1294	1.1294	11.6397	3.0568	0.3869	3.3882
山　西	19	0.3778	1.8547	1.8547	1.8547	11.5397	4.9253	7.6342	5.5642
内蒙古	30	0.1814	3.1005	3.1005	3.1005	19.2905	8.2335	12.7619	9.3014
辽　宁	29	0.2479	2.3680	2.3680	2.3680	24.4050	6.4091	0.8112	7.1040
吉　林	25	0.3471	12.0934	12.0934	12.0934	0.0000	6.2567	216.7842	36.2803
黑龙江	1	1.0000	6.2657	6.2657	6.2657	107.0803	1.5342	25.3020	18.7970

续表

地　区	排名	效率值	赋权状况						
			资金投入	人力投入	资本投入	经济贡献	教育贡献	科研贡献	保护效果
上　海	21	0.3646	10.6622	10.6622	10.6622	66.3377	28.3140	43.8866	31.9866
江　苏	11	0.6209	4.5622	4.5622	4.5622	0.0000	22.7626	39.8082	13.6865
浙　江	7	0.8413	1.1234	1.1234	1.1234	11.6231	3.7691	0.0000	3.3703
安　徽	23	0.3535	4.5259	4.5259	4.5259	28.1591	12.0188	18.6290	13.5777
福　建	22	0.3627	9.0912	9.0912	9.0912	56.5634	24.1422	37.4203	27.2736
江　西	13	0.5723	4.6874	4.6874	4.6874	0.0000	23.3873	40.9008	14.0621
山　东	15	0.4808	1.0988	1.0988	1.0988	6.8364	2.9179	4.5227	3.2963
河　南	26	0.3142	1.2370	1.2370	1.2370	0.0000	6.1718	10.7936	3.7109
湖　北	17	0.4214	5.3474	5.3474	5.3474	55.1113	14.4731	1.8320	16.0422
湖　南	24	0.3528	3.7813	3.7813	3.7813	0.0000	18.8667	32.9950	11.3440
广　东	6	0.8960	8.9598	8.9598	8.9598	92.3419	24.2505	3.0695	26.8795
广　西	10	0.6727	7.3756	7.3756	7.3756	76.0146	19.9627	2.5268	22.1268
海　南	1	1.0000	19.3424	19.3424	19.3424	214.5083	50.5342	0.5228	58.0271
重　庆	27	0.3100	7.2774	7.2774	7.2774	0.0000	36.3101	63.5008	21.8322
四　川	31	0.1618	1.1709	1.1709	1.1709	0.0000	5.8424	10.2174	3.5128
贵　州	16	0.4515	7.5122	7.5122	7.5122	46.7391	19.9490	30.9208	22.5365
云　南	1	1.0000	2.9429	2.9429	2.9429	0.7354	5.3740	42.9545	8.8287
西　藏	9	0.6978	3.5951	3.5951	3.5951	81.9672	0.0000	0.0000	10.7852
陕　西	18	0.3881	1.3341	1.3341	1.3341	13.7490	3.6107	0.4570	4.0022
甘　肃	8	0.8241	4.9320	4.9320	4.9320	50.8301	13.3488	1.6896	14.7960
青　海	1	1.0000	30.2115	30.2115	30.2115	1.1455	1.1847	807.4016	90.6344
宁　夏	28	0.2858	6.3100	6.3100	6.3100	0.0000	31.4833	55.0594	18.9300
新　疆	20	0.3747	11.4248	11.4248	11.4248	0.0000	57.0033	99.6900	34.2744

其中，北京、山东、浙江、河北、四川等省份在重点文物保护管理机构资金投入和人力投入方面相对而言均存在冗余，四川、河南、湖南、江苏、江西等省份在不可移动文物经济功能发挥方面相对较弱。相对于当期产出来讲，山东、四川、河南等省份重点文物保护管理机构财力、人力与物力投入过大，在未来工作中不宜继续加大投入，而应着力提高行政资源使用效率。其他各省份也可参照自身投入指标的赋权状况，判断未来发展效率的投入方向。

2.3.2　教育强偏好下2014年各省份文物系统发展静态效率

（1）教育强偏好下博物馆发展静态效率

2014 年，在教育强偏好下，上海、山东、湖南、西藏的博物馆发展效率值达到 1（见表评 5－7）。同时，海南、北京、宁夏、贵州、新疆等省份的博物馆教育功能发挥较好。相对而言，青海、山东、河南、陕西、黑龙江等省份的博物馆教育功能发挥不足。

表评 5－7　2014 年教育强偏好下各省份博物馆发展静态效率

地　区	排名	效率值	赋权状况						
			资金投入	人力投入	资本投入	经济贡献	教育贡献	科研贡献	保护效果
北　京	10	0.7977	18.0481	6.0160	6.0160	0.0000	52.3348	3.9891	6.0160
天　津	24	0.6385	21.0733	7.0244	7.0244	1.8527	31.5297	26.5872	7.0244
河　北	27	0.6004	9.5956	3.1985	3.1985	0.8436	14.3569	12.1063	3.1985
山　西	26	0.6057	13.1867	4.3956	4.3956	1.1593	19.7298	16.6370	4.3956
内蒙古	30	0.4485	14.7201	4.9067	4.9067	1.2941	22.0240	18.5716	4.9067
辽　宁	31	0.3967	11.1109	3.7036	3.7036	0.9768	16.6240	14.0181	3.7036
吉　林	12	0.7712	18.8550	6.2850	6.2850	1.6577	28.2106	23.7884	6.2850
黑龙江	20	0.6938	11.3060	3.7687	3.7687	35.5713	8.5377	0.0000	3.7687
上　海	1	1.0000	7.7022	2.5674	2.5674	0.0481	25.6244	0.0679	2.5674
江　苏	14	0.7399	4.8171	1.6057	1.6057	0.4064	15.0213	0.0000	1.6057
浙　江	15	0.7385	6.9559	2.3186	2.3186	0.0000	12.7326	7.3321	2.3186
安　徽	19	0.7097	11.8741	3.9580	3.9580	1.0439	17.7658	14.9809	3.9580
福　建	9	0.7989	15.6950	5.2317	5.2317	1.3798	23.4827	19.8016	5.2317
江　西	28	0.5876	11.2280	3.7427	3.7427	0.9871	16.7992	14.1658	3.7427
山　东	1	1.0000	5.2706	1.7569	1.7569	14.8650	4.5479	0.5903	1.7569
河　南	17	0.7205	7.1791	2.3930	2.3930	22.5871	5.4213	0.0000	2.3930
湖　北	21	0.6862	9.0644	3.0215	3.0215	0.7969	13.5621	11.4361	3.0215
湖　南	1	1.0000	11.8017	3.9339	3.9339	0.0671	20.3105	13.7858	3.9339
广　东	18	0.7142	7.8999	2.6333	2.6333	0.0000	22.9078	1.7461	2.6333
广　西	25	0.6295	17.4864	5.8288	5.8288	1.5373	26.1629	22.0617	5.8288
海　南	5	0.9719	62.9717	20.9906	20.9906	5.5362	94.2176	79.4484	20.9906
重　庆	13	0.7592	13.1504	4.3835	4.3835	1.1561	19.6755	16.5913	4.3835
四　川	7	0.8209	6.1030	2.0343	2.0343	0.5366	9.1312	7.6998	2.0343
贵　州	11	0.7820	27.9273	9.3091	9.3091	0.0000	41.8827	40.0144	9.3091

续表

地区	排名	效率值	赋权状况						
			资金投入	人力投入	资本投入	经济贡献	教育贡献	科研贡献	保护效果
云南	8	0.8198	20.6332	6.8777	6.8777	1.8140	30.8712	26.0320	6.8777
西藏	1	1.0000	65.0759	21.6920	21.6920	131.3420	12.7239	441.3244	21.6920
陕西	29	0.5344	4.7486	1.5829	1.5829	0.4175	7.1048	5.9911	1.5829
甘肃	22	0.6733	11.2343	3.7448	3.7448	0.9877	16.8087	14.1738	3.7448
青海	23	0.6443	43.9262	14.6421	14.6421	250.0000	0.0000	0.0000	14.6421
宁夏	6	0.8527	61.6429	20.5476	20.5476	193.9427	46.5496	0.0000	20.5476
新疆	16	0.7223	26.7198	8.9066	8.9066	2.3491	39.9778	33.7110	8.9066

（2）教育强偏好下重点文物保护管理机构发展静态效率

2014 年，在教育强偏好下，黑龙江、广东、海南、云南、青海的重点文物保护管理机构发展效率值达到 1（见表评 5－8）。同时，海南、新疆、贵州、重庆、宁夏、甘肃等省份的重点文物保护管理机构教育功能发挥较好。相对而言，西藏、天津、黑龙江、青海等省份的重点文物保护管理机构教育功能发挥不足。

表评 5－8　2014 年教育强偏好下各省份重点文物保护管理机构发展静态效率

地区	排名	效率值	赋权状况						
			资金投入	人力投入	资本投入	经济贡献	教育贡献	科研贡献	保护效果
北京	6	0.9856	3.2667	1.0889	1.0889	0.0000	18.4843	0.0000	1.0889
天津	16	0.4333	30.1620	10.0540	10.0540	277.7778	0.0000	0.0000	10.0540
河北	27	0.2986	2.6131	0.8710	0.8710	11.8119	2.5764	0.6417	0.8710
山西	18	0.4019	4.7708	1.5903	1.5903	0.0000	15.5349	7.1736	1.5903
内蒙古	28	0.2930	7.8983	2.6328	2.6328	0.0000	25.7187	11.8761	2.6328
辽宁	31	0.2289	5.8143	1.9381	1.9381	0.0000	23.1631	4.8681	1.9381
吉林	30	0.2860	29.8936	9.9645	9.9645	0.0000	4.4579	228.1766	9.9645
黑龙江	1	1.0000	15.5119	5.1706	5.1706	116.3550	1.0191	19.2022	5.1706
上海	26	0.3036	26.1725	8.7242	8.7242	82.2214	27.4507	31.5620	8.7242
江苏	9	0.7622	13.0151	4.3384	4.3384	0.0000	42.3801	19.5699	4.3384
浙江	7	0.8735	4.0258	1.3419	1.3419	0.0000	22.7790	0.0000	1.3419
安徽	12	0.5321	10.8807	3.6269	3.6269	34.1819	11.4121	13.1213	3.6269
福建	21	0.3614	21.5544	7.1848	7.1848	67.7135	22.6071	25.9929	7.1848

续表

地　区	排名	效率值	赋权状况						
			资金投入	人力投入	资本投入	经济贡献	教育贡献	科研贡献	保护效果
江　西	8	0.8671	12.7452	4.2484	4.2484	0.0000	41.5012	19.1640	4.2484
山　东	20	0.3663	2.9411	0.9804	0.9804	0.0000	9.5770	4.4224	0.9804
河　南	24	0.3474	3.9119	1.3040	1.3040	0.0000	15.5844	3.2753	1.3040
湖　北	14	0.4864	12.8224	4.2741	4.2741	57.9605	12.6422	3.1488	4.2741
湖　南	11	0.5473	10.6135	3.5378	3.5378	0.0000	34.5601	15.9588	3.5378
广　东	1	1.0000	20.8333	6.9444	6.9444	64.3625	29.3630	19.0447	6.9444
广　西	10	0.6463	17.8545	5.9515	5.9515	56.0904	18.7265	21.5312	5.9515
海　南	1	1.0000	44.1826	14.7275	14.7275	134.1724	124.9175	0.4865	14.7275
重　庆	23	0.3531	18.0792	6.0264	6.0264	0.0000	58.8702	27.1845	6.0264
四　川	19	0.3826	4.5015	1.5005	1.5005	0.0000	17.9332	3.7690	1.5005
贵　州	15	0.4375	18.2028	6.0676	6.0676	0.0000	59.2725	27.3703	6.0676
云　南	1	1.0000	6.8934	2.2978	2.2978	0.2524	7.1219	40.2217	2.2978
西　藏	29	0.2869	8.9003	2.9668	2.9668	81.9672	0.0000	0.0000	2.9668
陕　西	22	0.3578	3.2791	1.0930	1.0930	0.0000	10.6776	4.9306	1.0930
甘　肃	13	0.5182	11.9851	3.9950	3.9950	0.0000	47.7463	10.0347	3.9950
青　海	1	1.0000	80.0000	26.6667	26.6667	1.1631	1.0718	809.4501	26.6667
宁　夏	25	0.3416	16.8289	5.6096	5.6096	0.0000	54.7988	25.3044	5.6096
新　疆	17	0.4325	32.1137	10.7046	10.7046	0.0000	104.5700	48.2873	10.7046

2.3.3　科研强偏好下2014年各省份文物系统发展静态效率

（1）科研强偏好下博物馆发展静态效率

2014年，在科研强偏好下，北京、山东、湖南、西藏的博物馆效率值达到1，西藏、贵州、海南、湖南等省份的博物馆科研功能发挥较好（见表评5-9）。相对而言，宁夏、青海、广东、河南等省份的博物馆科研功能发挥不足。

表评5-9　2014年科研强偏好下各省份博物馆发展静态效率

地　区	排名	效率值	赋权状况						
			资金投入	人力投入	资本投入	经济贡献	教育贡献	科研贡献	保护效果
北　京	1	1.0000	4.6642	13.9925	4.6642	0.0897	59.5765	0.2147	4.6642
天　津	17	0.5161	5.5076	16.5229	5.5076	17.1122	32.6311	7.3267	5.5076
河　北	23	0.4439	2.8146	8.4438	2.8146	8.7450	16.6757	3.7442	2.8146
山　西	18	0.5053	3.3069	9.9206	3.3069	10.2744	19.5922	4.3990	3.3069

续表

地　区	排名	效率值	赋权状况						
			资金投入	人力投入	资本投入	经济贡献	教育贡献	科研贡献	保护效果
内蒙古	31	0.2450	4.0841	12.2522	4.0841	12.6891	24.1968	5.4329	4.0841
辽　宁	30	0.3374	2.9368	8.8104	2.9368	9.1246	17.3996	3.9067	2.9368
吉　林	11	0.5833	5.0416	15.1248	5.0416	15.6642	29.8700	6.7067	5.0416
黑龙江	9	0.6194	3.4315	10.2945	3.4315	21.7270	17.6493	0.0000	3.4315
上　海	5	0.9249	2.0058	6.0175	2.0058	0.0000	25.9067	0.0000	2.0058
江　苏	12	0.5808	1.4153	4.2459	1.4153	3.5999	11.4174	0.0000	1.4153
浙　江	10	0.5960	2.0087	6.0261	2.0087	5.1093	16.2043	0.0000	2.0087
安　徽	21	0.4672	3.3926	10.1778	3.3926	10.5408	20.1001	4.5131	3.3926
福　建	26	0.4174	3.8683	11.6048	3.8683	12.0187	22.9183	5.1459	3.8683
江　西	25	0.4242	3.0918	9.2755	3.0918	9.6063	18.3182	4.1130	3.0918
山　东	1	1.0000	1.6728	5.0184	1.6728	9.2504	9.0139	0.4869	1.6728
河　南	20	0.4857	1.9344	5.8033	1.9344	12.2482	9.9495	0.0000	1.9344
湖　北	13	0.5716	2.5147	7.5440	2.5147	7.8131	14.8987	3.3452	2.5147
湖　南	1	1.0000	2.5988	7.7963	2.5988	0.0950	17.3893	17.0749	2.5988
广　东	29	0.3668	2.1006	6.3018	2.1006	5.3430	16.9458	0.0000	2.1006
广　西	28	0.3814	4.4976	13.4928	4.4976	13.9740	26.6469	5.9830	4.4976
海　南	8	0.6571	15.2463	45.7389	15.2463	47.3701	90.3297	20.2818	15.2463
重　庆	7	0.7124	3.5270	10.5809	3.5270	10.9583	20.8963	4.6919	3.5270
四　川	6	0.7934	1.7103	5.1308	1.7103	5.3137	10.1327	2.2751	1.7103
贵　州	24	0.4385	6.2647	18.7942	6.2647	0.0000	37.8949	46.2269	6.2647
云　南	15	0.5560	5.5383	16.6148	5.5383	17.2073	32.8125	7.3674	5.5383
西　藏	1	1.0000	15.6495	46.9484	15.6495	150.2439	14.8013	383.0416	15.6495
陕　西	19	0.4972	1.3944	4.1832	1.3944	4.3324	8.2614	1.8549	1.3944
甘　肃	13	0.5716	2.9131	8.7394	2.9131	9.0511	17.2594	3.8753	2.9131
青　海	27	0.3930	10.5634	31.6901	10.5634	250.0000	0.0000	0.0000	10.5634
宁　夏	16	0.5382	14.9904	44.9712	14.9904	94.9140	77.1010	0.0000	14.9904
新　疆	22	0.4559	6.5981	19.7944	6.5981	20.5004	39.0920	8.7774	6.5981

（2）科研强偏好下重点文物保护管理机构发展静态效率

2014 年，在科研强偏好下，北京、黑龙江、云南的重点文物保护管理机构效率值达到 1。同时，青海、吉林、云南、黑龙江、新疆等省份的重点文物保护管理机构科研功能发挥较好（见表评 5－10）。相对而言，内蒙古、辽宁、陕西、山西等省份的重点文物保护管理机构科研功能发挥不足。

表评5－10　2014年科研强偏好下各省份重点文物保护管理机构发展静态效率

地　区	排名	效率值	赋权状况						
			资金投入	人力投入	资本投入	经济贡献	教育贡献	科研贡献	保护效果
北　京	1	1.0000	0.6728	2.0184	0.6728	0.3060	17.2262	0.3130	0.6728
天　津	13	0.1953	5.0982	15.2945	5.0982	277.7778	0.0000	0.0000	5.0982
河　北	26	0.1205	0.5187	1.5561	0.5187	11.3986	3.7714	0.0000	0.5187
山　西	27	0.1191	0.9130	2.7391	0.9130	2.8341	19.5725	0.0000	0.9130
内蒙古	31	0.0853	1.4588	4.3765	1.4588	4.5284	31.2729	0.0000	1.4588
辽　宁	30	0.0898	1.2458	3.7373	1.2458	3.8670	26.7055	0.0000	1.2458
吉　林	18	0.1544	5.3783	16.1349	5.3783	0.0000	0.0000	256.4103	5.3783
黑龙江	1	1.0000	2.6219	7.8658	2.6219	108.9251	1.8581	22.4205	2.6219
上　海	17	0.1558	4.5821	13.7462	4.5821	100.6915	33.3150	0.0000	4.5821
江　苏	4	0.6891	2.4707	7.4121	2.4707	0.0000	55.8418	5.6822	2.4707
浙　江	6	0.5534	0.8591	2.5774	0.8591	2.6669	18.4173	0.0000	0.8591
安　徽	21	0.1382	1.9330	5.7989	1.9330	42.4770	14.0540	0.0000	1.9330
福　建	20	0.1447	3.7186	11.1559	3.7186	81.7177	27.0372	0.0000	3.7186
江　西	8	0.4461	2.3440	7.0321	2.3440	0.0000	52.9788	5.3909	2.3440
山　东	25	0.1259	0.5736	1.7209	0.5736	1.7807	12.2973	0.0000	0.5736
河　南	28	0.1126	0.7725	2.3176	0.7725	0.0000	17.4606	1.7767	0.7725
湖　北	19	0.1489	2.3337	7.0011	2.3337	51.2835	16.9678	0.0000	2.3337
湖　南	16	0.1580	1.9928	5.9783	1.9928	0.0000	45.0393	4.5830	1.9928
广　东	9	0.3316	4.2625	12.7874	4.2625	13.2313	91.3748	0.0000	4.2625
广　西	11	0.2172	3.2904	9.8713	3.2904	72.3074	23.9238	0.0000	3.2904
海　南	7	0.4885	10.2845	30.8535	10.2845	31.9245	220.4698	0.0000	10.2845
重　庆	22	0.1330	3.1526	9.4578	3.1526	0.0000	71.2535	7.2504	3.1526
四　川	14	0.1928	0.9289	2.7867	0.9289	0.0000	20.9944	2.1363	0.9289
贵　州	15	0.1593	3.2446	9.7339	3.2446	10.0718	69.5556	0.0000	3.2446
云　南	1	1.0000	1.1655	3.4965	1.1655	0.2200	4.6752	45.0964	1.1655
西　藏	24	0.1316	1.5044	4.5131	1.5044	81.9672	0.0000	0.0000	1.5044
陕　西	29	0.1126	0.6596	1.9789	0.6596	2.0476	14.1404	0.0000	0.6596
甘　肃	10	0.2336	2.5875	7.7624	2.5875	8.0318	55.4674	0.0000	2.5875
青　海	5	0.5786	17.4795	52.4384	17.4795	0.0000	0.0000	833.3333	17.4795
宁　夏	23	0.1318	3.0580	9.1741	3.0580	0.0000	69.1160	7.0329	3.0580
新　疆	12	0.1980	6.0354	18.1062	6.0354	0.0000	136.4092	13.8804	6.0354

2.3.4 保护强偏好下2014年各省份文物系统发展静态效率

(1) 保护强偏好下博物馆发展静态效率

2014 年，在保护强偏好下，海南、西藏的博物馆发展效率值达到 1。同时，海南、西藏、宁夏、青海、贵州等省份的博物馆可移动文物保护效果较好（见表评 5 - 11）。相对而言，陕西、江苏、河南、四川等省份的博物馆文物保护总体绩效有待提升。

表评 5 - 11　2014 年保护强偏好下各省份博物馆发展静态效率

地　区	排名	效率值	赋权状况						
			资金投入	人力投入	资本投入	经济贡献	教育贡献	科研贡献	保护效果
北　京	4	0.8205	4.5431	4.5431	13.6294	0.0000	60.2410	0.0000	4.5431
天　津	11	0.5595	4.0987	4.0987	12.2961	0.0000	54.3478	0.0000	4.0987
河　北	24	0.3793	1.9951	1.9951	5.9854	0.0000	26.4550	0.0000	1.9951
山　西	19	0.4133	2.4172	2.4172	7.2516	0.0000	32.0513	0.0000	2.4172
内蒙古	23	0.3818	3.1555	3.1555	9.4665	0.0000	41.8410	0.0000	3.1555
辽　宁	29	0.3168	2.3349	2.3349	7.0046	0.0000	30.9598	0.0000	2.3349
吉　林	12	0.5352	3.4915	3.4915	10.4745	0.0000	46.2963	0.0000	3.4915
黑龙江	15	0.4420	2.4111	2.4111	7.2333	5.1911	28.5324	0.0000	2.4111
上　海	5	0.7368	1.9538	1.9538	5.8614	0.0000	25.9067	0.0000	1.9538
江　苏	27	0.3761	1.1674	1.1674	3.5023	0.0000	15.4799	0.0000	1.1674
浙　江	20	0.4087	1.6539	1.6539	4.9616	0.0000	21.9298	0.0000	1.6539
安　徽	26	0.3771	2.3942	2.3942	7.1825	0.0000	31.7460	0.0000	2.3942
福　建	17	0.4374	2.9575	2.9575	8.8725	0.0000	39.2157	0.0000	2.9575
江　西	28	0.3539	2.2313	2.2313	6.6938	0.0000	29.5858	0.0000	2.2313
山　东	8	0.5937	1.2654	1.2654	3.7961	0.0000	16.7785	0.0000	1.2654
河　南	31	0.2955	1.1986	1.1986	3.5958	2.5806	14.1837	0.0000	1.1986
湖　北	25	0.3783	1.7703	1.7703	5.3110	0.0000	23.4742	0.0000	1.7703
湖　南	10	0.5881	2.4486	2.4486	7.3457	0.0000	32.4675	0.0000	2.4486
广　东	22	0.3932	1.9141	1.9141	5.7424	0.0000	25.3807	0.0000	1.9141
广　西	18	0.4258	3.2507	3.2507	9.7521	0.0000	43.1034	0.0000	3.2507
海　南	1	1.0000	9.7943	9.7943	29.3830	8.1674	119.1936	13.0824	9.7943
重　庆	13	0.5296	2.8352	2.8352	8.5056	0.0000	37.5940	0.0000	2.8352
四　川	16	0.4386	1.2507	1.2507	3.7521	0.0000	16.5837	0.0000	1.2507
贵　州	6	0.6237	5.0957	5.0957	15.2871	0.0000	67.5676	0.0000	5.0957
云　南	14	0.4708	3.4618	3.4618	10.3855	7.4533	40.9662	0.0000	3.4618

续表

地　区	排名	效率值	赋权状况						
			资金投入	人力投入	资本投入	经济贡献	教育贡献	科研贡献	保护效果
西　藏	1	1.0000	8.8106	8.8106	26.4317	158.0852	16.2758	354.2170	8.8106
陕　西	30	0.3121	1.0275	1.0275	3.0824	0.0000	13.6240	0.0000	1.0275
甘　肃	21	0.3940	2.2313	2.2313	6.6938	0.0000	29.5858	0.0000	2.2313
青　海	7	0.6126	5.9471	5.9471	17.8414	250.0000	0.0000	0.0000	5.9471
宁　夏	3	0.8555	8.5120	8.5120	25.5361	18.3265	100.7291	0.0000	8.5120
新　疆	9	0.5887	5.0615	5.0615	15.1845	0.0000	67.1141	0.0000	5.0615

（2）保护强偏好下重点文物保护管理机构发展静态效率

2014 年，在保护强偏好下，黑龙江、海南、云南、青海的重点文物保护管理机构发展效率值达到 1。同时，青海、新疆、天津、海南、上海、福建等省份的不可移动文物保护效果较好（见表评 5－12）。相对而言，河北、北京、浙江、山东、陕西等省份的不可移动文物保护总体绩效有待提升。

表评 5－12　2014 年保护强偏好下各省份重点文物保护管理机构发展静态效率

地　区	排名	效率值	赋权状况						
			资金投入	人力投入	资本投入	经济贡献	教育贡献	科研贡献	保护效果
北　京	17	0.5090	0.6271	0.6271	1.8814	0.0000	18.4843	0.0000	0.6271
天　津	5	0.9270	8.7701	8.7701	26.3103	273.4680	0.0000	2.7706	8.7701
河　北	31	0.1660	0.5590	0.5590	1.6770	1.1677	1.9659	6.7154	0.5590
山　西	25	0.2683	1.3681	1.3681	4.1042	0.0000	6.7873	16.7684	1.3681
内蒙古	24	0.2927	2.3859	2.3859	7.1577	0.0000	11.8369	29.2437	2.3859
辽　宁	29	0.1819	1.3211	1.3211	3.9633	0.0000	6.5541	16.1924	1.3211
吉　林	15	0.5976	6.9407	6.9407	20.8220	0.0000	23.7148	106.2168	6.9407
黑龙江	1	1.0000	4.5290	4.5290	13.5870	102.1558	1.0000	31.7010	4.5290
上　海	8	0.7792	7.7145	7.7145	23.1436	16.1142	27.1300	92.6750	7.7145
江　苏	10	0.7049	3.6426	3.6426	10.9279	0.0000	18.0718	44.6475	3.6426
浙　江	23	0.3768	0.7728	0.7728	2.3185	0.0000	22.7790	0.0000	0.7728
安　徽	18	0.4546	3.4260	3.4260	10.2780	7.1563	12.0483	41.1565	3.4260

续表

地区	排名	效率值	赋权状况						
			资金投入	人力投入	资本投入	经济贡献	教育贡献	科研贡献	保护效果
福建	9	0.7598	7.2848	7.2848	21.8545	15.2167	25.6189	87.5133	7.2848
江西	11	0.6866	3.7872	3.7872	11.3615	0.0000	18.7888	46.4190	3.7872
山东	26	0.2322	0.8126	0.8126	2.4378	0.0000	4.0315	9.9601	0.8126
河南	28	0.2022	0.9694	0.9694	2.9082	0.0000	4.8094	11.8818	0.9694
湖北	20	0.4228	3.3447	3.3447	10.0340	6.9864	11.7623	40.1795	3.3447
湖南	19	0.4501	3.0311	3.0311	9.0932	0.0000	15.0377	37.1516	3.0311
广东	7	0.8078	5.5709	5.5709	16.7126	11.6365	19.5913	66.9231	5.5709
广西	13	0.6686	5.1355	5.1355	15.4064	10.7270	18.0601	61.6926	5.1355
海南	1	1.0000	8.4818	8.4818	25.4453	126.0955	131.7540	0.8038	8.4818
重庆	14	0.6615	6.0243	6.0243	18.0729	0.0000	29.8877	73.8394	6.0243
四川	30	0.1797	0.8947	0.8947	2.6840	0.0000	4.4387	10.9660	0.8947
贵州	12	0.6688	5.9029	5.9029	17.7087	0.0000	29.2853	72.3512	5.9029
云南	1	1.0000	2.4789	2.4789	7.4368	0.3060	10.1245	34.2193	2.4789
西藏	22	0.3774	2.5723	2.5723	7.7170	81.9672	0.0000	0.0000	2.5723
陕西	27	0.2085	0.8862	0.8862	2.6587	0.0000	4.3968	10.8625	0.8862
甘肃	21	0.4147	2.6806	2.6806	8.0418	0.0000	13.2990	32.8561	2.6806
青海	1	1.0000	10.5374	10.5374	31.6122	1.7994	2.2543	785.2560	10.5374
宁夏	16	0.5600	5.1235	5.1235	15.3706	0.0000	25.4188	62.7988	5.1235
新疆	6	0.8313	9.1548	9.1548	27.4643	0.0000	45.4184	112.2091	9.1548

3 “十二五”以来各省份文物系统发展效率变化

为了保持评估报告效率分析的延续性，我们将对2014年各省份文物业整体的发展效率进行分析。在新的专家偏好下，按照“三投入、四产出”指标体系，将2014年中国各省份文物系统发展的静态效率平均值与2013年的相应情况进行比较。由于文物系统部分指标统计口径发生变化，为保持与以往年份发展效率的可比性，下面着重分析2013～2014年中国文物业发展效率的变化情况。

DEA 分析的结果表明，在专家偏好下，如表评 5 - 13 所示，2013 年文物业整体的发展效率平均值为 0.4962；2014 年，该指标升至 0.7017。除辽宁、江苏、湖北、海南、新疆等 5 个省份的效率值位次不变以外，浙江、四川、甘肃、上海、河北、北京等 15 个省份 2014 年的文物业发展效率排名比 2013 年有所上升。根据评估报告第二章评估指标体系构建的思路，要“让文物说话”“让文物活起来”，科研是基础，教育是表现，经济是助力。三方面功能只有有效发挥、形成合力，才能让文物说话并说得好。在投入产出维度管理水平评价中，蓝皮书采用的“文物保护绩效”指标是对文物保护情况的反映，是对实现“让文物说话”“让文物活起来”基本条件的评价，而对文物系统资金投入、经济贡献、教育贡献、科研贡献的效率评估反映了“让文物说话”“让文物活起来”对科研、教育、经济等方面的要求。具体来看，在此期间，文物系统发展效率有所提升的地区，或是文物工作规划更加科学化、投入更有保障，或是工作计划执行更到位、产出效率更为优化，都在一定程度上提升了本地区“让文物说话”“让文物活起来”的能力。例如，2014 年，为推动文物、博物馆事业科学化、规范化发展，北京市文物局联合市质量技术监督局制订了《北京市文物保护标准化发展规划（2014 ~ 2020 年）》，以进一步发挥标准化在促进北京市文物保护工作中的技术支撑作用，为加强文物保护能力建设提供了法制保障和体制机制保障①。浙江省文物局与浙江省委党校合作，将文物保护工作正式纳入省委党校培训课程，确定良渚遗址为省委党校干部任职培训现场教学点，开展了主题为“良渚遗址保护与城市建设——浙江省良渚遗址保护模式创新实践”的处级公务员任职培训班等多期现场教学活动，培训各类干部 200 余人次，使教学点成为宣传文化遗产保护知识的重要窗口；同时，在文物安全工作方面也有所创新——全面启动以不可移动文物安防、消防、防雷基础设施建设为核心，兼顾文物收藏单位文物库房、安全

---

① 资料来源：《北京市文物局　北京市质量技术监督局关于印发〈北京市文物保护标准化发展规划（2014 ~ 2020 年）〉的通知》，http：//www. bjww. gov. cn/2014/6 - 24/1403591402375. html。

技防建设的文物平安工程①，并编制完成了2015～2017年的文物保护单位安防、消防和防雷工作计划，初步形成了全省文物平安工程项目库②。

表评5-13　专家偏好下各省份文物系统发展静态效率（2013～2014年）

地　区	2013年效率值	2014年效率值	赋权状况(2014年)						
			资金投入	人力投入	资本投入	经济贡献	教育贡献	科研贡献	保护效果
北　京	0.3943	1.0000	2.8420	1.5439	2.8017	2.7881	13.6967	4.6601	4.6317
天　津	0.4700	0.7138	12.0559	6.6977	12.0559	36.0144	12.0048	36.0144	20.0931
河　北	0.3416	0.7432	4.8607	1.4744	2.6540	8.9820	2.9940	8.9820	4.4233
山　西	0.3109	0.5975	7.2368	1.7230	3.1015	10.4716	5.4267	10.4716	5.1691
内蒙古	0.3544	0.4677	12.5912	2.5182	5.3962	18.2627	8.8919	18.2627	7.5547
辽　宁	0.2617	0.3969	8.7597	2.0856	3.7541	12.6752	6.5687	12.6752	6.2569
吉　林	0.4714	0.5898	9.2643	5.1468	9.2643	27.6753	9.2251	27.6753	15.4405
黑龙江	0.7104	0.6857	10.9917	3.3342	6.0015	20.3114	6.7705	20.3114	10.0025
上　海	0.4062	0.8010	3.4492	1.9162	3.4492	3.7890	16.4449	5.4816	5.7486
江　苏	0.3467	0.6012	5.3329	1.2697	2.2855	4.0241	12.0724	4.0241	3.8092
浙　江	0.4506	0.9320	4.9010	1.1669	2.1004	3.6982	11.0947	3.6982	3.5007
安　徽	0.6568	0.7383	12.0922	2.8791	5.1824	17.4974	9.0677	17.4974	8.6373
福　建	0.4723	0.5742	14.8013	3.5241	6.3434	21.4174	11.0992	21.4174	10.5724
江　西	0.5693	0.7109	11.6607	2.7763	4.9974	16.8729	8.7441	16.8729	8.3290
山　东	0.5226	0.9530	4.2780	1.0186	1.8334	6.1903	3.2080	6.1903	3.0557
河　南	0.3949	0.6953	5.8414	1.3908	2.5034	8.4524	4.3803	8.4524	4.1724
湖　北	0.4021	0.6545	9.5078	2.2638	4.0748	13.7577	7.1297	13.7577	6.7913
湖　南	0.4304	0.7269	9.1083	2.1686	3.9035	4.6461	23.2306	7.7435	6.5059
广　东	0.3305	0.6663	8.2826	1.9721	3.5497	6.2500	18.7500	6.2500	5.9162
广　西	0.4793	0.7687	18.0694	4.3022	7.7440	26.1462	13.5498	26.1462	12.9067
海　南	1.0000	1.0000	22.2298	8.0834	23.3012	33.5361	62.7330	79.4104	24.2502
重　庆	0.4241	0.6403	13.4159	3.1943	5.7497	19.4126	10.0603	19.4126	9.5828
四　川	0.3298	0.6667	5.0562	1.2038	2.1669	3.8153	11.4460	3.8153	3.6115
贵　州	1.0000	0.6175	20.1103	4.7882	8.6187	26.9262	12.3825	37.1475	14.3645
云　南	0.6432	1.0000	17.5520	3.6905	7.9128	26.6866	10.7569	29.5035	11.0714
西　藏	0.4489	0.5068	5.9884	3.3269	5.9884	17.8891	5.9630	17.8891	9.9807
陕　西	0.2886	0.5398	3.6497	0.8690	1.5642	2.7541	8.2622	2.7541	2.6070
甘　肃	0.2845	0.6360	9.5615	2.2765	4.0978	7.2150	21.6450	7.2150	6.8296

① 资料来源：《浙江省文物局2014年工作总结》。

② 浙江省文物局在文物库房安全技防专项资金的基础上设立了全省文物平安工程专项资金，额度为每年3000万元，实施期限暂定三年。

续表

地　区	2013 年效率值	2014 年效率值	赋权状况(2014 年)						
			资金投入	人力投入	资本投入	经济贡献	教育贡献	科研贡献	保护效果
青　海	1.0000	0.9138	10.0453	5.5807	27.9035	71.0900	23.6967	71.0900	16.7421
宁　夏	0.8607	0.6718	6.8262	3.7924	18.9618	48.3092	16.1031	48.3092	11.3771
新　疆	0.3264	0.5421	22.5680	5.3733	9.6720	11.5119	57.5595	19.1865	16.1200
平　均	**0.4962**	**0.7017**	**10.0945**	**3.0113**	**6.7398**	**17.3893**	**14.3535**	**19.7522**	**9.0340**

4　各省份文物系统发展的动态效率（2013 ~2014年）

在静态效率评价的基础上，以下通过动态 DEA 方法研究全国 31 个省份文物系统在 2013 ~2014 年整体运行状态的变化。在规模报酬不变的前提下，根据动态 DEA 模型可以得到三个指标值，分别是技术效率（TE）变化、技术进步（TC）变化以及全要素生产率（TFP）变化。其中，技术效率（TE）衡量的是一个机构在既定投入条件下能否实现最大的潜在生产力，其变化衡量了这种潜在生产力的提高或降低。若技术效率变化大于 1，则说明潜在生产力提高，反之则降低；技术进步（TC）衡量的是科学技术对生产能力的提高。若该项指标值大于 1，则说明技术进步方面有所增长，小于 1 则说明技术进步方面有所下降。全要素生产率（TFP）等于技术效率与技术进步的乘积，衡量的是单位总投入的总产量的生产率指标。若该项指标值大于 1，则生产率提高；反之则下降。以《2015 中国文物统计提要》相关数据为基础，可计算 2013 ~2014 年各省份各类效率的变化情况。

表评 5 –14　2013 ~2014 年各省份文物系统发展效率变化情况

地　区	技术效率(TE)变化	技术进步(TC)变化	全要素生产率(TPF)变化
北　京	2.517	0.449	1.131
天　津	1.312	0.826	1.084
河　北	1.945	0.597	1.162
山　西	1.597	0.610	0.975
内蒙古	1.225	0.799	0.978
辽　宁	1.395	0.743	1.037
吉　林	1.363	0.778	1.061

续表

地　区	技术效率(TE)变化	技术进步(TC)变化	全要素生产率(TPF)变化
黑龙江	1. 202	0. 685	0. 823
上　海	2. 704	0. 488	1. 320
江　苏	1. 794	0. 530	0. 951
浙　江	1. 997	0. 489	0. 976
安　徽	1. 482	0. 718	1. 065
福　建	1. 159	0. 759	0. 880
江　西	1. 492	0. 707	1. 055
山　东	2. 032	0. 581	1. 180
河　南	1. 715	0. 618	1. 060
湖　北	1. 561	0. 676	1. 056
湖　南	1. 777	0. 601	1. 069
广　东	1. 848	0. 539	0. 996
广　西	1. 397	0. 774	1. 082
海　南	1. 002	0. 977	0. 979
重　庆	1. 416	0. 705	0. 998
四　川	1. 908	0. 581	1. 109
贵　州	0. 361	0. 553	0. 200
云　南	1. 418	0. 754	1. 069
西　藏	1. 034	0. 654	0. 676
陕　西	1. 936	0. 567	1. 099
甘　肃	2. 106	0. 589	1. 240
青　海	1. 074	0. 926	0. 994
宁　夏	0. 964	0. 908	0. 875
新　疆	1. 429	0. 721	1. 031
平　均	**1. 554**	**0. 674**	**1. 007**

如表评 5 - 14 所示，2013 ~2014 年，除贵州、宁夏之外，其他 29 个省份文物系统技术效率处于上升阶段；在全国范围内，各省份文物系统的技术进步均不显著；陕西、四川、北京、河北、山东、甘肃、上海等 18 个省份文物系统的全要素生产率处于增长阶段。2013 ~2014 年，全国文物系统平均技术效率提高了 55. 4% ，技术进步方面下降了 32. 6% ，全要素生产率平均提高了约 0. 7% 。总体来看，技术效率上升是文物系统全要素生产率提高

的主要因素。

为了更清晰地判断文物系统动态效率的变化情况，下面分别对各省份博物馆、重点文物保护管理机构在 2013 ~ 2014 年的发展效率变化情况进行对比和分析。

从博物馆的情况来看，如表评 5 - 15 所示，2013 ~ 2014 年，除了湖南、甘肃、山东、海南、云南、河北、上海等 13 个省份之外，其他地区的博物馆技术效率均处于下降阶段；广东、浙江、陕西、四川、青海、山西等 12 个省份的博物馆均处于技术进步阶段；四川、西藏、湖南、甘肃、山东、河北、上海等 12 个省份的博物馆全要素生产率处于增长阶段。2013 ~ 2014 年，全国博物馆平均技术效率下降了 1%，技术进步方面下降了 1.2%，全要素生产率平均下降了 2.4%。总体来看，技术下降是博物馆全要素生产率下降的主要因素。

表评 5 - 15　2013 ~ 2014 年各省份博物馆发展效率变化情况

地　区	技术效率（TE）变化	技术进步（TC）变化	全要素生产率（TPF）变化
北　京	0.947	1.017	0.963
天　津	1.093	0.962	1.052
河　北	1.212	1.016	1.231
山　西	0.661	1.098	0.726
内蒙古	0.975	0.951	0.926
辽　宁	0.957	0.963	0.921
吉　林	1.071	0.959	1.027
黑龙江	0.672	0.947	0.636
上　海	1.256	1.043	1.309
江　苏	0.829	0.928	0.769
浙　江	0.777	1.060	0.823
安　徽	1.038	0.952	0.989
福　建	0.875	0.989	0.866
江　西	0.844	0.953	0.804
山　东	1.144	1.042	1.191
河　南	0.976	0.949	0.926
湖　北	0.990	0.993	0.983

续表

地　区	技术效率(TE)变化	技术进步(TC)变化	全要素生产率(TPF)变化
湖　南	1.141	0.963	1.098
广　东	0.930	1.047	0.974
广　西	1.012	0.956	0.968
海　南	1.156	0.859	0.993
重　庆	0.940	1.021	0.959
四　川	0.980	1.087	1.066
贵　州	0.943	0.950	0.896
云　南	1.206	0.852	1.027
西　藏	1.060	1.025	1.087
陕　西	0.969	1.068	1.035
甘　肃	1.141	0.997	1.138
青　海	0.932	1.092	1.017
宁　夏	0.940	0.960	0.903
新　疆	1.025	0.936	0.959
平　均	**0.990**	**0.988**	**0.976**

从重点文物保护管理机构的情况来看，如表评5－16所示，2013～2014年，北京、云南、浙江、黑龙江、甘肃、江西等22个省份的技术效率处于上升阶段；仅新疆、海南、吉林、青海、天津等5个省份的重点文物保护管理机构处于技术进步阶段；黑龙江、江西、北京、云南、浙江、河北等18个省份的重点文物保护管理机构全要素生产率处于增长阶段。2013～2014年，全国重点文物保护管理机构平均技术效率提高了24.2%，技术进步方面下降了14.4%，全要素生产率平均提高了约5%。总体来看，技术效率上升是重点文物保护管理机构全要素生产率提高的主导因素。

表评5－16　2013～2014年各省份重点文物保护管理机构发展效率变化情况

地　区	技术效率(TE)变化	技术进步(TC)变化	全要素生产率(TPF)变化
北　京	2.394	0.652	1.560
天　津	0.948	1.024	0.971
河　北	1.568	0.800	1.254
山　西	1.310	0.863	1.131

续表

地　区	技术效率(TE)变化	技术进步(TC)变化	全要素生产率(TPF)变化
内蒙古	1.044	0.824	0.860
辽　宁	1.254	0.960	1.204
吉　林	0.644	1.031	0.664
黑龙江	1.816	0.904	1.642
上　海	0.986	0.937	0.924
江　苏	1.371	0.709	0.972
浙　江	1.858	0.682	1.268
安　徽	1.357	0.861	1.169
福　建	1.030	0.992	1.022
江　西	1.700	0.920	1.564
山　东	1.214	0.857	1.041
河　南	1.466	0.815	1.195
湖　北	1.091	0.905	0.988
湖　南	1.390	0.734	1.020
广　东	1.039	0.879	0.914
广　西	1.369	0.878	1.202
海　南	0.964	1.079	1.039
重　庆	1.052	0.956	1.006
四　川	0.978	0.677	0.662
贵　州	0.337	0.300	0.101
云　南	1.879	0.828	1.557
西　藏	0.716	0.884	0.633
陕　西	1.315	0.835	1.098
甘　肃	1.740	0.689	1.199
青　海	0.902	1.027	0.926
宁　夏	1.028	0.927	0.953
新　疆	0.740	1.109	0.820
平　均	**1.242**	**0.856**	**1.050**

5　投入产出维度的管理水平评估结论

需要指出的是，运用 DEA 分析方法从投入产出维度评估文物系统行政资源使用效率的结果是相对而言的。由于统计数据仍有所缺失、评价指标还不够全面，加之各地区文物系统发展环境的不同以及可能存在的个别数据失真等问题，分析得出的效率值及排名仅供参考。本评估报告的真正目的在于，希望各省份通过对各项指标赋权状况、评估结论的分析，结合自身文化遗产事业发展中遇到的困难进行综合考量，洞察投入冗余和产出缺口，从而有针对性地调整人、财、物等行政资源的配置方向和使用效率，以发挥各地区的相对优势，促进“行政资源投入充分并在行政资源使用上有较高的管理水平”，最终实现“让文物说话”“让文物活起来”的目标。

本章基于 DEA 分析评价指标，着重从横向和纵向两个方面对各省份文物系统发展效率进行比较分析，通过横向比较可以反映在同一时期不同省份的文物系统发展状况，获得在特定时期不同省份文物系统进一步完善的可能性大小，从而帮助效率值较低的省份找出工作的重点，对照文物事业发展规模相近、在某方面具有优势的省份，借鉴经验，调整行政资源配置方向以提高管理水平；通过纵向比较可以反映不同时期同一省份文物系统的效率变化，总结经验，扬长避短。

从静态效率评估的计算结果来看，在专家偏好下，2013 年文物业整体的发展效率平均值为 0.4962，2014 年升至 0.7017。除了辽宁、江苏、湖北、海南、新疆等 5 个省份的效率值位次不变以外，浙江、四川、甘肃、上海、河北、北京等 15 个省份 2014 年的文物业发展效率排名比 2013 年有所上升，对于文物业整体发展效率的提升发挥了重要作用。

2014 年，全国博物馆教育功能和科研功能发挥得相对较好，而经济功能和保护绩效相对较差，其中，保护绩效的平均效率值相对最低。从不同社会偏好下的年度效率情况来看，2014 年，在教育强偏好下和科研强偏好下，全国博物馆平均效率值分别为 0. 7374 和 0. 5832；而在经济强偏好下和保护强偏好下，全国博物馆平均效率值分别为 0. 5354 和 0. 5174。全国不可移动文物的保护绩效和教育功能发挥得相对较好，而经济功能和科研功能发挥相对较差，其中，科研功能的平均效率值相对最低。从不同社会偏好下的年度效率情况来看，2014 年，在保护强偏好下和教育强偏好下，全国重点文物保护管理机构平均效率值分别为 0.5610 和 0.5526；而在经济强偏好下和科研强偏好下，全国重点文物保护管理机构平均效率值分别为 0.5487 和 0.3015。在有效保护的前提下，只有促进科研、教育、经济等方面功能有效发挥、形成合力，才能实现让文物能说话、说得好。因此，如何协调文物保护与经济、教育、科研等公益性功能发挥之间的关系，真正做到相辅相成、相互促进，是各省份文保单位需深入思考的问题——应根据当地文物资源的优势和特色，在建设社会主义文化强国、提高国家文化软实力的大背景下，争取实现文物事业更大的发展空间。

从动态效率的计算结果来看，2013～2014 年，全国文物系统平均技术效率提高了 55.4%，技术进步方面下降了 32.6%，全要素生产率平均提高了约 0.7%。总体来看，技术效率上升是文物系统全要素生产率提高的主要因素。分别考察博物馆和重点文物保护管理机构的情况可以看出，在此期间，全国博物馆平均技术效率下降了 1%，技术进步方面下降了 1.2%，全要素生产率平均下降了 2.4%，技术下降是博物馆全要素生产率下降的主要因素。全国重点文物保护管理机构平均技术效率提高了 24.2%，技术进步方面下降了 14.4%，全要素生产率平均提高了约 5%，技术效率上升是重点文物保护管理机构全要素生产率提高的主导因素。

综上所述，“十二五”以来，中国文物系统生产率一直保持稳定增长态势。在推进全面建成小康社会、实施新型城镇化战略的新形势下，文物工作承担着在保护中发展、在发展中保护的双重任务。各省份需按照“让文物说话”和“让文物活起来”的要求，进一步开拓创新，力求通过加强“合力利用”在文物系统管理水平和事业发展效率等方面取得新突破[①]。

① 正如蓝皮书所提到的，国家对文物系统持续的财政支持、各地区文物部门的科学规划和工作创新等都是实现文物系统发展效率提升、让文物活起来的有效保障。

B.12

第六章

对文物活起来的评估

——基于“十二五”期间国家一级博物馆运行评估

近年来，国家对文物保护经费投入迅猛增长，文物保护状况明显改善，文物业管理水平不断提升。但同时也应该看到，随着经济社会的快速发展，文物保护与城乡建设的矛盾日益显现，文物工作的机会与挑战并存。为此，中央领导同志多次就文物工作做出系列重要论述和重要指示、批示[①]。为深入贯彻落实习近平总书记对文物工作的重要指示，切实加强文物工作，“让收藏在禁宫里的文物、陈列在广阔大地上的遗产、书写在古籍里的文字都活起来”，2016 年 3 月，《国务院关于进一步加强文物工作的指导意见》（国发〔2016〕17 号，以下简称《指导意见》）正式印发，围绕当前文物工作存在的突出问题，贯彻改革创新精神，提出硬性措施。

基于这样的背景，依据中央领导的指示和国家层面的文件，可以对文物活起来进行专题评估。首先，从第三方视角、公众的角度出发，以中立的身

① 党的十八大以来，习近平总书记和李克强总理多次就文物工作做出系列重要论述和重要指示、批示。习近平总书记强调指出要保护好文物，让人们通过文物承载的历史信息，记得起历史沧桑，看得见岁月留痕，留得住文化根脉；历史文化是城市的灵魂，要像爱惜自己的生命一样保护好城市历史文化遗产；要努力展示中华文化独特魅力，系统梳理传统文化资源，让收藏在禁宫里的文物、陈列在广阔大地上的遗产、书写在古籍里的文字都活起来。2016 年 4 月，习总书记对文物工作做出重要指示：文物承载灿烂文明，传承历史文化，维系民族精神，是老祖宗留给我们的宝贵遗产，是加强社会主义精神文明建设的深厚滋养。保护文物功在当代、利在千秋。习总书记指出，近年来，我国文物事业取得很大发展，文物保护、管理和利用水平不断提高。但也要清醒看到，我国是世界文物大国，又处在城镇化快速发展的历史进程中，文物保护工作依然任重道远。

份对文物“活”的情况给予客观公正的考察，体现了公众享受文物保护成果和创新文物利用方式的需求，评估角度独具优势。其次，西安博物院建设城市文化平台等相关项目在全国范围内具有代表性和可推广性，创新的文物利用方式体现了“活”的特征，且其是蓝皮书的参与方，在既定的评估体系下能够提供相关数据资料，案例选取较具特色。再次，按照评估报告第二章的分析思路，重点关注文物利用的情况，对文物活起来的程度进行分析和评估，既与文物系统已有评估的方法有所区别，又与国家一级博物馆运行评估的相关结论进行对照，评估方法兼顾了相关情况的纵向变化和同期的横向对比。

综上所述，本章将首先对国家层面出台的有关加强文物工作的指导性文件进行梳理和比较，立足当前，对政策文件、目标规划中明确的重点任务完成情况进行评估。在此基础上，基于国家一级博物馆运行评估，以西安博物院为典型案例，对文物活起来进行案例评估。

1　国家层面关于加强文物工作的指导性文件

党中央、国务院历来高度重视文物工作，国家层面陆续出台了加强文物工作的指导性文件，对不同时期的文物工作进行部署、提出要求。1997 年，《国务院关于加强和改善文物工作的通知》[①] 就已印发，明确提出各地方、各有关部门应把文物保护纳入当地经济和社会发展计划、纳入城乡建设规划、纳入财政预算、纳入体制改革、纳入各级领导责任制

---

① 《国务院关于加强和改善文物工作的通知》（国发〔1997〕13 号）提出，必须以党的十四届六中全会精神为指导，继续坚持“保护为主，抢救第一”的方针，贯彻“有效保护，合理利用，加强管理”的原则，正确处理好文物保护与经济建设的关系、文物事业发展中社会效益和经济效益的关系，建立与社会主义市场经济体制相适应的文物保护体制。《通知》共分为六大部分：建立与社会主义市场经济体制相适应的文物保护体制；正确处理文物保护与经济建设以及人民群众切身利益的关系，切实做好文物的抢救与保护工作；充分发挥文物作用，为社会主义精神文明建设服务；加强和改善文物市场的管理；强化执法力度，严厉打击文物犯罪活动；加强队伍建设，提高文物管理工作的水平。

（即“五纳入”），并对建立文物保护体制、加强文物保护、完善文物市场管理、强化执法力度、加强队伍建设等提出要求。《国务院关于加强文化遗产保护的通知》（以下简称2005年《通知》）[①] 对加强文化遗产保护工作提出总体要求，为“十一五”以来文物博物馆事业指明了发展方向，部署了主要任务，为文化遗产保护营造了良好的社会环境。

具体来看，2005年《通知》在“着力解决物质文化遗产保护面临的突出问题”部分提出六方面重点工作，截至目前，各项工作已基本完成（如表评6－1所示）。2005年《通知》印发以来，中国文物事业取得显著成绩，文物保护状况明显改善，博物馆公共文化服务水平稳步提升，文物工作为传承中华优秀传统文化、满足人民群众精神文化需求、促进经济社会发展做出了积极贡献。

表评6－1　2005年《通知》的重点工作完成情况

突出问题和任务		完成情况
2005年《通知》	1. 文物调查研究和不可移动文物保护规划的制定实施	①2006年启动了《“十一五”期间大遗址保护总体规划》和第二批64处国家重点大遗址规划纲要的编制工作；②2007年启动第三次全国文物普查，于2011年11月全面完成各阶段的工作目标和任务，进一步廓清了全国不可移动文物家底，取得近77万处不可移动文物的基础信息和翔实数据；③2012年启动第一次全国可移动文物普查，基本摸清国有可移动文物分布状况；制定馆藏文物、出土（水）文物和馆藏自然类藏品登录规范，建成全国可移动文物信息登录平台，推进普查文物信息采集登录工作；④2001年启动“文物调查及数据库管理系统建设项目”，截至2011年，各项任务顺利完成，实现了预期目标；长城资源调查、大运河资源调查等全面铺开

① 《国务院关于加强文化遗产保护的通知》（国发〔2005〕42号）提出加强文化遗产保护的基本方针，物质文化遗产保护要贯彻“保护为主、抢救第一、合理利用、加强管理”的方针。非物质文化遗产保护要贯彻“保护为主、抢救第一、合理利用、传承发展”的方针。坚持保护文化遗产的真实性和完整性，坚持依法和科学保护，正确处理经济社会发展与文化遗产保护的关系，统筹规划、分类指导、突出重点、分步实施。2005年《通知》共分为五大部分：充分认识保护文化遗产的重要性和紧迫性；加强文化遗产保护的指导思想、基本方针和总体目标；着力解决物质文化遗产保护面临的突出问题；积极推进非物质文化遗产保护；明确责任，切实加强对文化遗产保护工作的领导。

续表

突出问题和任务		完成情况
2005年《通知》	2. 重大建设工程中的文物保护工作	①各地文化遗产保护工作的部门规章和规范性文件均做出“严格执行重大建设工程项目审批、核准和备案制度，凡涉及文物保护单位保护范围与建设控制地带的建设项目，必须依法履行方案报批程序”等规定，并在实践中逐步推进[①]；②三峡水库、西气东输、青藏铁路、南水北调等涉及国计民生的国家重点工程考古和文物保护工作扎实开展；③完成三峡工程田野考古发掘任务，稳步实施南水北调、川气东送、西气东输二线、京沪高铁等大型工程中的考古和文物保护工作
	3. 重点文物维修工程	①《文物保护工程管理办法》《文物保护工程勘察设计资质管理办法》《文物保护工程施工资质管理办法》《文物保护工程监理资质管理办法（试行）》等相继颁布实施，文物保护工程领域相关的法制体系基本建立；②2005年中央财政设立“大遗址保护专项经费”，核定“十一五”期间大遗址保护专项经费投入总量为20亿元，经费均按时到位；③2006年，国家文物局与国家发改委联合编制的《国家“十一五”抢救性文物保护设施建设专项规划》得到全面执行，列入“十一五”期间实施的438个文物保护设施建设规划投资逐一落实，资金概算18.13亿元，其中中央补助11.46亿元，平均每年2.29亿元；④西藏重点文物保护工程[②]、故宫维修工程、山西南部地区早期建筑保护工程、明清皇陵保护工程、重点石窟保护工程等取得成果，承德避暑山庄、山西南部早期建筑等重点工程继续推进，平安故宫工程全面启动
	4. 历史文化名城（街区、村镇）保护	①先后颁布实施《历史文化名城名镇名村保护条例》《历史文化名城名镇名村街区保护规划编制审批办法》等；②截至2015年，国务院公布国家历史文化名城共126座；截至2014年，共公布六批中国历史文化名镇（村），其中中国历史文化名镇252个、中国历史文化名村276个。此外，统筹推进传统村落整体保护和利用，国家文物局组织召开国保省保集中成片中国传统村落整体保护和利用工作会，对270个传统村落保护和利用做出部署；首批51个村落保护安排资金7.1亿元，以县为主的领导机构全部建立，保护发展规划全部提交，保护修缮工程和环境整治项目全面启动
	5. 馆藏文物保护和展示水平	①出台《博物馆条例》《国家文物局关于加强馆藏文物借用管理工作的通知》《关于加强和改进馆藏文物保护管理工作的意见》等，进一步规范博物馆发展和馆藏文物管理；印发《关于民办博物馆设立的指导意见》，规范民办博物馆发展；与教育部印发《关于中小学生利用博物馆开展社会实践的指导意见》，搭建中小学生社会实践活动平台；②2014年，中央财政安排经费6.6亿元，实施一批可移动文物修复项目和53个博物馆藏品预防性保护项目；完成8000余件（套）珍贵文物和2万余枚简牍修复；③截至2014年，全国博物馆总数达到3658个，免费开放博物馆、纪念馆总数达到2920个[③]；2011～2014年全国博物馆年均举办陈列展览超过1.7万个；全国文博单位年均接待观众数量达到5.64亿人次

续表

突出问题和任务		完成情况
2005 年《通知》	6. 清理整顿文物流通市场	①加强文物市场监管,完善文物拍卖标的备案制度和文物拍卖企业资质评审机制;颁布实施《文物认定管理暂行办法》《文物拍卖企业资质年审管理办法》《文物进出境责任鉴定员管理办法》《文物入境展览管理暂行规定》等,文物流通领域和民间文物收藏不断规范;②建立了较为完善的文物经营资质和文物标的审核管理制度,文物市场经营主体、流通范围趋向多样化,实现由国家统管专营向依法管理的转变,文物商店改制工作稳步推进,文物市场管理逐步规范;③全国具备文物拍卖资质的文物拍卖企业已有 400 多家

①例如，湖北等地在国家重大建设项目三峡工程、南水北调工程中的文物保护成效显著，相继完成三峡库区 23 处地下项目考古发掘，地面文物复建进展顺利，秭归凤凰山完成复建工程 21 处，巴东王爷庙、顾家老屋等 5 处项目竣工并通过验收，兴山 3 处复建工程竣工。

②2007 年，国家启动实施了西藏“十大重点文物保护维修工程”，核定专项投资 5.7 亿元，中央财政 2.9 亿元，中央预算内基本建设投资 2.8 亿元。

③资料来源：《〈国家文物博物馆事业发展“十二五”规划〉实施中期评估报告》及《全国文物业统计资料》。

2005 年《通知》出台已经 10 年有余。随着经济社会的快速发展，文物保护与城乡建设的矛盾日益显现。随着文物数量的大幅度增加，文物保护任务日益繁重，文物工作面临着一些新的困难，例如文物保护责任尚未完全落实、一般不可移动文物消失加快、文物资源作用发挥不够等。为有效应对新形势下文物事业发展的问题和困难，切实加强新时期的文物工作，2016 年，《指导意见》围绕当前文物工作中存在的突出问题，在落实责任、加强保护、拓展利用、严格执法等方面做出部署。与 2005 年《通知》相比（如图评 6－1 所示），《指导意见》明确了要继续坚持“保护为主、抢救第一、合理利用、加强管理”的文物工作方针，提出更加具体化、更有针对性的文物工作目标和政策措施。

面对新时期文物保护的严峻形势和突出问题，《指导意见》提出一系列制度和措施。下面就对照 2005 年《通知》的相关内容，对《指导意见》的部分重点举措进行梳理和对比。

《指导意见》共分为七部分，明确了加强文物工作的重要性、紧迫性以及新时期文物工作的指导思想、基本原则和主要目标，并提出进一步加强文物工作的切实举措，包括 24 个方面的政策措施，其中最具代表性的制度和

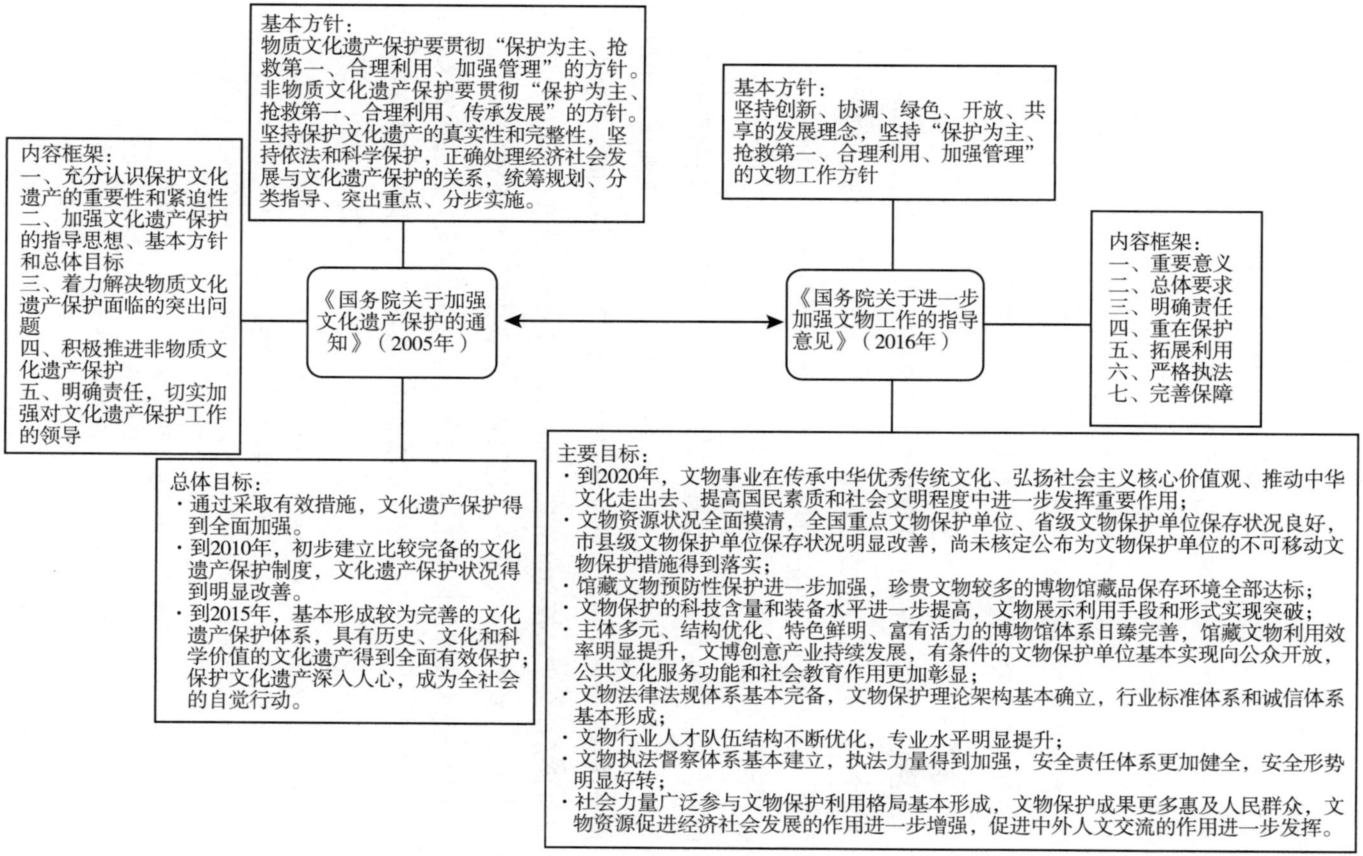

图评 6-1　国家层面关于加强文物工作指导性文件的主要内容

举措如图评 6－2 所示。与 2005 年《通知》相比，《指导意见》体现了与时俱进思想，着重体现在以下方面：

首先，明确地方政府的责任。2005 年《通知》和《文物保护法》都笼统地讲地方政府对本行政区域内的文物保护负有责任，但对于具体什么责任强调得不明确。《指导意见》提出落实政府责任，主要是地方政府，除了各级地方政府要进一步提高对文物保护重要性的认识外，还要坚持谁主管谁负责，依法履行管理和监督责任，而且特别强调地方政府要切实履行文物保护的主体责任，提出要把文物工作列入重要议事日程，作为地方领导班子和领导干部综合考核评价的重要参考①。

其次，提出制定文物保护补偿制度，对公民、法人、社会组织因履行文物保护义务而合法权益受损或受限的给予经济补偿，切实解决文物密集地区文物保护资金短缺、土地置换问题和容积率限制等问题。对此，2005 年《通知》没有相应的规定。

再次，关于文物工作改革创新、服务大局。《指导意见》将改革创新、服务大局、以人为本作为文物工作遵循的基本原则，主要体现在“拓展利用”部分：一是增强文物资源的社会教育功能，扩大公共文化服务覆盖面，为培育和弘扬社会主义核心价值观、保障人民群众基本文化权益服务；二是发挥文物资源在旅游业和文化产业发展中的重要作用，打造文物旅游品牌，培育以文物资源为支撑的体验旅游、研学旅行、休闲旅游，大力研发文博创意产品，增加收入，扩大就业；三是寓管理于服务之中，既要坚决守住文物

---

① 同时，《指导意见》提出建立健全文物保护责任评估机制，每年对本行政区域的文物保存状况进行一次检查评估，发现问题及时整改。在严格执法的部分，又明确了文物保护工作做不好的怎样追究责任；提出“地方各级人民政府、各有关部门和单位因不依法履行职责、决策失误、失职渎职导致文物遭受破坏、失盗、失火并造成一定损失的，要依法依纪追究有关人员的责任；涉嫌犯罪的，移送司法机关处理”；强调“造成国家保护的珍贵文物或者文物保护单位损毁、灭失的，要依法追究实际责任人、单位负责人、上级单位负责人和当地政府负责人的责任”；提出“建立文物保护责任终身追究制，对负有责任的领导干部，不论是否已调离、提拔或者退休，都必须严肃追责。建立健全文物保护工程勘察设计、施工、监理、技术审核质量负责制，对违反国家法律法规和相关技术标准，造成文物和国家财产遭受重大损失的，要依法追究相关单位和人员的责任”。

	《指导意见》	2005年《通知》
将文物工作作为地方领导班子和领导干部综合考核评价的重要参考	各级人民政府要进一步提高对文物保护重要性的认识，敬重祖先留下来的珍贵遗产，依法履行管理和监督责任。地方人民政府要切实履行文物保护主体责任，把文物工作列入重要议事日程，作为地方领导班子和领导干部综合考核评价的重要参考；建立健全文物保护评估机制，每年对本行政区域的文物保存状况进行一次检查评估，发现问题及时整改	地方各级人民政府和有关部门要将文化遗产保护列入重要议事日程，并纳入经济和社会发展计划以及城乡规划。要建立健全文化遗产保护责任制度和责任追究制度。地方各级人民政府也要建立相应的文化遗产保护协调机构
强化文物督察	完善文物保护监督机制，畅通文物保护社会监督渠道。加强层级监督，依法对地方履行文物保护职责情况进行督察，对重大文物违法案件和文物安全事故进行调查督办，集中曝光重大典型案例，对影响恶劣的要约谈地方人民政府负责人。优化国务院文物行政部门执法督察力量配置。加强省级文物行政部门执法督察力量	基本建设项目中的考古发掘要充分考虑文物保护工作的实际需要，加强统一管理，落实审批和监督责任。加强对文物市场的调控和监督管理，依法严格把握文物流通市场准入条件，规范文物经营和民间文物收藏行为，确保文物市场健康发展。要建立文化遗产保护定期通报制度、专家咨询制度以及公众和舆论监督机制，推进文化遗产保护工作的科学化、民主化
文物保护补偿制度	研究制定文物保护补偿办法，依法确定补偿对象、补助范围等内容	
设立公益性文物保护基金	利用公益性基金等平台，采取社会募集等方式筹措资金，解决产权属于私人的不可移动文物保护维修的资金补助问题，使文物所有者和使用者更好地履行保护义务	抓紧制定和完善有关社会捐赠和赞助的政策措施，调动社会团体、企业和个人参与文化遗产保护的积极性
一般不可移动文物的管理	指导和支持城乡群众自治组织保护管理使用区域内尚未核定公布为文物保护单位的不可移动文物。制定切实可行的政策措施，鼓励向国家捐献文物及捐赠资金投入文物保护的行为。对社会力量自愿投入资金保护修缮市县级文物保护单位和尚未核定公布为文物保护单位的不可移动文物的，可依法依规在不改变所有权的前提下，经予一定期限的使用权，要将国有尚未核定公布为文物保护单位的不可移动文物保护纳入基本公共文化服务范畴，积极引导和鼓励社会力量参与，多措并举，落实保护资金的投入	切实做好文物调查研究和不可移动文物保护规划的制定实施工作。其他不可移动文物也要依据文物保护法的规定制定保护规划，落实保护措施
文物工作改革创新、服务大局	为培育和弘扬社会主义核心价值观服务。挖掘研究文物价值内涵，以物知史，以物见人，传播优秀传统文化，引领社会文明风尚。为保障人民群众基本文化权益服务。完善博物馆公共文化服务功能，扩大公共文化服务覆盖面，促进博物馆公共文化服务标准化、均等化。为促进经济社会发展服务。发挥文物资源在文化传承、促进地区经济社会发展、壮大旅游业中的重要作用，增加地方收入，扩大居民就业。大力发展文博创意产业。深入挖掘文物资源的价值内涵和文化元素，延伸文博衍生产品链条，扩大引导文化消费，培育新型文化业态。为扩大中华文化影响力服务。积极参与国际文化遗产保护事务，扩大与相关国际组织的合作，形成文物交流双边、多边合作机制；推进非法流失海外文物的追索与返还；推进与“一带一路”沿线国家文物保护领域的实质性合作	各级各类文化遗产保护机构要经常举办展示、论坛、讲座等活动，使公众更多地了解文化遗产的丰富内涵。教育部门要将优秀文化遗产内容和文化遗产保护知识纳入教学计划，编入教材，组织参观学习活动，激发青少年热爱祖国优秀传统文化的热情。 提高陈列展览质量和水平，充分发挥馆藏文物的教育作用；坚持向未成年人等特殊社会群体减、免费开放，不断提高服务质量和水平。 正确处理经济社会发展与文化遗产保护的关系，统筹规划、分类指导、突出重点、分步实施。 加强国际合作，对非法流失境外的文物要坚决依法追索

图评 6－2　《指导意见》部分制度和措施与 2005 年《通知》的对比

保护的底线，又要大力支持经济发展、城乡建设和国际交流合作，例如对地处城市中心或城市边缘的大遗址要从实际出发制定分类、保用结合的管理办法①、积极参与国际文化遗产保护事务、推进与“一带一路”沿线国家文物保护领域的实质性合作②等。相比之下，2005 年《通知》主要关注文物的教育作用以及改进和完善重大建设工程中的文物保护工作，而对促进公共文化服务标准化、均等化以及为促进经济社会发展服务、为扩大中华文化影响力服务等方面关注不够。

对于新时期文物工作面临的突出问题，需要进一步创新工作思路，采取有力措施，认真加以解决。《指导意见》强调了新的发展理念，比如在保护中发展、发展中保护，提出要坚持公益属性、坚持服务大局、坚持改革创新、坚持依法管理四个方面的基本原则，并明确了到 2020 年文物事业发展的主要目标，是今后一个时期指导文物工作的政策性文件。

2 《2020年目标体系》规划目标完成情况阶段性评估

“十二五”以来，为贯彻落实《中华人民共和国文物保护法》、2005 年《通知》等对文物工作的部署要求，国家文物局先后发布了《文物“十二五”规划》《博物馆规划》和《2020 年目标体系》等发展规划，规划的时限分别为 2015 年、2020 年和 2020 年。《文物“十二五”规划》明确了“十二五”时期文物博物馆事业的发展目标和工作重点，是 2011 ~ 2015 年全国文物博物馆工作的行动指南，也是各地区各部门推动文物博物馆事业发展的

---

① 《指导意见》在“拓展利用”部分提出，要“为促进经济社会发展服务”，实行文物保护的分类管理、精准管理，针对城市、乡村、荒野等不同地域，以考古勘探等工作为基础，合理划定古遗址的保护区划；对传统村落中的文物建筑分别实行整体保护、外貌保护、局部保护，实现文物保护与延续使用功能、改善居住条件相统一。

② 《指导意见》在“拓展利用”部分提出，要“为扩大中华文化影响力服务”，积极参与国际文化遗产保护事务，扩大与相关国际组织的合作，形成文物交流双边、多边合作机制。与更多国家和地区签署防止盗窃、盗掘和非法进出境文物双边协定，通过外交、司法、民间等多种形式推进非法流失海外文物的追索与返还。拓宽文物对外展示传播渠道，加强文物与外交、文化、海洋等部门和单位联动。推进与“一带一路”沿线国家文物保护领域的实质性合作。

重要依据；《博物馆规划》提出到2020年，基本形成特色鲜明、结构优化、布局合理的博物馆体系，基本实现博物馆管理运行的现代化，基本建立运转协调、惠及全民的博物馆公共文化服务体系，使博物馆文化深入人心，进入世界博物馆先进国家行列。《2020年目标体系》从五个方面提出2020年文物事业发展目标体系的基本框架：文物管理体系建立健全①，各类文物得到全面有效保护②，在“五位一体”建设中发挥重要作用③，在国际文化遗产领域的影响力显著提升④，政策保障切实有力⑤。特别从文物保护、功能发挥、政策保障等角度提出一系列的定量指标，确立了明确的发展目标，为文物事业发展的具体工作指明了方向。

为客观评估文物事业发展的阶段性进展，我们不妨将《2020年目标体系》等提出的发展目标作为标杆，从文物事业发展现状中找出差距，对各项发展目标的实现程度进行预判，从而为“十三五”期间乃至今后一段时期进一步推动和完善文物工作提出有益的建议。按照这一思路，我们首先对《2020年目标体系》《文物“十二五”规划》和《博物馆规划》等确立的发展目标进行了梳理。可以看出，虽然同是国家文物局发布的规划性文件，但是由于颁布年份、规划内容和年限的不同，部分工作领域的发展目标设置略有差异（如表评6－2所示）。

---

① 文物管理体系建立健全主要包括：中国特色文物保护和利用、传承发展理论体系基本建立，法律制度全面建立，政府主导、社会参与的体制机制基本确立。

② 各类文物得到全面有效保护主要包括：文物资源状况全面廓清，文物保护水平显著提升，文物安全形势明显好转。

③ 在“五位一体”建设中发挥重要作用主要包括：文物的价值得到充分挖掘，成为构建优秀传统文化传承体系的重要内容；文物、博物馆宣传教育功能得到充分发挥，成为公共文化服务体系的重要支撑；文物保护与城乡建设有机结合，成为建设美丽中国的积极力量；文物市场有序发展，搭建收藏鉴赏平台，满足公众需求；文物事业在经济社会发展中彰显突出价值，为全面建成小康社会做出重要贡献。

④ 在国际文化遗产领域的影响力显著提升主要包括：中国特色文物保护理念、制度和技术在国际上得到广泛认同，对推动人类文化遗产保护产生重要影响；在国际文化遗产事务中发挥积极作用，参与双边、多边以及区域性交流与合作的能力显著增强；文物对外展示传播渠道更加畅通，为中华文化走向世界做出更大贡献。

⑤ 政策保障切实有力主要包括：制度建设和政策保障基本完善，资金保障机制建立健全，科技支撑作用显著增强，人才队伍建设全面提升。

表评 6－2 《2020 年目标体系》等规划性文件部分发展目标的完成情况

项目	《2020 年目标体系》	《文物“十二五”规划》	《博物馆规划》	完成情况
保护规划编制	世界文化遗产、第一至七批全国重点文物保护单位“四有”工作、150 处大遗址*的保护规划编制全面完成	世界文化遗产和 150 处重要大遗址的保护规划编制启动率达到 100%	—	2013 年，世界文化遗产保护规划编制启动率达到 80%，150 处大遗址保护规划编制启动率达到 82% **
重大险情排除率	世界文化遗产和全国重点文物保护单位重大险情排除率达到 100%	第一至六批全国重点文物保护单位的重大险情排除率达到 100%	—	—
博物馆	—	每个地市级以上中心城市拥有 1 个功能健全的博物馆；每个少数民族的文化遗产和民族文化都能通过博物馆的形式得到全面保护、研究和展示	2015 年实现每个地级以上中心城市拥有 1 个以上功能健全的博物馆，东部经济发达地区县级博物馆实现现代化；2020 年基本实现全国县级博物馆的现代化；每 25 万人拥有 1 个博物馆	每个地级市以上中心城市拥有 1 个功能健全的博物馆进展接近预期；2014 年，平均约 37 万人拥有一个博物馆
文物建账建档	全国重点文物保护单位记录档案完成率达到 100%；完成国有博物馆文物藏品和民办博物馆珍贵文物藏品登记、建档，建成全国博物馆藏品和国有单位收藏文物数据库	国有博物馆一级文物的建账建档率达到 100%	国有博物馆一二三级文物藏品的建账建档率达到 100%	国有博物馆一级文物的建账建档率达到 100%
防火、防盗设施达标率	风险突出的文物、博物馆单位安全防范设施基本达标，一级风险单位达标率达到 100%	文物博物馆一级风险单位中文物收藏单位的防火、防盗设施达标率达到 100%	国有博物馆风险单位的防火、防盗设施、藏品保存环境达标率达到 100%	文物博物馆一级风险单位中文物收藏单位的防火、防盗设施达标率为 92%

* 《大遗址保护“十二五”专项规划》要求 150 处大遗址保护规划编制完成率达到 90%。

** 资料来源：《〈国家文物博物馆事业发展“十二五”规划〉实施中期评估报告》。

表评 6 – 2　《2020 年目标体系》等规划性文件部分发展目标的完成情况（续）

项目	《2020 年目标体系》	《文物“十二五”规划》	《博物馆规划》	完成情况
博物馆建设	符合条件的公共博物馆全部实行免费开放；博物馆公共文化服务人群覆盖率从 40 万人拥有 1 个博物馆发展到 25 万人拥有 1 个博物馆；**年举办陈列展览 2 万个以上，接待观众 7 亿人次以上**	全国博物馆总数达到 3500 个。免费开放博物馆、纪念馆总数达到 2500 个。国家一二三级博物馆总数达到 800 个。法人治理结构规范化、管理专业化的民办博物馆建设率达到 10%。**全国博物馆年均举办陈列展览达到 1 万个以上，年接待观众达到 5 亿人次以上。**每年在国（境）外举办 120 个中国文物展览，每年引进 50 个国（境）外文物展览	国家一二三级博物馆占全国博物馆的比例达到并稳定在 30%；除基本陈列外，**博物馆年举办展览数量达到 3 万个，展示水平显著提升；博物馆年观众达到 10 亿人次**；民办博物馆占全国博物馆比例逐步达到 20%，涌现出一批专业化程度高、社会影响力强的优秀民办博物馆	2014 年，全国博物馆总数达到 3658 个；平均约 37 万人拥有 1 个博物馆；免费开放博物馆、纪念馆总数达到 2920 个。全国博物馆年均举办陈列展览达到 20115 个；全国文博单位年接待观众数量达到 5.64 亿人次*
文物执法	—	省级文物行政执法机构建成率达到 70%，地市级文物行政执法机构建成率达到 30%，县区级文物行政执法机构建成率达到 15%。建成 20 个国家文物安全综合管理实验区（示范单位）	—	省级文物行政执法机构建成率达到 62%
文物监测及巡视	—	世界文化遗产、150 处大遗址、国家一级博物馆的文物安全监测平台建设率达到 100%。每三年完成一轮世界文化遗产监测巡视工作	—	国家一级博物馆的文物安全监测平台建设率达到 92%；完成了三年一轮的世界文化遗产监测巡视工作
从业人员队伍建设	文物行业从业人员规模达到 13 万人；专业技术人员所占比例达到 45% 以上，科研机构专业技术人员所占比例达到 75% 以上；在职培训人员每年达到 1.5 万人次	开展大规模文物、博物馆干部培训，培训总数达到 1.5 万人次。其中，文物、博物馆管理干部培训 3500 人次，重点开展全国县级文物部门负责人培训；专业技术人员培训 4500 人次；行政执法人员培训 8000 人次。与高校合作培养研究生学历人员 120 人次	—	2014 年，全国文物系统从业人员 14.81 万人；文物保护管理机构和博物馆的专业技术人员所占比例约为 33%；全国文物博物馆干部培训人次达到 1.1 万人次

* 资料来源：《〈国家文物博物馆事业发展“十二五”规划〉实施中期评估报告》。

如表评 6－2 所示，对照《2020 年目标体系》《文物“十二五”规划》和《博物馆规划》的主要发展目标，由于部分发展目标所要求的统计资料尚不健全，就目前掌握的统计数据来看，截至 2014 年，大部分工作进展接近预期或已达到预期。例如，150 处大遗址保护规划编制、国有博物馆一级文物的建账建档、文物博物馆一级风险单位中文物收藏单位的防火防盗设施建设、文物博物馆干部培训等工作均按进度推进。但是，文物行政执法机构建设、博物馆公共文化服务人群覆盖率、文物行业专业技术人员所占比例等距离目标还有差距。《指导意见》作为指导新时期文物工作的纲领性文件，明确了新时期文物工作的指导思想、基本原则和主要目标，在健全国家文物登录制度、严格责任追究、强化文物督察、加强地方文物执法工作等方面都提出硬性措施，将全面指导和规范文物工作，切实做到在保护中发展、在发展中保护。

3　国家层面博物馆运行评估情况

为加强博物馆公共服务体系建设，规范博物馆行业管理，2008 年 2 月，《国家文物局关于印发〈全国博物馆评估办法（试行）〉〈博物馆评估暂行标准〉和〈博物馆评估申请书〉的通知》（文物博发〔2008〕6 号）正式发布。该通知明确了国家文物局组织设立全国博物馆评估委员会，负责全国博物馆评估工作的组织和管理①，博物馆经评估确定相应等级，从高到低依次为一级博物馆、二级博物馆、三级博物馆。2008 年 5 月，在国际博物馆日当天，国家文物局公布了首批国家一级博物馆名单，故宫博物院等 83 家博

① 根据《全国博物馆评估办法（试行）》规定，凡在中华人民共和国境内，正式登记、注册、接受年检的，具有文物和标本的收藏保管、科学研究、陈列展览功能，并对社会开放（正常运行、开放三年以上）的各类博物馆，均可申请参加博物馆评估。国家文物局负责制定博物馆评估标准，并对评估标准的实施进行监督检查。国家文物局组织设立全国博物馆评估委员会。全国博物馆评估委员会负责全国博物馆评估工作的组织和管理。省级文物行政部门组织设立本辖区博物馆评估委员会。省（自治区、直辖市）博物馆评估委员会在全国博物馆评估委员会的指导下，开展相应等级博物馆的评估工作。

物馆位列其中①。

2010 年 2 月，为深化博物馆评估定级工作，加强国家一级博物馆的管理，国家文物局委托中国博物馆学会开展国家一级博物馆运行评估试点工作。评估试点依据《国家一级博物馆运行评估规则》《国家一级博物馆运行评估指标体系（试行）》《国家一级博物馆运行评估试点工作方案》（文物博函〔2010〕120 号）进行，包括定性评估、定量评估和现场复核三个环节，并要求首批 83 家国家一级博物馆积极参加评估试点工作，评估周期为 2008 年 1 月 1 日至 2009 年 12 月 31 日。此后，2011 ~ 2013 年，中国博物馆协会受国家文物局委托，均开展了国家一级博物馆年度运行评估工作。截至目前，已公布的国家一级博物馆运行评估的最新结果是 2012 年度②。

2014 年 3 月，为实现国家二三级博物馆的动态管理，切实提升二三级博物馆的管理运行水平，在浙江、湖南、四川三省试点工作的基础上，国家文物局研究制定了《国家二三级博物馆运行评估规则（试行）》《国家二三级博物馆运行评估指标体系（试行）》（文物博函〔2014〕242 号），决定于 2014 年 3 月至 10 月组织各省（区、市）文物行政部门统一开展 2013 年度国家二三级博物馆运行评估工作，并要求由国家文物局正式公布的国家二三级博物馆（共计 634 家）均应参加此次运行评估工作。

2015 年 8 月，为实现非国有博物馆的动态管理，切实提升非国有博物馆的管理运行水平，国家文物局制定印发了《非国有博物馆运行状况评估规则（试行）》《非国有博物馆运行状况评估指标体系（试行）》（文物博函

---

① 首批 83 家一级博物馆根据其题材类型可以分为四类：历史文化类博物馆 38 家，占 45.6%；纪念类博物馆 26 家，占 31.3%；自然科技与专题类博物馆 13 家，占 15.7%；遗址类博物馆 6 家，占 7.23%。按隶属关系分，可以分为五类：部属博物馆 7 家，省属综合类博物馆 22 家，省属博物馆 41 家，地市属及以下博物馆 35 家，中央地方共建博物馆及培育对象 11 家。（资料来源：《国家一级博物馆运行评估简报（2011 年度）》）

② 根据《全国博物馆评估办法（试行）》，“博物馆评估工作每三年开展一次。具体申报时间由国家文物局确定”。根据《国家一级博物馆运行评估规则》，“国家文物局定期组织一级博物馆运行评估，评估工作由中国博物馆协会负责实施”。

〔2015〕3103 号），决定于 2015 年 8 月至 12 月组织各省（区、市）文物主管部门统一开展 2014 年度非国有博物馆运行评估工作，要求凡在 2013 年 12 月 31 日前经省、自治区、直辖市文物主管部门登记备案，取得法人资格，且通过 2013 年度博物馆年检的非国有博物馆，均应参加此次评估（2014 年度首次参加年检的非国有博物馆，可自愿参与此次评估）。国家文物局委托中国博物馆协会、中国文物报社组建全国评估工作组，具体负责 2014 年度非国有博物馆运行评估的相关组织协调工作。

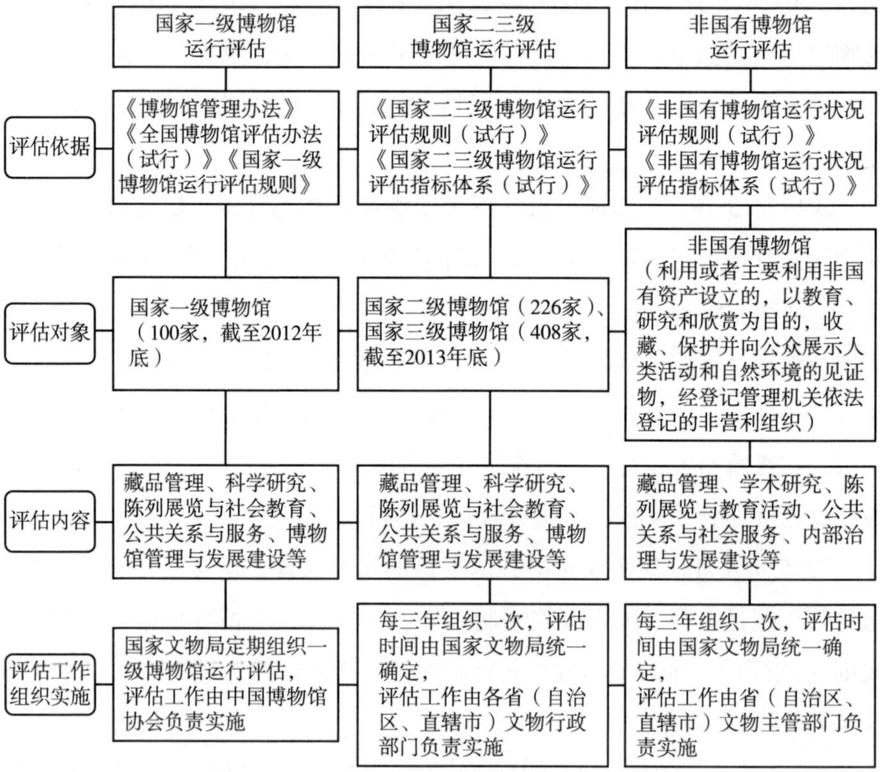

图评 6－3　国家层面博物馆运行评估情况

综上所述，目前国家层面的博物馆运行评估主要是国家一级博物馆运行评估、国家二三级博物馆运行评估、非国有博物馆运行评估三大类，各自的评估依据、评估对象、评估内容和组织实施如图评 6－3 所示。相对而言，国家一级博物馆运行评估工作开展的时间最长①，获得文物博物馆行业和社会公众的广泛关注，为实现以评促建、以评促改发挥了重要作用。在 2010 年度和 2011 年度国家一级博物馆运行评估中，有 6 家博物馆连续两次运行评估结果为“基本合格”，分别是北京天文馆、抗美援朝纪念馆、厦门华侨博物院、中国海军博物馆、西藏博物馆和延安革命纪念馆。2013 年 4 月，国家文物局又组织全国博物馆评估委员会对上述 6 家博物馆开展了国家一级博物馆重新定级评估②。经评估，西藏博物馆、延安革命纪念馆总分均超过 800 分（满分 1000 分），达到国家一级博物馆标准，继续保留其国家一级博物馆等级；而北京天文馆、抗美援朝纪念馆、中国海军博物馆和厦门华侨博物院总分均低于 800 分但高于 600 分，未达到国家一级博物馆标准，取消其国家一级博物馆等级，调整为国家二级博物馆③。评估结果发布后，引起了社会和媒体的广泛关注。一方面，通过开展国家一级博物馆运行评估工作，对推动形成持续、常态的博物馆社会评价体系起到积极作用，受到文物博物馆业界的普遍认同；但另一方面，国家一级博物馆的类型不同，各具特色，评估标准难以兼顾，目前只能统一按照文物类博物馆的标准进行评估。

如图评 6－3 所示，国家层面博物馆运行评估的内容大致相同，主要包括藏品管理、科学研究、陈列展览与社会教育、公共关系与服务、博物馆管理与发展建设 5 个方面，基本涵盖了博物馆日常运行和管理的要素。但是，按照“让文物活起来”的要求，目前的评估标准尚未考虑文物利用、社会参与、社会贡献等内容，也没有兼顾专题类博物馆的特点，评估标准还有待

① 2012 年度国家一级博物馆运行评估结果显示，上海博物馆等 89 家博物馆的 2012 年度运行评估结果为“合格”，汉阳陵博物馆、中国甲午战争博物馆、固原博物馆等 6 家博物馆的 2012 年度运行评估结果为“基本合格”。2011 年度国家一级博物馆运行评估结果显示，得分排名前三位的分别是上海博物馆、南京博物院和故宫博物院。

② 根据《国家一级博物馆运行评估规则》，评估结果为“基本合格”的一级博物馆，应根据评估意见进行改进。连续两次评估结果为“基本合格”的，将被取消“国家一级博物馆”称号。评估结果为“不合格”的一级博物馆，将被取消“国家一级博物馆”称号。

③ 资料来源：《中国文化报》，http：//epaper. ccdy. cn/html/2013－05/23/content_ 97969. htm。

于在实践中不断完善。也正因为如此，在既定标准下开展典型案例评估能够充分挖掘博物馆的特色，是对既有评估工作的有效补充。

4 对文物活起来的案例评估

如评估报告第一章所析，无论是可移动文物，还是不可移动文物，评估其活起来的基本思路是共通的：以其各项功能发挥情况为基础，以实现在保护中利用、在利用中不断提升保护水平，从而在保护、利用的互动中不断实现传承，最终实现文物工作的长效化、可持续发展①。可以说，实现让文物活起来的努力，也就是促进文物有效保护、高效利用、完好传承的过程，而这种良性互动和协调发展必然会推动实现文物经济贡献和社会贡献的最大化。通过技术报告第二章的分析测算可以看出，“十二五”以来，文物系统对国民经济的贡献持续增长，且投入产出比保持在较高水平。在新型城镇化新形势下，文化遗产事业在城市发展进程中有了更多体现经济社会贡献的机会，必须有更大的开放性，更紧密地与“民生”结合，才能通过公众和社会资金的更多参与、更高关注，让文物活起来。从这个角度来看，由于文物系统传统的统计方式难以快速调整更新，对事业整体评价活起来较为困难。下面就运用评估报告第二章确定的特征指标和评估方法，选择西安博物院这一典型案例②，对其活起来的程度进行分析和评估。

4.1 评估指标

让文物活起来，本质是要在保护的前提下，拓宽文化遗产资源的利用方

① 资料来源：李耀申《文物工作应在保护、利用、传承的互动中实现可持续发展》，《中国文物报》2015 年 7 月 30 日。

② 如本书技术报告第一章所述，之所以选择西安博物院作为典型案例，第一是因为资源特色：西安博物院以千年古塔园林式遗迹休闲景区以及古都西安现代型历史博物馆而闻名，在国内博物馆中文化遗产资源组合度较高（世界文化遗产、全国重点文物保护单位、国家一级博物馆）；第二是因为与市民的关系：西安博物院位于市中心，对城市来说有反映其辉煌历史的地标，有较大的园林景观，还有较好的群众活动基础。

式和提高其利用水平，充分发挥文化遗产在教育、科研、经济等方面不可替代的作用。2015 年 1 月，国家文物局印发的《关于提升博物馆陈列展览质量的指导意见》（文物博函〔2015〕25 号）指出，要“提高馆藏文物利用率，让收藏在博物馆里的文物活起来”，主要包括建立文物藏品资源共享机制①、加强陈列展览项目交流②、提高藏品展示利用率③、积极展示考古新成果④、加强数字化展示手段⑤五个方面的要求，都是促进文物活起来的有效措施。《博物馆规划》也提出，要“加强博物馆能力建设，创新发展理念和运行模式，使博物馆‘收集和保护’‘教育和研究’‘开放和服务’三种内在职能统一化、组织化，大幅度提升专业化水准”。

为了更深入地了解文物利用的程度如何，有必要以第三方的视角，选取典型案例，尝试对文物“活”的程度进行评估，以期更有效地促进文物活起来。这主要基于如下考虑：其一，在评估角度方面，从第三方视角对文物活起来进行评估独具优势，因为是以中立的身份，从公众的角度出发，对文物“活”的情况给予客观公正的考察，既规避了内部评估既当运动员又当

① 建立文物藏品资源共享机制。各省文物部门要协调省、市、县（区）各级博物馆，在互利共赢的基础上，打破地域和行政级别限制，建立博物馆藏品交流共享平台，通过博物馆联盟、对口帮扶、总分馆制等办法，形成博物馆馆藏资源共享机制。国有博物馆可以通过调拨、交换、借用等方式，优化藏品体系结构，特别是一些藏品数量丰富的大馆，要帮助馆藏较少的博物馆形成有特色的藏品体系，支持其举办符合其使命与职能的陈列与展览。

② 加强陈列展览项目交流。支持各地区、各级博物馆积极开展展览交流合作，举办各种联展、互换展览。各地文物行政部门要积极扶持学术水准高、社会反响好的临时展览做好巡展，扩大展览影响。资源丰富的大馆可以通过办分馆、长期借展藏品、在基层博物馆举办中长期陈列、帮助基层博物馆提高陈列展览策划、编写、设计和实施水平等方式，加强对中小博物馆的扶持。

③ 提高藏品展示利用率。鼓励各博物馆通过基本陈列改造提升与展品更换，适当增加临时展览数量、频次和时长，增加藏品展示数量等，扩大藏品展示范围。鼓励藏品数量众多、展示空间条件充分的博物馆，创新展示手段，合理提升展览频次，使更多的藏品有机会展示给广大观众。

④ 积极展示考古新成果。考古院所要向博物馆依法按期移交出土文物，适合进行展出的，要及时策划组织相关展览。有重大展示价值、但暂时无法办理移交手续的重要考古新发现，可采取暂不改变权属，交由博物馆代为保管并联合进行展示利用的方式，及时向公众传播推广。

⑤ 加强数字化展示手段。积极通过博物馆网站、数字博物馆、微博微信等新媒体，加强文物藏品的数字化展示。利用虚拟现实技术、3D 技术等，增强虚拟展示效果，丰富数字展品数量、展示信息及体验手段。

裁判员的尴尬，又体现了公众享受文物保护成果和创新文物利用方式的需求。其二，从案例选择的情况看，西安博物院建设城市文化平台等相关项目在全国范围内具有代表性和可推广性，其中的新措施、新手段应用体现了“活”的特征，且其是蓝皮书的参与方，在既定的评估体系下能够提供相关数据资料。其三，从评估方法来看，本章主要围绕“收集和保护”“教育和研究”“开放和服务”三个方面对文物活起来的程度进行分析和评估，重点关注文物利用的情况，既与文物系统已有评估的方法有所区别，又与国家一级博物馆运行评估的相关结论进行对照，兼顾了西安博物院相关情况的纵向变化和同期的横向对比。

按照评估报告第二章的分析思路，评估指标如表评 6－3 所示：

表评 6－3　对文物活起来案例评估的评估指标

评估内容	评估指标	
	定性评估	定量评估
收集和保护	制度创新	藏品征集数量 藏品修复数量 经费保障情况
教育和研究	数字化方式展示手段运用情况	文物展出率 新增展品数量 传统展览陈列数量 文物科研项目数量
开放和服务	文化创意衍生品开发情况 文化教育项目推进情况	新增开放面积 开放面积所占比例 藏品交换数量（调拨、交换、借用等） 考古新成果的展示数量 文化创意衍生品数量 文化创意衍生品产值 文化教育项目数量

4.2　西安博物院的特色利用方式及评估重点

4.2.1　评估重点和评估方式

以西安博物院为典型案例开展评估，重点关注“活”，主要运用对比分析的方法，从“收集和保护”“教育和研究”“开放和服务”等方面的新项目、新举措进行分析。一方面，通过对比分析其近年来推动文物活起来的程度和发展趋势如何，西安博物院的发展不仅限于利用文物资源、开放情况等方面的变化，更重要的是其着力打造城市文化平台，开展颇具特色的公众教育和公共文化活动，大大提升了公众认知度和参与度，深刻体现了“让文化遗产融入现代生活”这一主题①；另一方面，以国家一级博物馆运行评估排名位居前列的博物馆为“标杆”，运用对标分析的方法将其与西安博物院的相关情况进行对照和比较，可以找出目前存在的差距和不足。

4.2.2　西安博物院各类资源的特色利用方式

西安博物院是陕西省西安市的一座集博物馆、名胜古迹、城市园林为一体的博物馆，以千年古塔园林式遗迹休闲景区以及古都西安现代综合性历史博物馆而闻名，是国内目前少有的集世界文化遗产、全国重点文物保护单位、古建筑群和现代化展馆、园林于一体的国家一级博物馆，具有多种资源，且区位优势突出、为游客和市民服务的条件都很好。从 2013 年起，西安把提升博物馆公众教育能力与社会服务水平作为巩固深化“博物馆城”建设成果的重要途径②。近年来，西安博物院依托古都城市文脉，积极发挥城市文化平台的作用，开展了很多卓有成效的特色项目。

（1）文化教育项目

遵循乐学、好知、博学、多闻的教育理念，**西安博物院基于文化遗产资源策划，开发了一系列“博物馆体验”活动，**为公众提供各种教育性与娱乐性的文化服务项目，相关项目包括：

①建立“乐知学堂”互动体验厅，作为实施博物馆教育职能的专用空

① 2016 年 5 月 11 日，国家文物局发布了 2016 年中国文化遗产日的主题为“让文化遗产融入现代生活”。同时，确定了 5 个宣传口号，分别为“保护文化遗产　创造美好生活”“为文保员点赞　向守护者致敬”“文化遗产无价宝　需要你我呵护好”“保护传统村落　留住最美乡愁”“避暑山庄：和合承德”。

② 2015 年，西安各类博物馆开展“我们的节日”“乐知学堂”“史前工场”等公众教育和公共文化活动 400 余次，举办各类临时展览 200 余次（资料来源：《博物馆教育成西安城市文化新载体》，中国新闻网）。

间，全天候向公众开放。“乐知学堂”是利用博物馆资源开展互动学习的新模式。“乐知学堂”按季度、月甚至周策划主题教育活动，并为学校及社会教育机构定制专场活动，充分发挥了第二课堂的作用。一是配合馆藏文物开展的体验式教育活动——“乐知互动”①；二是针对集体性的中小学生群体的主题活动——“乐知大讲堂”，确定了丝绸之路、古都西安、中华传统礼仪三个主题，其间穿插知识问答、历史小短剧、西域舞蹈、现场游戏等环节；三是游戏体验类活动——“乐知游艺”②。

②坚持“流动博物馆”下基层，拓展博物馆教育广度。“流动博物馆”的宗旨是贴近实际、贴近公众、贴近现实，并依据地域差异、经济发展的不平衡性，文化资源的不均等性，文化服务的不便利性，服务对象集中在农村、厂矿企业、特殊机构等。“流动博物馆”集文物展示、多媒体互动、传统展板等丰富的展示内容和互动内容为一体，活动内容为当地观众量身打造，旨在让观众有所见、有所闻、有所学。讲解员携带宣传板、宣传资料及文物仿制品走进基层，现场介绍西安城市发展史，讲解西安博物院精品文物，普及文物及文物法规基本常识，并结合受众群体的特点开设互动项目，使大家足不出户就能感受到博物馆文化。

③开展“博物馆之友”系列活动。西安博物院的“博物馆之友”（以下简称“西博之友”）自2011年成立以来，文博爱好者们借助博物馆这个平台不但了解到最新、最权威的文博信息动态，持有自己的会员护照，还可以参与触摸式文物鉴赏、新展览专题参观、专家导赏等基本活动。除此之外，西安博物院还为“西博之友”量身定制主题文化项目，受到热烈响应。“跟随西博去探秘”和“陶瓷之旅”“周秦文明之旅”“走进台湾博物馆”“丝路博

① 自2012年以来，“乐知互动”已开设20多种主题活动，包括“女工坊”“衣冠王国”“福玉绵长”“我的城市我的家”“欢欢喜喜过大年”“穿汉服·习礼仪”等专题互动活动百余次，通过主题参观、知识讲座、手工制作等环节让青少年们近距离接触博物馆文化。

② “乐知游艺”一方面提供古代传统游戏、经典童年游戏等体验（如滚铁环、踢毽子、打沙包），另一方面采用先进的电脑技术设计与文物相关的游戏，如文物三维修复、文物连连看、找错误这些时下流行的娱乐形式，让文物也时尚起来。

物馆之旅”等研学项目以及“博物馆奇妙夜”等活动还实现了馆友互动①。

④配合博物馆临时展览策划主题教育活动。作为博物馆陈列展览的补充和延伸，寓教于乐的主题教育活动受到了越来越多的公众关注②。

（2）文化休闲类教育项目

主要基于文化遗产资源组织活动。如快乐中华节传统文化教育项目是西安博物院社会教育的品牌项目，入选首届“中国博物馆教育项目示范案例”，成为全国首批 43 个优秀教育案例之一。项目有节日文化主题讲座、古代祭祀礼仪展示、传统节日习俗体验、汉服文化展示四个环节，每年开展 6 至 8 次。该项目全年有活动，呈系列化发展势头，在实施过程中力图改变中国传统节日中交际性、参与性不强的现状，加入大量互动性活动内容。又如根据大众需求，西安博物院在暑期为青少年设计的“小小讲解员”培训班，受到家长和孩子们的广泛关注和认可。

（3）建设城市文化平台

主要基于博物馆空间，以文化遗产资源为线索，担当城市文化平台、首先为市民服务，这是西安博物院的项目特色之一。西安博物院院内环境优美、空间开阔、文化氛围浓郁，为市民生活提供了良好的文化活动平台。西安博物院每天在馆舍开放时间外向市民开放，吸引了各个年龄阶段的游览者来此休闲活动。通过举办一年一度的新年鸣钟祈福活动，将各行业杰出代表和普通市民聚集在一起，在新年夜共同鸣响新年钟声，为全省人民祈福。每年活动都融合西安的特色资源，穿插一些有着城市地域色彩的歌舞、杂技等活动，再现了“雁塔晨钟”的历史景象，丰富了市民文化的生活。西安博物院每年还会在院内举办一些中华传统节日的庆祝活动。例如，在上巳节举

① 在尽情享受博物馆的同时，“西博之友”也用他们的方式回馈博物馆。他们会在参观展览后对展览提出反馈意见，为西安博物院事业发展出谋划策；他们会积极介绍或组织观众到博物院参观，举办相关公益性活动；他们还通过各种途径对展览及活动进行宣传，并协助博物院组织临时展览、文物研讨、文物鉴赏等活动。在这个过程中，公众与博物馆建立了更为密切的联系，而博物馆人与公众也有了更多的沟通和交流。

② 如配合“盛世衣冠——汉 · 唐服饰文化艺术展”开展为期两个月的“藏在衣裳里的秘密”主题教育活动。

办“上巳节汉服文化活动”，内容包括女子笄礼等，再现古代历史场景。这些传统的游艺项目吸引了大量游客参与其中，其中不乏国外的汉服和汉文化爱好者，使西安博物院成为城市的重要文化平台和文化高地。

4.3 对文物活起来的案例评估

让文物活起来，其本质是要在保护的前提下，拓宽文化遗产资源的利用方式和提高其利用水平，充分发挥文化遗产在教育、科研、经济等方面不可替代的作用。如前所述，按照《文物“十二五”规划》提出的发展目标并结合“让文物活起来”的要求，鉴于从第三方视角进行典型案例评估的特点和优势，在对西安博物院特色利用项目进行梳理的基础上，围绕“收集和保护”“教育和研究”“开放和服务”三个方面对其进行分析和评估，以反映其在让文物活起来上的进展和相对水平。

4.3.1 收集和保护

在制度创新方面，西安博物院通过改进管理模式[①]，制订《西安博物院中长期发展规划（2011～2020）》，完善管理制度，不断提高精细化管理水平。2013 年，西安博物院开展“精细化管理年”活动，全面开展精细化管理，建立了督办机制，明确了岗位职责，简化了工作流程，删除了冗余制度，形成了务实管用的工作模式。2014 年，在此基础之上初步建成了系统科学、程序严密、有效管用的管理体系。2015 年，通过继续完善原有管理制度，形成了管理重规范、制度重落地、工作重实效的管理模式[②]。同时，

① 西安博物院提出“公众教育指导委员会”的概念，通过这一机构梳理和确定博物馆公众教育的发展思路、目标与方向，谋划不同层次和领域的公众教育项目，经博物馆管理层研究决策后，根据项目的不同特点和要求，分别交由馆内相关部门或委托外部合作方具体实施。在项目实施取得一定进展后，由馆内组织专家或委托第三方进行效果评估，并将评估结果反馈“公众教育指导委员会”进行研讨，以验证实施效果、存在偏差并提出相应的对策，作为策划下一步公众教育项目的重要参考依据。

② 西安博物院多次召开专题会议传达习近平总书记系列重要讲话精神，促进全院干部职工观念转变，鼓励干部职工提出合理化建议，对存在问题以《问题分析表》《工作改进表》等形式进行深入剖析，并积极予以整改落实；完善原有管理制度，制定《日常巡查制度》等规章制度。

还邀请文博、教育、媒体等领域的专家，召开公众教育专家座谈会，共商博物馆未来发展。在文物保护管理方面，近年来，西安博物院完成了馆藏11万余件文物的普查登录和小雁塔世界文化遗产年度监测保护，全面启动了国家重大专项“可移动文物预防性保护项目”。

西安博物院自建院以来，在文物征集方面确立了以周秦汉唐时期珍贵文物为主、其他时代文物征集为辅的主要方针，同时征集与西安地区相关的，具有典型性、代表性和来源可靠的历史文物或民俗用品。在明确的工作方针指导下，西安博物院征集了大量反映西安地区历史文化发展风貌的精美文物[①]。2015年4月，西安博物院按照国家文物局“明确机制、注重体系、规范流程、拯救濒危”的原则开展工作，初步拟定了《经济社会发展变迁物证征藏工作实施方案》，有计划地征集1949年以来特别是改革开放以来中国社会经济发展的相关实物物证，以及构成藏品体系必需的1949年以前的实物。如图评6－4所示，2012～2015年期间，西安博物院藏品征集接收的数量变化较大，年均征集藏品数约为1767.5件（组）。其中，2014年征集接收的藏品数量最多，达到2660件（组）[②]。在藏品修复方面，2012年，西安博物院修复藏品60件（套）[③]；2013年，修复藏品60件[④]；2014年，修复藏品45件[⑤]；2015年，修复藏品151件[⑥]；年均修复藏品约79件（套）。具体来看，西安博物院近年来修复的藏品不仅在数量上有较大增长，而且品类丰富——既有陶器、石刻、青铜器，又有古籍、书画等。

---

① 目前，西安博物院藏品总量超过11万件，其中珍贵文物10773件。藏品种类繁多，包括青铜器、玉器、金银器、瓷器、石雕、碑刻、印章、陶器、三彩器、书画、经册、碑帖、珍善本书及杂器等中国历史上不同时期、不同阶层的各类文物，其中尤以周秦汉唐时期的青铜器、陶器、三彩、佛教造像独具特色。

② 2012年，通过公安局移交、考古移交、藏品征集、捐赠等方式，西安博物院共接收藏品2718件（组）；2013年征集、接收文物1652件（组）；2014年征集、接收文物2660件（组）；2015年征集、接收文物数量为580件（组）。

③ 其中，修复本馆藏品40件（套），修复馆外藏品20件（套）。

④ 具体包括：一般陶器20件，一般青铜器14件，一般古籍5册，一般书画17件（其中三级文物4件），石刻4件。

⑤ 具体包括：陶器30件，金属文物10件，石质文物5件。此外，还完成古籍400页修复工作。

⑥ 其中，铜镜13件，未上账陶器138件（组）。

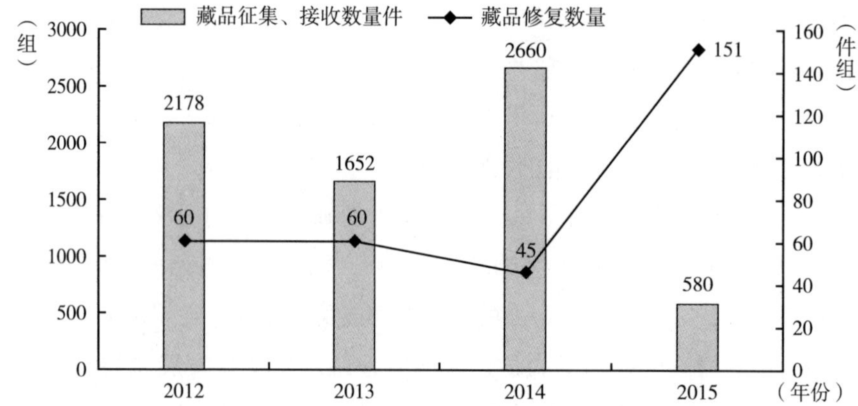

图评 6 - 4　2012 ~ 2015 年西安博物院藏品征集、接收和修复数量

4.3.2　教育和研究

博物馆文化是城市文化的重要组成部分。博物馆不仅具有文物收藏、保护管理、科学研究、陈列展示等方面的功能，还具有引领城市文化、弘扬城市精神、搭建城市多元文化交流平台等方面的特殊作用。这其中，陈列展示的作用尤为显著，它是博物馆特有的语言，是博物馆与社会公众沟通的桥梁。西安博物院院内展厅设“古都西安”基本陈列和佛教、书画、玉器、印章四个专题陈列，另有一个临时陈列厅。展区汇集了青铜器、金银器、瓷器、唐三彩、彩绘陶塑、玉器、书画、石刻造像、印章等多种古代艺术精品，并结合模型、图表等辅助陈列品，从不同的角度展示了古城西安三千多年的城市发展史和人文发展史。

2013 ~ 2015 年，西安博物院的文物展出率分别为 1.6%、1.6% 和 1.5%，各年度的文物展出率基本持平，变化不大，传统展览陈列数量约为 1255 件（组）；开展文化教育项目数量分别为 40 次①、48 次②和 44 次③。

① 2013 年开展的文化教育项目总计 40 次，其中专题讲座、论坛共 7 次，中小学教育活动共 14 次，家庭教育活动共 3 次，社区教育活动共 6 次，其他教育项目共 10 次。

② 2014 年开展的文化教育项目总计 48 次，其中专题讲座、论坛共 8 次，中小学教育活动共 8 次，家庭教育活动共 11 次，社区教育活动共 3 次，其他教育项目共 18 次。

③ 2015 年开展的文化教育项目总计 44 次，其中专题讲座、论坛共 10 次，中小学教育活动共 10 次，家庭教育活动共 4 次，社区教育活动共 3 次，教师培训共 2 次，其他教育项目共 15 次。

2015 年，西安博物院共举办或参与筹备组织馆内外文物展览 22 个，基本陈列改造、隋唐长安城模型提升等项目工作也取得阶段性进展，还成功承办了陕西省、西安市文物系统庆祝“中国文化遗产日”活动主会场活动。近年来，通过举办主题明确、展品丰富的文物展览，西安博物院吸引了大批观众，参观人次不断上升，从开馆时的每年 20 余万人次迅速增加到 2015 年的 117 万余人次。

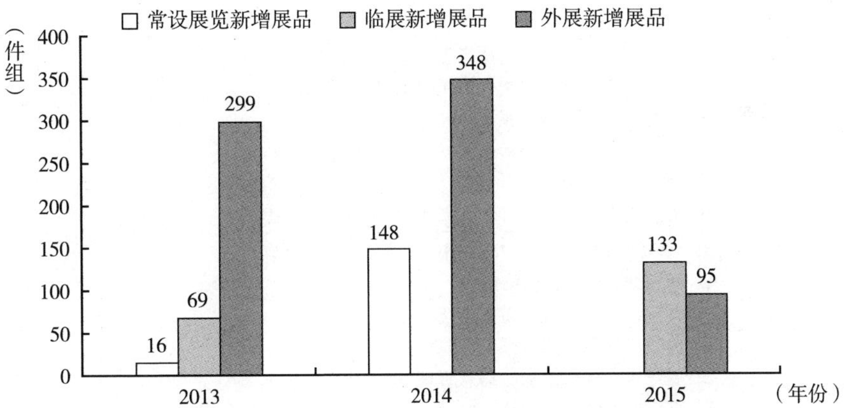

图评 6－5　2013～2015 年西安博物院新增展品数量

在新增展品数量方面，如图评 6－5 所示，2013 年，西安博物院新增展品 384 件（组），其中常设展览“丝路明珠”小雁塔 16 件（组）、新增临展展品 69 件（组）、新增外展展品 299 组 409 件。2014 年，新增展品 496 件（组），其中新增常设展览“天地之灵——院藏古代玉器精品”陈列 148 件（组）、新增外展展品 348 组 401 件。2015 年，新增展品 228 件（组），其中新增临展展品 133 件、新增外展展品 95 件（组）。

在数字化方式展示手段运用方面，西安博物院的特色方式如表评 6－4 所示：

在文物科研项目数量方面，西安博物院立足于小雁塔、古建筑群、馆藏文物以及古籍善本等，积极拓展合作交流，凝练多领域、多学科、跨专业科研课题。2012 年，西安博物院共出版 1 部专著、2 部图录、1 部科普读物，

表评 6 -4　数字化方式展示手段运用情况

年份	项　目
2013 年	1. 自媒体开通(微信、微博) 2.“乐知学堂”互动游戏开发 3. 玉器展厅高清互动图像展示系统 4. 玉器厅触控式透明展柜展示系统 5. 书画展厅高清书画互动展示系统 6. 文物信息检索系统 7. 高精度文物三维扫描及展示应用 8.“乐知学堂”互动展示系统
2014 年	1.“丝绸之路”世界文化遗产点信息展示系统 2. 西安市全国重点文物保护单位信息展示系统 3. 临时展览全景展示系统 4.“网游西博”全景展示系统 5. 票务信息登记系统 6. 虢国夫人游春图大屏信息展示及交互系统(方案)
2015 年	1.“易观”导览手机客户端应用 2. 西安博物院 wifi 网络建设 3. 真三维博物馆数字游览系统 4. 唐长安城数字展示系统(方案) 5. 展厅观众承载量实时信息管理系统(方案) 6. 高精度文物三维扫描

正式发表论文 34 篇；2013 ~2015 期间，先后向上级部门呈报了《小雁塔整修资料汇编工程立项报告》《小雁塔修缮资料汇编》《小雁塔碑石录》《西安博物院可移动文物预防性保护方案》《永远的长安》基本陈列改造等多项科研项目，其中后两项已经获批，目前正在实施过程中，同时职工科研成果登记在册的包括 6 本专著和 103 篇文章①，其研究涵盖了博物馆陈展、丝路文化遗产、馆藏文物、古代都城发展及历史文化等方面②。此外，2014 年 8

① 截至 2015 年底，正式刊发的文章有 78 篇。

② 具体而言，博物馆相关研究专著 2 部、文章 29 篇，“小雁塔 · 荐福寺”文化遗产相关研究专著 1 部、文章 8 篇，其他各类研究著作 3 部、文章 41 篇。西安博物院组织了 14 次专业学术讲座，其中 2013 年 4 次、2014 年 6 次、2015 年 4 次，内容涉及了遗产保护、博物馆建设、历史文化研究等多个方面。2014 年举办国内学术会议 1 次；三年间参加国际性、国内学术会议 17 次，会议投稿 38 篇，其中 2013 年 3 次、组织会议投稿 18 篇，2014 年 4 次、组织会议投稿 15 篇，2015 年 10 次、组织会议投稿 5 篇。

月，西安博物院快乐中华节项目入选“中国博物馆教育项目示范案例”。

在合作与交流方面，2007 年以来，西安博物院参加的文物展览[①]遍及欧洲、北美、南美、大洋洲、东亚、西亚、非洲以及国内的北京、香港、台北、郑州、扬州、镇江、桂林、乌鲁木齐、银川等地，参展文物包括青铜器、陶器、三彩、金银器、玉器、佛教造像等，体量硕大、工艺精美，集中体现了中国历史上辉煌夺目的周秦汉唐时期政治、经济、文化、科技发展水平，对于“展现西安古代文明”“让世界了解西安”“让西安走向世界”起到了积极的推动作用。2015 年，西安博物院与浙江大学、天津大学、首都师范大学等高校签订战略合作框架协议，与北京故宫博物院、台北故宫博物院、美国大都会艺术博物馆等机构达成合作意向，使博物馆的教育和研究功能得到强化，更接近国际一流博物馆这方面的水平。

4.3.3　开放和服务

西安博物院总占地面积近 300 亩，展馆建筑面积 1.6 万平方米，只有部分办公区域不对外开放，开放面积所占比例超过 90%[②]。文化产品销售额近年来变化不大，但基本保持稳中有升的态势。2013 ~ 2015 年，西安博物院的藏品借用（外展）数量如图评 6 – 6 所示。其中，2014 年藏品借用（外展）数量最多，为 348 组 401 件[③]。

4.3.4　基于国家一级博物馆运行评估的案例评估

近年来，西安博物院不断加强管理，在藏品征集、文化教育项目开展等方面的工作成果较为显著，征集和修复的文物数量逐年增长且品类多样；馆内开放比例较高，文物展出率相对稳定，对外交流活动频繁，数字化展示手

① 在此期间，西安博物院共参加陕西省文物交流中心、陕西历史博物馆举办的文物展览 55 次，参展文物 448 件组；独自举办“丰腴之美——唐代仕女生活巡回展”，参展文物 43 件组。

② 根据建设计划，西安博物院将要进行的二期建设项目计划新增面积 3.7 万平方米（56 亩），展馆建筑面积 22050 平方米，拟新增开放面积约 2.77 万平方米。

③ 2013 ~ 2015 年，西安博物院藏品借用（外展）共 742 件（组）。其中，2013 年藏品借用（外展）299 组 409 件，2014 年藏品借用（外展）348 组 401 件，2015 年藏品借用（外展）95 件（组）。

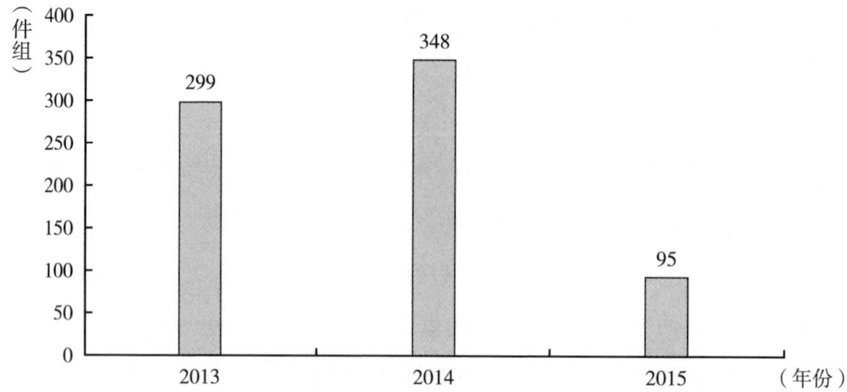

图评 6－6　2013～2015 年西安博物院藏品借用（外展）数量

段应用不断创新，文化产品销售额稳中有升，文物利用渠道得到拓展，取得了较好的成效。2012 年底，西安博物院入选第二批国家一级博物馆名单。根据2012 年度国家一级博物馆运行评估结果①，西安博物院的总得分 66. 1956 略高于全国平均分（65. 4253），在全部 95 家博物馆里排名第 32 位。下面就以国家一级博物馆运行评估为基础，将排名位居前列的博物馆或全国平均水平作为“标杆”，运用对标分析方法与西安博物院的相关情况进行对照和分析。

首先，在收集和保护方面。根据 2010 年度国家一级博物馆运行评估结果②，馆均藏品征集数量约为 544 件（套），馆均藏品修复数量约为 136. 1 件（套）。相比之下，西安博物院的年均藏品征集数量超出全国平均水平，

---

① 2012 年度国家一级博物馆运行评估的前三名为上海博物馆、故宫博物院、中国国家博物馆。

② 由于 2012 年度国家一级博物馆运行评估尚未公布各个博物馆有关定量评估指标的基础数据，本节在对标分析时主要参照 2010 年度国家一级博物馆运行评估的相关情况。鉴于通过定期开展国家一级博物馆运行评估工作，国家一级博物馆的管理水平在持续提升，相关评估指标的表现不断优化，以西安博物院近两年的情况与之比较，难免存在偏差。然而，囿于数据限制，考虑到其 2012 年度的综合评估结果在国家一级博物馆中处于中上游水平，各方面表现相对平稳，虽然是以不同年度的情况作对比，对于西安博物院而言仍具有一定的参考意义。但是，因为评估指标的设置存在差异，案例评估的部分指标未纳入国家一级博物馆运行评估的评价体系，所以只能选取其中有数据支持的指标进行对比。

但在藏品修复数量方面的差距较大。

其次，在教育和研究方面。2015 年，西安博物院共举办或参与筹备组织馆内外文物展览 22 个，数量多于国家一级博物馆的平均值①。2015 年，西安博物院的参观人数为 117 万余人次，虽然比开馆伊始增长迅速，但是仍略低于国家一级博物馆的平均值（121.3 万人次），更远低于故宫博物院的参观人数（每年约 1500 万人次）。2013 ~ 2015 期间，西安博物院职工科研成果包括 6 本专著和 103 篇文章，从年均水平来看，略低于国家一级博物馆的平均值（馆均出版著作 2.7 部，馆均发表论文 34.1 篇）。2013 ~ 2015 年，西安博物院年均开展文化教育项目数量约为 44 次，超过了国家一级博物馆的平均值（馆均专题讲座、论坛 16.9 个，馆均中小学教育活动 21.7 个），由此也反映出西安博物院组织开展文化教育类活动的显著特色。

再次，在开放和服务方面。目前，西安博物院开放面积所占比例超过 90%，远远超过故宫博物院（65%）②，开放程度较高。西安博物院自 2013 年以来开始筹备智慧博物馆，建设了部分博物馆数字化展示平台系统和部分硬件设备，在功能上基本覆盖了博物馆行政管理、信息数据库、藏品管理系统、展览设计辅助系统、观众服务等各方面。截至 2014 年，已建成智慧博物馆一期——“易观导览”系统，观众通过终端应用与后台业务系统进行交互，可以实现博物馆概况、文物景点资讯、实景导航、AR 门票、景区多功能导览、二维码、互动娱乐、移动救助、意见反馈、评比打分等功能的查询和使用，实现博物馆的智能导览。通过后续建设，将打破传统的管理模式和工作机制，努力实现“一个博物院就是一所大学校”“让文物活起来”的目标。

通过上述分析，从全国范围来看，相对于国家一级博物馆的平均水平，

---

① 根据 2010 年度国家一级博物馆运行评估结果，馆均原创性临时展览约为 5.2 个，馆均输出原创性展览约 3.4 个。

② 2002 年大修伊始，故宫开放面积仅有 30%，直至 2015 年开放面积达到 65%，计划到 2025 年达到 85%（资料来源：《故宫博物院院长单霁翔在北京会议中心接受记者采访》，《新京报》2016 年 3 月 4 日）。

相对位居前列的博物馆相关情况，西安博物院在藏品修复、科研成果方面仍存在不小的差距，科研学术领域的发展速度明显滞后于其他方面，科技支撑作用尚有待于进一步发掘；从国际比较来看，应对标纽约大都会艺术博物馆，以更大的开放性、更多样化的利用方式开展文化教育项目，打造城市文化平台，通过更高的公众关注度和参与度让文物"活起来"，较为契合《指导意见》提出的"文物展示利用手段和形式实现突破""公共文化服务功能和社会教育作用更加彰显""文物保护成果更多惠及人民群众"等国家层面的政策要求①，也体现了"让文化遗产融入现代生活"的内涵。

作为集世界文化遗产、全国重点文物保护单位、全国古籍重点保护单位、古代建筑群、现代化展馆为一身的国家一级博物馆，西安博物院具有要素组合优势，依托古都城市文脉，为市民生活提供了良好的文化活动平台，丰富了市民文化生活。同时，通过举办快乐中华节传统文化教育项目，西安博物院积极挖掘民族传统节日文化内涵，开展传统文化教育普及活动；通过参与国际国内的展览交流，对"展现西安古代文明""让世界了解西安""让西安走向世界"起到积极的推动作用，"促进中外人文交流的作用进一步发挥"②。对照国家文化公园的主要功能和特征可以发现：第一，西安博物院作为城市的重要组成部分，既是促进市民身心健康的公共设施，又是提升市民精神文化素质、传播宣扬城市甚至民族历史文化的重要载体，具有显著的公益属性；第二，西安博物院展区汇集了青铜器、金银器、瓷器、唐三彩、彩绘陶塑、玉器、书画、石刻造像、印章等多种古代艺术精品，从不同的角度展示了古城西安三千多年的城市发展史和人文发展史，其保护与传承对城市文化发展是非常重要的见证；第三，在加强文物保护和拓展文物利用方式的过程中，西安博物院通过开发一系列"博物馆体验"活动等文化教

① 《"十三五"规划纲要》提出，要"丰富文化产品和服务，推进文化事业和文化产业双轮驱动""加快发展现代文化产业，推进文化业态创新，大力发展创意文化产业""构建现代公共文化服务体系，推进基本公共文化服务标准化、均等化"。

② "促进中外人文交流的作用进一步发挥"是《指导意见》提出的文物事业到2020年的主要发展目标之一。

育项目，大力打造城市文化平台，极大地提高了公众关注度和参与度。鉴于西安博物院的建设内容、建设理念和发展方式都是以文化传承、遗产和遗迹保护为主旨，能够推动人们对历史文化的认同感，充分展示历史文化的精髓，具备公益性/公共性、提供承载民族历史或文化的物证、公众参与、保护和传承等基本特征，且一直致力于城市文化平台建设，促进“文物保护成果更多惠及人民群众”。

通过评估，我们认为，对发展模式，西安博物院基本符合国家文化公园的发展模式，应深化管理体制、经营机制等改革，积极融入国家文化公园体系；对具体工作，西安博物院应立足自身特色，按照让文物“活起来”的要求，紧紧围绕“大学校”的定位，进一步挖掘历史文化内涵，通过对历史文化资源的整合、表达、创新等手段，构建现代人的精神文化生活，对标纽约大都会艺术博物馆，充分发挥城市文化平台的重要作用①。

（评估报告作者：陈晨、王蕾、苏杨、张颖岚、卓杰、张佑嘉）

① 近年来，在“以人为本”理念的指导下，观众因素越来越多地影响着西安博物院展陈的策划、设计和解读。西安博物院计划从以下几个方面对陈列展览策划进行改进和提升：①随着全球化进程的不断加快，博物馆观众的结构也呈现出文化多样化的特点，必须注重不同文化背景观众的需求，保证展陈价值观的普世性。②博物馆观众已经逐渐脱离看客的身份，成为展览的设计者、参与者，因此博物馆展陈设计要重视前置评估、过程性评估和总结性评估，重视观众的建议和评价，还可以考虑向社会征集展陈选题，鼓励观众对展品进行解读，让观众更加深入地介入展陈活动；③展陈内容将从博物馆讲故事和观众参与讲故事，演变为“民众讲故事”、博物馆研究民众的故事，透过这些个性化故事呈现更宏大的历史、社会和文化场景；④形式设计将注重情境的构建，营造支持观众观赏、学习、休闲、社交的参观环境，多媒体数字化设备的使用将更关注“增强现实”技术的应用，另外将丰富网络展陈内容，根据网络观众的特点，在西安博物院官方网站、微信平台及“易观导览”系统中增加趣味性、互动性更为鲜明的网络展陈。通过以上关于**展陈对象、展陈角度、展陈技术和手段的改进与提升**，以期更好地服务市民文化生活，搭建城市文化平台。

皮书起源

“皮书”起源于十七、十八世纪的英国，主要指官方或社会组织正式发表的重要文件或报告，多以“白皮书”命名。在中国，“皮书”这一概念被社会广泛接受，并被成功运作、发展成为一种全新的出版形态，则源于中国社会科学院社会科学文献出版社。

皮书定义

皮书是对中国与世界发展状况和热点问题进行年度监测，以专业的角度、专家的视野和实证研究方法，针对某一领域或区域现状与发展态势展开分析和预测，具备原创性、实证性、专业性、连续性、前沿性、时效性等特点的公开出版物，由一系列权威研究报告组成。

皮书作者

皮书系列的作者以中国社会科学院、著名高校、地方社会科学院的研究人员为主，多为国内一流研究机构的权威专家学者，他们的看法和观点代表了学界对中国与世界的现实和未来最高水平的解读与分析。

皮书荣誉

皮书系列已成为社会科学文献出版社的著名图书品牌和中国社会科学院的知名学术品牌。2011 年，皮书系列正式列入“十二五”国家重点出版规划项目；2012~2015 年，重点皮书列入中国社会科学院承担的国家哲学社会科学创新工程项目；2016 年，46 种院外皮书使用“中国社会科学院创新工程学术出版项目”标识。

中国皮书网

www.pishu.cn

发布皮书研创资讯，传播皮书精彩内容

引领皮书出版潮流，打造皮书服务平台

栏目设置：

- □ 资讯：皮书动态、皮书观点、皮书数据、皮书报道、皮书发布、电子期刊
- □ 标准：皮书评价、皮书研究、皮书规范
- □ 服务：最新皮书、皮书书目、重点推荐、在线购书
- □ 链接：皮书数据库、皮书博客、皮书微博、在线书城
- □ 搜索：资讯、图书、研究动态、皮书专家、研创团队

中国皮书网依托皮书系列“权威、前沿、原创”的优质内容资源，通过文字、图片、音频、视频等多种元素，在皮书研创者、使用者之间搭建了一个成果展示、资源共享的互动平台。

自2005年12月正式上线以来，中国皮书网的IP访问量、PV浏览量与日俱增，受到海内外研究者、公务人员、商务人士以及专业读者的广泛关注。

2008年、2011年中国皮书网均在全国新闻出版业网站荣誉评选中获得“最具商业价值网站”称号；2012年，获得“出版业网站百强”称号。

2014年，中国皮书网与皮书数据库实现资源共享，端口合一，将提供更丰富的内容，更全面的服务。

法律声明

皮书俱乐部会员服务指南

1. 谁能成为皮书俱乐部成员？

- 皮书作者自动成为俱乐部会员
- 购买了皮书产品（纸质书/电子书）的个人用户

2. 会员可以享受的增值服务

- 免费获赠皮书数据库100元充值卡
- 加入皮书俱乐部，免费获赠该纸质图书的电子书
- 免费定期获赠皮书电子期刊
- 优先参与各类皮书学术活动
- 优先享受皮书产品的最新优惠

3. 如何享受增值服务？

（1）免费获赠100元皮书数据库体验卡

第1步 刮开附赠充值的涂层（右下）；

第2步 登录皮书数据库网站（www.pishu.com.cn），注册账号；

第3步 登录并进入“会员中心”—“在线充值”—“充值卡充值”，充值成功后即可使用。

（2）加入皮书俱乐部，凭数据库体验卡获赠该书的电子书

第1步 登录社会科学文献出版社官网（www.ssap.com.cn），注册账号；

第2步 登录并进入“会员中心”—“皮书俱乐部”，提交加入皮书俱乐部申请；

第3步 审核通过后，再次进入皮书俱乐部，填写页面所需图书、体验卡信息即可自动兑换相应电子书。

4. 声明

解释权归社会科学文献出版社所有

皮书俱乐部会员可享受社会科学文献出版社其他相关免费增值服务，有任何疑问，均可与我们联系。

图书销售热线：010-59367070/7028
图书服务QQ：800045692
图书服务邮箱：duzhe@ssap.cn

数据库服务热线：400-008-6695
数据库服务QQ：2475522410
数据库服务邮箱：database@ssap.cn

欢迎登录社会科学文献出版社官网（www.ssap.com.cn）和中国皮书网（www.pishu.cn）了解更多信息

社会科学文献出版社 SOCIAL SCIENCES ACADEMIC PRESS (CHINA) 皮书系列

卡号：182380877410

密码：

S 子库介绍
Sub-Database Introduction

中国经济发展数据库

涵盖宏观经济、农业经济、工业经济、产业经济、财政金融、交通旅游、商业贸易、劳动经济、企业经济、房地产经济、城市经济、区域经济等领域，为用户实时了解经济运行态势、把握经济发展规律、洞察经济形势、做出经济决策提供参考和依据。

中国社会发展数据库

全面整合国内外有关中国社会发展的统计数据、深度分析报告、专家解读和热点资讯构建而成的专业学术数据库。涉及宗教、社会、人口、政治、外交、法律、文化、教育、体育、文学艺术、医药卫生、资源环境等多个领域。

中国行业发展数据库

以中国国民经济行业分类为依据，跟踪分析国民经济各行业市场运行状况和政策导向，提供行业发展最前沿的资讯，为用户投资、从业及各种经济决策提供理论基础和实践指导。内容涵盖农业，能源与矿产业，交通运输业，制造业，金融业，房地产业，租赁和商务服务业，科学研究，环境和公共设施管理，居民服务业，教育，卫生和社会保障，文化、体育和娱乐业等 100 余个行业。

中国区域发展数据库

以特定区域内的经济、社会、文化、法治、资源环境等领域的现状与发展情况进行分析和预测。涵盖中部、西部、东北、西北等地区，长三角、珠三角、黄三角、京津冀、环渤海、合肥经济圈、长株潭城市群、关中—天水经济区、海峡经济区等区域经济体和城市圈，北京、上海、浙江、河南、陕西等 34 个省份及中国台湾地区。

中国文化传媒数据库

包括文化事业、文化产业、宗教、群众文化、图书馆事业、博物馆事业、档案事业、语言文字、文学、历史地理、新闻传播、广播电视、出版事业、艺术、电影、娱乐等多个子库。

世界经济与国际政治数据库

以皮书系列中涉及世界经济与国际政治的研究成果为基础，全面整合国内外有关世界经济与国际政治的统计数据、深度分析报告、专家解读和热点资讯构建而成的专业学术数据库。包括世界经济、世界政治、世界文化、国际社会、国际关系、国际组织、区域发展、国别发展等多个子库。